자구화 시대의 문화정체성

Cultural Identity and Global Process
by Jonathan Friedman
English language edition published by Sage Publication of London, Thousand Oaks and New Delhi, ⓒ Jonathan Friedman, 1994
Korean translation edition ⓒ 2009 by Dangdae Publishing Co. published by arrangement with Sage Publication Ltd., London, UK through Bestun Korea Agency, Seoul, Korea.
All rights reserved.

자구화 시대의 문화정체성

제1판1쇄 인쇄 | 2009년 12월 26일
제1판1쇄 발행 | 2009년 12월 29일

지은이 | 조나단 프리드먼(Jonathan Friedman)
옮긴이 | 오창현, 차은정
펴낸이 | 박미옥
디자인 | 조완철

펴낸곳 | 도서출판 당대
등록 | 1995년 4월 21일 제10-1149호
주소 | 서울시 마포구 서교동 395-99 402호
전화 | 02-323-1315~6
팩스 | 02-323-1317
전자우편 | dangbi@chol.com

ISBN 978-89-8163-149-9 93000

지구화 시대의 문화정체성

조나단 프리드먼(Jonathan Friedman) 지음

오창현 · 차은정 옮김

당대

이 책은 지난 15년간 발표된 논문을 모아놓은 것이다. 각 논문이 다루는 사례들이 제한된 현지연구와 사료연구에 기초하고 있기 때문에 내용이 중첩되는 부분이 있다. 각 논문들은 하와이, 콩고, 파푸아뉴기니, 서유럽 등을 사례로 해서 정체성의 실천과 문화형식의 구성과정을 주요한 주제로 다루고 있다. 이 같은 주제는 사회적 과정의 점진적 확대에 근거한 경험의 사회형식과 관련되어 있다. 중앙아프리카의 라사프(la sape)로 알려진 관행과 하와이인 운동과 같은 사회현상에 대해서 이미 수차례 논의된 바 있으나, 나는 이 현상이 그와 다른 측면에서 종족성, 소비, 나르시시즘, 인격적 자아(personal selfhood) 모델 등과 어떻게 관련되는지를 중심으로 고찰했다. 특히 이 책의 후반부는 결론에서 가능한 간단명료하게 정리하고자 했던 수많은 관계들을 해명하는 데 할애되었다.

나는 지구인류학이 발전하면서 중요하게 대두되었던 일련의 주제를 다뤄왔다. 무엇보다도 지구체제의 시각은 가장 상식적인 범주의 해체를 요구한다. 이는 문화 그 자체의 개념에 가장 잘 적용되는데, 그 이유는 문화연구(cultural studies)와 인류학의 최근 논의에서 가장 손쉬운 도구이자 무기라고도 할 수 있는 것이 문화이기 때문이다. 바로 문화의 지구화에 관한 상념 자체가 나의 1차적인 연구목표 가운데 하나이다. 대다수의 지식인들은 지구적 소국화(global balkanization)에 이르러 점차 돌출적이고 심지어 공격적으로 변하고 있는 담론 속에서 혼성화(hybridization)에서부터 초종족성(trans-ethnicity)에 이르기까지 문화적 혼합이라는 개념을 남용해 왔다. 그들이 사용하는 언어는 대개 음악·음식·대중문화의 형식과 관련되어 있으며, 일부 지식인들의 정체성의 정치학을 더욱 분명하게 보여준다고 생각한다. 그들이 분산된 문화적 요소를 멋진 브리콜라주로 만드는 하층계급의 창조성을 격찬하면서도 종족성의 권력을 비난하는 것은, 내가 볼 때 현실세계를 심각하게 오독하는 것일 뿐만 아니라 권력을 구걸하는 행위이다. 여기서 권력은 근대주의자라기보다 세계시민주의자의 권력이며, 근대의 정보기술을 이용하여 구체적인 타자성을 규합해 내는 전문가의 권력이다.

생산물·사물·물질로서 문화는 경험과 분리된 문화이며, 가치중립화되고 소비대상으로 바뀐 문화이다. 문화주의자로 새롭게 등장한 지식인들이 인식하고 분류하고 연구하고 향유하는 문화는, 설령 궁극적으로 중요하지 않다고 판명될지라도 잠재적으로 권력추구의 기초가 되고 있다. 문화를 사칭하며 등장한 이들은 이러한 관점에서 세계를 인식하고, 방송매체·미술관·언론·문화과학에 종사하는 사람들의 느슨한 네트워크와 자신을 동일시(identification)한다. 또한 여기서 주목할 것은, 이들이 문화적인 것에서 경험을 걷어냄으로써 자신들을 위한 평화롭고도 심지어 매력적인 세계를 창조하고 차이를 섞어놓은, 말 그대로 칵테일파티를 즐기고 있다는 점이다. 지구인류학이라면 사회적 과정 속에서 수면 위로 떠오르는, 보이지 않던 사회집단뿐 아니라 이와 같은 동일시와 자기동일시 형식의 출현을 이해해야 한다. 이를 위해서 우리는 문화적 과정이 그 자체로만 분석되기 쉬운 생활세계, 생활공간, 사회적 경험에 매몰되어 있다는 시각을 견지해야 한다. 그래서 나는 사회적 존재조건들이 지구적 공간에서 분포되는 방식과 또 시간의 경과에 따라 그 조건들이 형성되고 재생산되는 과정을 집중적으로 연구했다.

이런 관점에서 왜 문화연구가 오늘날 유행하게 되었으며, 왜 종족정체성, 정신적 뿌리, 종교, 원주민운동이 동시다발적으로 일어나게 되었는가라는 물음을 던질 수 있을 것이다. 최근 다른 나라의 많은 사회과학자들—버거(Berger), 마페솔리(Maffésoli)—은 개인주의가 쇠퇴하고 강력한 집단적 억압이 그 자리를 대신하는 부족주의(tribalism) 시대에 진입했다고 주장한다. 알랭 밍크는 이 모든 것을 새로운 중세시대(New Middle Age)라는 용어로 설명해 왔다(Minc 1993).

나는 이 책을 통해, 이제 막 많은 연구자들에게 자명한 것으로 간주되기 시작한 관심사의 예측 가능하며 정확한 모델을 제공하고자 한다. 이 작업은 본질적으로 세계와 밀접하게 얽혀 있는 문화적 과정뿐만 아니라 세계를 형상화하는 거시경제적·정치적 과정을 거침없이 파악할 수 있는 지구적 시각을 위한 논쟁이라고 할 수 있다. 많은 사람들은 이 '문명' 혹은 세계까지 포괄하는 이쪽 세계의 문명이 탈통합되고 쇠퇴하는 심각한 위기에 직면해 있다는 주장을 불합리한 생각이라고 거부하면서 막연한 자신감을 내보인다. 그러나 이 막연한 자신감은 그들을 위로하면서 동시에 다른 무엇인가를 보여주고 있다. 그것은 이 시대의 몇몇 저명한 문화전문가와 탈근대주의자들이 세계의 혼잡하고도 폭력적인 상태에 직면해 있으면서도 서구나 지구사회에 대해서 진화주의적 관점을 견지하고 있다는 사실이다. 그들은 언제까지 하늘 위의 벙커힐(Bunker Hill, 보스턴에 있는 언덕-옮긴이) 혹은 미래도시의 고층빌딩에서 급속하게 밀려드는 하층 블레이드러너의 창조성을 다 알고 있는 듯이 내려다볼 참인가?

이 책의 일관된 입장은 앞에서 보여준 이미지와는 정반대에 서 있다. 비록 짧은 지면에 이것을 잘 정리해서 보여주려고 최선을 다하겠지만, 나는 앞선 이미지들이 단순한 허수아비는 아니라고 생각한다. 그것은 어느 정도 동시대의 사회적 실재들에 대한 두려움과 기존의 지배관계에 대한 맹신, 일종의 이데올로기적 도피로 진작된 가장 핵심적인 전략이다. 무엇보다 중요한 것은 우리 앞에 놓여 있는 문제를 의식적으로 회피하거나 지적 소비를 위한 달콤한 간식거리로 해석하면서 도피할 것이 아니라 그것을 파고 들어가야 한다는 점이다. 분명히 지구체제의 산물인 거대문명의 중심부는 언젠가 붕괴하게 마련이며, 설령 이 같은 일이 다시 반복된다 해도 전혀 이상할 게 없다는 관점에서 논의를 전개하는 것이 필요하다. 경제학에서 심리학에 이르기까지 모든 학문분야가 지구체제의 파편화(fragmentation) 과정뿐 아니라 세계체제의 중심화(centralization) 과정을 연구해야 한다. 헤게모니의 붕괴, 새로운 계급의 출현과 낡은 계급의 소멸, 다국적화와 원주민화(indigenization), 룸펜화, 종족화, 새로운 중심부의 등장과 새로운 헤게모니의 출현 사이의 관계를 탐구해야 한다. 물론 오늘날의 세계음악, 세계음식 등은 이 모든 과정의 일부이다. 그러나 우리는 이것들과 분리될 수 없는 보다 다루기 힘든 실재들을 배제해서는 안 될 것이다.

이 책은 이미 발표한 것과 발표하지 않은 논문들을 모아 부분적으로 수정해서 실었으며, 1970년대 초반에 시작하여 결실을 맺기 시작한 작업의 후속물이라고 할 수 있다. 제1장에서 언급하고 있듯이, 이 작업의 많은 부분은 나의 아내 카자 에콜름 프리드만(Kajsa Ekholm Friedman)으로부터 시작되었다. 지난 20년간 아내와의 공동작업은 매우 집약적이었으며 나는 이 결과물이 그간의 상호작용을 입증하는 것이라고 생각한다. 수년 동안 많은 동료들과 학생들이 세계체제를 다루는 인류학을 개발하는 데 매우 중요한 역할을 해왔다. 이 책이 나오기까지는 K. E. 프리드만 이외에도 많은 이들의 도움이 있었다. 내가 할 수 있는 것은 그 가운데 몇몇의 이름을 밝히는 것뿐이다. 역사학·고고학·인류학 분야의 비판적 토론에 참여했던 마이크 롤랜스(Mike Rowlands), 매튜 스프리그스(Mathew Spriggs), 크리스티안 크리스티슨센(Kristian Kristisnsen), 로테 헤데거(Lotte Hedeager), 모건스 라르슨(Mogens Larsen), 크리스 틸리(Chris Tilly), 닉 토마스(Nick Thomas), 자니 퍼슨(Johnny Persson) 외에도 많은 사람들이 있다. 역사·문화·정체성과 관련한 작업은 미첼 헤르브스마이어(Michael Herbsmeier), 폴 페더슨(Poul Pedersen), 스틴 베르겐도르프(Steen Bergendorff), 울라 하사거(Ulla Hasager), 앤드류 그레이(Andrew Gray) 덕분에 진행할 수 있었다. 룬트대학(Univ. of Lund)에서 있었던 세미나는 여기서 제기되는 많은 생각을 연구·발전시키는 데 큰 도움을 주었다. 이 세미나에는 카타리나 쇼베르크(Katarina Sjöberg), 앤더스 하이든(Anders Hyden), 얀 쇼크비스트(Jan Sjökvist), 멜처 에크스트뢰머(Melcher Ekströmer) 등이 참석했다. 맥길(McGill)대학의 고(故) 로저 키징(Roger Keesing)은 오랜 세월 동안 토론자이자 지지자가 되어주었다. 그리고 런던대학의 브루스 캡페러(Bruce Kapferer)는 토론에 영감과 활기를 불어넣어

주었고, 여러 차례 이색적인 장소에서 좋은 세미나를 할 수 있게 해주었다. 같은 대학의 마이크 롤랜스는 핵심 멤버로서 지구인류학 프로젝트를 진행하는 데 도움을 주었을 뿐 아니라, 수잔 프랑켄슈타인(Susan Frakenstein) 과 함께 이 프로젝트를 성공적으로 이끄는 데 필요한 수많은 이론을 제공하고 인류학의 포문을 열어주었다. 코펜하겐의 인문학(the Humanities) 연구원 또한 이 책에 담긴 수많은 생각과 프로젝트의 발판이 되어주었다. 매우 수준 높은 연구와 토론을 할 수 있도록 해준 '대장' 모건스 트롤레 라르슨를 비롯하여 참여자 모두에게 고마움을 전한다.

| 차 례 |

01 / 지구인류학을 향하여 *

지금까지 인문학과 사회과학의 많은 연구자들은 우리 자신과 복잡하게 얽혀 있는, 사실상 통제 불가능한 매우 큰 세계체제가 존재한다는 사실을 점점 더 분명하게 깨닫게 되었다. 카자 에콜름 프리드만이 1970년대 초반 처음으로 이러한 주장을 했을 때, 인류학자와 사회학자들은 이를 무시해 버리거나 비웃는 태도로 일관했다(Ekholm Friedman 1975, p. 1976). 당시에는 단지 몇몇 역사학자와 고고학자만이 지구적 차원의 역사적 관계에 관한 공동연구에 관심을 표명했으나, 오늘날 지구적 연구와 특히 지구화에 대한 연구는 학문의 첨단을 달리고 있다. 이 책에 담겨 있는 내용의 상당 부분은 시기적으로 1974년부터 현재까지 걸쳐 있지만, 세계가 무질서와 위기 상태에 빠진 지금에서야 비로소 지구적인 것이 많은 사람들의 주요한 관심대상이 되었다. 그렇지만 이 책은 지구화[1])에 관한 것이 아니다. 이 책은 지구

---

* 이 장은 Ekholm and Friedman(1980)을 대폭 수정한 글이다. 수정판(*Critique of Anthropology* 5/1, 1987, pp. 97~119)에는 새로운 서문이 첨가되었다.

체제과정에 관한 것이다. 이 책은 아이디어, 요리법, 의복의 패턴, 즉 문화적 대상의 전파과정을 다루기보다 이 같은 현상이 일어나게 된 조건과 구조를 다룬다. 다시 말해 대상이 움직이는 방식, 좀더 정확하게 표현하면 움직이는 대상과 사람들이 정체성을 획득하고 동화되고 주변화되고 축출되는 방식에 관한 것이다. 이는 지구화 그 자체에 대한 최근 관심의 역사적 깊이, 지구적 관계와 그 구성력의 역사적 깊이를 보여줄 것이다. 서구가 자본축적의 전세계적 탈중심화와 함께 발생한 위기에 직면해 있다는 주장에 대해, 많은 사람들은 전혀 있을 법하지 않거나 판타지에 불과하다고 생각했다. 그러나 1980년대 말에 이르러 이렇게 생각했던 사람들 중 다수(물론 일부는 이 위기가 지구체제과정과 관련되어 있다는 점을 여전히 인정하지 않지만)가 서구의 위기를 절감하게 되었다. 오늘날 서구에서 계속되는 위기, 동유럽권의 탈통합, 구소련의 폭력적인 파편화 등 현 세계를 지구체제 차원에서 이해할 필요성이 제기되고 있다. 그러나 이런 위기 속에서도 지구화에 관한 계몽적인 문헌들은 대부분 지구화과정들 자체가 낳은 스펙터클한 결과물에만 집중할 뿐 사회적 이슈는 완강히 외면하고 있다.

인류학에서 지구적 시각은 경제학·역사학·경제사학의 그것과 매우 다른 방식으로 발전해 왔다. 경제학·역사학·경제사학의 연구영역은 학문 그 자체의 정의와 무관하다. 그것은 지역개발에 연구의 초점을 맞추기도 하고, 연구영역을 넓혀 세계 전체를 포괄하거나 초사회(supra-society)의 체제적 관계를 드러내는 큰 사회적 관계까지 광범위하게 다루기도 한다. 중상주의에서 종속이론에 이르기까지, 이반 할둔(Iban Kahldun)의 거대한 문명도식에서 슈펭글러(Spengler)와 토인비(Toynbee)에 이르기까지,

지구적 관계를 지향하는 지적 흐름의 주기적 출현은 일정한 역사적 환경에서 비로소 보다 넓은 시각이 가능해진다는 사실을 보여주는 명백한 증거이다. 이 분과학문들에서 지역주의, 국민국가에 대한 공통된 관심, 즉 추상화를 통한 분석대상과 설명대상으로서 '사회'는 대체로 19세기에 출현한 국가 차원의 경제적 재생산 사이클을 반영한다. 국민(nationhood)의 정치, 국민경제정책 혹은 국민경제 성립에 관한 정치는 바로 이런 사이클을 정교화하고 통제하기 위한 시도였다. 이것들은 근대 세계체제에서 주요한 정치적 단위로서 국민국가가 형성되면서 나타난 핵심적인 측면이다. 리카도, 마르크스, 케인스를 비롯하여 대부분의 근대 발전이론은 재생산의 필요조건이자 이를 설명하는 단위인 단일사회로 연구영역을 제한했다(Friedman 1976, p. 1978). 하지만 아담 스미스의 경우는 이에 해당하지 않을 뿐더러, 이 이론들은 오늘날에는 더 이상 유효하지 않다. 세계경제와 정치과정에서 국민국가 그 자체는 입지가 점차 약화되고 있다. 1950년대 중반 이래로 제국주의의 중심부/주변부 모델과 이후 서구의 세계체제에 대한 보다 역동적인 이해는, 발전이 단순히 지역적 차원의 문제가 아니라 지구적 차원에서 위치 지워져야 할 문제라는 점을 증명해 왔다.

어떤 특정한 이론적 틀이 가진 과학적인 장점을 논외로 한다면, 우리는 지구적 관점 대(對) 지역적 관점의 출현과 소멸은 중심부 엘리트지식인이 당면한 사회적 환경에 의해 결정되는 것이지 순수하게 학문적 발전의 결과가 아니라고 주장할 수 있다. 앞서 다른 글에서 밝혔듯이(Friedman 1978), 지난 수십 년 동안 경제학의 이론적 대상은 당대의 역사적 상황에 대한 경험적인 추상화로 인식될 수 있다. 즉 그 이론이 인식한 시간적 한계를 초월하지 못한 채 해당 '시기'에만 적합한 이론을 생산해 왔던 것이다. 최근 들어, 과거에 주변부였던 지역들이 다국적기업에 의해 중심부로부터 거대자본을 수입한 결과로 산업발전을 이룩하게 되었다. 이는 양극화를 제기하면서 서구의 탈산업화를 미 제국주의의 지속으로 해석했던 종속이론을 무색하게 만들었다. 장기사적 관점에서 우리는 다음과 같이 주장한다(Ekholm Friedman 1977). 서구 세계체제(자본주의)는 점점 더 위계적인 국제질서로 나아간다기보다 이전의 상업문명에서처럼 탈중심화되고 더욱더 경쟁적으로 되어가는 경향이 있다. 위기를 맞아 약화된 중심부는 제국주의적 축적의 새로운 중심부가 형성되면 쇠퇴하거나 헤게모니 권력을 상실하기 십상이다. 최근의 쇠퇴는 1970년 이래의 세계시장을 분석한 결과에서 잘 드러난다(Busch 1974; Schöller 1976; Fröbel et al. 1977). 이에 따르면 중심부/주변부 구조는 자본의 재생산 속에 고정되어 있지 않으며, 세계시장에서 산업생산의 엄청난 탈중심화가 최근 눈에 띄게 진행되고 있다고 한다. 프뢰벨(Fröbel)과 하인리히(Heinrichs), 크레예(Kreye)에 따르면, 지금의 경제적 위기는 단순히 또 하나의 불경기라기보다 17세기 유럽에서 자본축적의 중심부가 남유럽에서 북서유럽으로 이동하면서 나타난 거대한 위기상황과 유사하다고 한다. 이것은 보다 보편적인 중심부/주변부 사이클 모델을 통해 설명될 수 있다(Ekholm Friedman 1977). 그러나 앞으로 내가 주장하겠지만, 이것은 산업자본주의적 발전의 특수한 발현이라기보다 모든 문명의 공통된 특징이다.

　지금 우리는 인류학적 관심사에서 상당히 멀어진 것처럼 보인다. 그러나 인류학이 더 많은 성과를 얻기 위해서는 담론에서 지구적인 것이 특히 실재적 상황과 유리되어 나타났다가 사라지는 이유를 이해해야 한다. 유럽에서 국민국가의 형성은 체제의 지역적인 현상이었으며, 국민국가는 사회적 과정에 관한 일련의 사고방식에 걸맞은 경계를 세울 수 있었다. 사회 · 국민경제 · 민족(people) 개념은 모두 동질적인 민족적 실체의 존재를 모델로 하고 있다. 리카도의 세계는 16세기 혹은 20세기와 마찬가지로 지구화되어 있었다. 그러나 그는 세계가 당대의 지역적 정체성을 단위로 해서 구성되었기 때문에 세계를 각기 자율적인 사회적 단위들로 표상할 수 있었다. 지구적인 것은 그대로의 정황이며 적어도 최초의 상업문명이 발흥한 이래로 세계의 어떤 부분에 대해서도 적절한 분석을 가능하게 하는 유일한 이론틀이다. 그러나 규정상 자신의 학문적 대상과 일정한 거리를 유지하는 여타 분과학문과 달리, 인류학은 민족지적 타자와 전반적으로 얽혀 있다. 전자는 지역적 시각과 지구적 시각 사이를 오갈 수 있지만, 후자의 개념적 질서는 어떤 시각을 정하느냐에 따라 그와 직접적으로 결부된다.

지구적 산물로서 인류학의 대상

인류학적 실천의 관점에서, 지구적 시각의 출현은 이미 민족지적 활동 그 자체가 가진 자기의식(self-consciousness)과 관련이 있다. 이러한 **자기의식**(prise de conscience)은 주체인 인류학자와 그/그녀의 민족지적 대상의 관계에 대한 인식을 말한다. 이것은 인류학자가 더 큰 체제에서 그/그녀의 객관적 위치를 이해해야 할 필요성을 제기하지만, 결코 쉬운 과제가 아니다. '과학적' 담론의 구조에서는 대상이 주체와 구별되고 안정적이며 외적으로 존재한다. 주체가 사실상 그/그녀가 분석한 세계의 일부라면, 앞의 인식은 분명 그/그녀의 즉자적 실재의 일부가 아니다. 그러나 민족지가 중심부의 구성원이 '타자'의 삶을 살펴보기 위해서 이미 평정된 주변부로 여행하는 행위가 아니라면 무엇인가? 이를테면 인류학자는 중심부에 등을 기댄 채 이미 주변부로 포획되고 분류된 곳을 향해 순수하게 시선을 고정시킨다. 만약 민족지적 대상이 바로 세계체제로 변형되어 통합되는 과정의 산물이고 이 세계체제 속에서 지배집단이 집합적 주체를 구성한다면, 대상을 적절하게 이해하기 위해서는 주체와 객체 모두가 동등하게 일정한 부분을 이루며 활동하고 있는 보다 큰 체제를 인식할 필요가 있다.

전통과 민족지적 권위에 관한 최근의 논의를 자세히 검토하지 않고서도, 수많은 초기 인류학자들이 적어도 부분적으로는 자신들의 연구대상인 부족과 군장사회가 식민지체제의 산물이라는 점을 인식하고 있었다고 평가할 수 있다. 수년 전 샤페라(Schapera)와 특히 글럭만 같은 뛰어난 연구자들은 많은 '토착'사회가 사실은 식민지배 그 자체의 구조였으며, 흔히 부족의 실체는 통치과정에서 창조되어 그 기능을 하면서 유지되어 왔다는 것을 지적했다. 이 같은 인식은 광범위하게 퍼져 있었지만, 인류학적 대상을 재구성하는 방향으로 나아가지는 못했다. 그들은 대상을 단일한 사회 혹은 좀더 나은 경우라면 지역공동체로 제한하는 전통의 끝에 서 있었다. 서구 팽창을 연구한 역사가와 경제학자로부터 영향을 받은 몇몇 인류학자만이 인류학적 대상의 일반적인 성격을 인식했을 뿐이다. 레비스트로스는 자신이 인식한 것의 함의를 완전히 알지는 못했지만 우아한 방식으로 이를 언급했다.

식민화는 역사적으로나 논리적으로 자본주의에 선행한다. 그리고 자본주의 정치체는 일찍이 서구인이 원주민집단을 다루었던 것과 마찬가지로 서구인을 다루게 된다. … 무엇보다도 오늘날 우리가 '미개발되었다'고 하는 사회는 스스로 그렇게 된 것이 아니다. 그리고 이런 사회들을 서구발전에 외재하거나 이와 무관한 것으로 간주하는 것은 잘못이다. 사실 이 사회들은 16~17세기에 직간접적으로 파괴됨으로써 서구세계의 발전을 가능하게 했던 바로 그 사회들이다. 이 사이에는 상보적 관계가 존재한다. (Levi-Strauss 1973, p. 315)

사실 '차가운'[2] 사회에 관한 연구로서 구조주의는 이 상황에 대한 찬양이다. 활력이 부족한 사회체제는 차가워지고 역사가 부재하게 된다. 남아 있는 역동성마저도 이후 분석과정에서 쉽게 냉각될 수 있다.

인류학자가 연구했던 이질적인 사회들은 전통적으로 보다 큰 범주인 원시사회에 속한다는 것이 이 분과학문(인류학)의 고유한 특징이었다. 그러나 이 범주는 결코 인류학자의 과학적 창조물도 아니거니와 경험적 혹은 보다 이론적인 연구성과물도 아니다. 오히려 그것은 팽창중인 서구 지배이데올로기의 범주로서 존재했다. 처음에 인류학은 지배받는 세계, 곧 주변부를 지적 담론 속에 위치 짓는 세계관으로서 서구에서 발전했다. 유럽세계의 헤게모니는 15세기부터 나타나기 시작했는데, 이때는 상업주의와 유럽 중심의 세계시장이 형성되던 '탐험의 시대'였다. 이국주의와 원시주의는 이 같은 우주론적 소산 가운데 하나였다. 이국주의는 서구와 다른 세계, 이를테면 페르시아·인도·중국 등과 같은 매우 발전된 문명세계와의 만남을 해석해 주었다. 당시 서구가 자신들이 나중에는 야만적이라고 생각했던 아프리카 지역을 최초의 접촉시기에는 동등한 관점에서 매우 겸손하게 바라보고 사고했다는 점에 주목해야 한다. 이 지역들이 탈산업화되고 유럽의 경제적·문화적 주변부로 축소되면서, 유럽 너머에서 지속되어 오던 고급문화의 존재와 관련된 이국주의는 예술애호가의 영역이자 '찬란한 과거'에 대한 컬트가 되었다. 아프리카·아시아·아메리카·태평양의 보다 황폐해진 저개발지역은 그 이전부터 지구체제 속에서 이미 주변화된 지역과 함께 원시주의와 진화주의, 마침내는 인류학의 주요한 주제가 되었다. 이국주의보다는 다소 늦지만 진화주의보다 먼저 출현한 원시주의는 새롭게 접한 '원주민'을 비교자료로 사용했던 유럽의 급속한 상업화과정에 대한 대응으로 나타났다. 이는 몽테뉴, 드라이든, 포프를 비롯하여 어느 정도 루소의 작업에서도 분명하게 표현된다(Lovejoy 1948). 그리고 진화주의는 18세기 영국과 프랑스에서 가장 강력하게 대두되었고 19세기에 들어와서는 내내 유럽 정체성의 지배이데올로기로 발전했다. 진화주의는 로크·스미스·퍼거슨·밀러·흄의 주요 연구대상이었으며, 오로지 지능의 진화에만 초점을 맞춘 몇몇 프랑스 백과전서파[3]의 작업에서도 나타났다. 원시주의와 진화주의는 모두 세계를 문명화/원시성 그리고 우리/그들로 이분화해서 인식하는 위계적 관점을 기반으로 하고 있다. 양자의 차이는 시간적 관계, 즉 가상의 연속성을 상대적으로 부정하는가 긍정하는가에 있다. 이 같은 위계화, 다시 말해 유럽의 산업문명으로 나아가는 진보라는 관점에 입각해서 지구의 다양한 지역들을 서열화하는 것이 진화주의의 핵심이다. 원시주의자와 그보다 최근의 상대주의자는 자신들과 완전히 반대되는 관점에서 세계를 바라보는 진보적 진화주의와 대립하여 원시주의의 우월성을 강조하는 경향이 있다.

여기서 중요한 것은, 인류학은 공간을 시간으로 오역(誤譯)하고 문명과 비문명의 진화적 관계로서 현 문명의 중심부/주변부/변두리 구조의 이데 올로기적 표상 속에서 탄생했다는 사실이다. 확실히 이 시기의 연구에서 공간의 시간화는 강력한 힘을 발휘했다. "비록 18세기 후반의 진보주의자들은 때때로 몽테스키외에게 많은 빚을 지고 있었지만, 몽테스키외와 달리 비교문화의 일차적인 기준을 수평축(혹은 공간의 축)에서 수직축(혹은 시간의 축)으로 90도 옮겨놓았다."(Stocking 1987, p. 14) 이러한 표상과정에서 우리/그들의 대립적 측면만이 인류학적 대상이 되었고, 그 대상을 구성하는 과정과 관련된 체제관계는 배제되었다. 각 부분은 전체의 관점에서만 이해될 수 있으며 체제관계가 바로 그 전체성을 형성한다는 사실을 일반적으로 인식하지 못했던 것이다.

따라서 이러한 상황에서, 인류학자들이 나서서 원시사회 유형을 기능적 그리고(혹은) 진화적으로 분류했다는 것은 특이할 만한 일이 아니다. 기능적 분류란 진화의 기준, 곧 국가 대(對) 국가 없는 정치체, 조합주의(corporatism) 대 개인주의 등을 말한다. 진화주의와 신(新)진화주의 인류학자들은 세계의 민족지도(ethnographica)를 밴드, 부족, 군장사회, 국가를 거쳐서 서구사회에서 절정에 이르는 고유한 도식으로 조직화했다. 그리고 역사물질주의(historical-materialism)에서 영감을 얻은 인류학이 그 뒤를 이었다. 모든 범주는, 그것이 단선적이든 다선적이든 동일한 유형에 속하며, 여기서 유형이란 개인이 특정한 기술환경에 적응한 결과 나타나는 사회적 형식의 배열을 뜻한다. 신진화주의를 고고학 자료에 적용한 '신고고학'은 본래의 분류방식과 설명양식을 점차 유지하기 어렵다는 사실을 알게 되었다. 예를 들어 복잡한 도시사회와 함께 나타난, 초기의 집약적 채집을 생계기반으로 하는 여리고(Jericho)[4]를 이론적으로 위치지우기가 어려웠다. 이와 비슷하게 필리핀의 복잡한 관개체계는, 진화주의의 관점에서 볼 때 필리핀의 평등한 부족조직과 어울리지 않았다. 생계기술의 배열을 통해서, 사회적 유형에서 나타나는 변이(變異)를 설명할 수는 없다. 1970년대 중반 이후에 몇몇 고고학자들은 체제를 사회적 제도에 한정하는 대신 그것 자체를 재구성하기 시작했다. 그들은 사회적 변형을 이해하는 데 있어서 생산·교환이 이루어지는 광역체제의 중요성을 발견했다. 그렇지만 결과적으로 신진화주의가 제시한 것과는 매우 다른 그림이 그려졌다. 프리드만과 롤랜스는 초기 논문(1977)에서 전(前) 국가 지역체제의 변형적 구조와 상업에 기초한 초기제국의 출현을 다루었다. 같은 책에서, 에콜름 프리드만은 '위신재' 체제모델을 통해 사회구조와 정치위계, 양두제의 상징이 광역교역과 연결됨을 제시했고 이의 변형은 그 사회가 유럽 세계체제로 통합된 결과임을 밝혔다.

이 모델은 결과적으로 수많은 논쟁의 기초를 제공했다(Frankenstein and Rowlands 1978; Ekholm and Friedman 1979; Rowlands 1979; 1980; Friedman 1981; 1982; Persson 1983; Liep 1991). 이중 초기작업들은 대부분 보다 큰 체제의 구조적 측면을 다루었는데, 헤데거(Hedeager 1978)는 덴마크 철기시대의 사회구조가 로마제국에서의 주변부적 위치와 어떠한 연관성이 있는지 밝혀내었고, 크리스티안센(Kristiansen 1978; 1982)은 스칸디나비아 청동기사회의 역동성과 지역적 맥락을 분석했다. 지리적으로 보다 한정된 인류학적인 맥락에서 퍼슨(Persson 1983)은 말리노프스키의 쿨라 교역의 지역적 사회구조가 보다 큰 체제에서 어떤 위치에 놓이며 그 기능이 무엇이었는지 증명했다. 초기 상업제국과 관련해서는 부의 축적과 헤게모니 사이클의 내적 역동성 측면에서 수많은 논의가 있었다(Larsen 1976; 1987; Frankenstein 1979). 또한 1980년대 들어서는 다양한 국제세미나를 거치면서 『고대세계에서 중심부와 주변부』(Center and Periphery in the Ancient World, Rowlands et al. 1987) 등과 같은 흥미로운 책들이 출판되었다. 최근에는 일찍이 인류학자의 민족지적 대상은 상당 부분 제국주의적 세계경제의 산물(Frank 1967)이라고 인류학자에게 설파했던 프랑크가 현 지구체제의 역사를 후기 신석기까지 소급하는 노력을 하고 있다(Frank 1990). 이와 같이 새롭게 등장한 관점에 따르면, 인류학에서 진화주의와 심지어 기능주의가 생산한 진보적 도식(progressive scheme)이 더 이상 안정된 우주론 속에서 고정된 위치를 보장받을 수 없다.

정치적 유형을 국가가 있는 사회와 없는 사회로 나누는 단순한 이분법과 마찬가지로, 밴드-부족-군장사회-국가라는 도식은 식민화된 주변부에 관한 민족지적 자료에서 도출되었다. 이것은 제도적 형식을 분류한 것이다. 진화주의에서 이런 제도적 형식들을 연결하는 것은 외부요인이다. 왜냐하면 이 같은 형식들간의 연결이 식민지상황에서는 잔존하던 기능들이 완전히 변형되어 가시적으로 드러나지 않기 때문이다. 결국 이 이론은 경제발전이론 중 내재적 성장이론과 동일한 장애에 부딪히게 된다. 왜 원시적 전통사회는 진화하지 않는 것일까? 왜 발전했던 몇몇 문명이 원시상태로 퇴화하는 것일까? 진화주의는 비진화(정체) 혹은 퇴화를 설명할 수 없다.[5]

이론적 토대: 사회적 재생산

중심부 인류학자와 주변부 대상 사이의 단선적 관계는 민족지를 곤경에 빠뜨렸다. 연구자들은 이미 민족지적 관계에 매몰된 범주에 따라 사람들을 대상화해 시공간적으로 고립시키는 경향이 있다. 이런 곤경에서 벗어날 수 있는 확실한 방법은 개념적으로 사회제도가 아닌 사회적 재생산에서 출발하는 것이다. 사회적 재생산 개념은 사회형식이 무엇이든지간에 생산에서 소비를 거쳐 다시 새로운 생산에 이르는 사이클을 추적하며, 우리가 당면한 사회세계의 존재적·기능적 조건을 확인할 수 있는 틀을 제공한다. 재생산 사이클은 반드시 개별사회에 한정되지 않으며, 또 오직 시간과의 관계 속에서만 규정될 수 있기 때문에 누적되는 사회적 과정과 사회적 변형을 분석하는 데 전체적인 틀을 제공해 준다. 만약 군장사회가 현금작물을 생산하는 '평민'에게 세금을 거두고 식민지 군사력을 통해 강화되는 행정구조로서 스스로를 재생산한다면, 아무리 식민지 이전 사회의 범주와 용어가 사용된다 하더라도 사회범주들 사이의 유의미한 연결은 새로운 재생산 과정에 의해서 결정된다. 또 만약 이 현금작물이 더 나아가 세계시장에 의존하고 있다면, 해당 지역구조의 재생산은 초지역적인 문제가 된다.

흔히 내적 역동성이 제거된 '전통적인' 제도와 대면하는 인류학자는 사회적 재생산과정을 다루는 대신 제도적 요소를 마치 정적인 존재인 것처럼 축소시켜 이해하려고 했다. 물질주의자와 비물질주의자 모두에게 여전히 지배적인 담론양식인 기능주의는 존재의 실질적 사회조건이 비전통적 질서인 상황에 가장 적절하다. 흔히 전통적이라고 간주될 수 있는 것을 발견해야 한다고 생각하는 인류학자는 더 큰 재생산과정을 보지 못하는 경향이 있다.

당시만 해도 하나의 지역이 자기완결적일 수 있다는 상념을 강하게 가지고 있었던 1970년대 중반에 나는 오스트레일리아에서 연구를 진행하고 있었다. 그러던 중 파푸아뉴기니 남쪽 해변에 있는, 보기 드물지만 여전히 존재하고 있는 **군장사회** 중의 하나인 메케오(Mekeo)에 관한 글을 접하게 되었다. 그리고 수백 개의 '빅맨' 유형의 사회, 즉 진보적 발전이라는 보편적인 도식에서 상대적으로 평등하고 발전단계가 낮다고 말하는 그 섬을 다녀오기로 했다. 가장 최근에 출판된 것과 출판되지 않은 것까지 포함하여 보고된 민족지에 따르면, 메케오는 상대적으로 자율적인 전통사회인 것 같았다. 이러한 인상은 정교하게 장식된 거대한 전통 초가집 사진에 의해 더욱 굳어졌다. 정말이지 초가집 기둥 밑에 감춰진 트랙터부품이며 오토바이, 심지어 비행기 엔진을 발견한 것은 놀라운 일이었다. 메케오는 모레스비(Moresby) 공항에서 해안도로의 끝자락에 위치한 지역이었다. 수십 년 전 가톨릭 선교사들은 이곳에 8개 촌락을 묶어서 조밀한 단지를 만들고 한가운데 가톨릭 선교센터를 건립했다. 메케오는 베델콩 시장을 사실상 독점해 왔으며 때때로 생산한 콩을 개인비행기를 이용해서 읍내까지 운송했다. 또한 그곳에는 초기의 몇몇 원조 이후 기계화된 관개 벼농사가 실험적으로 시행되고 있었다. 그들은 오스트레일리아 사람에게 "아니오. … 우리는 너무 뒤쳐져서 그런 근대기술을 배울 수 없소"라고 말했으나(interview 1975), 오스트레일리아 사람들이 떠나자마자 기술을 보강하기 시작했다. 이렇게 해서 얻은 수입으로 그들은 매우 값비싼 전통 건축물을 지었을 뿐 아니라

서구에서 수입한 물품과 기계, 일요일에 입는 멋진 정장, 트랜지스터를 구입할 수 있었다. 한편 도시시장에 나가지 않고 좀더 내륙 쪽에 살고 있는 '부시' 메케오의 가옥 지붕은 짚이 아닌 양철로 덮여 있다. 그들 대다수는 읍내의 임금노동자이거나 해안가의 부유한 사람들과 사촌지간이었다. 역설적으로 지역적 생산과 대규모 시장이 연결되면서, 외딴 지역에서는 사라지고 없었을 전통물품이 메케오에서는 보존되고 있었던 것이다. 전형적인 발전이란 측면에서 볼 때는 내륙의 '부시' 메케오 마을이 해안가의 메케오 마을보다 더 발전했다고 말할 수 있다.

현재 오직 자연환경과 관계하고 있는 것처럼 보이는 훨씬 더 외딴 지역의 사회들은 본래의 내적 역동성의 조건을 이루었던 큰 집단과의 교환이나 전쟁 네트워크가 붕괴되면서 그와 같은 모습이 된 것이다. 결국 전통적인 요소가 어떻게 민족지로 기록되든, 그 요소들을 묶어주는 체제는 지역이 더 큰 체제와 결합되거나 탈통합되면서 '본래의 것'이 변형되어 나타난 것으로 이해될 수 있을 따름이다.

재생산을 유의미한 전체성으로 전제하고 출발한다면, 우리는 사회가 어느 정도로 자기영속성을 가지는지 혹은 더 큰 체제에 의존적인지를 알 수 있다. 이 논의는 물론 앞서가는 것이 아니다. 왜냐하면 지구상에는 이른바 원시집단이 거의 완전히 고립된 상태에서 수렵채집이나 농경생활을 영위하고 있는 것처럼 보이는 수많은 지역이 존재하기 때문이다. 이러한 사례에서 이미 전제된 '원시주의'를 파악하기 위해서는 단순히 현재의 사회적 재생산을 관찰하는 것만으로는 불충분하다. 오히려 우리는 지구적인 팽창과 수축이 가져온 장기사적인 '민족지적' 효과를 고려해야 한다. 더 큰 지역으로의 거대한 인구이동과 인구급감, 노예무역, 구교역체계의 탈통합 등과 같은 요인들은 직접적인 식민화 이전부터 수많은 사회의 존재조건을 바꾸어놓았기 때문에 이를 인지하지 않고서는 어떤 민족지적 현재도 이해할 수 없다. 지구적 재생산과정과 지역의 인구집단을 연결해 주는 실질적인 사이클뿐만 아니라 존재조건과 재생산조건의 재생산과 분포를 반드시 고려해야 하는 것이다.

사례들

20세기 콩고의 저지대지역(Lower Congo)에 관한 민족지에 따르면, 수백 개의 촌락사회는 인구가 드문드문 분포하고 강한 부거제적 경향과 함께 모계로 조직되어 있다. 이 작은 사회들 대다수가 다양한 형태의 호혜적 교환을 실천하고 있으며 그중에 몇몇은 다소 복잡하다. 그러나 수세기 전에 이 지역은 몇 개의 큰 왕국으로 조직되어 있었다. 최근의 민족지에 따르면 이전의 왕국은 비대칭적인 '일반교환'[6]을 통해 연결된 모계적 위계와 이를 기반으로 조직된 정치적 부계를 형성하고 있었고 이것이 붕괴되면서 궁극적 변형과정이 나타났다고 한다. 이 왕국에서 중심부의 권력은 외부와의 무역, 즉 인류학문헌에서 '위신재'로 알려져 있는 일종의 화폐기능을 하는 물품의 수입을 독점했다(Ekholm Friedman 1977). 권력의 주요한 원천은 더 큰 영역에서의 노예교환뿐 아니라 신부대[7]와 기타 사회적 보상을 위해서 반드시 필요한 위신재를 통제하는 것이었다. 콩고의 지역체제는 팽창중인 유럽의 상업권력과 접합했고 이로 인해 몰락했다(Ekholm Friedman 1972). 유럽이 팽창하기 시작한 초기에는 왕족이 포르투갈과의 (상아·구리·노예를 주고 옷감·유리구슬을 받는) 교역을 독점했지만, 이후 점차 늘어난 유럽 상인들은 해안선을 따라 정착해서 지역의 군장과 직접 교역하기 시작했다. 콩고[8]의 위계제는 사회적으로 중요한 재화가 유입되는 중간마디가 독점되면서 비대칭적인 구조를 이루었다. 지역의 재화는 분배를 담당하는 중심점으로 이동하고 수입된 위신재는 아래로 파급되었다. 그러나 해안가에서 교역이 이루어짐에 따라 유럽에서 생산된 위신재는 왕족의 독점을 건너뛰어 지역 내부로 직접 전달되었다. 결과적으로 예전의 위계는 해체되고 노예무역이 출현했다. '전통' 체제에서는 노예가 위신재와 교환될 수 있었기 때문에, 유럽인들은 값싼 옷과 구슬을 투입해서 쉽게 노예를 뽑아낼 수 있었다. 마침내 대장을 자처하는 자와 그를 따르는 무리들이 늘어났고 이들은 당시 해안에서 유럽으로부터 들어온 위신재와 교역되던 포로들을 서로 약탈하기 시작했다. 총기의 수입이 늘어난 것도 이때부터였다. 콩고 바신(Congo Basin)에서는 과거의 내부 노예유통망을 통해 수백만의 인구가 유출되었으며, 그에 따라 생계기반이 무너지고 동질적인 거대한 문화영역이 소규모의 수많은 정치단위로 파편화되었다. 이 지역의 인구가 급감해 버렸기 때문에, 많은 역사학자·지리학자·인류학자 들은 콩고 사바나지역을 인간의 소산이 아닌 자연지대로 오인했다(Ekholm Friedman 1972; 1977; Rey 1972).

이와 정확하게 똑같은 종류의 구조적 접합이 인도네시아 동부지역에서도 일어났다(Friedberg 1977). 서티모르에서는 강력한 모계전통을 가진 통일된 왕국이 있었던 것 같지만, 유럽과의 백단(白檀)무역으로 인해 지역의 정치구조가 파편화되고 변형되었다. 그러나 이곳에서는 대규모 인구유출이 일어나지는 않았다. 지역 및 광역적 재생산 사이클의 몇몇 측면에서, 비록 소규모이지만 (위신재의 생산을 포함하여) 반(半)—유사—국가구조가 최근까지 유지되어 왔다. 이 같은 상황을 완벽하게 이해하기 위해서는 인도네시아와 동남아시아 일부 지역이 크고 잘 통합된 무역체제로 조직되어 있었고, 티모르의 정치중심부는 12세기에 이미 백단과 교환할 중국제품과 금을 축적하고 있었다는 사실에 주목해야 한다. 일찍이 이 지역을 방문했던 네덜란드인은 섬에 금광이 있다고 확신했을 정도였다. 티모르는 유럽체제로 통합되기 전에는 자바와 중국 상업제국의 주변부로 기능해 왔다. 몇몇 티모르 사회들의 구조적 복합성은 이전의 구조가 몰락하고 변형되면서 생겨난 것이다.

이상의 두 사례에서 알 수 있듯이 근대민족지는 자신이 발견한 것들을 역사가 부재한 무시간적인 유형으로 다루는 경향이 있다.

유럽인으로서는 처음으로 뉴기니의 하겐 고산지역에 발을 내디뎠던 비체돔과 티슈너가 쓴 보고서에 따르면, 이들은 그곳에서 어느 정도 '계층화된' 사회를 발견했다(Vicedom and Tischner 1943~48). 그곳 사람들은 해안지역과의 조개교역에서 독점적 위치와 그에 따른 지역 내 집단들간의 교환에서 차지하는 위치에 따라 명확하게 범주화되었다. 그후에 유럽인들이 이 지역에 재화와 조개화폐를 도입하면서 독점이 깨지고 그에 따라 위계질서가 붕괴되었으며 경쟁적인 '빅맨' 체제가 출현했다는 점도 확실하다. 물론 이런 빅맨체제가 역사상 이전시기에도 존재했을 수 있다. 그러나 서구와 접촉했던 시기 해안-고산교역에서 나타났던 광범위한 동요를 보면 근대 인류학에서 원형이 되어버린 빅맨체제 역시 근대세계체제 이전이 아니라 근대세계체제 속에서 구성된 상호작용의 산물임을 알 수 있다.

만약 사회적 파편화와 몰락이 궁극적으로 더 큰 체제로 통합되면서 나타난 결과라면, 이것들만이 유일한 사례라고 할 수 없다. 마다가스카르와 하와이 같은 곳에서는 유럽과의 무기교역과 직접적인 간섭으로 인해, 상대적으로 짧은 시기였지만 국가형성이 촉진되었다. 중서부 아프리카에서 노예무역으로 이익을 얻은 곳에서는 군사정부가 발달했다. 이 같은 위계적 형식은 앞에서 언급한 파편화된 사회와 마찬가지로 지역적/지구적 접합의 산물이다.

흔히 구석기의 흔적으로 논의되어 온 유명한 수렵채집사회, 이른바 밴드사회조차도 지구적 차원에서 재분석될 수 있다. 스튜어트와 공동저자들이 저술한 저 유명한 남아메리카 인디언(*Handbook of the South American Indians*, 1963)에 따르면, 아마존 인디언은 한때 아마존 분지의 생태시스템에 잘 적응한 수렵채집과 초기농업의 결합형태로 간주되었다. 그러나 이 지역에는 강가에서 집약적 농업을 영위했던 군장사회들이 광범위하게 조직된 적이 있으며, 안데스의 국가체제와 교역을 통해 상호 연결되어 있었다. 1500년에 과라니 부족의 인구는 1500만 명이었고 인구밀도가 1km²당 10명이나 될 정도로 높은 수준이었다. 하지만 이 집단의 구성원으로 현재까지 남아 있는 사람은 수천 명에 불과하며, 이들은 소규모집단을 이루어 이동하면서 살고 있다.

근대의 인류학자들은 콩고의 피그미인을 실제 원시사회를 가장 잘 보여주는 사례의 하나로 제시하면서 마치 그들이 경제적으로 고립된 것처럼 묘사해 왔다(Turnbull 1965; Godelier 1973). 이 가운데 놀랄 만한 것은, 피그미인은 생태적으로 결정된 그들 고유의 생산방식을 가지고 있다고 주장하는 분석이다(같은 책). 피그미인은 콩고왕국에서 공식적으로 수렵인으로 지정되었으며, 더 큰 광역을 기반으로 한 농업경제의 일부로 살아왔다. 그러나 오늘날 많은 사례에서 자율적인 것처럼 보이는 현재의 피그미인은 이전에 그들을 통합시켰던 '반투'(Bantu) 정치체제가 해체되면서 나타난 결과이다. 턴불(Turnbull)은 이투리 숲의 피그미인을 연구한 주요한 근대 민족지학자인데, 그는 숲 한가운데 있는 푸트남(Putnam)이 운영하는 호텔에서 대부분의 시간을 보냈다. 사실 그의 박사학위논문은 푸트남을 통해 수집한 자료에 전적으로 의존했다. 한 오락성 소책자에서, 푸트남 여사는 1930년대에 모험을 좇아 들어온 부유한 유럽인들을 접대하면서 살았던 이 호텔에서의 생활을 회상하고 있다. 투숙객들은 "우리는 숲으로 가고자 한다"고 주장했지만, 푸트남 여사는 피그미인은 모두 호텔 근처에 살고 있다고 말했다. 결국 숲속 깊은 곳으로의 여행은 실질적으로 호텔 근처를 맴도는 것에 불과했다.

부시맨에 관한 최근의 연구는 이들에 대해 오랫동안 고수되어 왔던 수렵채집인이라는 인식을 바꾸어놓았다. 확실히 이들은 적어도 수세기 동안 보다 넓은 세계와 관계를 맺고 있었으며, 어느 분석에서는 부시맨은 하나의 뚜렷한 사회적 유형이라기보다 오히려 지역적 계층에 가까운 것으로 보고 있다(Wilmsen). 그 밖에도 이를테면 아이누족 같은 전통적인 수렵채집사회를 보다 면밀히 들여다보면, 이들의 역사와 사회적 형식은 훨씬 더 복잡하다. 아마 아이누족은 상당히 발전된 노동분업체계를 갖추고 있었고 광대한 무역에 참여했으며 위계질서가 잘 잡혀 있는 조직화된 사회였을 것이다. 그러나 오늘날 이들의 이미지는 일본이라는 보다 넓은 영역 속에서 주변으로 밀려난 존재(marginalization)이다.

피그미인이나 남아메리카 인디언, 부시맨 모두 서구의 자기정체성의 진화론적 드라마로 꾸며진 것이다. 사실 이들은 자신들에게 부여된 것과는 전혀 다른 역사를 가지고 있다. 진화주의 인류학과 구조기능주의 인류학에서 정립된 그 밖의 범주에서도 이와 비슷한 것을 발견할 수 있는데, 이는 이 범주들이 얼마나 억지스럽고 외래적이었는지를 잘 보여준다. 앞의 인구집단들은 단지 철기시대의 화석으로 간주될 수 없다. 사실 이들은 사회적으로 고립되었을지라도, 우리 체제의 일부이며 이 체제가 창조한 세계의 일부인 것이다.

지구인류학은 문화의 발명에 관한 것이 아니다

사실 인류학에는 밴드나 부족, 군장사회나 수장(首長) 없는 사회 등 특수한 사회유형들을 상대적으로 안정적으로 묘사하려는 일련의 사회분석과 서술이 많이 존재한다. (레비스트로스에게는 실례이지만) 이러한 사회유형들은 이런저런 형태의 교차사촌혼[9]이나 다른 통계적인 관습을 실행하기 위한 사회조직과 족외혼을 하는 씨족, 부계, 모계, 양계, 공계 등과 같은 분명한 형식을 가지고 있다고 간주되었다. 그러나 이 모든 조직은 광범위한 사회적 변형의 관점에서 그리고 큰 규모의 지구화과정이란 측면에서 이해될 수 있다는 점을 결코 진지하게 받아들이지 않았다. 다음으로 이어지는 논의들의 목적 가운데 하나는 쉽게 받아들여진 '저기 밖'의 세계라는 상념을 비판하는 것이다. 또한 어떤 식으로든 동질적인 장(homogeneous field)을 표상하는 세계는 '서구화된 것'이라는 그 반대의 상념 역시 비판될 것이다. 그 대신 현재를 지구적 과정과 지역적 과정의 접합으로 묘사할 것이다. 최근 마셜 샬린스가 지구화학파에 대해 말한 바와 같이 "서구사람들은 독점적으로 문화적 포섭을 실천하지 않으며, 또 '타자를 구성하는' 게임에서 아마추어와 겨루지도 않는다"(Shalins 1993, p. 387). 그리고 이 연속선상에서 '전통의 발명'이란 접근방법에 대해 "그것들은 제국주의가 실천적으로 시도했던 것을 이론적으로 수행한다"(같은 책, p. 381)고 한 그의 비판은 제대로 평가되어야 한다. 이 주장은 지구인류학을 위해서라도 고려되어야 할 주요한 지점이다. 그러나 우리가 다음 장에서 보겠지만, **문화적 관점에서 지역이 지구 전체를 포섭하는 경향이 분명히 존재하는 반면, 동시에 물질적 관점에서는 지구가 지역을 포섭하고 있다.** 그리고 마침내 두 과정의 끊임없는 접합이 존재한다. 지금 이것은 내가 "인류학자와 문화이론가의 근대주의 후퇴"라고 표현했던 접근방법과는 매우 상이하다(이 책의 69~92쪽 참조). 그들은 근대 전통주의를 진정성이 없고 정치적으로 촉발된 창조조건 속에서 진짜 과거에서 벗어난 근대적 발명품으로 본다(Hobsbawm and Ranger 1983; Linnekin 1983; Thomas 1989). 이와 동일한 논의는 지구적 혼합, 혼성화 그리고(또는) 크레올화[10]에 대한 접근방법에도 적용될 수 있다. 이 접근방법들은 순수한 문화 혹은 살아 있는 전통과 토착성의 기본적인 정의에 기초하고 있는데, 그것들의 존재를 부정하면서도 근대적 실재들을 묘사하기 위해 그 토대를 남겨둔다. 문화인류학의 창시자(보아스)와 그 학파의 주요한 전통에서는 이러한 문제, 즉 문화의 혼합된 성질을 다루지 않았다. 오히려 그들에게 문화는 구조의 문제이며 내적 일관성의 문제이며, 기원의 문제라기보다는 통합의 문제였다. 그리하여 이 새로운 담론은 인종과 적어도 종족적 기원에 대한 독일의 전파주의적 관심으로 거슬러 올라간다. 이것은 자기지시된(self-designated) 진보하는 영혼에게는 실로 낯선 선입견이 아닐 수 없다. 그리고 이 책의 3장에서 제시하고 있는 것처럼, 이 같은 관심은 최근 세계체제의 변형을 보여주는 중요한 징후이기도 하다.

지구체제의 관점에서 볼 때, 발명과 문화혼합은 전혀 상호연관성이 없는 문제이다. 모든 문화적 창조는 유인되는 것이다. 그리고 그 원인은 창조하는 주체의 동시대적 존재 속에 내재해 있다. 따라서 발명은 역사적 조건 그리고 필연적으로 사회적이며 존재론적인 연속성에 기반하고 있다. 이러한 연속성은 불연속성을 강조하는 담론에서 체계적으로 간과되고 만다. 화물숭배,[11] 카스팀(Kastom, 전통문화부활)운동, 종교적 분파, 민족주의 또는 종족반란에서 나타나는 요소들의 특수한 조합은 그것에 참여하는 주체의 경험과 공명할 때 비로소 기능할 수 있다. 이는 그 자체로 표면적으로는 완전히 새롭게 보이는 것을 이해하는 데 있어 본질적인, 공유된 동기와 해석의 장 밑에 놓인 지층으로서 주요한 경험적 연속성에 대한 강도 높은 주장이다. 지구적인 것은 문화적 실천이 일어나는 영역 내의 구조와 과정에 관한 것이다. 따라서 그것은 문화와 동등하지 않다. 여기서 사회적 실재의 지구적 재질서화와 이른바 문화적 연속성 사이에는 모순이 존재하지 않는다. 우리가 구체적인 역사적 과정을 이해하는 데 조금이라도 관심이 있다면 근대 수렵인/채집인, 근대 씨족체계, 근대적 주술의 형성을 단순히 발명으로만 간주해서는 안 된다. 이것들은 이론적이지 않더라고 실천적으로 **배불리는 정치학**(la politique du ventre)[12]이라는 전통적인 원리로 조직되는 아프리카의 국민국가나 '빅맨십'의 자질에 따라 실행되는 멜라네시아 지역의 통치력과 마찬가지로 발명된 것이 아니다. 문화의 근대화 혹은 혼성화라는 타협안은 세계체제의 필연적인 산물이 아니다. 그러나 그것은 문화적 관점에서 더욱 설명하기 어려워진, 세계를 재분류하는 방식일 수 있다. 모순적이게도 지구체제는 파편화되고 있지만, 문화이론가는 지구화 관점을 유지하기 위해 애쓰고 있다. "모순적이게도… '새로운 세계질서'가 수많은 소규모 분리주의운동 속으로 부숴지고 문화적 자율성이라는 구호 아래서 전진하고 있을 때, 비로소 서구 사회과학은 지구적 통합이론을 정교하게 다듬을 수 있다."(Sahlins 1993, p. 3)

[주]
1) Global과 관련된 용어들은 기존의 번역어와는 다소 다르게 번역하였다. Global은 '지구적', Globalization은 '지구화', Globality는 '지구성', the Global은 '지구적인 것'이라고 번역했다.
2) 레비스트로스는 서구의 문명사회와 비서구의 미개사회를 각각 '뜨거운 사회'(hot society)와 '차가운 사회'(cold society)로 비유했다. 서구의 '뜨거운 사회'는 열역학기구와 같이 많은 에너지를 투입하여 활발한 활동을 만들어내며 진보하지만 그만큼 에너지가 소진되는 사회이다. 반면 비서구의 '차가운 사회'는 괘종시계와 같이 처음 투입된 에너지가 무한히 사용되며 반복적으로 지속되는 사회이다.—옮긴이
3) 백과전서파는 프랑스에서 1751~80년에 총 35권으로 간행된 『백과전서』(*Encyclopédie*)의 집필과 간행에 참여한 계몽사상가 집단을 가리킨다. 『백과전서』는 당대 진보적 지식을 대변하며 프랑스혁명의 사상적 배경이 되었다. 백과전서파에는 편집자인 D. 디드로와 J. L. R. 달랑베르 외에도 당시 프랑스의 대표적 계몽사상가인 A. 투르고, 볼테르, J. 루소, 몽테스키외, 케네 등이 있다.—옮긴이
4) 성서 속 명칭은 예리고(여리고)이며, 현지 아랍인들은 아리하라고 한다. 여리고는 예루살렘 북동쪽 36km, 요르단강과 사해(死海)가 합류하는 북서쪽 15km 지점에 있다.—옮긴이
5) 원시주의에 대한 진화론적 해석에 따르면, 아직도 발견되고 있는 원시사회는 고유한 반(反)국가적 정치구조 때문에 진화하지 않았으며 진화에 능동적으로 역행한다는 것이다. 이 같은 접근방식에는 다양한 의견차이가 존재하지만(Clastres 1977; Rappaport 1979), 그것들 모두 인구압과 같은 외적

동력에 의존하여 점차 증가하는 집단들간의 전쟁이 군장과 왕의 출현을 가능하게 한다고 주장한다. 그리고 인구압이 진화론에서 가장 상식적인 설명기제이듯이, 반국가와 녹색(환경주의)의 안정국가론(steady-state theory)도 궁극적으로 진화론의 일반적 방법론의 또 다른 유형이라고 할 수 있다.

6) 일반교환(Levi-strauss 1949)이란 남자 혹은 여자가 결혼을 할 때 한 집단에서 다른 집단으로 비대칭적으로 움직이는 것을 말한다(A→B→C→X···→A).

7) 신부대(brideprice)는 신랑의 친족집단이 신부의 출산력과 노동력 등의 제반권리에 대한 대가로 신부가 속했던 친족집단에게 지불하는 가치재를 뜻한다. 이 관습이 실행되는 원시사회에서 신부대는 소, 상아, 조개, 구슬 등 그 사회 위세의 가치를 상징한다는 특징을 지닌다.─옮긴이

8) 콩고(Kongo)는 언어학적·문화적 집단 혹은 옛 콩고(Kongo)왕국을 지칭한다. 반면 콩고(Congo)는 콩고(Congo)강 유역의 바신 혹은 콩고(Congo)인민공화국 전부를 포괄하는 완전히 지리학적 영역을 가리킨다.

9) 미국의 인류학자 모건(L. H. Morgan)은 아버지나 어머니와 성이 같은 형제가 낳은 자녀들과의 결혼을 평행사촌혼, 아버지나 어머니와 성이 다른 형제가 낳은 자녀들과의 결혼을 교차사촌혼으로 구분했다. 모건이 연구한 아메리카인디언 이로쿼이족의 경우 평행사촌과의 결혼을 금지한 반면, 교차사촌과의 결혼은 합법적인 것으로 간주했다.─옮긴이

10) 크레올은 서인도제도, 모리셔스 섬, 남아메리카 등지로 이주한 백인, 특히 스페인 사람의 자손을 가리킨다. 그들은 다양한 출신지의 어휘와 억양이 뒤섞이면서 형성된 언어체계를 자신들의 고유한 언어체계로 만들었다. 이와 같이 다양한 문화가 뒤섞여 새로운 문화가 창출되는 현상을 크레올화라고 한다.─옮긴이

11) 화물숭배(cargo cult)는 19세기에서 20세기 중반까지 멜라네시아와 뉴기니에서 발생한 독특한 종교현상을 말한다. 그곳의 원주민들은 백인들이 비행기에서 가져오는 '화물'(cargo)을 백인들이 만든 것이 아니라 신으로부터 얻은 것이라고 생각하였다. 그래서 백인들이 라디오를 들으며 신을 부르는 것처럼 원주민들은 '화물'이 오기를 바라는 독특한 종교의례를 행하였다. 인류학에서는 이러한 종교의례를 화물숭배의식이라고 한다.─옮긴이

12) 아프리카의 종족정체성은 식민지시대에 만들어졌으며 따라서 식민지시대 이후 아프리카를 통일할 수 있는 유일한 정치체로서 국가는 더 많은 자원과 기회를 독점할 수 있었다. 이러한 아프리카의 정치상황을 빗대어 장 프랑수아 바야르(J. F. Bayart)는 '배불리는 정치학'(la politique du ventre)이라고 표현했다.─옮긴이

02 / 지구체제의 역사적 보편성과 문화적 특수성 [*]

지구적 방법론의 틀로서 지역사

내가 그동안 지구체제 인류학이라고 지칭해 왔고 앞으로도 지칭하게 될 방법론의 상당 부분은 1970년대 중반 룬트와 코펜하겐, 런던에서 있었던 토론과 논쟁의 산물이다. 이 글은 지난 몇 년 동안 지구네트워크가 만들어진 방식과 그 일반적인 결과를 다루고 있다. 전체적인 틀에서 보면, 이 방법론은 통상 사회인류학이 지니는 민족지적 관심과 동떨어진 것처럼 보일 수 있다. 이 방법론은 거시사에 초점을 맞추고 있으며, 분명 '먼 경험'이라 할 수 있는 이른바 '거대한 구조와 거대한 과정'을 다룬다. 그러나 이런 유의 분석은 결코 '가까운경험'인 민족지적 조사들과 모순되지 않는다. 오히려 나는 이 장뿐 아니라 다른 장에서도, 지구체제의 관점에 근거해서 현지연구방법과 그 결과의 해석방법을 제시하고 나아가 조직화할 수도 있다고 주

---

* 이 장은 *Review*(15/3, 1992, pp. 335~71)에 실린 같은 제목의 글을 약간 수정했다.

장할 것이다.

1972년과 1973년 마다가스카르에서 현지연구를 한 카자 에콜름 프리드만은 지난 수백 년 동안 인도양에서 진행된 세계화과정과 그 역할을 이해하지 않고서는 마다가스카르 북쪽에 위치한 섬 노시 베 지역사회에 대한 자신의 연구자료 역시 이해할 수 없다는 것을 알게 되었다. 그녀는 당시 거의 모든 형태의 사회인류학에서 주류를 이루었던, 모든 설명과 해석을 단일한 사회 속에서 찾는 패러다임을 비판하는 수많은 논문을 발표했다 (Ekholm Friedman 1975; 1976). 물론 구조기능주의에서 그 패러다임은 당연한 것이었고 구조주의 역시 그것을 넘어서지 못했다. 심지어 다양한 주장을 제기했던 진화주의자와 마르크스주의자도 인과관계는 사회 내적으로 결정된다는 전통에 얽매어 있었다. 카자는 인도양에서 아시아와 유럽의 중심 권력들 사이의 체제적 관계, 즉 인도양 교역에 참여했던 말레이인들이 처음에는 금을 얻기 위해 그리고 나중에는 아프리카대륙에 노예무역을 정착시키기 위해 마다가스카르를 식민화했다는 사실을 고려하지 않고서는 마다가스카르 사회의 구조와 최근 상황을 이해할 수 없다는 점을 깨달았다. 수년간의 내부논쟁과 외부의 엄청난 반대를 거쳐 지구체제 방법론은 조금씩 사람들의 이목을 끌었고, 마침내 고고학자와 아시리아 학자, 역사가, 인류학자 등이 참여한 매우 흥미로운 세미나들이 코펜하겐과 룬트에서 개최되었다. 또한 지구체제 방법론은 런던과 캠브리지에서 주로 인류학자와 고고학자들 사이에서 발전했다.

현재 부상하고 있는 지구인류학의 역사적 관점과 학제적 배경에 관해서는 1장에서 이미 살펴보았다. 최근 안드레 군더 프랑크 등(Frank 1993;

Frank and Gills 1993)이 단일 세계체제의 역사적 장기지속성—세계체제 개념을 어떻게 수천 년 전까지 소급할 수 있는가—문제에 기울인 다소 과열된 관심은 우리 연구에서 크게 주목받지 못했다. 우리는 적어도 구조적인 관점에서 볼 때, 비록 하나의 체제는 아닐지라도 이와 같은 체제가 구세계 문명들이 출현하기 훨씬 이전부터 항상 존재해 왔다는 점을 당연하게 받아들였다. 그리고 우리는 대체로 인류학자와 고고학자로 구성되어 있기 때문에, 1500년 이전에 지구체제가 존재했다는 점을 의심할 이유가 없었다. 이 장에서는 지구적 방법틀에 기초한 개념구조가 왜 타당성을 가지는지 그 이유를 제시할 것이다. 이는 이어서 내가 주장할 지구체제의 문화적 속성뿐 아니라 경제적 흐름의 구획화와 밀접한 관계가 있는 연속성에 대한 동의 여부와 관계없이 유효하다.

지구체제과정의 역사적 연속성에 관한 주장은 현재의 보편성과 특수성을 동시에 이해할 수 있는 시각과 근거틀에 관한 논의이며, 일단 이 과정의 실재가 정립되고 나면 결코 쉽게 간과되지 못할 것이다.

생산양식 개념을 비판하는 일반적 주장

생산양식 개념과 관련한 설득력 없는 수많은 변종과 오해를 논외로 친다면, 우리는 크게 두 종류의 환원주의를 상정해 볼 수 있다. 마르크스의 연구는 국민국가라는 일정한 세계 내에서 수행되었다. 그는 생산이라는 관념과 초기의 사회적 재생산 상념들을 본질적으로 민족정체성의 반영물인 영토국가라는 틀 속에 집어넣었다. 마르크스는 종종 이러한 경계 너머를 간파하기도 했지만 이 주류이데올로기(예를 들어 *Capital* vol. Ⅱ)에서 벗어나지 못했다. 그는 자신이 인식한 자본주의적 관계라는 논리를 통해 지역적 결정주의 모델을 용이하게 주장할 수 있었던 것이다. 그러나 이것은 순전히 형식적인 주장일 따름이다. 결정주의 모델은 다음과 같은 형태상의 특수성을 가진다. C(재생산비용 측면에서의 자본의 실질가치), V(노동력 재생산비용), S(잉여가치, 자본과 노동력의 재생산비용을 제하고 남는 다양한 형태들)는 생산과정과 소득형태를 통제하는 사회적 형식이다 (Friedman 1976). 자본주의에서 개인의 소비는 여기서 생산과정과의 직접적인 관계를 뜻하는 생산관계의 양적 · 형식적 측면에 의해 직접적으로 결정된다. 다시 말해 소득은 생산과정 속에서 결정된다는 것이다. 임금은 생산비용이며, 생산비용은 전체 생산물 가치의 일부로 변형되면서 생산물에서 생산자의 몫을 결정한다. 이와 유사하게 산업자본가 · 금융자본가 · 지주를 통합하는 경제적 관계는 동시에 직접적인 생산과정과 관련되어 있으며, 이 같은 생산과정은 자동적으로 전체 산출물에 대한 그들 각각의 상대적 통제력을 결정해 준다. 바로 이러한 의미에서 마르크스는 두 가지 분배 상념을 논했다. 하나는 피상적인 생산물의 분배이며, 또 하나는 보다 근본적인 것으로서 "다양한 생산형태 속에서 사회구성원들의 분배(일정한 생산관계에 개인들이 귀속되는 것)"이다(Marx 1971, p. 201).

이런 유의 주장은 자본가와 함께 노동을 사회 속에 해체시켜 버린 뒤에, 생산관계로 정의되는 일련의 사회적 범주에 따라 집단 일부의 생산물이 집단 전체에 분배된다고 단순히 논증하는 것이다. 재생산이 지닌 폐쇄적 성격은 단일한 생산집단이라는 가정에서 추론된다. 그러나 재생산모델은 항상 닫혀 있으면서도 동시에 여러 사회적 단위를 포괄할 수 있다. 이 점은 잘 이해되고 있지만, 문제는 재생산모델을 언제나 '사회'와 동일한 것으로 간주한다는 데 있다.

보다 일반적인 생산양식 모델은 앞의 논리를 일반화하여, 생산을 모든 사회의 모든 현상 일반을 결정하는 생산 일반(production in general)과 동일시한다. 이것은 1970년대 구조주의적 마르크스주의에서 발견되는 구조적 결정(structural determination)이라는 정교한 모델을 비롯하여 모든 형태의 역사물질주의가 공통적으로 지닌 특징이다.

나는 이미 다른 곳에서 이 같은 방법론은 재생산을 생산으로 환원시킨다고 주장했다(Friedman 1976). 이 방법론 대신 우리가 재생산 자체에 초점을 맞춘다면, 생산과정과 지역적 재생산은 분명히 스스로의 생존뿐 아니라 스스로 구성하기 위해서 보다 큰 재생산과정을 기반으로 하고 있다는 점을 쉽게 파악할 수 있을 것이다. 현실적으로 모든 원료가 매우 부족했기 때문에, 보다 큰 교환체계 없이는 청동기시대의 메소포타미아—다시 말해 그곳의 도시구조와 사원—는 존재할 수 없었다. 탐험(exploration)-전유(appropriation)와 고립된 집단, 이 둘의 필연적 관계를 논증하지 않고서, 생산력과 탐험-전유관계가 결합되어 하나의 체제를 형성한다고 주장할 수 있는 타당한 방법은 없다. 이와 더불어 생산양식의 요소를 기술하는 수준에서의 생산양식 개념으로는 생산력과 사회관계의 인과성을 증명할 수 없으며(그래서 기계적 물질주의인 것이다. Friedman 1974), 아무것도 남지 않는다. [1]

우리는 전체 사회적 재생산(total social reproduction)이라는 상념을 통해서 이 문제의 실마리를 찾을 수 있으며, 보편적 지구체제 방법론으로 나아갈 수 있다. 이 틀에서 지구성은 역사적인 문제가 아니라 구조적인 문제이다.

지구체제

우리는 5천 년 전부터 구세계집단들이 연결되어 있었으며, 이 연결에는 연속성이 있어서 선사시대—즉 구석기·중석기 시대의 교역체제—로부터 상호 연결된 거대제국들을 거쳐 근대 세계체제에 이르기까지 일련의 분화와 변형을 추적할 수 있다는 것에 동의한다. 또한 유럽이 팽창하기 이전부터 이미 신세계와 연결되어 있었고, 여하튼 아메리카대륙은 구세계와 동일한 종류의 지구체제성을 가지고 있었다고 볼 수 있다. 세계체제의 역사가 이미 5천 년 이상 되었고 유럽의 석기(石器)분포를 통해 우리의 체제를 기원전 2만 년까지 확장할 수 있다. 왜 안 되겠는가? 고고학적 자료를 해석하는 것이 쉬운 일은 아니지만, 이 시기부터 매우 역동적인 체제가 존재했다는 증거들이 속속 드러나고 있다. 그리고 이를 통해 연속성의 상념이 우리가 고려하는 여러 가지 속성들 혹은 그 속성의 일반화 정도와 밀접하게 관련되어 있음을 알 수 있다. 상호연결, 교환, 교역, 상징적으로 매개된 교역, 축적 가능한 가치, 추상적 부, 자본 등 이러한 일련의 연쇄과정은 계속해서 증가하는 특수한 질서를 나타낸다. 처음부터 상호 연결되어 있었지만 그것의 성격은 크게 변화해 왔다. 그래서 지금은 전혀 다른 세계체제를 주장하는 것 같지만 실제로는 결코 그렇지 않다. 이 주제는 경험적이지만 그렇다고 일반적으로 받아들여지는 가설로는 해명될 수 없다. 우리 연구에서는 몇 가지 상이한 종류의 지구적 구조들을 다루었고, 우리가 활용할 수 있는 자료에 기초해서 이 구조들을 최대한 일반화하려고 노력했다.

위신재 체제

위신재 체제(prestige good system)는 다음과 같은 속성을 특징으로 한다.

① 신부대(brideprice)와 그 밖의 지불수단을 통해서, 지역집단을 사회적으로 재생산하는 데 필요한 특화된 가치재의 수입을 상대적으로 독점한다. 이와 같은 가치재들은 서열화된 위신재 체제와 연관된다.

② 이러한 상황에서 집단 내의 관계는 비대칭적 결연관계로 구조화된다. 이 비대칭적 결연은 지역의 조건에 따라 매우 다양한 형식을 취할 수 있다. 전형적인 형식은 서열이 높은 남자가 독점적인 중심부에서 (규정상) 서열이 낮은 집단으로 이동하면서 그 지역의 여자와 혼인하기 위해서 위신재를 사용한다. 그 결과 (지역적으로는 모계이지만 광역적으로는 부계인) 양계 정치체가 나타난다. 이 같은 구조의 지역적 형태는 외부/내부, 귀족/평민, 정치/의례, 남성/여성의 비대칭 이원주의를 보여준다.

③ 모든 층위에서 정치적 양두제(兩頭制)가 나타난다.

④ 광역적 위계는, 광범위하고 빠르게 팽창하는 교역을 독점할 수 있는 지점들을 연결한다.

이상과 같은 체제는 문헌에서 매우 광범위하게 나타난다. 우리는 중앙아프리카 왕국과 폴리네시아, 청동기·철기 시대의 북유럽, 선사시대 메소포타미아의 젬뎃 나슬기(Jemdet Nasr),[2] 중국의 서주(西周), 잉카 이전의 왕국과 잉카 왕국에서 그 존재를 확인할 수 있다. 고대이집트 왕국은 이 모델을 정교화할 수 있는 몇 가지 지표를 보여주었다. 예를 들어 이집트가 금을 수출하고 아나톨리아(Anatolia)[3]로부터 은을 들여왔다는 사실에서 이같은 구조의 일면을 볼 수 있다. 또한 이집트는 분명히 최근의 역사자료와 민족지적 자료에서 발견되는 것과는 매우 다른 차원에 속하는 정교한 계급구조와 국가통제경제를 발전시켰다. 위신재 체제는 매우 유동적이며 세계사의 다양한 시공간 속에 존재하며 중심부에 관여하는 것과 동시에 주변부를 조직하는 것처럼 보인다. 이 체제는 상업체제에서 발견되는 것과 같은 중심부/주변부 구조를 만들지 않고, 그보다는 주변을 그 자신의 외연으로 변형시키면서 분절화(segmentation)[4]를 통해 확장한다. 대체로 이 같은 체제에서는 상당 규모의 노예가 존재하기도 하는데, 체제 내에서는 채무관계나 갈등으로 인해 노예가 양산된다. 노예는 내부에서 만들어지거나 전쟁을 통해 획득될 수 있다. 그러나 비록 착취할 수 있거나 때로는 착취당하는 지위에 있다 할지라도, 그들은 친족구조로 재통합되는 경향이 있다.

이 같은 체제의 역동성은 한 지방의 교역밀도가 증가하면서 나타나는, 계속해서 교환을 독점하려는 전략과 그에 따른 불안정한 정치적 통제력에서 주기적으로 발생한다. 유럽이 팽창하기 전까지 서부 폴리네시아에는 위계적인 위신재 체제를 기반으로 한 교역이 존재했다. 이 교역이 점점 강화되고 기존 사회가 해체되면서 나타난 결과가 바로 집약적인 생산과 '빅맨' 경제를 가진 현재 북부 멜라네시아의 매우 분화되고 경쟁적인 사회들이다. 마찬가지로 메소포타미아의 도시국가 구성체를 특징짓는 내부적 분열과 대립 역시 보다 큰 교역네트워크가 파편화되면서 나타난 결과이다. 이 같은 체제에서 축적은 외부로부터 교역을 안정적으로 독점할 때 가능하나, 때때로 부는 특화된 의류·청동기·공예품 등의 독점적인 생산뿐 아니라 내부적으로 사원, 궁정 등의 건설에 투자된다. 이와 같이 중앙집권화된 체제는 경제활동이 정치적 수도에 과도하게 집중된다는 특징을 가지고 있다. 문화적 관점에서 이 체제는 동심원 형태로 파급되어 보다 넓은 지역에서 동질적인 특질을 만들어낸다. 보통 중심부에서 멀어질수록 동질성은 약화된다.

이전 논의에서 나는 위신재 체제를 지구체제의 문명이라는 보다 넓은 범주에서의 중심 현상으로 간주하지 않았다. 일반적으로 위신재 체제는 다중심적 계급구조나 상업경제 혹은 진정한 의미에서의 중심부/주변부 구조를 가지고 있지 않다. 이전 논의(Friedman and Rowlands 1977)에서 우리는 특정 중심부가 교역을 통제하지 못하고 지역적으로 탈중심화하는 경향으로 말미암아 이와 같은 체제가 도시를 기반으로 한 상업체제로 내부파열하는 경향이 있다고 주장했다. 에크홀름과 나(Ekholm and Friedman 1979)는 이집트와 아마 (그것의 외연인?) 미노스가 그와 같은 체제를 극명하게 보여주고 있다고 주장했다. 이곳에서 과거 엘리트층은 사실상 계급으로 변화하고 위계적 교환체계는 훨씬 경직된 관료구조로 변형되었던 것으로 보인다. 그리고 국가권력은 탈중심화를 막는 역할을 하며, 이와 동시에 과거 위신재를 통한 서비스에 대한 지불방식이 명목임금체계로 변모된다. 이와 비슷한 구조는 잉카문명에서도 찾아볼 수 있다.

또한 우리는 이른바 중앙아프리카의 모계 벨트(matrilineal belt)나 수

마트라와 말레이시아 일부 지역에서 (1천 년에서 1200년까지의 시기에 상업 중심지로 변모한 자바를 제외하고) 인도네시아 동부를 연결하는 지대에서 이와 같은 체제의 흔적을 발견할 수 있다. 이 지역들은 매우 비슷한 사회적 속성들을 특징적으로 가지고 있는데 양두정치체, 일반교환, 위신재 독점, 모계 편향을 지닌 양계친족, 장거리교역, 상당수의 노예집단을 비롯하여 계급적 양상이 두드러지지 않는 위계나 유사 국가구조 등이 그것이다. 이러한 구조들은 메소포타미아의 젬뎃 나슬기나 중국의 서주(西周), 페루 잉카의 고대 중심 지방들에서도 특정 시기에 나타난다.

상업문명으로의 이행

연구 초기에 우리가 상당히 많은 논의를 할애했던 이행은 상업도시체제의 출현을 의미한다. 이것은 다음과 같은 특징을 가지고 있다.

① 위신재 체제 속에서 이루어지던 축적이 탈중심화되면서 경쟁, 전쟁, 도시 내파가 발생한다.

② 그에 따라 위신재는 결과적으로 가장 일반적인 의미에서의 추상적 부 혹은 자본으로 나타나는 더욱 추상화된 화폐형태로 변형된다.

③ 더 큰 체제에서 지배층은 국가계급, 상인(교역과 자본의 독점자), 토지소유 귀족 등과 같은 다양한 형태로 분화된다.

④ 유동자산에서부터 토지와 생산수단에 이르기까지 사적 소유권이 점차 일반화된다.

⑤ 그 결과 국가·사유(私有)·농노(helot)·노예 등과 같은 다양한 착

취양식들이 상호 결합하게 되는데, 여기서 국가영역은 조세뿐 아니라 대리징수제도(tax farming) 같은 사적 운영을 기반으로 해서 국가수입을 올리는 하나의 계급부문으로 이해되어야 한다.

⑥ 생산과 교역에 대한 통제와 반대되는 것으로서의 금융업이나 재무 같은 경제적 기능이 최종적으로 분리되어 나온다. 이 같은 분화는 아테네와 그와 같은 시기의 남부메소포타미아에서와 같이 결과적으로 국가계급을 통치기능으로부터 분리시킨다.

⑦ 이 체제에서는 근대와 고대 세계 모두에서 노동착취가 임금노동자 · 노예 · 농노 · 자유농민의 형태로 나타난다.

⑧ 재생산의 중심부/주변부 조직이 근대 자본주의에서 보이는 것과 동일한 형태로 나타난다.

이 체제에서 국가─계급의 통제 정도는, 사원(寺院)의 위치가 우주론적 · 경제적으로 중요한 농경부문과 지역적 재생산과정이 어느 정도 연관되는가에 따라 매우 다양하게 나타난다. 추상적 부로서 자본은 모든 행위를 재정적으로 뒷받침해 주는 것을 본질로 하기 때문에 국가계급 형태나 과두제나 민주제 모두에서 지배적인 역할을 담당한다. 고대경제가 종교의례를 통해 위신이나 귀족신분을 유지하는 데 중점을 두었다는 주장은, 근대세계에서 위신이나 신분을 유지하는 활동이 록펠러센터를 건립하거나 사립대학을 지원하는 것과 같은 자본축적에 의해 좌우된다는 사실과 모순되지 않는다.

그러한 체제의 발전 사이클은 다음과 같다(Ekholm and Friedman 1980, p. 70).

① 일반적으로 처음에는 폭력적으로 중심부가 팽창된다—교역, 전쟁, 약탈 등은 부의 원시적 축적에서 매우 중요한 역할을 한다. 이것들 자체가 보다 큰 체제의 경쟁적이고 팽창주의적 본질의 산물이다.

② 주변부들과 중심부–주변부관계가 형성된다. 막대한 부의 수입에 의존하여 지역적 상업경제와 산업경제가 발전한다. 또한 이것은 팽창적인 교역체제 내에서 유리한 위치를 획득한 결과이기도 하다.

③ 중심부 국가들간의 경쟁을 통해서 제국이 형성되고 헤게모니 권력이 출현한다. 후자는 군사·정치적 권력 없이는 불가능하다. 헤게모니는 물론 문화적 동화력이 약하고 중심부로 부를 계속해서 이동시키기 불가능한 상황에서는 매우 불안정하게 나타난다.

④ 제국이 성립되면서 경제활동이 증가한다. 중심부에서 부는 실물생산을 능가하여 축적되기 때문에, 급속한 인플레이션과 비용증가가 있게 마련이다. 이것은 제국 내의 증가하는 기회와 맞물리면서 상인과 생산자와 자본의 해외진출로 이어지게 된다. 즉 제국이라는 보다 큰 정치영역에서 축적이 탈중심화되는 것이다. 전체 축적(자본축적량)이 중심부가 전유하고 있는 부분보다 커짐에 따라, 헤게모니는 점진적으로 쇠퇴하고 경쟁은 점점 치열해진다. 이러한 전개과정에서 전체적으로 중심부와 주변부의 관계가 새롭게 재정립된다.

⑤ 헤게모니 중심부 그 자체의 사이클은 이 사이클에 반영된다. 일반적으로 헤게모니 중심부 사이클은 처음에는 높은 생산성과 제조품 수출에서, 나중에는 낮은 생산성과 자본수출, 높은 소비수준 그리고 재정적자의 확대에 따른 사회계층화의 심화라는 형태를 띠게 된다. 초기 쇠퇴징후는 국가

경제의 위기로 나타난다. 물론 이것은 체제의 몰락이 아니라 헤게모니의 쇠퇴를 의미한다. 그리고 파편화와 재중심화가 뒤따른다.

이런 유의 사이클[5]은 자본축적을 기반으로 하는 지구체제 고유의 현상이며, 마르크스가 정의한 상념보다는 특정한 형태의 생산 및 착취와 무관한 베버의 추상적 부 상념 그리고 사실상 이 모든 것의 통일체라는 상념에 더 가깝다. 이와 같은 사이클은 특정한 축적구조와 정치·착취 구조에 따라 다양한 형태를 취하게 된다. 예를 들어 근대 자본주의 체제에서는 수출을 통한 자본의 탈중심화가 일반적인 추세라면, 이전 시대에는 이 같은 탈중심화가 생산자와 상인의 이주를 통해서 이루어졌다. 그리고 '제3세계'의 소비자파워는 서구가 신용형태로 구매력을 수출한 때문이라면, 이전 시대에는 흔히 이런 경우 방대한 규모의 직업군인이 존재함으로써, 즉 소비자(구매력)가 수출됨으로써 부분적으로 나타난 결과였다. 이 같은 차이는 사회의 자본주의화 정도나 정치구조 등에 따라 다양하게 나타나지만, 보다 일반적인 사회적 과정 속에서 나타나는 현상이라 할 수 있다.

지구체제의 광역구조들

여기서 나는 앞에서 제시한 모델을 일반화된 지구체제로서 개괄적으로 살펴볼 것이다. 이론적으로 이 체제의 속성은 프랑크 등(Frank 1990; Frank and Gills 1993)이 언급한 5천 년 구세계 역사를 포괄하는 상업에 기초한 모든 지구체제에 적용될 수 있다. 물론 정적인 모델을 가지고 연속성의 문제를 다룰 수 없다. 그러나 이 모델의 경우 하위 구성요소들의 구조가 시공간에 따라 크게 달라진다 할지라도, 시공간적 단절성을 내포하지는 않는다는 점은 분명하다(Ekholm and Friedman 1980).

중심부/주변부 구조

이 구조에서 축적과 생산의 중심부는, 해외 원료와 노동력에 대한 수요가 높은 보다 큰 체제를 위한 완제품을 생산한다. 외형적으로 단일한 국가/계급 구조이든 혹은 노예제나 봉건조직이든 관계없이, 중심부에서는 높은 수준의 사회적 계층화와 전문화가 이루어지며 물질적 재생산과정은 추상적 부나 자본의 통제 및 축적에 의해 지배된다.

둘째로, 주변부에는 공급지대로서 지역의 원료와 수입공산품을 교환하는 소규모의 위계적으로 조직된 군장사회나 국가가 형성되어 있다. 여기에서 엘리트층은 외부와의 관계를 독점함으로써 자신의 위치를 확보한다.

이와 같은 중심부/주변부 구조들 사이에는 수많은 기능적인 위치들이 존재하는데, 그 가운데 일부는 재생산을 위해 중심부에 의존하고 또 일부는 그렇지 않다.

의존구조

의존구조는 재생산을 위해 더 큰 체제에 의존하는 구조들이지만, 자신의 주변부를 지배하는 중심부도 아니거니와 그렇다고 중심부에 의존하는 주변부도 아니다.

① 근대 자본주의에서 준(準)주변부 경제는 쉽게 분류될 수 있다.

② 전문생산자: 몇몇 중심부를 포괄하는 폭넓은 광역에 특정 종류의 제

품과 원료, 농업특산물을 공급하는 집단이다. 일반적으로 이들은 특정한 중심부와 연결되어 있지 않고, 중심부들간의 무역경로나 근대적인 의미에서의 세계시장과 연결되어 있다.

③ 교역국가: 중개자의 위상을 가진 집단을 말한다. 흔히 교역국가는 전문생산자이기도 하다. 이 두 범주는 상호 배타적이지 않다.

의존구조는 흔히 정치적으로 자율적이고 평균 이상으로 부유하지만, 사회적으로나 경제적으로 자족적이지는 못하다. 일반적으로 이들은 생필품을 수입해야 하며, 그 사회적 구조는 때로 더 큰 체제의 전체적인 부의 흐름 속에서 최소한의 몫으로도 완전하게 유지될 수 있다. 이 같은 구조는 빠른 성장 가능성을 지녔으며, 지역적 투자와 이윤획득의 조건이 상호 부합하는 곳에서는 중심부가 될 수 있다.

독립구조

독립구조는 지구적 사이클과 연결되어 있지 않고 내부 재생산 사이클로 작동되는 특징을 가지고 있다. 그러나 이 구조의 재생산조건이 더 큰 체제에서의 위치에 좌우되기 때문에 완전히 독립적인 것은 아니다.

팽창주의적 부족구조―약탈적 구조 이 구조는 축적과 재생산의 내적인 사이클을 가지고 있으며, 가능하면 체제 내부의 흐름을 강압적으로 착취하면서 중심부/주변부 구조나 의존구조 모두에 대립하여 팽창하는 구조이다. 특히 중심부의 경제가 몰락하는 시기에 국가 혹은 이른바 야만적 제국으로 성장하는 경향이 있다. 이 과정은 일반적으로 구체제 내에서 정복자들이 상층계급으로 탈바꿈하는, 즉 구조적 변화라기보다 체제의 유동성을

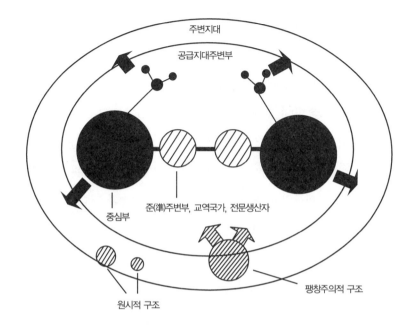

주변지대

공급지대주변부

준(準)주변부, 교역국가, 전문생산자

중심부

원시적 구조

팽창주의적 구조

〈그림 2-1〉 지구체제의 지역구조들

보여주는 경우에 존재한다. 이런 상층계급으로의 발전과정은 점차 이들이 체제의 나머지를 착취하는 능력에 의존해 왔다.

　　원시적 구조　이 구조는 더 큰 체제 내에서의 자신의 위치에 의해 제약을 받는다. 흔히 이것은 중심부나 주변부, 약탈적 부족사회의 먹이가 되며, 또한 자신의 자원기반과 노동력에 대한 통제력을 폭력적으로 상실해 버리는 경향이 있다. 그 결과 먼 지역으로 도피해 버리는 난민집단이나 정치적 구심점이 없는 구조로 존재할 수밖에 없고, 이 구조에서는 먹잇감이 되지 않더라도 구조의 팽창이 봉쇄되어 있기 때문에 붕괴·내전·자원고갈을 겪게 된다.

지구체제의 문화적 속성

세계사를 각각의 세계체제로 분리하는 주된 이유는 바로 문명 그 자체의 개념에서 찾을 수 있다. 문명이란 용어는 보다 정합적인 구조적 분석을 가로막는 문화적 특수성을 핵심으로 한다. 그리고 역사학과 경제사학에서 문화적 차이라는 상념은 역사서술과 사회정체성의 정립 이 둘의 관계에 깊이 뿌리박혀 있다. 서구의 고유성은 동양, 원시성, 전통성과 대립해 왔다. 세기 전환기의 '원시주의'를 계승한 폴라니의 실재론적 경제사는 시장과 그 이전시대의 이른바 매몰된 경제를 분할하는 세계사에 기초해 있다. 심지어 파인리(I. M. Finely 1973) 같은 학자들도 이런 고도로 이데올로기화된 세계의 이미지 때문에 본질적인 연속성을 전혀 보지 못했던 것 같다. 예를 들어서 파인리는 고대그리스 경제는 자본주의 구조군(構造群)에 속하지 않는다고 주장하는데, 그 근거로 축적된 부가 대예배에서 정교하게 배분되었고 이를 통해 일반적으로 부가 정치적 신분과 지위로 전환되었다는 점을 들고 있다. 물론 여기서 부를 사용하는 방식, 보다 일반적인 용어로 공공지출의 존재방식에 차이가 존재할지라도 부가 신분으로 전환되는 것은 산업자본주의에서도 매우 광범위하게 퍼져 있음을 지적할 수 있다. 문제는 오직 노동자와 자본가 그리고 '세이법칙'[6]의 폐쇄적인 생산·소비 논리만이 존재하는 순수한 자본주의 시장으로서의 근대사회라는 부조리한 개념이다. 근대 중심부의 전체적 재생산과정은 이보다 훨씬 더 정교하다.

다음으로 나는 차이점과 유사점은 문화적 측면에서도 이해될 수 있다는 입장을 견지하면서, 구조의 유사성(혹은 연속성)에서 출발하여 문화형식의 발생으로 나아가는 논리를 전개하고자 한다.

　지구체제에서 문화적 과정은 헤게모니나 대항적 정체성, 지배적인 담론과 종속적인 담론 등과 같은 현상을 고려하지 않고서는 이해될 수 없다. 문화적 특성은 체제가 지리적으로 팽창하면서 나타나기 때문에, 지구적 관점은 중심부 그 자체에서 출발되어야 한다. 상업을 기반으로 한 중심부의 출현과 매우 밀접하게 관련된 문화적 복합성은 근대성이라는 용어로 특징지을 수 있다.

　① 근대성—근대주의: 개인주의, 발전주의(developmentalism), 원자 단위의 집합체로서 사회, 민주주의, 소외, 존재론적 허무

　② 종속된 정체성과 주변부로 변형된 통합

　③ 정체성 형식과 사회운동의 유동성: ㉠ 근대주의(계급 포함), 전통주의, 탈근대주의(냉소주의) ㉡ 종족성과 민족주의

　여기서 '문화'라는 용법은 지금까지 우리가 논의한 체제의 사회적 특수성, 즉 인성과 경험 그리고 세계의 표상들의 생산이나 실천전략의 형성 방식에 관한 특수성만을 지칭한다. 이 같은 문화의 접근방법론은 문화적 모델의 명확하고 결정적인 본질보다는 오히려 그것의 구성과 실천에 초점을 맞춘다. 문화적 형성과정과 실천과정의 속성은 부차적 혹은 결정론적 의미에서 이데올로기적인 것으로 이해되어서는 안 된다. 이것들은 전체적 실재를 구성하며, 다시 이 실재의 물질적 속성들은 유사한 방식으로 그것들을 구성하게 된다. 다음에서는 이와 같은 체제의 몇 가지 논리들을 살펴보고자 한다.

부상하는 구조로서의 근대성

상업화과정의 가장 강력한 효과 중 하나는 친족과 그 밖의 인격적 의무라는 천부적 네트워크를 해체한 것이다. 이것은 부와 자본에 대한 접근권이 재배치되거나 탈중심화되면서 발휘된다. 부와 자본은 개인들을 다른 종류의 의무로부터 해방시키고 그들의 독립성, 곧 경제적으로 스스로 재생산할 수 있는 능력을 증대시키는 잠재력을 지니고 있다. 이와 같은 현상이 가져온 결과는 주로 유럽의 맥락에서 연구되어 왔다(Sennett 1977; Campbell 1987). 귀족질서의 몰락은 역할의 위상을 사회적 표지(標識, marking)에서 해방시켰다. 이는 여러 계급들이 뒤섞이고 종종 사회정체성이 가장(假裝)되었던 18세기 커피하우스 문화의 창조적 불안정으로 표현된다. 중산층이 드나들 수 있는 극장이라든가 개인이 또 다른 정체성을 사적으로 공상할 수 있는 소설의 출현은 사회변화의 중요한 양상들이다. 18세기에 사적으로 묵독할 수 있는 권리는 뜨거운 논쟁을 불러일으켰다. 소비자혁명은 자아를 사회적 신분에서 분리시키고 이를 내수시장의 성장과 직접 연결시켰다. 17세기 후반, 이로 인해 상층계급의 정체성이 위태로워졌음을 보여주는 사례는 수없이 많다. 공적 영역과 사적 영역이 분리되면서 발생한 체스터필드(Chesterfield)[7]식의 곤경은 자아경험의 출현을 보여주는 명백한 증거이다. 주체는 자아를 경험함으로써 자신과 자신의 사회적 역할을 구별하며, 이제 그/그녀는 과거에도 만족하지 못하고 앞으로도 결코 만족할 수 없는 정체성을 일시적으로 구성할 뿐이다. 앞에서 간단히 설명한 근대적 자아가 지닌 이 같은 특질은 근대성 문화의 주요한 측면이다. 더 나아가 자아의 경험과 세계의 발전론적·진화주의적 관념체계를 연결시켜 주는 논리가 존재한다. 사회적 천부성이 몰락하면서, 지위는 노력의 산물과 신분·지식·부의 축적—다시 말해 자아발전—의 산물이 되었다. 이런 유의 정체성 공간은 당시 부상하고 있던 자연과학과 철학에 활기를 불어넣었다. 현재를 뛰어넘고자 하는 욕구를 그린 파우스트의 이미지가 그 전형적인 예라 할 수 있다. 17세기에 절대적인 '존재의 거대한 사슬'은 시간순으로 변형되고, 자연은 진화과정으로 그 모습을 드러낸다. 그리고 18세기 후반 진화과정은 사회영역으로 옮겨온다.

물론 이와 대립되는 원시주의·상대주의·전통주의도 그 출발점은 같다. 모든 사회영역에서 새로 부상하는 근대성에 저항하는 주장들이 나타난다. 그러나 그것들은 단지 체제의 위기가 실질적 발전을 위태롭게 했을 때만 나타났으며, 보다 거대한 우주적 정체성을 상실한 소외된 개인이라든가 뿌리의 상실, 사회적 네트워크의 파괴, 빈곤의 재앙 등 근대성의 부정적인 측면을 강조했다.

현재 이 모든 것은 단지 특정한 서구문화의 산물만이 아니다. 이것은 구조적 현상이며, 이전 상황에서도 이와 비슷한 형태로 존재했다고 우리는 주장해 왔다(Friedman 1983). 아마 고대아테네가 가장 분명한 사례가 될 것이다. 개인주의, 발전론적 진화주의, 원자적 철학, 의례의 몰락, 극장의 발전, 역할에 대한 담론, 곧 사적 자아와 사회적 역할의 차이에 대한 담론—이 모든 것이 고대 아테네제국에 존재했다. 또 4세기경 시작된 위기 때도 유사하게 원시주의, 냉소적 철학(초기 탈근대성), 신비로운 종교, 헤시오도스(Hesiod)[8] 같은 작가가 등장했으며, 이것들에 대한 근대적인 반응은 궁극적으로 헬레니즘 이데올로기 속에서 구체화되었다. 국가 주도의 자본축

적, 과학과 기술은 이 시기와 헬레니즘의 마지막 부흥기였던 로마제국의
몰락시기 내내 지배적이었다.

팽창중인 상업자본주의 체제의 특수성은 폭력적인 식민지 권력과 자본
그 자체의 속성이 추동한 탈통합-재통합의 사회과정이 조합되는 속에서
나타난다. 자본 자체의 속성은 정도에 따라 다양하게 나타나지만, 사람들
을 그들이 매몰되었던 '전통적' 관계에서 해방시켜 개별주체로서 계약과
화폐의 보다 추상적인 관계로 재통합하는 경향이 있다. 이러한 추상적인
관계 속에서 인격관계·친족관계는 점차 체제 밖으로 밀려나고 위축되어
때로는 단순한 생존전략으로 전락하고 만다.[9] 물론 이러한 경향은 부분적
이며, 임금관계가 지배적인 상업 중심부에서 가장 강하게 나타난다. 이 과
정의 또 다른 변이는 '근대'를 기존의 전통적인 축적전략으로 흡수하는 것
인데, 그 결과 사람들은 종교적 융합주의(religious syncretism)와 화물숭배
와 같은 실천을 통해서 팽창하는 제국과 연결된다. 이 경우 주변부의 정체
성은 후견주의적(clientelistic) 위계문화의 일부로서 종속적 정체성을 능동
적으로 정립하게 된다. 이는 중심부의 종교가 확산되는 것처럼 보이지만
상황은 좀더 복잡하다. 왜냐하면, 그것은 단순히 신념을 바꾸는 문제가 아
니기 때문이다.

지구체제에서 정체성과 문화적 과정들

여기에서는 지구적 관점이 아니면 이해할 수 없는 현상에 관해서 논하고자
한다. 문화적 창조성과 관련된 정체성의 구성과정은 지역사회적·개인적

메커니즘을 포괄한다. 문화의 생산과정에서 지역과 지구의 접합이 가지는 중요성을 완전히 이해하기 위해서는 반드시 이 메커니즘을 파악해야 한다. 나는 헬레니즘 시대를 살펴봄으로써, 역사적 특수성이 아닌 구조적인 연속성이라는 측면에서 근대성을 밝히고자 한다.

또 다른 맥락에서, 나는 문화라는 상념을 통해 무엇인가를 설명하기보다 그것 자체가 설명되어야 할 현상이라고 주장했다(Friedman 1991b). 우리는 지위정체성이 중요한 역할을 하게 되는 과정, 곧 능동적으로 문화를 구성하는 과정을 살펴보았다. 이러한 논의가 헬레니즘 같은 현상—즉 팽창하는 제국의 문화—을 이해하는 데 적합하다면, 다중사회체제에서 문화와 정체성의 관계에 관해 좀더 기초적인 질문을 할 수 있을 것이다. 문화에 관한 논의를 의미부여의 문제로 전환시킴으로써, 제국의 팽창과정에서 문화가 이른바 전파되는 방식, 제국이 몰락하는 시기에 지역문화 곧 정체성이 스스로를 재확인하는 방식 등에 대한 수많은 구체적인 질문들이 가능해진다. 여기서는 권력 · 정체성 · 문화구성이 어떠한 배열망(matrix)을 통해 관계하는가에 대해 문제제기할 수 있을 것이다. 헬레니즘 시대에 아시아에서 제국이 출현하면서 그 직접적인 결과로 그리스 식민지라는 거대한 네트워크가 형성되었다. 그리스 정체성을 유지하고 그리스의 우월성을 실천하기 위해, 웅장한 건축물을 짓고 그리스의 언어 · 종교 · 법률을 이식했던 것이다. 당시의 민족지적인 역사문헌을 살펴보면, 강압적인 동화에서부터 자유주의에 이르기까지 수많은 변이들을 볼 수 있다. 그러나 이 변이들 자체는 문화가 상호 작용하는 방식을 보여주지 못한다. 왜냐하면 내가 주장한 바와 같이, 문화 그 자체는 상호작용을 하지 않기 때문이다. 그보다 문화는 정체성이 구성되는 방식의 문제이다. 예를 들어 아프리카의 교회가 성경에 대해 깊이 알고 있다 하더라도, 그들이 성경을 사용하는 방식은 자신들의 세계관과 밀접하게 맞닿아 있다. 성경, 교회당, 일련의 상징 등 외적인 면에서는 그들이 기독교에 동화된 것처럼 보이지만, 또 다른 의미에서 기독교를 그들 세계에 동화시킨 것이다. 그들은 자신들의 최고신을 기독교의 신과 동일시했다. 그래서 종종 기독교의 신을 자신들의 신과 동일한 어휘 혹은 유럽어와 혼용한 어휘로 부르며, 이 신은 조상의 정령과 자연의 힘으로써 친족으로 조직된 세계를 관장한다. 세세한 내용은 변할지라도 개인과 초자연의 관계는 본질적으로 동일하다.

우리는 헬레니즘 시대를 준거점으로 해서, 보다 일반적인 현상이라고 가정하게 될 논의로 이어가고자 한다.

헬레니즘은 단순히 그리스의 문화적 형태가 아시아로 확산된 것을 지칭하기보다, 폭넓은 광역에서 이루어진 정복과 정치·경제 구조의 성립·변형에 관한 것이며 그중에서도 아시아에 그리스 식민지의 건설과 그에 따른 문화적 변화를 가리킨다. 문화변용[10]과 동화의 상념은 외적인 식민관계 뿐 아니라 내적인 식민관계—이민자집단—를 다룬 과거의 인류학문헌들에서 공통적으로 발견된다. 지금 이 용어들(문화변용과 동화)은 실재의 중요한 측면을 지시하고 있으나, 복잡한 사회적 실재를 상대적으로 중립적인 학습의 문제로 환원하는 경향이 있다. 물론 후자는 그 자체가 결정, 통제, 복종 등이 중요한 역할을 하는 불균등한 권력관계의 문제이다. 그러나 이를 인정한다 하더라도, 문제의 핵심은 문화변용이 일차적으로 정체성의 변화과정이며 단순히 코드를 학습하는 문제가 아니라는 점이다. 다시 말해 문화가 변화하는 사회적 맥락을 통해 그 변화의 성격을 이해할 수 있다. 헬레니즘 시대에는 알렉산더제국이 형성되어 중동을 빠르게 식민화했고, 이어 제국의 외부지역에서 그리스 생산품에 대한 수요가 증가했다. 그러나 경쟁력 높은 산업생산지대가 출현하면서 제국은 곧 탈중심화되고 그리스 본토는 쇠퇴했다. 식민지 현상 그 자체는 식민지 초기에 수입된 그리스산 물품, 그리스 사원의 건설, 식민자본으로 건설된 그리스 건축물로도 충분히 설명 가능하다. 고고학 기록은 문화변용뿐만 아니라 식민화과정에 대해 많은 것을 담고 있다. 그러나 식민조직의 출현은 다양한 형식을 취한 복잡한 사회문화적 현상이었다. 이제 우리는 비록 완벽하게 체계적이지는 않지만, 지구체제 속에서 문화적 과정을 이해하는 데 반드시 설명되어야 할 일련의 관계를 살펴보고자 한다.

나는 이 글의 서두에서 헬레니즘 현상을 깊이 이해하기 위해서는 문화개념을 조금 다른 방식으로 이해하는 것이 필요하다고 주장했다. 만약 우리가 문화의 구성적 성격을 논의의 출발점으로 삼는다면, 헬레니즘의 성격에 대한 다양한 질문의 맥락을 짚을 수 있을 것이다. 넓은 의미에서 헬레니즘은 아시아와 이집트를 정복하고 팽창하면서 나타난 문화적 현상과, 이후 경쟁하는 국가들이 출현하면서 나타난 보다 탈중심화된 조직을 포괄한다. 식민지상황에서 그리스 정체성이 외국에서 다양한 방식으로 유지되었고, 그 과정에서 그리스적 요소들은 분명히 중요한 역할을 담당했다. 우리는 그리스의 언어 · 문헌 · 조각 · 건축 · 교육이 적어도 그리스와 인접한 아시아에 수출되었다는 점을 알고 있다. 그러나 그리스지역의 사람들과 그들의 '문화'는 어떤 관계였는가? 식민주의자들은 무엇보다도 식민지 현지인들과 구별하기 위해서 강한 문화정체성을 발전시키는 경향이 있다—나는 이렇게 살고 있고 이러한 상징체계를 가지고 있으며 이러이러한 종교를 실천하고 있기 때문에 그리스인이다. 그러나 이런 종류의 정체성은 그/그녀가 동일시한 정체성에서 인격을 분리시킨다. 그/그녀의 사회적 자아의 내용은 그/그녀의 즉자적 주체성(immediate subjectivity)과는 차이가 있다. 내가 이러저러한 것을 하기 때문에 그리스인인 것이지, 반대로 내가 그리스인이기 때문에 이러저러한 것을 하는 것은 아니다.

문화정체성의 형식들

문화정체성 혹은 종족성을 정립하고 유지하기 위한 조건은 인격적 정체성이 구성되는 방식과 밀접하게 연관되어 있다. 어떤 종류의 정체성은 신체에 의해 각인되거나 신체를 통해 전달된다. 그것은 인격에 내재된 것으로 규정된다. 이와 달리 또 다른 정체성은 인격에 외재하며, 일정한 집단이 채택한 사회적 실천이나 상징의 형식들 속에 각인된다. 물론 어느 정도, 특히 외재하는 상징의 영역에서는 중첩되는 경향이 있기는 하지만, 양자 사이에는 차이가 더 중요하다. 보다 정확성을 기하기 위해서, 신중하게 어휘를 사용할 필요가 있다. '문화정체성'이 일정한 집단에 부여된 자질을 칭하는 발생론적 개념이라면, 개인이 혈연을 통해 전달된다고 경험되는 문화정체성은 이른바 일반적으로 종족성이라고 알려진 것이다. 종족성은 실천되는 것이 아니라 물려받는 것이며, 후천적인 것이 아니라 선천적인 것이다. 가장 엄격한 의미에서 종족성은 인종 혹은 생물학적 출계의 개념으로 표현되며, 좀더 유연한 의미에서는 모든 개인들이 학습하고 개인의 행동

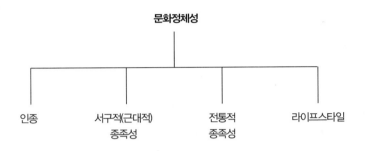

〈그림 2-2〉 문화정체성의 변이들

수준에서 분명하게 구별되는 유산(遺産)이나 문화적 출계로 표현된다. 이러한 종족성이 서구에서 가장 일반화된 관념이라고 할 수 있다. 이중에서도 가장 유연한 형식은 전통에 기초할 수도 있고 아닐 수도 있는, '라이프스타일' 혹은 생활방식이라는 용어로 표현되는 것이다.

전통적 종족성은 매우 다양한 종류의 문화정체성이다. 구성원은 출계와 관련된 행위를 포함하여 일정한 행위의 실천을 기반으로 하고 있다. 종족귀속성(ethnic affiliation)은 지리적 이동이나 상황의 변화에 따라 쉽게 바뀌거나 보충될 수 있다. 한 집단의 구성원이 거주지를 바꾸게 되면, 그는 지역의 조상과 신을 선택하거나 선택당해서 새로운 공동체의 구성원으로서 일정한 행위를 실천하게 된다. 여기서 사회집단은 생물학적 단위라기보다는 일정한 회합(congregation)과 유사하다. 이는 정체성이 우리가 일반적으로 이해하고 있는, 내적 자아와 관계를 맺지 않는 외재성으로서 단지 역할이나 성원권의 문제임을 의미하는 것은 아니다. 오히려 이러한 사회에서 인격적 정체성은 사회적 맥락과 독립되어 있지 않고, 그에 의해 거의 전적으로 규정된다. 인격은 개인의 통제 밖에 놓여 있는 더 높은 층위의 힘들과 직접적으로 연결된 수많은 구성요소로 분할될 수 있다. 친족 중심의 사회에서, 친족의 네트워크는 그와 동시에 특수한 조합을 통해 인격을 구성하는 특정한 영적인 힘들의 네트워크이다. 이러한 의미에서 여기서 인격은 자기규정된다기보다 우주론적 행위의 처소이다. 고대국가에서는 보다 추상적인 영적 복합체가 있어서 개인에게 더 높은 수준의 자유를 허용하면서도 여전히 질병과 자연재해가 위반의 대가로 주어지는, 그리하여 인격이 더 큰 우주와 유기적으로(육체적인 의미에서) 연결되어 있음을 보여주는 우주론적 규칙체계 속에 존재를 위치지웠다. 이 같은 체제에서, 다양한 문화집단들은 모자이크(통상적으로 위계적) 형식을 띠는 더 큰 전체로 통합된다. 근대사회체제에서 문화적으로 다양하게 규정된 집단들은 개인의 전체 합으로 구성된 민족이라는 빈 공간 속에 존재한다. 민족은 종족집단간의 관계로 구성되는 것이 아니다. 문화정체성은 개인들이 지니고 있고, 사회정체성의 기반이 되는 무엇이다. 그러나 그러한 정체성은 결코 사회가 포괄하는 사회제도(the social institutions of society)의 내용이 되지 못한다. 사회가 포괄하는 사회제도는 추상적 개인만큼이나 추상적이며 중립적이다. 그것들은 추상적인 개인들이 맡고 있는 역할들로 구성된다. 이와 달리 문화정체성은 고유하고 특수하며 근대사회에서 제도적 역할을 담당하지 않는다.

　스리랑카와 오스트레일리아의 민족주의를 탁월하게 비교분석한 카페러(Kapferer)는 여기서 언급한 두 가지 형식의 종족성의 차이를 보여준다. 스리랑카에서 민족정체성은 불교국가의 위계적 구조 속에 매몰되어 있다. 신할리즈족의 정체성은 국가와 독립적으로 존재할 수 없다. 모든 집단은 카스트로서 국가의 더 큰 위계질서에서의 지위에 따라 정의된다. 따라서 그들은 타밀족 해방운동에 폭력적으로 반응하였고, 이를 통해 위계적인 전체성이 파편화되는 것을 막으려고 필사적으로 노력했다. 통합성을 유지하기 위해 타밀족은 신할리즈 질서에 종속되고 포섭되어야만 한다. 그것은 민족정체성을 정의하는 일부인 것이다. "내전과 학살, 폭동의 와중에서 신할리즈족은 자신의 인격이 고통을 떨치고 다시 통합될 수 있는, 권력을 서열화하는 우주론과 국가를 적극적으로 복원하려고 했다."(Kapferer 1988, p. 186) 이와 대조적으로 오스트레일리아의 민족주의는 문화정체성과 국가의 절대적 분리에 기초하고 있다. 그들은 민족을 개인들의 혈연적 유대나 공통된 본질에 기초한 유대, 즉 모든 제도적인 구조들이 제거된 뒤에도 남는 것이라고 정의했다. 전통체제 속에서는 정체성이 더 큰 사회적 네트워크에 존재하지만, 근대체제에서는 신체에 집중된다. 이러한 차이는 필연적으로 문화정체성이 이루어지는 방식의 차이를 만들어낸다.

전통적이며 친족에 기초한 정치체제의 팽창은 전통과 친족의 범위를 확장하는 경향이 있다. 15세기에 서구와 최초로 접촉한 콩고왕국은 다종족적 식민지 체제로 확장하기보다는 더 큰 콩고(Kongo)를 만들어낸 것으로 보인다. 분파적 정치체제가 이웃지역으로 확장되면서 결혼과 친족의 동일한 메커니즘이 중요한 역할을 담당하는 더 큰 동질적인 형태를 만들어내었다. 인도왕국이 동남아시아로 확장됨에 따라, 마치 카스트제도가 아대륙의 새로운 지역으로 확장된 것처럼 결연이 형성되고 대개 가치재 교역에 기초한 주종(主從)의 네트워크가 형성되었다. 중세시대 혹은 어쩌면 그보다 훨씬 앞서서, 서아프리카왕국은 사하라를 관통하는 금과 노예 교역에서 그들이 담당한 위치에 기초해서 형성되었다. 이러한 관계에서 지역의 엘리트층은 메카(Mecca)에 뿌리를 둔 아랍인의 정체성으로 자기규정을 했으며, 더 큰 사회 세계의 상층의 종교와 의복과 상징을 수입하는 등 다양한 방식으로 이국적 정체성을 실천했다. 아프리카의 이슬람화는 식민지 엘리트가 문화를 부여한 결과라기보다, 지역 엘리트가 이국문화와 의도적으로 결합한 결과이다.

적어도 겉으로는 동일한 종류의 현상이 모든 팽창 혹은 제국화 과정에서 나타난다. 유럽의 팽창은 세계 곳곳에 근대의 이상적인 라이프스타일을 심어주었다. 그러나 서구화는, 그것의 매력이 무엇이든 전통사회에서와 이미 상업화된 문명사회에서의 의미와 같지 않다. 이 차이는 근대화되기 위한 서구 라이프스타일의 습득이나 가치의 모방과, 서구적 대상이 원주민의 전략으로 포섭된 것으로서 외재적 생명력(life-force)에 의존하는 화물승배나 그 밖의 종교적 표현들과의 차이로 요약될 수 있다. 따라서 원주민이 서구에 대해 가지는 관심은 정체성을 변화시키기 위한 것이라기보다 지역적 모델의 어떤 측면을 강화시키기 위한 것이다. 중세의 서아프리카왕국과 아랍 간의 교역에서 메카와의 동일시(이슬람화)는 곧 우월한 생명력을 소유하는 것이며 바로 그 정치권력을 규정하는 보다 높은 영적 상태의 존재가 된다는 논리를 보여준다.

헬레니즘화의 문제, 제국체제의 중심부에서 주변부로의 문화 '전파' 문제는 위계적 구조 속에서 서로 다른 문화적 전략들의 상호접합 방식의 관점에서 이해되어야 한다. 나는 이 과정을 이해하기 위해서 다음의 범주들을 제안한다.

우선 친족 중심으로 조직된 분절체제에서 하부집단은 종족성이 사회적 지위와 동일한 구조로서 더 큰 제국의 분절이 된다. 여기에서는 강하고 약함의 정도에 따라 여러 가지 체제의 변이가 나타난다. 강한 경우에 종족성은 카스트(Caste) 같은 것으로 환원된다. 다시 말해 문화적 특수성은 상대적 순수성이나 단순히 다른 집단과의 서열관계로 환원된다. 이것은 지역집단이 더 큰 정치·경제 네트워크에 통합되었거나 사회로서의 정체성을 상실한 곳에서 나타나는 경향이 있다. 상대적으로 유연한 경우, 내부로 포섭된 지역집단은 사회로서의 정체성을 유지하며 더 큰 전체는 동질적인 정치체제라기보다 분리된 사회들의 위계적인 연합 같은 모습을 띤다.[11]

분절체제는 유사한 구조의 복제 혹은 일종의 판에 박은 확장이라는 측면에서 다른 분절체제로 확장해 나가는데, 상업영역을 포섭하여 그에 기생하는 방식으로 상업체제를 타고 뻗어나간다. 그리고 상업적으로 조직된 사회들은 '관료화된' 제국 속에서 고립된 영역을 형성하고, 그리하여 더 큰 전체 속에서 별개의 종족·사회적 집단으로 다뤄질 수 있다. 그러나 이러한 사회에서 나타나는 상업축적의 역동성과 문화정체성은 제국의 구조와 갈등하게 된다.

둘째로, 상업체제 속에서 확장을 거듭하는 제국 속에서 종속집단은 성장하는 시장부문에 개인 그리고/또는 가족단위로 통합되는 경향이 있다. 추상적 부의 소유와 축적이 사회적 지위를 정의하는 데 중심적인 역할을 하기 때문에, 천부적인 종족범주는 분절체제에서처럼 직접적으로 사회적 서열을 구성하지 않는다. 사회적 지위가 종족 차원으로 귀속되지 않고 경제·정치적으로 획득되는 체제에서는 종족범주가 결코 사회구조의 범주로서 기능할 수 없다. 종족성 혹은 문화정체성은, 그것이 사회적 지위와 분명히 분리되는 바로 그러한 조건에서 두드러지게 나타난다. 이때 종족성은 어떤 집단이 다른 집단보다 성공적일 수 있는 이유를 설명할 수 있다. 또한 집단의 타자성을 정의하는 데 사용될 수도 있으며, 이를 통해 자신의 문화적 특수성을 규정하고 정치적 혁명의 형태로 활용되는 데 이용될 수 있다.

그러나 언제나 확장하는 중심부와 종속부(subordinates) 간에는 수많은 관계가 존재한다. 앞으로 살펴보겠지만, 구 상업적 환경에서 식민지체제는 체제 내의 이미 결정된 국면에 따라서 일련의 민족주의적 반란과 동화로 이어지기도 한다. 이러한 관계에서, 동일한 종류의 문화정체성이 식민지 경계의 안팎으로 형성되어 나간다. 전통적으로 이런 상업적 상업제국(commercial-commercial empire)은 종속집단의 경제적 역동성을 제거하기 어렵다는 점에서 장기간 유지되기가 힘들었다. 유럽대륙의 제국들은 지속 가능한 문화전파로 나아가지 못했다. 적어도 중요한 또 한 가지 이유는 상업체제 속에서 자기발전하는 경향을 띠는 강력한 형태의 종족정체성이 있기 때문이다. 원칙적으로 종족정체성은 개인들에게 체득되기 때문에, 경제적·정치적 변화에 독립적이다. 문화전파는 종속적인 사회질서가 해체되고 연이어 지배적인 시장 '문화'로 사회가 통합되는 곳에서 가장 쉽게 이루어진다. 전통이 살아 있거나 친족이 중심을 이루는 지역이 식민화되는 경우 그 성격이 다르다. 그것은 분절적 혹은 원추 모양의 특성을 지닌다고 말할 수 있을 것 같다. 식민주의자는 강력한 외재적 힘과 연결되며, 저항에 부딪히긴 하지만 또한 강력한 주술적 존재와 갈등하는 우주의 일부분이 된다. 각각의 경우에 지배자는 우주에서 보다 높은 지위에 놓이는데, 일찍이 조상신과 신성함이 독점했던 권력은 이제 지배자의 범주도 포괄하게 된다.[12] 지역 엘리트층은 자신을 지배집단의 구성원으로 규정하기 위해 노력해야 한다. 유럽 식민주의에 관한 민족지적·역사적 문헌들은 이와 같은 우주적 유동성 전략에 관한 몇 가지 사례를 보여주고 있다. 우리에게—어쩌면 과거 상업 중심지들의 세속적 집단들에게조차—종교로 보이는 것이 전통체제에서는 정치인 동시에 의학이었다. 특정한 중심성은 이런 하부집단에서 나타나며, 결과적으로 사회생활은 외적 '힘'이 그 지역사회로 들어오는 입구를 둘러싸고 조직된다.

개인정체성과 사회정체성의 관계

개인적 주체와 사회정체성의 관계에 대한 연구는 전반적으로 미흡한 상태이고, 특히 시공간상의 장기적 유사점과 차이점에 관한 연구는 거의 전무하다. 함축적으로나마 나는 문화정체성의 구성방식은 개인적 자아의 구성방식에 달려 있다고 주장해 왔다. 보다 전통적이며 친족을 기반으로 한 체제와 점차 상업화되어 가는 체제 사이의 차이는 사회정체성과 신체의 관계, 개인과 사회적 범주의 관계 등과 같이 주체가 놓인 존재론적 상황의 차이와 밀접하게 관련되어 있다. 지금까지 언급한 관계들을 개괄적으로 정리하면 〈그림 2-3〉과 같다.

물론 이 범주들은 관념형(ideal type)이다. 즉 구체적인 실재라기보다는 논리적인 연속체 속에서의 위치를 지시한다는 의미에서 절대적이라기보다는 경향성을 뜻한다. 사회정체성의 양극은 계층화의 문화적 기준이 존재

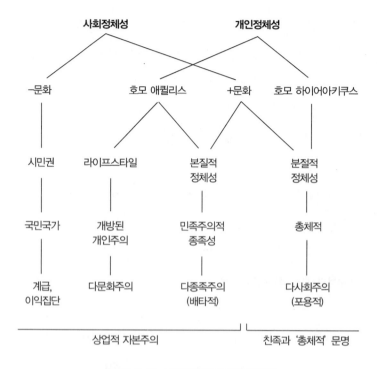

〈그림 2-3〉 사회정체성과 개인정체성

하는가의 여부에 따라 나뉜다. 나는 '시민'은 결코 문화적 현상이 될 수 없다고 말하는 것이 아니다. 왜냐하면 그것은 분명한 어의의 내용을 가진 특수한 조직화이기 때문이다. 이러한 의미에서 문화는 간단히 말해 사회적 형식의 특수한 내용이다. 여기서 내가 강조하고 싶은 것은 구체적이고 고유한 기준과는 대립되는 추상적·보편적인 의미에서 정의된 범주들간의 대비이다. 일반적으로 시민은 종족성·종교·전통이라는 관점에서 보면 공허하다. 그것은 보다 큰 정치단위의 형식적 구성원이라는 사실에만 관계된다. 순수형(pure type)으로서 이러한 국민국가 조직은 시민권 이외에 다른 사회정체성을 필요로 하지 않는 개인적 성원만을 포함한다. 논리적으로 이것은 구조적 유형이나 공허한 주체, 역할의 담당자, 사회적 자아와 분리·구별되는 인격으로서 근대적 개인에 상응한다.

나는 루이 뒤몽의 호모 애퀄리스(Homo aequalis)라는 범주를 통해 근대성의 세계와 맺고 있는 주체를 설명해 왔다. 그리고 나는 근대에서와 마찬가지로 고대문명의 상업화과정은 이 같은 주체를 형성하는 데 결정적인 역할을 했다고 주장해 왔다. 이 세계에서는 크게 두 가지 유형의 문화정체성이 있다. 가장 근대적인 것은 '라이프스타일'이라는 유형이다. 이것은 개인이 자유롭게 선택할 수 있고 역사적인 적법함을 요구하지 않는 문화적으로 특수한 도식의 실천이라는 측면에서 볼 때, 천부적이지 않다. 따라서 문화에 참여하는 개인의 자율성이 견지되기에 근대적인 것이다. 또한 이것은 다양한 라이프스타일을 비교할 수 있는 더 높은 수준의 문화적 기준이 부재하기 때문에 필연적으로 상대적이다. 즉 국민국가의 비문화적 시민권이라는 보다 큰 영역 내에서 광범위한 문화적 다원주의를 허용하는 최소한의 문화정체성의 일종이다.

정체성의 두번째 유형은 흔히 종족으로 지칭된다. 이것은 문화적으로 동일한 더 큰 시민집단을 세분한다는 점에서 필연적으로 본질적이며, 개인을 재규정하고 문화적으로 특수성이 부각됨으로써 완성된다. 호모 애퀄리스의 세계에서 종족성은 각 분파의 구성원이 가지고 있는 속성에 의거하여 집단의 분파를 구별하면서 획득되는 것이다. 보다 정확하게 표현한다면, 문화적 특수성은 개인에게 각인되어 있다고 할 수 있다. 이것은 '본질적 정체성', 즉 '핏줄'을 의미하며 두 가지 방식으로 해석될 수 있다. 하나는 공통의 전통·역사·출계이며, 또 하나의 방식은 인종(人種)이다. 물론 이 두 가지 방식은, 문화적 족내혼이 본질을 공유한다는 상념으로 표현되면서 자기이미지를 생산할 뿐만 아니라 어느 정도 현실화되는 경향이 존재한다는 측면에서 중첩된다. 이런 유의 정체성은 천부성과 역사성의 필요 유무에서 라이프스타일과 대조되지만, 이 모든 것은 정체성을 신체의 본질적인 속성으로 정의한다.

여기서 종족성은 형식적인 추상적 국가가 아닌 본질을 공유한 공동체로서의 민족과 동일한 차원이다. 국민국가 영역에서 다종족성은 상호 배타적인 구성원으로 정의되는 종족적 다원주의의 형태를 취한다. 남아프리카와 나치독일의 경우에서처럼, 이와 같은 다원주의를 통해서 바로 사회를 조직하려는 극단적인 시도가 존재한다. 이 경우에 국가와 동일시되는 집단은 가장 먼저 종족화되어야 하며, 그 결과 민족은 국가와 동일한 것이 된다. 이에 따라 타집단은 필연적으로 인종적 특성에 근거해서 서열화된다. 문화정체성으로서 종족성과 종족적 다원주의는 일반적으로 국민국가 내에 대안적 정체성들을 포함하는데, 오직 보다 큰 집단에 정치적으로 종족의 범주가 부여되는 상황에서만 문화적 범주는 사회적 범주와 결합되어 나타난다. 더욱이 이와 같은 상황에서, 종족정체성은 근대국가에 의해 상습적으로 억눌리는 최초의 **피와 땅**(blut und boden)이라는 실체로 표상된다. 따라서 문화정체성을 국가 차원으로 승격시키는 전략은 문화적으로 조직된 사회를 근대성의 시민적 질서와 대립되는 것으로 정의하는 전략이다. 그러나 상업화된 개인주의적 역동성이 팽배한 사회체제에서 이런 상황이 유지되기는 확실히 어렵다.[13)]

호모 하이어아키쿠스(Homo hierarchicus)라는 범주는 개인적 혹은 사회정체성이 서열화되어 있는 사회와 관련되어 있다. 여기서 서열화되어 있다는 것은 모든 정체성이 상위의 범주에 망라되어서 정의된다는 의미에서이다. 호모 애퀄리스의 세계에서는 기껏해야 배타적으로 정의된 집단들간의 위계였던 것이 여기서는 처음부터 사회문화적 범주를 상호적이고 보완적 관점에서 규정하는 총체적인 구조에 포섭된다. 분절적 정체성은 전적으로 위치에 의존하며 전적으로 상대적이다. 이것은 일정한 영토를 관장하는 개인과 조상과 신의 관계 혹은 기능의 상보적 분업으로 정의되는 하위카스트들이나 자티[14] 사이의 관계라는 관점에서 정의된다. 개인적 정체성은 주체적으로 획득되는 것도 아니며 자유롭게 선택될 수도 없다. 왜냐하면 이것은 일차적으로 지위에 의존하기 때문이다. 정체성은 보다 큰 연계망에서 개인의 지위를 통해 규정된다. 유동성은 이 사실을 바꾸지 못한다. 지리적으로나 사회적으로 A에서 B로 이동하는 것은 미리 정해진 위치에서 다른 위치로 이동하는 것이다. 다른 집단에 적응하려는 사람은 그 집단에서 입회식을 거쳐야 하며 이 과정을 통해서 그는 새로운 조상과 신과 관계를 맺은 '새 사람'으로 거듭난다. 인류학문헌에서 이에 관해 잘 알려진 사례는 얼마든지 있다. 에드먼드 리치의 연구(Edmund Leach 1954)로 널리 알려진, 버마 북부의 카친족은 자신들이 살고 있던 고원에서 이웃 계곡으로 이동하여 수전작을 배우면서 '종족' 정체성을 바꾼다. 이들은 샨족(Shan)이 되어, 불교국가 샨에 통합되고 샨사회의 생활방식을 따르게 되는데, 이는 종족성이 이들에게 단순히 라이프스타일에 불과하기 때문이 아니다. 정체성이 본질이라는 관점뿐만 아니라 신체를 뛰어넘어 확장되는 일련의 사회적 · 우주적 관계라는 관점에서 정의되기 때문이다. '총체적'이라는 용어는 정체성의 포괄적 측면을 나타낸다. 총체적 실천을 통해 지역의 소집단들이 연속해서 더 높은 집단에 포섭되는 분절적 조직화가 가능해진다. 이런 방식으로, 마치 지역의 분절조직이 더 큰 영역에 꼭 들어맞듯이 지역의 신들은 더 높은 신, 상위집단 신의 하위집단 혹은 그 일부가 된다.

지금까지 우리는 이러한 더 큰 조직을 사회적 다원주의라고 지칭해 왔는데, 그 이유는 문화적 범주가 곧 사회이며 '종족성'은 사회적 차원의 내용이기 때문이다. 그리고 사회정체성이 더 큰 분절에 포섭된다는 점에서, 다원주의는 배타적이기보다 포괄적이다. 종족관계는 배타적으로 규정된 집단들간의 외적 관계가 아니라, 정체성이 상호지위를 통해 정의되는 집단들간의 내적 관계이다.

이러한 계층화의 목적은 수많은 유형을 정의하기보다, 연속체의 윤곽을 그리기 위한 것이다. 어떤 특정한 사회적 상황에서도 다양한 경향이 나타날 수 있다. 물론 순수한 국민국가 모델은 한번도 명확하게 규명된 적이 없었으며, 언제나 종족정체성과 비종족정체성 간의 갈등이 존재해 왔다.

예를 들어 헬레니즘 세계에서 문화정체성의 성격을 가늠하기란 매우 어렵지만, 그 문화가 대상화되고 외부화된 존재를 어느 정도 취했는가에 따라 흥미로운 흔적 몇 가지를 찾아볼 수 있다. 확실히 그리스인에게 전체 헬레니즘의 '프로젝트'는 이른바 그리스 정체성을 유지하기 위해서 반드시 배워야 하는 일련의 행동규칙·문학·언어로서의 문화에 대한 관계를 표현했다고 주장할 수 있다. 이것은 그리스인들이—설령 이 같은 대상화가 아테네 그리스사회를 형성한 초기 상업화과정의 일부라 할지라도—다수의 외국인들 사이에서 고립된 자신들을 발견하게 되는 식민화과정의 단순한 결과라고 할 수도 있다. 물론 종족성은 대립(opposition)에 기초하고 있지만, 반드시 학계에서 언급되는 대상화된 지식과 전통이라는 형태를 취할 필요는 없다. 파이데이아[15]라는 바로 그 상념과 집적된 '정체성'을 통해 그리스 도시문화가 수많은 아시아인들에게 전달되었던 것은 분명하다. 그러나 이것이 종족성의 라이프스타일의 문제인지 아니면 단지 고급문화의 텍스트로서 내용의 문제인지 확정하기는 매우 어렵다. 우리는 이러한 문화정체성과의 관계를 자신의 인생을 자신에 의거해서 설계하는 개인화된 주체, 고유한 자아의 출현과 밀접하게 관련되어 있다고 주장해 왔다. 그리스의 개인주의를 흥미롭게 분석한 샐리 험프리는 많은 논문에서 극장, 세속철학, 아테네 사회의 상업권력으로의 변형과 함께 사회적 역할의 상념과 상호 연결시켰다(Humphrey 1978). 많은 사람들이 주장하듯이, 헬레니즘 시대에 지속되었고 증폭되기까지 했던 이 과정은 이미 고대에 확립되었다.

문명 사이클과 문화정체성

서구 헤게모니의 몰락과 세계체제의 탈중심화 과정에서 두드러진 특징 가운데 하나는, 부수적으로 문화운동이 전개되며 새로운 정체성과 민족의 실체가 드러난다는 것이다. 이것은 세계적인 차원으로 확장되던 문화적 동질화를 역전하게 함은 물론이다. 이와 비슷한 과정은 초기 문명체제에서도 찾아볼 수 있다.

헬레니즘제국에 통합된 인구집단에서도 앞에서 설명한 것과 유상한 현상이 있었음을 보여주는 실례가 있다. 시리아인들의 아타르가티스

(Atargatis) 숭배에 관한 논문(Bilde 1991)에서, 빌데는 정치구조의 틀 내에서 조직되었을 것으로 보이는 초기의 풍요숭배가 세속세계의 초월과 구원이라는 개인적 종교로 바뀌었다고 주장했다. 그는 또한 상품과 사상의 '세계' 시장이 성립하고 새로운 정치·경제와 함께 사회가 변화하면서 전통적인 질서가 와해되었으며 헬레니즘화 형태로 나타나는 위기를 초래했다고 했다.

> 이같이 새롭고 역동적인 문명화과정은 모든 종류의 전통적·지역적·정적인 구조와 태도와 관념을 파괴하는 위협을 표출했다. 그리고 이 같은 '파괴'를 통해서 헬레니즘 문명은 특히 도시의 개인들을 위기에 빠뜨렸는데, 그것은 이들의 전통적인 정체성과 상징세계의 기반을 와해했기 때문이다. 바로 이와 같은 위기가, 특히 이 시기 도시들에서 발생한 문화·철학·문학·예술·종교의 모든 급진적이고 새로운 '헬레니즘적' 발전에 길을 열어놓았다. (같은 글, p. 21)

이 글은 유럽 근대화에 관한 주장들을 강하게 상기시킨다. 그리고 나는 이런 변화가 상업적 경제성장이 추동한 보편적 지각변동이었다고 다시금 주장하고자 한다. 비슷한 맥락에서 코헨(Cohen 1991)은 이 시대에 유대교의 정체성은 문화적으로 종족적이었다고 주장한다. 매커비어스 시대에 법률·생활양식으로서 유대문화라는 상념은 종교의 가르침을 실천하는 유대인과 유대인 출신인 사람, 다시 말해 취득한(개종한) 유대인과 선천적인 유대인을 구별할 수 있게 해주는 추상적 총체였다. 여기서 핵심은 두 경우 모두 어떤 식으로든 정체성은 선택될 수 있다는 점이다. 즉 개인의 정체성은 사회적 혹은 문화적 집단의 구성원 신분보다 앞서 존재하며 외재한다는 것이다.

헬레니즘에 대한 논의에서 두드러지는 또 한 가지 양상은, 이 시대 말기에 민족적 동일시와 종교적 신비주의가 폭발적으로 증가한 것으로 보인다는 점이다. 이 단계는 로마제국으로 재통합되기 이전 시기로 전쟁, 분쟁, 동요, 대규모 정치단위의 해체 등의 특징을 보여준다. 빌데는 아타르가티스 숭배의 자기거세(castration)는 말기적 현상, 즉 강력하고 폭력적인 자기부정 행위와 풍요에 대한 부정—불결한 세계를 초월할 수 있는 금욕적인 내세를 갈구하는 욕망—이라고 주장한다. 그리스 식민지의 엘리트들은 자진해서 이 과정에 휩쓸려 들어갔다.

> 우리가 방금 언급한 2세기 중반은 또 다른 측면에서 중요하다. 헬레니즘 시대 정치구조의 해체와 도시에서의 정치생활의 소멸은, 일찍이 그 유래를 찾아볼 수 없을 정도로 헬레니즘을 자기 문화유산으로서 보존하고 유지하게 한 것 같다. (Will 1975, p. 581)

만약 여기서 언급한 현상이 서구의 근대성과 가깝다면, 헬레니즘은 다음과 같은 측면—즉 '자본주의적' 발전과정의 산물로서 전통적 정체성의 상실에서부터 종교적 혹은 민족적 문화정체성의 재출현에 이르기까지—에서 매우 포괄적이라고 주장할 수 있을 것으로 보인다. 나는 다른 곳에서 중앙집권화된 제국주의 체제와 문화정체성의 구성 및 유지 사이에는 역

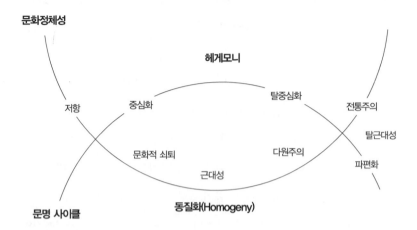

〈그림 2-4〉 문화와 문명 사이클

(逆)의 관계가 존재한다고 주장했다. 이 모델을 도표로 표시하면 〈그림 2-4〉와 같다.

　〈그림 2-4〉는 헤게모니의 확장·수축과 문화적 해체·통합의 관계를 명료하게 보여준다. 이에 따르면, 성장하는 제국은 엘리트 정체성과 종속 집단에 대한 이들의 영향력 간의 관계를 통해서 문화적 헤게모니를 확대시키는 경향이 있다. 몰락의 시기에는 역방향으로 진행된다. 주류문명의 정체성이나 근대 정체성은 더 이상 그 자체의 요구를 충족시키지 못한다. 그리하여 사람들은 지배적인 근대성이 억압하고 자리를 빼앗았던 문화적 전통들 속에서 발견되는 대안적 정체성을 모색한다. 문화정체성을 해체하고 재통합하는 힘은 그 정체성의 본질과 무관하게 작동한다. 문화적 근대성

영역 혹은 호모 애퀄리스 내에서 근대주의적 헤게모니의 팽창은 문화적으로 강력한 정체성—종족성—에서 라이프스타일과 근대적 정체성 그 자체 등과 같은 허약한 형태로의 이동과 상호 연계되어 있다. 여기서 후자, 즉 라이프스타일과 근대적 정체성은 뿌리가 없지만 끊임없이 더 높고 새로운 것으로 진화하는 자기발전적인 개인이라는 상념으로 요약된다. 일반적으로 사회에도 동일한 모델이 적용될 수 있다. 헤게모니가 몰락하는 시기에는 문화정체성이 점점 더 강조된다. 총체주의의 영역 내에서, 더 큰 상업체제의 주변부로 흡수되는 사회들은 외부에서 부여된 권력과 일종의 화물숭배와 같은 다양한 관계로 발전되어 나가는 경향이 있다. 극단적인 경우에는 인구집단의 주요한 분절이 개인적으로 지배부문에 통합되기도 하며, 상업화는 끊임없이 총체적인 사회질서의 친족조직과 분절조직을 해체시키는 경향을 보인다. 이로써 지역위기의 시기에 전통의 재정립운동과 문화정체성 부흥운동이 바로 이 후자(친족과 분절) 집단에서 가장 빈번하게 일어난다. 헤게모니의 몰락과 연동된 불안정한 시기에, 총체적 영역에서는 전적으로는 아닐지라도 컬트주의와 심지어 주술까지 경험하게 되는 경향이 있다.

비록 로마제국이 팽창하기 직전 (헬레니즘이) 쇠퇴하던 시기에 증가했던 밀교와 종족부활운동 같은 문화적 르네상스가 흥미로운 증거를 제공해 주는 듯하지만, 이와 같은 다양한 과정이나 실천들을 헬레니즘 역사에 위치지우는 것은 불가능하지는 않더라도 어려울 수 있다.

맺음말

지금까지 나는 지구체제의 특수한 방법론을 도식적으로 제시했다. 이제까지 서술한 것과 같이, 인류학과 선사 · 고대사에서 출발함으로써 우리는 "어떻게 세계체제를 5천 년 전까지 소급할 수 있는가"라는 문제에 부딪히지 않았다. 연속성의 성격이 문제로 남는데, 지구체제의 구조적 모델을 제시함으로써 시공간의 주요한 유사점과 차이점을 보다 명확하게 이해하는 것이 가능할 수 있다. 예를 들어 물질재생산 혹은 적어도 상호의존성의 어떤 거대한 과정 내에서, 지금까지 역사적으로 존재했던 특수한 형태의 경제 · 정치 · 문화 조직 모두 단일한 장 내에서의 변화로 이해할 수 있다는 주장이 가능하다. 이를 위해서는 단순히 교환되는 존재에 주목하기보다는 시간을 뛰어넘어서 나타나는 체계적인 상호연관성에 더 깊은 관심을 기울일 필요가 있다. 나의 연구가설은 다음과 같다. 지구체제에서 상호접합으로 나타난 (동등한 규모의) 구조군은 극소수에 불과하다. 팽창과 수축의 본질적인 속성은 본질적으로 동일하다. 단일한 역동적 과정은 처음에는 구세계에서 그리고 이어서 나머지 세계에서 유동적인 축적을 그 특징으로 한다. 롬바르드(Lombard)는 중동과 지중해 사이에서 값비싼 철과 노예의 이동을 통해 구세계 내 헤게모니 변동을 추적할 수 있다고 주장했다. 물론 이것은 더 큰 지역으로 확대될 수 있지만, 이럴 때는 관련된 함의들이 훨씬 더 복잡해질 수 있다. 한때 고고학자 마캄 랄(Makham Lal)은 일반적으로 멜라네시아―폴리네시아 정착과정의 특성으로 받아들여지고 있는 라푸타족의 팽창은 구세계 체제의 거대한 분열과 관련이 있을 수 있다고 주장했다. 이 거대한 분열에는 남부 메소포타미아의 몰락과 북부 교역루트(아수르·아시리아)로의 이동, 이에 따른 하라파 문명의 몰락 그리고 지중해·중동과 북중국을 잇는 교역 네트워크 및 그와 구별되는 것으로서 동남아시아·인도네시아·남중국과 인도 동부해안을 연결시켜 주는 새로운 교역체제의 완만한 형성이 수반되었다. 이 모든 일이 기원전 2000년에서 기원전 1500년 사이에 일어났으며, 이 시기는 위계질서가 매우 뚜렷한 조직과 장거리교역에 기초한 경제를 갖춘 이른바 라푸타족이 태평양으로 팽창한 시기와 일치한다.

나는 인류학문헌에서 제시된 다양한 사회구조는 더 큰 체제의 주변부성의 조건변화에 따른 한두 개의 기본적인 조직형태의 변형으로 이해될 수 있고, (형태 역시 매우 다양한) 위신재 구조의 보급과 세습구조들은 지구체제의 관점에서 일반적으로 지위의 기능이라기보다 역사적 산물로 이해될 수 있다고 주장했다. 물론 지구체제는 다양한 구조의 위계적인 접합이며 다양한 재생산전략이라는 점도 끊임없이 강조해 왔다.

마지막으로, 우리는 문화정체성을 지구적 관계들의 역동성과의 관계 속에서 파악할 수 있는 방법을 살펴보았다. 이와 관련해서 나는 지구적 헤게모니의 사이클을 수반하는 역방향의 문화적 사이클이 존재한다고 주장했다. 우리는 현재의 위기 속에서 이와 같은 사이클을 증명해 내려고 노력했으며 지금도 노력중이다. 더욱이 초기 탈헤게모니화 시기에 새로운 국가단위의 출현에서 이 과정의 증거를 찾아볼 수 있다. 오늘날 세계체제에서 나타나는 명백한 크레올화 과정을 다룬 문헌들이 점차 늘어나고 있는데, 여기서는 그것을 문화 그 자체의 지구화라는 관점에서 설명하거나 전적으로 근대적인 현상 혹은 심지어 탈근대적인 현상으로 이해하고 있다. 나의 입장은 탈헤게모니화를 수반하면서 크레올화가 아닌 소국화의 경향성을 강하게 띤 탈동질화에 강조점을 두는 것이다.

지구체제의 연속성과 불변성을 이해하기 위해서는 학문의 힘을 더 빌려야 한다. 이는 특정 생산양식 혹은 특정 문명이나 사회체제보다 훨씬 심각하고 위험한 주제를 다루고 있음을 뜻한다. 심지어 세계가 더 바람직한 방향으로 의식적으로 변화할 것이라고 인식하는 역량조차 아마 전체로서의 체제—그 일반적인 속성 대부분이 수많은 혁명과 격변이라는 폭풍을 이미 벗어난 체제—를 변화시키는 것에 달려 있을 것이다.

[주]

1) 이는 다양한 생산양식이 일반적인 경제과정의 조직전략으로 설명될 수 있으나 생산의 사회적 성격을 예측할 수 있는 직접적인 생산과정과는 아무 관련이 없음을 의미한다. 자본주의 축적형태는 무수한 생산조직에 완벽하게 들어맞는다. 그리고 오늘날 대부분의 사람들이 주장하듯이, 자본주의 축적형태는 자본주의 생산으로 널리 알려진 것보다 앞서 있으며 그후에 올 수도 있다. 다시 말해 생산은 재생산의 원천이 아니며 그 반대의 경우가 더 적합하다.

2) 남부 메소포타미아에서 초기 문자시대의 물질문화를 젬뎃 나슬기(Jemdet Nasr)라 하며, 시기적으로는 기원전 3100년에서 2900년에 해당한다.—옮긴이

3) 지금의 터키지역—옮긴이

4) 분절화의 개념은 원래 뒤르켕이 사회분업론(1983년)에서 제창한 원시사회 유형론으로서 분절사회와 연관된다. 분절사회는 뒤르켕의 영향을 받은 레드클리프 브라운 등 영국 사회인류학을 중심으로 연구되어 왔다. 분절사회의 대표적인 연구서인 『아프리카의 정치체계』(1940)에서 포티스와 에반스 프리차드는 아프리카의 8개 사회를 비교연구하여 두 가지로 유형화했는데, 그중에서 B유형에 속하는 분절사회는 종족분절(lineage)과 지역분절이 일치하고 종족 자체가 자치, 부, 종교 등의 공동성을 기초한 단체가 되는 동시에 자체가 기본적 정치단체를 구성하는 사회이다. 이 사회에서 기호와 대상, 명칭과 사람, 공간과 사람 등의 사물의 관계는 사회의 발전과 함께 분절화하며, 이 분절화는 그 사회의 분류원리(혈연, 지연, 신화 등)에 의해 증식되어 간다.—옮긴이

5) 이 사이클은 주기가 짧은 그외의 사이클을 포괄한다.

6) 세이 법칙은 공급이 스스로 수요를 창출한다는 고전학파의 명제이다. 즉 생산(공급)이 되면 생산물의 가치만큼 소득이 창출되고, 이 소득이 수요로 나타나 일반적 과잉생산 없이 수요가 존재한다는 것이다. 세이 법칙에 의하면 국민소득은 순전히 공급에 의해 결정되고 수요의 영향을 전혀 받지 않는다.—옮긴이

7) 영국의 정치가이자 문필가인 체스터필드(1694~1773)는 일찍이 의회에 진출하여 뛰어난 언행과 매너로 정치계를 주도했다. 저술활동 또한 활발하게 전개했는데, 『내 아들아, 너는 인생을 이렇게 살아라』라는 '인생론'에 관한 저서는 존 스튜어트 밀과 찰스 다윈과 같은 당시 영국의 사상가들에게 많은 영향을 주었던 것으로 평가되고 있다.—옮긴이

8) 기원전 8세기경의 그리스 시인. 호메로스가 서사적이며 흥미진진한 서사시를 대표한다면 이와 대조적으로 헤시오도스는 교훈적이며 종교적인 서사시를 대표한다. 『노동과 나날』에서 그는 농경기술과 노동의 신성함을 역설하였다.—옮긴이

9) 19세기 후반 진보주의는 신분에서 계약으로, 애니미즘에서 과학적 합리성으로, 게마인샤프트에서 게젤샤프트로 이동하는 진화와 상업을 합성한 산물 그 자체이다.

10) 문화변용(acculturation)은 일반적으로 상이한 문화전통을 가진 여러 사회가 만나서 서로 영향을 주고받을 때 나타나는 변화과정을 지칭한다.—옮긴이

11) 이는 모든 사회가 평화적으로 보다 큰 식민지체제로 흡수된다고 가정하는 것은 아니다. 실제 식민지배에 대한 반응은 매우 다양한 형태로 나타나고 인종청소만큼이나 폭력적인 저항이 빈번하게 나타난다. 우리가 여기서 강조하는 것은 상위 권력이 지역세계의 한정된 우주론적 지위를 점령하는 데서 나타나는 관계의 일반적이고 위계적인 성격이다.

12) 주목할 점은 수많은 위계사회에서 지도력이 무엇보다 외부에서 온 정복자의 관점에서 규정된다는 것이다. 인도와 인도유럽의 사상에서 '낯선 왕', 먼 곳에서 왔다는 폴리네시아의 군주, 아프리카에서 왕들의 서열 가운데 높은 지위를 차지하는 외래의 정복자가 이러한 현상을 보여준다.

13) 남아프리카의 경우, 도시와 농공산업의 중심부에서는 지배적인 상업화과정이 인구의 상당수를 배제한다는 사실에서 어떠한 안정성이 유지되어 왔다. '본향' 체제는 위계적 연방과 같은 조직을 만들며, 이러한 연방체제에서 적어도 몇몇 종족집단은 사회인 동시에 정치단위이다. 종족성은 이러한 조건에서는 또 다른 성격을 갖는다.

14) 통상 인도의 신분제도를 지칭하는 카스트는 원래 포르투갈어로 신분 혹은 계급을 뜻한다. 인도에서 전통적으로 카스트를 의미하는 단어로 사용되는 것은 바르나와 자티이다. 이중 자티는 카스트를 기능적 · 직업적으로 분류한 것이라고 할 수 있다.—옮긴이

15) 파이데이아(paideia)는 BC 5세기 중엽 소피스트들이 젊은이들을 폴리스(도시국가)의 능동적 시민으로 양성하기 위해 마련한 일반 교육과정으로서, 이후 인간과 문화에 대한 학문을 지칭하게 되었다.—옮긴이

03 / 문명 사이클과 원시주의의 역사 [*]

이 글은 민족지적 권위와 타자에 대한 인류학적 거리두기에 대한 비판이 전면적으로 제기되기 직전에 씌어졌다(Fabian 1983). 이 같은 비판을 통해 우리는 성찰인류학(self-reflexive anthropology)이 하나의 분야로 자리 잡는 데 필요한 여러 가지 방법론을 얻을 수 있을 것이라고 기대했으며, 확실히 그 방법론들은 타자성에 관한 몇 가지 핵심적인 인류학 개념과 범주가 특정 문명에서 얼마나 지속되고 또 시간이 지나면서 어떻게 체계적으로 변화되는지 파악할 수 있게 해주었다. 한마디로 인류학에 관한 우리의 사고 형태와 그 유래를 사회적인 것으로 간주하도록 만들었다.

최근 몇 년간(1980년대 초반) 원시주의와 문화주의에 대한 관심이 부활하고 있는데, 나는 이러한 현상이 단순히 우연한 연구성과도 아니며 그

* 이 장은 1982년 가을 코펜하겐 the Center Sammenlignende Kalturstudier에서 개최된 세미나에 초안으로 제출한 글이다. 이는 이 글의 성격이 다음 논문을 준비하기 위한 제안임을 의미한다. 센터회원들의 비판적인 토론에 감사하는 바이다. 특히 귀중한 코멘트를 해준 Michael Harbsmeier에게 감사한다. Friedman(1983)을 약간 수정했다.

중요성을 인식한 결과도 아니라고 주장할 것이다. 오늘의 원시주의자가 어제의 진화주의자였다는 것을 발견하기란 그리 어려운 일이 아니다. 이와 관련해서는 진화주의자·물질주의자였다가 문화주의자·원시주의자로 전향한 마셜 샬린스가 가장 전형적인 사례에 속한다. 심지어 완고한 문화 물질주의자조차도 이제 진화에 관해서는 회의하지 않을 수 없게 되었다. 일찍이 마빈 해리스는 "인구가 많아질수록 그만큼 생물학적 요구에 효과적으로 대응해야 하기 때문에, 이전 사회보다 효율적인"(Harris 1963, p. 304) 계급사회로 진화한 것이라고 주장했지만, 지금은 "우리가 현대의 진보라고 생각하는 대부분의 것들이 사실 선사시대에 널리 향유되던 규범을 회복한 것에 불과하다"(Harris 1977, p. x)고 인식하지 않을 수 없게 되었다.

매우 사려 깊은 사람들조차도 이 같은 문명의 이데올로기적 공간에서 길을 잃고 헤매고 있으며, 자기존재의 역사적 조건을 이해하려 들지 않는다. 이를 보편적으로 요구하기란 어려운 일이지만, 사회과학의 존폐와 관련된 문제임은 분명하다. 인류학, 특히 역사적 보편성을 주장하는 인류학은 이데올로기적 위기 속에서 몰지각한 여유를 부릴 틈이 없다.

진화주의와 원시주의 사이를 오가고 또 급속한 변화 속에서 이것들을 특화하거나 일반화할 때, 우리가 하고 있는 일은 과연 무엇일까? 이 같은 현상을 이론적 발전으로 이해하는 것이 가능할까? 이 글의 목적은 이 질문을 이해하는 데 필요한 몇 가지 제언을 하는 것이다. 인류학이 더 큰 사회적인 과정(societal process)[1]의 부수적 현상으로 남지 않기 위해서는 자신의 인류학이 필요하다.

주장

인류학은 모든 사회에 존재하고 사회정체성을 구성하는 데 수단이 되는 범주에서 유래한다. 즉 타자—외적—영역, 초자연적인 것, 서로 멀리 떨어져 있는 적(敵)/아(我), 괴물 등과 같은 범주는 사회적 · 개인적 자아를 규정하고 정당화한다.

이처럼 인류학은 궁극적으로 초자연적인 것뿐 아니라 자연적인 것을 포함하여 가까운 이웃과 먼 이웃들을 분류하는 원시사회의 방식에 그 뿌리를 두고 있다.

엄밀하게 인류학적 상상력은 문명의 실재 사회체제의 산물이다.[2] 이 실재에는 다음 두 가지 본질적인 매개변수가 영향을 미친다.

① 팽창, 정복, 중심부/주변부/변두리 구조의 형성

② 중심부 그 자체의 변형

㉠ 친족관계가 여러 수준에서 와해되고, 추상화된 관료주의와 소유권과 화폐를 매개로 한 새로운 형태의 친족외적 관계가 정립된다.

㉡ 권력의 토대로서 부를 소유한 이질적인 엘리트가 새로 출현하며, 이들의 부는 엘리트로서 규정되는 것과 별도이다.

㉢ 다음의 주장을 위해, 우리는 문명사회를 크게 하나의 연속체에 놓인 양극단의 두 형태로 나눌 수 있다. 첫번째는 세계사에서 가장 일반적인 유형으로서, 중앙집중화된 관료계급이 사회적 강제력을 지배적으로 행사하고 사적인 상인과 귀족이 국가권력과 결탁해서 이들이 국가의 대리인으로 기능하는 국가—계급 형태이다. 두번째 유형은 세계사에서 중세와 서유

럽의 근대에 해당하는 비교적 짧은 시기에 한정되어 나타나는데, 이 유형에서 국가계급은 본질적으로 하나의 계급으로 자리 잡기보다는 정부 혹은 사회조직으로 축소된다. 이 경우 상위계급은 토지를 소유한 귀족 및/혹은 상업자본가의 이질적인 집합체로 구성된다. 앞으로 살펴보겠지만, 이러한 특징은 시공간적 세계를 조직하는 다양한 방식과 관련되기 때문에 특히 중요하다.

ⓔ 앞의 ㉠과 ㉡은 모두 '문명화된' 행동과 문명화된 정체성의 발전, 곧 일련의 매너와 관습, 새로운 삶의 조건에서 나타나는 사회성의 형태를 반드시 함축하고 있으며, 이것들은 지배계급의 우월성으로 특화된다.

흔히 문명과 비문명의 대립을 르네상스 시대부터 시작된 서구팽창의 고유한 결과라고 말해 왔다. 심지어 이 글에 많은 영감을 제공한 노베르트 엘리아스(Norbert Elias)처럼 시야가 넓은 사회학자도 '문명화과정'의 보편성을 사회정체성의 이데올로기로는 보지 못했다.

친족과 인격적 관계가 지배하는 사회는 세계를 자연/문화의 대립으로 표현된 동심원으로 표상하는 경향이 있다. 레비스트로스가 체계적으로 연구한 아메리카인디언의 발생신화는 사회정체성이 규정되는 방식을 보여주는데, 여기서 그 방식은 의복이나 불, 도구, 요리, '식사예절' 등과 같은 문화복합[3]의 획득방법에 관한 설명에 기초한다. 이와 같은 기본적인 '문명'의 귀표들은 이를 소유한 자들이, 스스로를 더럽히고 이웃과 심지어 스스로를 살육하는 '야생돼지'처럼 살고 있는 먼 친척이나 적들보다 우월하다는 것을 나타낸다. 원시상태의 사회정체성의 모델이자 세계를 구성하는 모델을 도식화하면 〈그림 3-1〉과 같다. 적어도 〈그림 3-1〉의 세 개 원은 우

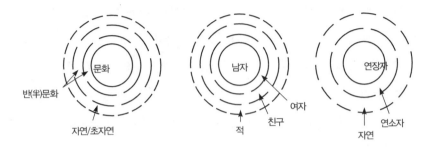

〈그림 3-1〉 친족에 기초한 정체성 공간

리가 여기서 다루고 있는 것이 일련의 고정된 혹은 대립된 범주들이 아니
라 하나의 연속체라는 것을 확인시켜 준다.

　문명화과정이 권력관계에 대한 정의의 일부인 것처럼, 원시사회에서
남성을 '문화'로 정의하는 것은 일차적인 권력의 조건을 표현해 준다고 할
수 있다. 우리는 왜 문화가 흔히 연로한 남성과 연관되는가라는 의문을 갖
지 않을 수 없다. 이러한 관점에서, 자주 지적되었다시피 남성은 성적 기능
이 소진된 후에 생물학적 권력을 상실하지만 여성은 사회구성원을 재생산
함으로써 사회 속에서 진정한 생물학적 권력을 획득한다는 점이 중요하다.
연장자는 다른 사람들의 도움을 받지 않고서는 생존할 수 없으며, 따라서
'경제적인' 강제력을 가지고 있지 않다. 그럼에도 흔히 연로한 남자가 원
시사회에서 정점 혹은 중심을 표상한다는 사실은 놀랍고 의아하다. 문화와
자연의 구분이 표면상으로 문명과 미개의 구분과 동일한 방식으로 표현된
다는 점은 권력관계에서 공통된 기능을 반영한 것일 수 있다. 제한된 위계
적 공간에서 사람들과 사회적 거리를 만들어서 자기규정하는 것은 사회 통

제수단의 일부이다.

외부세계에 대한 원시적 분류의 주요한 특징은, 그 변이가 아무리 다양하더라도 시간적·역사적이라기보다 공간적이라는 사실이다. 역사적 시간은 억압되는 것이 아니라, 더 큰 공간으로 통합된다. 죽은 이는 바깥에 있다. 세계 너머에는 엄청난 힘을 가진 존재들이 있고 전설 같은 일들이 벌어지는 실재하는 공간이다. 그곳에는 괴물 또는 반인반수, 곧 말하고 날아다니며 인간과 결혼하고 자유자재로 변신하는 동물들이 살고 있다. 문화의 중심부에서 멀어질수록 사회의 수직축과 수평축은 점점 수렴한다. 그러나 문화는 문명화된 이데올로기에서처럼 자연보다 우월하지 못하다. 서열화, 적어도 명확한 서열화는 존재하지 않는다. 여성은 '불순'할지 모르지만, 바로 그 불순함이 그들의 궁극적인 권력의 징표이다.[4]

우리가 논의한 '원시적' 분류의 특징들은, 심지어 그 사회 속에 위계와 착취가 있다 하더라도 인간관계가 지배적인 여러 사회들에 적용될 수 있다. 그 본질적 속성은 다음과 같다.

① 시간의 공간으로의 통합

② 비지역성의 비인간성과 비례한다는 성격

③ 세계의 유한성과 폐쇄성

이 같은 속성들은 아마존 인디언, 아프리카의 군장사회와 봉건유럽에 공통적으로 나타나며, 우리가 인류학사라는 주제로 돌아오는 데 필요한 다리를 제공해 준다.

여기서 그 궤적을 추적할 수 있는 두 가지 현상이 있다. 하나는 문명 사이클이고, 또 하나는 소외경향이다. 이 두 가지는 인류학적 사고의 출현·

소멸 · 재출현에 관해 많은 것을 말해 줄 수 있다. 문명 사이클은 우리가 논의 초반에 규정했던 문명 중심부의 출현 · 성장 · 쇠퇴에 관한 것이다. 소외경향은 상호간의 직접적인 인격적 유대와 의존이 해체되고 조정됨으로써 다른 매개물로 대체되는 정도에 관한 것이다. 예를 들어 가족—회사에 기초한 초기문명의 상업주의는 오랜 여정을 거쳐 근대 법인체적 자본주의의 전체적 개인주의화에 이른다. 소외의 정도는 문명 사이클의 직접적인 작용에 의한 것이지만, 간접적으로는 부의 축적 · 순환이라는 일반적인 수준에 따라 달리 나타난다. 그리고 부의 축적 · 순환은 다시 전체로서 체제의 일반적인 생산성에 기초한다. 따라서 이전 문명에서도 인격적 네트워크와 가족 네트워크에 상업적 · 계약적 관계가 침투한 정도는 주기적으로 다양했을 지라도, 이 같은 네트워크가 단지 소비만 하는 상태로 변형된 적은 한번도 없었다.

여기서는 문명화된 중심의 성장과 쇠퇴라는 사이클이 그와 유사한 이데올로기적 현상이 출현하는 사회적 상황을 조성한다고 가정할 수 있다. 인류학적 지시틀, 곧 문명 변두리의 대상화는 역사 속에서 여러 번 나타난 현상이며 사회에 대한 체계적 연구는 개념적으로 시간과 공간 모두에 제한되지 않는다.

친족 · 인격적 관계를 기반으로 한 사회에서 중앙집중화된 관료제국으로, 그리고 상업자본주의 유형의 세계체제로 이행하는 '세계구조' 혹은 우주론의 발전은 〈그림 3-2〉와 같이 나타낼 수 있다.

이러한 발전은 증가하는 상업주의의 논리적 연속체를 보여주지만, 통상적인 의미에서 실질적인 거시사적 운동 혹은 진화에 상응하지는 않는다.

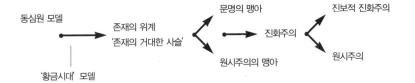

동심원 모델

'황금시대' 모델

존재의 위계
'존재의 거대한 사슬'

문명의 맹아

원시주의의 맹아

진화주의

진보적 진화주의

원시주의

<그림 3-2> 세계구조들의 논리적 발전

다시 말해 반드시 이 단계에서 다음 단계로 진전되는 것은 아니다. 상업적 문명화 과정은 불안정하며 역전될 수 있다. 다음의 논의에서 개인의 범주를 고려하겠지만, **밑그림**에서는 세 개의 우주론이 친족/인격, 국가계급, '부르주아' 조직방식 각각과 상응성이 존재한다고 할 수 있다.

문명화 패턴의 출현과 함께 발생하는 공간의 초지역적 이데올로기로의 본질적인 변형은 신화적·초자연적 형태를 실제로 주변부나 변두리로 전락한 집단으로 교체하거나 동심원을 위계적 혹은 단선적 시간 개념으로 변환하는 것을 의미한다. 문명화되지 않은 사람이 그의 고유한 정체성을 자연신에게서 '문화'라는 선물로 받았다는 것으로 설명한다면, 문명화된 사람은 차별화에 의한 그의 정체성을 존재의 더한 원시적·자연적 상태에서 향상되거나 진화한 것으로 설명한다.

서구적 발전

중세의 시각에서 외부세계는 신이 창조한 우주구조의 고유한 한 측면이다. 그것은 다소 떨어진 장소에 과거가 재배치되는 공간의 조직이며, 유한하고 닫혀 있는 공간이다. 중세에는 사자(死者)의 세계를 여행하고 돌아왔다는 예가 수없이 많다. 그리고 단테의 시대에 사후세계는 모든 영혼이 죽기 전이나 죽은 후에 자유롭게 여행할 수 있는 환상적인 풍경으로 묘사된다. 세계지리는 동심원적인 우주의 초자연적 지도와 융합되었다. 그리하여 헝가리인들에게 사후세계는 "야생 수퇘지들과 아이들을 잡아먹는 도깨비들이 날뛰는"(Hodgenm 1964, p. 362) 곳이었으며, 인도인들에게는 괴물들과 초월적 존재들의 신화와 같은 세계였다(Le Goff 1980). 중세공간의 지세학(地勢學, topology)에서 초월적 세계나 사후세계는 실재하면서 다만 공간적으로 멀리 있는 세계였다. 원시주의를 보여주는 실제 사례들이 존재하지만, 그것들은 인간 본래의 순수성이 유지되는 세상 어느 귀퉁이에 존재하는 '황금시대' 혹은 에덴동산으로 표현되고 있다. 물론 여기서도 시간은 공간으로 전이(轉移)된다. 성경 고유의 미래상뿐 아니라 아주 오래 전부터 이어져온 동일한 형태의 주제는 유럽의 특수하고 복잡한 역사적 상황, 즉 고전시대 이래로 이데올로기적 연속성을 표현하는 탈지역화한 교회—당시 문명화된 중심이었던 동양과 친분을 유지하는 동시에 지식의 창고 역할을 담당한 교회의 존재—에서 비롯된다. 중세사회에서 교회와 그 교리는 앞에서 간략히 설명한 문명화 이전 모델의 완전한 정립을 방해하였고, 그 결과는 일종의 절충으로 나타났다. 따라서 여기서 기술된 원시주의는 '문명화된' 사회에서 일반적으로 나타나는 원시주의가 아니다.

중세인들은 고대인들만큼 야만에 대해 관심이 없었다는 것을 관찰할 수 있다. 아마 그것은 중세인들이 바로 고대인들이 찬양해 마지않았던 야만인이었기 때문일 것이다. …그러나 야만인이 인간의 훌륭한 심성을 의심하게 하는

90

원인을 제공하지 않았다면, 야만인의 나라는 자연이 준 신비의 땅이었을 것이라는 것 또한 매우 빈번하게 관찰할 수 있다. (Boas 1948, p. 153)

중세의 대부분 시기를 지배한 것으로 보이는 동심원 모델의 외부세계는 점차 교회의 위계적 공간으로 대체되어 갔다. 흔히 이 모델은 봉건국가 출현을 특징짓는 사회의 일반적인 위계질서화 속에 위치하지만, 봉건적인 위계 이데올로기는 교회구조 자체의 확장이라고도 할 수 있다. "교회의 질서. 그것만이 질서. 그것은 현시하는 모든 사회조직의 모델이다."(Duby 1978, p. 78)

중세 말에, 단테의 정죄(淨罪)라는 시각(Le Goff 1981), '존재의 거대한 사슬'이라는 시각이 나타나기 시작했다(Lovejoy 1936). 이러한 시각에 근거해서 모든 생물은 가장 낮은 창조물에서부터 신까지 이어지는 위계질서 속에서 서열이 매겨졌으며, 이들의 상대적 지위는 신성성에 대한 근접성에 따라 차별화되었다.

중세 후기와 르네상스를 지배하는 이러한 구조는 '사람'을 천사와 악마 사이의 어딘가에 서열화하는 완전히 고정된 위계모델이었다. 중세 초기와는 공간적으로 완전히 다른 구성물이며, 이렇게 해서 외부세계를 존재의 거대한 사슬 속에서 적절한 지위설정이라는 관점에서 분류하려는 경향이 나타났다.

르네상스는 유럽의 초기 상업주의의 절정기, 도시상인 사회의 형성, 우리가 정의한 것과 같은 문명을 보여주지만 절대적인 국가계급에 의해 지배되었다. 또한 당시는 유럽의 외적 공간이 새로운 실체를 획득하는 유럽의 팽창기이기도 했다. "중세시대에 신대륙 사람들이나 나체족이나 무시무시한 야만인들은 인간괴물의 운명을 타고난 사람들이라는 생각이 자리 잡게 되었다."(Hodgen 1964, p. 363) 르네상스 문명의 구조는 초기 동심원 모델이 문명화된 중심부 **대(對)** 야만적인 주변부라는 위계적 형태로 변형된 것으로서, 이 관념에 영향을 끼친 것은 존재의—거대한—사슬이라는 계층화 방식이었다. 이러한 도식은 내부공간에서 일반화되면서 그 힘을 분명하게 보여준다. 그리하여 1652년 영국의 팸플릿에서는 다음과 같이 주창되었다. "이곳에도 인디언이 있고 (영국 남서부의) 콘월에도 인디언이 있고, 아일랜드에도 인디언이 있다."(Parker 1979에서 재인용)

원시주의 도식과 대립되는 문명의 계층화의 특성은 다음과 같다.

① 위계

② 자연은 안과 밖의 균등한 본성: 사회화＝국가적 통합＝제국의 통합

문명화 모델은 중심부 사회가 근본적으로 변화하고 과거 인격적·가족적·공동체적 유대가 해체되어 계약적·화폐적·관료적 관계로 대체되는 급속한 해체·재조직화의 산물이자, 주변부를 주변부로 만드는 폭력적인 팽창과 통합의 산물이다. 문명화 모델은 문명 : 비문명＝문명 : 자연이라는 위계적 대립 속에서, 인간본성이 문명의 사회화과정 속에서 억압되는 것처럼, 자연의 힘이 거부되거나 보다 정확히 말해서 억압되는 속에서 자신을 표현한다. 문화－자연의 대립은 원시주의 모델과 유사한 유형으로 나타나는 것에 반해 (문명화 모델과 원시주의 모델 각각에서) 용어들의 관계는 다른 형태로 나타난다는 점에 주목할 필요가 있다. 원시세계에서 대립이라는 용어는 의존적인 균형상태를 뜻한다. '다른 세계'는 이 세계를 구성하는 바

로 그 힘의 일부이며, 그 힘은 억압이 아닌 통합과 협동을 통해서 개인을 형성하는 데 고유한 역할을 수행한다(Augé 1975; 1982; Heritier 1977). 좀더 확장시켜 본다면, 원시세계에서 사회화는 문명화 모델의 사회화와 달리 어린 시절의 연속적인 경험국면들을 극복해야 할 그 무엇으로 부정하지 않는다. 그것은 오히려 주체의 개인사를 구조화함으로써, 다시 말해 그 자체가 사회정체성을 구성하는 공식적 현상인 역사로서 전유된다.

　　문명사회에서 자아규정은 중심부가 새롭게 나타나는 변형 속에서 고유하게 나타나는 실질적 모순을 즉각적으로 표현하는 전장(戰場)이다. 이것은 문명과 원시의 위계적 관계라는 이분법적 평가로 해석된다. 그에 따라 16세기와 17세기 내내, 새로 발견된 라틴아메리카 인디언의 인간성, 즉 그들의 인권에 대한 찬반을 둘러싸고 논쟁이 끊이지 않았다(예를 들어 팔라시우스 루비오스 Palacious Rubios와 세풀베다 Sepulveda처럼). '문명주의자들'에게는 인디언이 인간이라도 부분적인 인간에 불과할 따름이었다. 문명주의자들은 인디언들이 노예에 가장 (자연스럽게) 적합하다고 주장하면서, 존재의 거대한 사슬에서 고정된 지위를 확고히 부여했다.

　　인디언들은 행동에서 알 수 있듯이, 사회의 위계질서에서 맨 밑바닥에 속하는 것 같다. 그들은 "사리를 분별하지 못하고 어리석어서 스스로를 어떻게 다스려야 하는지를 알지 못한다." 그러므로 그들은 "거칠게 말하면 노예가 되기 위해 태어난 사람이기 때문에 노예라고 불러도 된다." (Palacios Rubious, Padgen 1982, p. 54에서 재인용)

'원시주의자'들에게 인디언은 유럽인과 똑같은 인간이었고, 따라서 유럽인과 동일한 권리를 가지고 있었다. 더욱이 그들은 문명화된 죄라는 참상에 뒤덮이지 않은, 순진무구한 상태로 살고 있었다(Las Casas). 이 시기에 가장 잘 알려진 원시주의자는 두말할 것 없이 몽테뉴(Montaigne)였다. 몽테뉴는 야만을 존재의 위계질서에서 낮은 층위에 속하는 것이 아니라 문명의 위선적인 방식과 완전히 상반되는 것으로 보았다. 물론 문명에 반대하는 입장을 취하는 것은 진화적인 틀, 다시 말해 완벽하게 질서가 잡힌 공간 속에서 다양한 사회들에 서열을 매기는 것을 포함하지 않는다. 그러나 후기진화주의 발전의 궁극적인 토대가 되었던 전(前) 문화주의의 입장이 16세기 중반에 출현했다는 것을 지적할 필요가 있다. 비티오리오(Vitiorio)는 『렐렉티오 데 인디스』(Relectio de Indis 1557)에서, 아스텍족에서 알 수 있듯이 인디언들 중 일부는 문명의 향연을 누릴 수 있었고 유럽의 방식을 쉽게 따라할 수 있었다고 주장했다. 인간이라는 종은 단일하다는 논리에 따라, 그는 야만인은 유럽인이나 그 후손들처럼 문명의 방식대로 교육을 받지 못한 것에 불과할 뿐이라고 했다. 확실히 이 주장은 아리스토텔레스의 전통을 이어받은 것인데, 자연 그대로의 인간은 단순히 자연상태의 인간이고 문명은 이용 가능한 지식과 기술이 발전한 결과라고 할 수 있다. 그러나 이 공식에 내포된 진화주의적 함의는 계몽시대 이전에는 적용되지 않았다.

존재의 거대한 사슬은 위계체계 이상이다. 또한 이것은 유한하고 닫힌 동심원의 우주적 모델에 상응한다. 코페르니쿠스와 케플러는 중세시대 이래 완성된 이 모델을 유효적절하게 비판했다. '새로운 우주지리'가 탄생되는 순간이었다. 러브조이(Lovejoy 1936)는 교회의 교리와 직접적으로 모순되는 다섯 가지의 획기적인 전환을 제안했다.

① 태양계의 다른 행성에는 살아 있는 합리적인 창조물이 있다.

② 중세세계 바깥벽의 '파손', 이전에 바깥은 깊게 새겨진 별들의 결정체로 인식되었다.

③ 우리 태양계의 행성 체계에 포섭된 태양이라는 '항성'의 개념

④ 다른 세계의 행성들에도 지각할 수 있는 거주자들이 있다.

⑤ 물리적인 세계는 실제로 무한하다.

이 획기적인 전환은 단순히 인간 중심이 태양 중심으로 바뀌었다는 것뿐만이 아니라, 지구와 대등한 것이 무수히 존재하게 되어 중심이 없어졌음을 뜻한다. 따라서 그 이론적 토대로부터 물질세계를 추상화하면, 동심원 모델은 붕괴되고 만다. 이는 모든 것의 보편적인 질서였던 존재의 거대한 사슬의 쇠퇴를 나타내는 신호였다. 서구세계에서 이런 일은 단 한차례 일어났는데, 사실 '세계의 무한성'은 데모크리토스와 에피쿠로스학파의 주제로도 잘 알려져 있었다(같은 책, p. 117).

마침내 18세기에 이르러 완전히 표현할 수 있게 된 어떠한 경향이 르네상스 후기에 나타나기 시작했다. 다름 아닌 러브조이가 '존재의 거대한 사슬의 세속화'라고 부른 경향이다. "중세에 도식화된 세계의 맥락에서 볼 때, 유럽인들보다 논리적 · 공간적으로 먼저 존재했던 야만인들이 이제는 시간적 · 역사적인 우선권을 부여받았다."(Hodgen1964, p. 451)

근대 자본주의 문명의 진화주의 틀을 낳은 최후의 변형은 공간의 시간으로의 완전한 번역을 포함한다. 공간적 거리의 시간적 거리로의 전환은 로크의 유명한 문구에 잘 요약되어 있다. "태초에 모든 세계는 아메리카였

다."(Lock 1952) 그리하여 존재의 위계질서는 진보의 척도로 변형되었다. 르네상스 같은 계몽운동은 세계의 도식에 대한 부정적인 평가와 긍정적인 평가 모두를, 즉 원시주의와 진보적 진화주의의 대립을 보여준다. 이 양극 사이의 진동(振動)은 19세기와 20세기의 사상사에서 주요한 주제였다. 르네상스에서 20세기로 이어지는 세계질서의 변형은 다음과 같다.

공간 → 시간

비지역성 → 주변부성

주변부 → 전사(前史)

유한세계 → 무한세계

중심이 있음 → 중심이 없음

진화는 원시주의에 대립되는 교리가 아니라, 원시주의의 수많은 이데올로기 중 하나이다. 진화는 근대 산업혁명의 이론적인 공간이다. 원시주의는 진화를 거부하는 것이 아니라 진화에 대한 부정적인 평가 그 이상의 무엇도 아니다. 마찬가지로 기능주의와 상대주의는 사회가 진화했다는 '사실'을 부인하는 것이 아니라, 모든 사회를 비교할 수 있다는 가치판단 혹은 방법론적 판단이다.

진화주의적 틀은 지배적인 국가계급을 수반하지 않는 상업문명으로의 이행에 상응하는 것 같다. 그러나 물론 여기에는 상호 맞물리는 수많은 과정이 존재한다. 세속적인 철학과 과학의 등장은 19세기와 20세기에 지속된 어떤 단일한 경향의 일부이다.

(튀르고와 몽테스키외 등의 진화주의에 대립하여) 원시주의는 새로운 틀이 출현하는 시기에 매우 강하게 나타난다. '고결한 야만', 르네상스 철학, '황금시대' 이론과 유토피아론은 산업혁명이 절정에 달했을 때 잠시 진보적 진화주의에 가려졌을 뿐, 19세기까지 이어지는 전통을 만들어냈다. 더구나 산업의 중심지였던 잉글랜드 북부에서 이와 같은 이론적 발전이 일어났다는 것은 이상한 일이 아니다. 대표적인 인물로는 흄과 밀러, 퍼거슨, 애덤 스미스를 들 수 있다.

초기 진화주의는 그 발전의 유래가 경제적·기술적 성장에 있었다는 점에서 물질주의적이라고 할 수 있다. 19세기에 꽃피운 이 초기 물질주의는 진보적인 관념에 추동되어 원시주의를 서구사회에 대한 낙관론으로 대체시켰다. 이렇게 해서 서구사회는 세계문명의 최고단계로 인식되었고, 오직 프루동(Proudhon)과 시스몽디(Sismondi) 같은 소수의 유토피아주의자들만이 18세기 철학이 낳은 '자연인'을 열망했다.

18세기와 19세기 초의 경제이론 발전은 신진화주의의 핵심적인 측면이다. 중농주의는 이미 물적 존재의 사회적 재생산의 체제적 본질을 파악했는가 하면, 스미스와 리카도는 경제적 부의 고전적인 생산중심 이론을 발전시켰다. 이 모든 것은 마르크스의 작업에서 절정에 달했는데, 마르크스의 자율적 국가재생산 모델은 경제적 발전, 그에 따른 사회적 발전의 문제를 자본축적의 자기영속적인 역동성의 문제로 축소시켰다. 물론 마르크스는 역사의 자연결정론에 반대하며 사회적인 것을 탐구해야 한다고 생각했다. 그래서 마르크스는 확실히 역사발전이 초래하는 소외에 관심을 기울였지만, 생산동력의 추상화와 보편화는 그가 역사적으로 상대화하고자 했던 자본주의 구조의 소외된 물상화 그 자체이다. 마르크스는 역사를 생산력발전 논리의 실현으로 환원시키는 사회적 진보이론의 창시자라고 할 수 있다.

이러한 생산모델을 수반하는 진화주의의 또 다른 형태는 인간합리성의 진보라는, 콩트와 19세기 후반 진화주의자의 연구에서 체계화되었으며 계몽철학을 지배했던 상념에 기초한다. 이상과 같은 두 가지 접근방법론은 표면적으로는 지적인 것 대(對) 물질적인 것의 대립요소들을 강조하는 반면, 기술성장 모델은 궁극적으로 점진적 효율성으로서의 합리성으로 환원된다. 따라서 합리성 개념이 수많은 이른바 문명화된 사회에 공통적 분류수단을 제공한다고 주장하는 것은 아무런 의미가 없다.

학문으로서 인류학의 출현

통상 인류학의 기원은 기술적 · 합리적인 발전도식의 요소들을 조합한 19세기 후반의 진화주의에서 유래되었다고 간주된다. 대부분의 고전적 진화주의는 당시의 뒤섞여 있었던 역사적 · 민족지적 자료를 분류하는 것과 관련되어 있다. 발전 메커니즘을 설명하려는 시도가 있었지만, 모건과 스펜서 같은 몇몇 경우에 한정되었다. 마침내 엥겔스가 모건의 저서를 개작하면서 '생산력이론'은 결정적으로 세계역사와 연결되며 이로써 비로소 진화의 기계적 · 물질주의적 서술이 가능해졌다. 그리고 이 기계적 · 물질주의적 진화주의는 이후 미국의 신진화주의와 문화물질주의의 발전에 영감을 주었을 뿐 아니라, 역사물질주의의 토대가 되었다.

초기 진화주의는 결코 학문적 지위로 상승되지 않았다. 진화주의가 학문의 지위를 획득한 것은 자본주의 문명이 최초로 위기를 맞이했을 때인데, 모순되게도 이 시기에 모든 형태의 진화주의적 사상이 강력하게 반박되었다. 보아스가 문화인류학을 창시한 미국에서는 19세기의 진화주의 도식이 어느 정도 타당하기는 하지만 과도하게 추측된 결과라며 강하게 반대하면서, 그 대안으로 개별 원시문화와 그 고유의 역사에 대해 세밀하게 연구할 것을 제기했다. 이와 접목되어 보편적 진화주의적 진보라는 사고가 비유럽사회에 대한 도덕적이고 심지어 인종주의적인 평가를 함축하고 있다는 이유로 공격받았으며, 대신에 문화상대주의라는 상념이 대두되었다. 호모 사피엔스는 단일한 유전적 기반을 가진 단일종이기 때문에, 높고 낮음으로 문화를 분류할 수 없으며 다만 문화에는 차이만이 존재할 뿐이라는 것이다. 좀더 확대시켜 보면, 문화상대주의는 17세기와 18세기의 낡은 휴머니즘을 재주장하는 것이었다. 보아스의 많은 제자들이 원시문화가 산업사회보다 우월하다고 주장했던 것은 전혀 이상한 일이 아니다(예를 들어 Sapir 1924). 어떤 면에서 미국(인류학)의 발전은 독일과 오스트리아와 괘를 같이하며, 부분적으로는 이 나라들에 힘입었다고 할 수 있다. 보아스, 로위, 크뢰버, 클라크혼은 모두 이민 1세이거나 2세였다. 모건과 같은 특출한 개인들을 제외하고는 인류학 학풍이 제도적으로 자리 잡지 못했던 미국이 독일의 과학적 전통의 영향 아래 있었던 것은 분명하다. 독일학파는 보아스가 완고히 거부한 생물학적이고 인종적인 진화주의적 요소를 지니고 있었고, 보아스의 휴머니즘은 담겨 있지 않았다. 그렇지만 그들의 엄격한 역사전파주의와 문화적 재구성의 방법론은 분명히 보아스 학풍과 유사하다.

이른바 '문화권'(文化圈, Kulturkreise)을 기술유형에 따라 연대기적으로 배열했다는 점에서, 독일과 오스트리아의 문화역사학파는 진화주의의 특징을 상당수 지녔다(W. 슈미트)는 것 역시 주목할 만하다. 이 같은 발전은 미국의 경험과 매우 유사하다(아래 내용 참조).

제국의 중심인 유럽에서는 이와 유사한 반진화주의가 새롭게 등장한 영국학파를 중심으로 발전되었다. 영국학파는 처음에는 프랑스의 초기 연구로부터 많은 영향을 받았는데, 사회학과 인류학의 창시자인 뒤르켕은 사회를 유기적 총체로 보는 기능주의를 주장했다. (사회) 현상과 제도는 더 큰 사회적 전체 속에서 그것들이 수행하는 역할을 통해 설명될 수 있다는 기능주의는 마치 병자를 돌보는 것처럼 위기에 빠진 프랑스를 치유하려는 정치이데올로기와 연관되어 있었다. 요컨대 기능주의의 궁극적인 목적은 완벽하게 통합된, 갈등 없는 사회적 유기체를 만드는 것이었다. 뒤르켕의 경우 초기 저작(*The Division of Labour in Society*)을 보면 그저 그런 진화주의자로 비칠 수 있지만, 여기서 그가 주요하게 설정한 목표는 사회의 실질적 진화를 묘사하는 것이 아니라, 기능주의적 테제로 표현하면 기계적 연대에서 유기적 연대로의 추상적 연속체를 만드는 것이었다. 뒤르켕이 주장하는 기능주의는 사회의 통합이 제대로 이루어져 있지 않다는 것을 이미 전제로 하고 있다. 따라서 뒤르켕의 기능주의는 영국에서 발전한 기능주의와 완전히 다르다. 영국의 기능주의는 훨씬 강압적으로 통합된 제국 내 사회들을 연구하면서 극단적으로 발전하게 된다.

뒤르켕은 사회생활을 자율적인 현상으로 추상화했으며, 이로써 순수한 구조적 관점에서 사회생활을 연구할 수 있게 되었다. 또한 뒤르켕의 종교

연구와 사회학 연보 연구는 이후 구조주의 발전의 토대가 되었다. 그러나 이것은 단순한 지적 성취가 아니었다.

사실 이 시기 미국과 유럽에서 이루어진 가장 중요한 발전 중 하나는 적절한 분석과 이론 수준에서 사회과학의 대상을 정립했다는 것이다. '사회적 사실'이라는 뒤르켐의 상념과 '초유기체'라는 크뢰버의 개념은 생물학과 개인심리학 모두와 관련된 사회적 차원의 자율성을 범주화한 것이다. 사회적인 것이 독립적인 층위로 존재한다는 주장은 마르크스에게서도 찾아볼 수 있지만, 개인심리학이나 인종주의적 생물학과 사회구조를 혼동하는 경향이 있었던 19세기 연구자들에서는 발견되지 않는다. 따라서 사회적·조직적 차원을 형식적으로 하나의 독립된 대상으로 설정한 것은 사회과학 발전에 필수적인 출발점이 되었다.

이렇게 해서 사회적인 것이 자율의 장에 출현한 것은 자본주의의 진보에 보편적으로 나타나는 특징인 사회의 탈자연화 과정의 일부라고 주장할 수 있게 되었다. 이와 유사하게 당시 소쉬르는 언어기호를 특정 의미에서 자율적인 것, 즉 임의적인 것으로 추상화했다. 사회적 관계의 '자본주의화'라는 근본적인 특징은 주체를 의미와 분리시키고 지위를 기호와 분리시킨다는 것이다. 마치 삶의 의미까지 포함한 의미가 상징적 표현과 분리되는 것처럼, 사회는 지위들 사이의 추상적 관계가 지배하는 역할구조가 된다는 것이다. 따라서 사회과학의 성립과 추상예술과 음악 그리고 소외와 무의미를 다루는 문학(프루스트, 카프카, 말라르메 등)이 동시에 나타난 것은 우연이 아니다(이 책. 127~30쪽 참조).

1930~40년대에 진화주의는 인류학으로 다시 돌아왔다. 하지만 이것

은 위기가 만연했던 시기를 거치면서 세계경제의 헤게모니를 장악한 미국에서만 나타난 현상이었다. 보아스에서 크뢰버를 거쳐 스튜어트로 이어지면서, 미시사에서 거시사로 그리고 신진화주의로 전환되었다. 레슬리 화이트의 보편진화주의[5]와 스튜어트[6]의 진화주의는 새로운 패러다임을 만들었다. 그리고 1950년대 초반 (진화)단계들에 관한 새로운 이론이 체계화되었으며(서비스, 샬린스, 프라이드), 50년대 후반 신진화주의와 문화물질주의가 인류학과 고고학의 주류 방법론으로 자리 잡았다. 마빈 해리스의 저작은 이러한 흐름을 가장 잘 보여준다.

진화주의가 유럽에서 쇠퇴하고 미국에서 약진한 것은 동일한 현상의 상보적인 측면이라고 할 수 있다. 이러한 현상에 대한 궁극적인 설명은 서구세계가 지배하는 세계체제 내에서의 헤게모니 이동에서 찾을 수 있다.

프랑스에서 구조주의의 등장은 영국과 미국의 발전과는 동일하게 설명할 수 없는 차라리 뒤늦은 발전이었다. 프랑스는 처음에는 영국에, 이후로는 독일과 미국에 뒤쳐졌기 때문에, 세계경제에서 헤게모니를 장악한 적이 없었다. 또한 중앙집중화된 국가계급 구조로 모델화된 프랑스 문화는 자국민을 '문명화'하고 통합하려는 경향이 강했기 때문에, 인류학적 연구는 그다지 중요한 역할을 못했다. 『사회학 연보』(*Année Sociologique*)가 민족학을 이끌었던 것처럼, 구조주의는 일반적으로 인간 및 사회와 결합된 철학 전통 내에 위치해 있었지 민족학적 실재와 직접적으로 만나는 언저리에서 조직화되지는 않았다. 이론적인 틀로서의 구조주의는 세기 전환기에 시작된 사회적인 것의 추상화 흐름을 이어갔으며, 이러한 흐름 속에서 점진적으로 과학적 세련화가 함께 나타난 것은 필연적이었다. 바로 이것이 구조주의가 급속하게 파급된 힘이자 이유이다. 그러나 『슬픈 열대』부터 『벌거벗은 인간』의 비관적인 진화주의에 이르기까지, 레비스트로스의 저작에는 원시주의의 징표가 분명히 나타난다. 심지어 구조주의적 원시주의가 본질적으로 심미적이고 추상적이며 반인간주의적이라고 할지라도, 근대문명의 타락성에 대한 회의를 내비치고 있다.

1960년대는 유럽의 경제가 (주로 미국자본의 수출에 힘입어) 급격히 팽창하던 시기이다. 이 시기에 마르크스주의는 구조주의적 마르크스주의 형태로 프랑스에서 먼저 약진했고, 이후 구조주의가 공격하기 이전에 이미 기능주의가 쇠퇴하고 있던 영국에서도 나타났다. 이렇게 물질주의와 진화주의가 다시 도입되어 70년대 중반까지 중요한 위치를 차지하게 되었다. 그후 경제가 심각하게 침체되면서 진보주의는 설 자리를 잃게 되었으며, 오늘날 유럽은 점차 부활하고 있는 원시주의(클라스트르, 들뢰즈, 가타리)와 문화상징주의(오제, 아르데너, 니덤 등)에 의해서 지배되고 있다. 몇 년 전까지만 해도 물질주의자였던 사람들조차 의미, 정체성, 믿음에 관한 문제로 관심을 옮겨가고 있다(블로흐, 고들리에).

물질주의와 진화주의에서 원시주의와 문화주의로의 회귀는 일찍이 미국에서 어느 정도 시작되었다. 미국의 팽창 사이클은 유럽의 그것과 대칭을 이루는데, 인류학적 사고의 선회공간(curving space)은 마셜 샬린스의 저작들에서 가장 선명하게 드러난다. 그는 물질주의와 진화주의에서 출발했다가(Sahlins 1958; 1963) 먼저 물질주의적 결정론을 부정하고(Sahlins 1965; 1972), 다음으로 진화주의를, 마지막으로 사회적 결정론을 부정했다(Sahlins 1976). 그 결과 오늘날 그는 원시주의자이자 문화주의자가 되었다. 이것이

전적으로 내부의 지적 연구발전의 결과가 아니라는 점은 미국 인류학의 일반적인 흐름 속에서 확실히 입증된다. 또한 라파포트 역시 다소 덜하긴 하지만 물질주의자·진화주의자에서 확실한 원시주의자이자 점진적 문화주의자로 입장을 바꾸었다. 라파포트에게 진화는 비록 악은 아닐지라도 본질적으로 부정적인 현상으로 간주되며, 그의 최근 저작(Rappaport 1979, n. d.)은 의례의 외적 기능보다 내적 구조를 연구대상으로 삼고 있다. 심지어 마빈 해리스 같은 완고한 물질주의자조차 진화에 대해 부정적인 태도를 취하기 시작했다(이 책 1장 참조).

이와 같은 움직임과 더불어 베이트슨 식의 생태주의가 인기를 얻고 있으며, 기어츠 식 텍스트로서의 문화에서부터 상징행위의 인류학(터너)과 그 밖의 상징주의(슈나이더)에 이르기까지 다양한 형태의 문화주의가 르네상스를 맞이했다.

최근 유럽과 미국의 입장변화를 정리해 보면 다음과 같다.

진화주의 → 원시주의
물질주의 → 문화주의
집합주의 → 개인주의

이 가운데 세번째 전환은 부분적인 전환에 불과한데, 이는 집합주의가 지배적이던 시기에 체계적으로 무시했거나 심지어 상관없다고 선언해 버린 주체의 상황에 다시 주목하게 되었음을 보여준다. 오제(Augé)와 부르디외, 다이아몬드(Diamond) 같은 학자들은 각기 다른 방식으로 집합주의 전

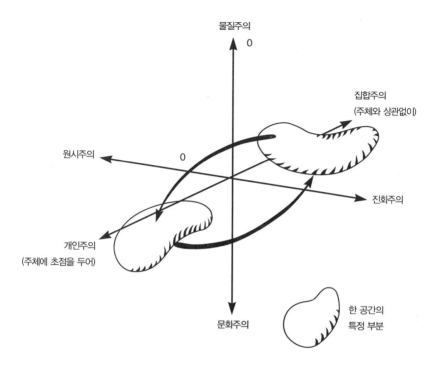

물질주의

0

집합주의
(주체와 상관없이)

원시주의

0

진화주의

개인주의
(주체에 초점을 두어)

문화주의

한 공간의
특정 부분

〈그림 3-3〉 상업문명의 이데올로기적 공간에서 진동

통을 파괴했지만, 뒤르켕과 보아스 이래로 사회과학의 토대가 되었던 소외
와 물상화 풍조는 일반적으로 집합주의의 경향을 강화해 왔음을 주의해야
한다. 이 역전은 직접적인 개인적 관계에 기초한 공동체로의 회귀가 어쩔
수 없는 대안인 것 같을 때, 다시 말해 실질적으로 문명의 쇠퇴시기에만 강
력하게 대두한다.

〈그림 3-3〉에서 개략적으로 나타낸 전환은 사실상 역전이 가능한 움직
임, 즉 서구문명에서 상대적으로 큰 이데올로기 공간인 두 영역 사이를 오
간다. 좌표의 축들은 상업문명의 자기규정적 이데올로기 공간을 나타내며,

비록 다른 변이가 나타난다고 할지라도 이 진동은 지배적 움직임인 것으로 보인다. 따라서 앞에서 지적한 바와 같이, 개인주의자－집합주의자 축은 다른 두 축과 밀접하게 연관되어 있지 않다. 물론 이 축은 집합주의적 추상성이기도 한 통상의 경제적 개인주의에 대한 것이 아니라, 주체에게 부여되는 상대적 중요성과 관련되어 있다. 샬린스와 레비스트로스 모두 원시주의자이자 문화주의자이지만, 이들은 집합주의적 태도를 견지하고 있다. 이것은 사회적인 것이 점점 주체의 행위와 정의로부터 추상화되어 상황 그자체가 되고 있는 세속적인 소외경향의 효과일 것이다.

요약

인류학의 대상은 인류학적 사고의 자율적인 산물이 아니다. 그것은 궁극적으로 우리를 원시사회의 신비로운 초자연으로 되돌려놓는 장기적인 변형과정의 결과로서, 이데올로기적으로 부여된 것이다. 유럽문명의 사례를 통해, 나는 세계의 동심원 모델에서 서열화된 공간적(동심원)―즉 원추형―모델과 진화주의 모델로 나아가는 과정을 간략하게 설명했다. 서유럽에서 상업문명은 원추형 모델의 동시적 발전 및 완성과 함께 출현한다. 그것은 서구의 팽창과 유럽 자체의 내적 변형의 시작, 다시 말해 일차적으로 절대주의 국가의 보호 아래서 이루어진 상업화의 시작과 궤를 같이한다. 실재 인구집단은 과거 중세시대의 환상적 창조물들이 차지했던 공간에 진입한다. 그리하여 문명과 야만의 대립을 반대하는 사람과 옹호하는 사람 사이의 분열이 최초로 발생한다. 이와 같은 대립을, 우주의 위계질서가 시계열화된 뒤에 비로소 나타나는 진정한 원시주의-진화주의 구분과 혼동해서는 안 된다. 이러한 변형을 따라 문명이데올로기는 헤게모니를 장악한 중심부의 성장시기와 쇠퇴시기 각각에 상응하는 원시주의와 진화주의를 진동한다는 특징을 갖는다. 이런 순환적 변이는 그 자체로 일련의 분리·물상화 형태를 취하는 소외벡터를 따라서 이동한다. 이렇게 해서 사회는 더 큰 초자연적·우주론적 도식에서 분리되고, 나아가 자연은 신으로부터 분리된다. 이 두 가지 분리는 자연법 혹은 사회법 상념의 조건 그리고 사회와 우주의 힘과는 독립적인 사회의 역사를 분석하는 조건을 제공한다. 이후 사회는 그것을 구성하는 개인과 분리됨으로써 자율적인 사회과학이 가능해지며, 이와 동시에 역사에서는 순수한 개별주체가 등장한다. 이 같은 일련의 두 분리는 서구사상의 두 가지 중요한 발단을 보여준다. 진화주의 이론과 사회진화주의 사상의 등장 그리고 추상적 실체로서 사회 즉 '사회적 사실', 초유기체로서 사회의 등장이 그것이다.

서구의 지적 발전과정은 동시에 더 큰 의미를 가지는 전체를 실질적으로 해체하는 과정이며, 궁극적으로 근대적 개인을 완전히 소외·해방시키는 과정이다.

사이클의 내용은 다음과 같이 움직이는 것 같다. 원시주의는 사이클의 시작과 끝에서 발생하고 진화주의는 중간, 특히 상승중일 때 지배적이다. 원시주의 I은 전통사회와 인격적 유대가 파기되는 것에 저항하며, 문명화된 사회의 냉혹하고 불안정한 조건에 저항한다. 원시주의 II는 자연으로, 평등으로, 공동체로 회귀하려는 원시적 유토피아에 대한 열망이다. 순환론적 역사관은 사회발전의 제한된 특질 그리고 사회와 인간의 제한된 진화능력이 현실화되는 모습을 보여준다. 이 시각은 쇠퇴의 시기에도 발생하는 진화주의적 테마에 대해 비관적인 태도를 취하지만, 이는 역사에 대해 보다 관조적이고 거리를 두는 위치, 다시 말해 원시주의보다 문명화된 입장을 구체화한 것이다.

앞에서 개괄적으로 설명한 관념론적 상상적 구축물의 연속과 순환은, 내가 주장한 바와 같이 순수한 지적 발전을 표상하는 것 이상이며 단순히 근대 자본주의 발전을 반영하는 것이 아니다. 모든 문명 사회체계는 더 큰 공간세계를 위계조직으로 만들고, 문화의 전형적인 중심부가 표상하는 문명사회와 자연의 원시적인 상태를 구분한다. 이때 진화주의적 틀은 관료적인 국가계급이 중상주의를 기초로 한 과두제에 주도권을 넘겨주는 조건 아래서 발생된다. 고대 지중해인은 근대유럽과 매우 유사하며 문화적으로 우리 모델의 특수한 성격과 대립되는 구조를 확증할 수 있는 패턴을 보여주고 있다.

고대 지중해인

고대 그리스인의 세계관의 발전은 근대의 그것과 놀랄 만큼 유사하다. 그리스 암흑시대의 세계구조를 쉽게 재구성할 수는 없지만, 호메로스의 저작들이 무시될 수 없는 것이라면 동심원으로 조직되었다는 증거가 분명히 있다. 우리는 헤시오도스 시대에 이르기까지의 세계와 기원전 6세기에 완전히 그 세계를 변형시키는 상업적 침투의 결합을 맞닥뜨리게 된다.

헤시오도스의 세계구조 모델(〈그림 3-4〉 참조)은 황금 · 은 · 청동기 · 철

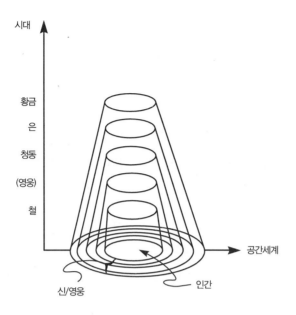

시대

황금

은

청동

(영웅)

철

공간세계

신/영웅   인간

〈그림 3-4〉 헤시오도스의 '세계구조' 도식

기 시대 등 아래로 층층이 서열화된 일련의 창조물의 이미지이다. 최상층
에는 신이, 최하층에는 인간이 살고 있다. 철기시대가 노동과 고통의 시대
인 것에 비해, 황금시대는 노동이 존재하지 않는 진정한 천국이다. 헤시오
도스의 구성물은 천국에서 지상까지 서열화되어 있다는 비관적 관점을 공
간적으로 조직화한 것이다. 여기서 이전 시대의 신과 영웅은 추상적인 과
거에 존재하는 것이 아니라 '저 멀리 어딘가에' 계속 존재하고 있다. 따라
서 세계구조는 위계적 동심원, 즉 원추형이다.

 기원전 8세기의 이 작가는 그리스 세계에서 기록이 남아 있는 최초의
원시주의자였다. 그는 노동과 고통이 지배하고 부자가 가난한 자를 억압하

고 자식이 부모를 거역하는 '근대'의 심화되는 불평등을 비난한다. 현실에 대한 이 같은 태도는 과거에 대한 열망이 아니라 이 세계를 떠나길 바라며 신이 있는 곳을 갈구하는 것으로 해석될 수 있다.

이러한 세계관은 기원전 6세기가 되면서 바뀌기 시작한다. "아이오니아, 곧 고향의 주요한 전통들 속에 표현되고 있는 호메로스와 헤시오도스의 서사시는 여전히 강력한 힘을 가지고 있다"는 말은 사실이다(Edelstein 1969, p. 17). 원시성을 이상화하는 태도는 아리스토텔레스 같은 저자들에게서 발견된다(같은 책). 그러나 반세기 후에 크세노파네스(Xenophanes)는 "태초부터 신은 인간에게 모든 것을 드러내 보이지 않았지만, 인간은 **시간을 들여** 스스로 탐구하여 어떤 것이 더 나은지 알게 되었다"고 주장하게 된다(Edelstein 1969, p. 3에서 재인용. *Coll. Diels & Kranz, Die Fragmente der Vorsokratiker*, Berlin, 1951~2). 일반적으로 소크라테스 이전의 철학자들은 인간창조에 관심을 두었으며, 그래서 신화 속의 과거와 현재의 관계는 "신이 더 이상 존재하지 않는 하나의 과정으로 변형"되었다(같은 책, p. 6).

과학적 망탈리테,[7] 즉 세속철학의 출현, 일반적으로 자연의 추상화(Phusis),[8] 자연의 본질과 사회의 본질 모두를 다루는 담론은 이후 서유럽의 발전과 명백히 궤를 같이한다는 점에 주목할 필요가 있다. 베르낭은 기원전 6세기의 그리스에서 자연이 신으로부터 분리되고 사회가 자연으로부터 분리되었다는 것을 입증하면서, 이 분리와 그리스 사회의 상업화의 관계를 보여주었다(Vernant 1974).

기원전 5세기가 되면 완전한 형태의 발전주의가 등장하는데, 그리스 역사와 선사에 관한 글을 비롯하여 심지어 종교적 신념의 기원 같은 주제를 다룬 일반이론까지 나타났다. 그리하여 엠페도클레스(Empedocles)[9]는 "과학적 지식을 얻은 자가 축복을 받는다"(Edelstein 1969, p. 49에서 재인용)고 주장할 수 있었다. 그리고 데모크리토스와 히포크라테스의 주요 저작들은 물질적인 인과성을 기반으로 한 반원시주의인 진보적 진화주의가 발전하고 있었다는 것을 여실히 보여주었다. 데모크리토스는 황금시대의 이미지와 반대로, 초기의 인류는 교육받지 못해서 짐승처럼 행동하고 옷도 피난처도 불도 없으며 경작할 줄도 모르고 음식을 저장할 줄도 모르는 것으로 묘사했다. 이와 같이 사회조직은 방어의 필요에 의해서 발전되었으며(물질주의적 기능주의), 인간발전의 제1단계를 나타낸다. 순수하게 관습적인 구축물로 정의된 (소쉬르 이전!) 언어는 문화의 초기 분화과정에서 중요한 변수로 작용한다. 마침내 기본적인 욕구가 충족된 후에 인간은 예술과 '문화'를 발전시킬 수 있었던 것이다. 발전의 동력은 본질적으로 기술·논리적 도전과 이성적 기제가 결합된 것으로 인식되었는데, 여기서 이성적 기제란 주지주의자보다는 도구주의자의 관점에서 파악된다.

고대그리스의 진보적 진화주의는 놀랍게도 이후 유럽에서의 발전과 유사한 모습을 띤다. 러브조이와 보아스는 지배적인 세계관을 다음과 같이 요약했다. "인간의 선함은 원시시대의 소박함이나 미개한 시골풍의 단순한 삶에서는 찾을 수 없다. 그것은 기술의 진전, 새로운 장치의 개발, 그 결과 증가하는 문명의 복잡성에 있다."(Lovejoy and Boas 1935, p. 195) 또한 이들은 인간의 선함을 특히 역사적 국면에서 찾는다. "반원시주의적 흐름은 초기에만 명백한 것이 아니라 점점 뚜렷해졌다. 4세기 초와 5세기 후반 계몽시대의 아테네에서는 완전히 명백해졌다."(같은 책)

물질주의와 진보적 진화주의의 세계는 또한 고대아테네의 제국주의 시대이며, 그리스 사회가 완전히 상업화되었던 때이다. 당시 식품의 반 이상이 수입되었고, 부유한 귀족과 자본가는 민주주의 정부와 유사한 방식으로 그리스 사회를 지배했다.

이와 유사하게 아테네 제국주의의 헤게모니가 쇠퇴하던 기원전 4세기에는 원시주의가 르네상스를 맞이한다. 이 사회적 과정이 매우 복잡한데, 그것은 도시국가의 헤게모니는 쇠약해졌으나 상업화 추세는 점진적으로 이어졌기 때문이다. 그러나 이러한 양날의 발전은 그리스 정치체의 실질적인 붕괴의 전조에 불과했다.

플라톤과 아리스토텔레스는 여전히 진화주의적 입장을 견지했지만, 전체적인 흐름은 기술적 진보와 인간의 창의성에서 사회적 통합이라는 보다 유기적인 질문으로 이동하고 있었다. 이제 진화는 사회적 복잡성의 진화가 되었다. 기원전 5세기의 이데올로기와 기원전 4세기 이데올로기의 대비는 유럽의 계몽주의적 물질주의와 19세기 후반의 기능주의(스펜서, 뒤르켕)의 그것에 상응한다. 결국 플라톤과 아리스토텔레스는 뒤르켕처럼 사회를 그들 자신에 외재하는 유기체로, 따라서 변화하기 쉽고 심지어 완벽해질 수 있는 것으로 다루었다. 그러나 같은 시기 우리는 "본질적으로 문명에 대항하는 문명화된 것이라는 최초이자 가장 강력한 철학적 반란을 목도할 수 있다"(같은 책, p. 118). 『최초의 부유한 사회』(*The original affluent society*, 1972)에서 샬린스가 주장했던 것과 매우 흡사하게, 이들 철학자들은 다음과 같이 단언한다. "'자연스런' 욕망은 거의 없지만, 한 가지 매우 독특하게도 이들이 거의 노력을 하지 않고도 평온해질 수 있다는 점 때문에 냉소적인 도덕론은 한편으로 게으름을 찬양하는 쪽으로 기우는 경향이 있다." (같은 책, p. 122) 이 같은 새로운 원시주의는 자신의 주장, 곧 최소한 아리스토텔레스학파로까지 거슬러 올라가는 전통을 뒷받침하기 위해 이미 알려져 있는 세계의 주변부 사람들을 인용했다. "갓난아이에게 말젖과 쇠젖을 주는 스키타이 사람들은 그다지 현명하지 않을 수도 있다. 그러나 그들의 유모나 선생 중 누구도 악의를 가진 사람이 없다는 것도 알고 있다."(같은 책, p. 289에서 재인용) 이 문구는 문명화된 '사람'을 넘어서는 자연적인 것의 사례를 제공한 루소의 『에밀』 같은 저작이 함의하는 바와 동일하다. 이처럼 원시주의의 핵심은 보다 최근의 견해에서 중심적으로 나타난다.

원시주의는 기원전 3세기 아테네의 중심에서 발전했으며, 이와 더불어 기원전 4세기부터 신비주의가 유행하게 된다. 아테네의 심장부에서 "우리는 고대적 형태의 신비주의가 부활하는 모습을 볼 수 있다. 신비주의는 문명화된 종교라는 외관 밑에서 완전히 사라지지 않았다. 동시에 철학은 자연을 숙고하지 않고 점점 인간운명의 문제에 초점을 맞추었다"(tr. from Will 1973, p. 222). 아테네 정치체가 쇠퇴하고 헬레니즘 시대로 이행하는 시기가 되면, 낡은 민주주의 이데올로기와 새로운 중심주의 국가 이데올로기 간의 갈등이 심화된다(Fuks 1974). 그리고 헬레니즘 시대에 들어와서 국가계급 권력과 (비록 생명력은 짧았지만) 폭발적인 자본축적이 결합함으로써, 완전한 진보라고 할 수 없는 '과학적인' 이데올로기로 이행한다. "헬레니즘 시대에 과학자는, 심지어 철학자들에게까지 전문적인 자문가 역할을 했다."(Edelstein 1969, p. 155) 전문성이 발전한 이 시기에는 경제적·정치적 불안감이 확산되었고, 스토아학파의 원시주의가 일상적인 철학으로 자리 잡게 되었다. 로마공화국 초기에 팽창을 거듭하여 헬레니즘 세계를 정복한 이후 진화주의와 물질주의가 부활하는데, 기원전 1세기부터 기원후 1세기까지 루크레티우스(Lucretius), 오비드(Ovid), 비르길(Virgil), 스트라보(Strabo), 비트루비우스(Vitruvius) 같은 저자들은 다양한 수준에서 새롭지만 역시 생명력이 짧은 진보주의적 역사관을 표방했다.

　고대 지중해세계의 역사는 서유럽이 팽창하던 시기의 망탈리테와 매우 비슷한 연속성을 보여주고 있다. 여기서 다시금 공간적 우주모델이, 원시주의적 사고방식이 지배하는 위계적 세계로 이행했음을 알 수 있다. 이 원시주의는 기원전 6세기 말에 진화주의와 물질주의로 대체되었고, 기원전 4세기 중반에 재출현했다가 다시 사라진다. 그리고 동심원적 공간의 우주는 처음에는 위계화되다가 이어서 시계열화되는데, 이 두번째 국면에서 다양하게 상대적인 입장에서 도출되는 가치는 긍정적일 수도 있고 부정적일 수도 있다.

위계적 모델	진화적 모델
문명화 옹호(문화)	진보적인 진화주의
원시화 옹호(자연)	원시주의

논의

우리가 앞서 주장했듯이, 다양한 변이를 수반하는 진화주의적 틀은 특정한 사회적 조건 아래서만 나타난다. 다시 말해 고대 지중해세계와 서유럽의 분권화된 상업화 문명이라는 조건에서만 나타난다. 세계의 그 밖의 지역에서는 위계적 모델이 우세했지만, 이 지역들에서 문명의 역사란 본질적으로 중앙집중화된 관료제국의 이야기이다. 중앙집중화된 제국에서 강고한 국가계급 기관들은 상업화과정과 이를 담당하는 계급을 보호한다.

위계적 모델의 특수성과 국가계급의 존재는 상호연관성이 있음을, 비록 경험적으로는 논증되지 않는다고 할지라도 우리의 설명논리를 통해 분명해진다. 국가계급은 그 스스로 표상하는 제국사회의 정체성을 규정하면서, 동시에 스스로를 독립적인 계급으로 규정한다. 문명화의 상징으로서 국가는 세계의 중심이자 문화발전의 궁극적인 정점이 되며, 상대적으로 자연에 가까운 사람들은 주변을 둘러싸며 그들은 중심부와의 관계에 따라 서열화된다. 중앙집권적인 국가계급 세계의 구조는 원시주의 모델의 '자연 대 문화의 공간적인 조직화'를 통해서 절대적으로 서열화되며, 이 같은 서열화 속에서 전자, 즉 자연에서 후자인 문화로 갈수록 점점 우월한 지위를 차지하게 된다.

세계에 대한 중국인들의 구축물은 간단하게 하나의 전체 속에 도시 · 국가 · 우주를 조직하는 구획적 관점을 적용한 것이다(Wheatley 1971 ; Muller 1980). 이 모델에서 중심부와의 지리적 거리는 곧 사회적 서열을 결정한다. 중세아랍의 궁정 지리학자의 저작에서 표상되고 있는 세계관은, 비록 서열을 명확하게 구분하지는 않았지만 동심원적 구축물과 유사하다. 또한 아랍의 모델은 다른 문명의 중심을 다소 동등하면서도 상이한 것으로 인식하는데, 중국모델에서는 용납할 수 없는 것이다.

초기 아랍의 우주관은 상당 부분 천동설에 바탕을 두었으며, 세계를 일곱 개의 지대로 나누어 각각 고유한 속성을 지닌 여섯 개 지대가 중심부 아랍을 둘러싸고 있다고 보았다.

중국은 기술과 장인의 집단이다. 인도는 이론적인 과학의 땅이며… 이란에는 윤리학과 정치학이 배정된다. 마지막으로 전쟁은 투르크인들에게 배정된다. 그렇다면 아랍은? 그들은 시(詩)라는 진정한 선물을 받았다고 주장한다. 이는 누구도 부정하지 않으며, 홀로 예언과 진정한 종교를 선물로 받았던 셈족이 이미 보여주었다. 아랍이 가진 시적 재능은 바로 진정한 종교이다. 이를 통해 그들은 자신들의 우월성을 인식한다. (Miquel trans. Miquel 1975, II, p. 66)

이 같은 구성물에 따라 공인된 다른 문명들은 명확하게 분류되며, '덜' 발전된 지역은 완전히 다른 방식으로 취급된다. 이를테면 "흑인의 숫자가 백인보다 많다는 것은 흑인에게 유일하게 영광스러운 점이다"(Ibn al-Faqih trans. 같은 책, p. 141에서 재인용) 혹은 "그들의 불완전한 뇌조직은 열등한 지능으로 귀결된다"(Mas'udi trans. 같은 책, p. 64, nn. 3, 4에서 재인용)고 말한다. 그리고 10세기 동유럽과 북유럽에서는 누구나 이븐 파들란(Ibn Fadlan)의 일기를 읽어야 했는데, 이는 야만인의 생활방식과 대립되는 문명화되고 개화된 여행자라는 분명한 그림을 얻기 위해서였다.

그러나 이 모든 글에서 진화주의의 흔적은 없다. 아마 예상한 것보다 훨씬 더 정확하게, 문명은 충분한 정신적 · 감정적 능력을 갖춘 집단만이 획득할 수 있는 기술과 예절, 곧 일련의 교양으로 이해되었던 것 같다. 이와 같은 틀에서 인종주의는 반드시 특정 사람들만이 그들에게 부여된 위치를 차지해야 한다고 주장하는, 중요한 제한요소이다. 당연히 이런 인종주의는 비진화주의적 변수이다.

현재 이 정태적인 이미지는 제한적으로 이데올로기적 기능을 한 궁정 지식인들에게만 국한되어 있기 때문에, 거대한 담론의 일부를 구성할 따름이다. 왜냐하면 유럽이나 그리스의 진화주의에 비견될 만한 것은 없었지만, 적어도 후기아랍에는 이븐 할둔(Ibn Khaldun)의 훌륭한 거시사 『역사서설』(the Muqaddimah)이 있었기 때문이다. 나는 14세기에 집필활동을 한 이븐 할둔이 오랜 세월 이어져 온 학문전통을 얼마나 표상했는지 정확하게 알지는 못한다. 그렇지만 그의 저작은 사회를 추상화 · 대상화한 매우 근대적인 방식의 일종을 취하고 있다. 문명화된 역사에 대한 그의 순환론적 관점은, 비록 그 이상은 아닐지라도 스펜서와 크뢰버의 연구만큼 과학적이다. 스펜서와 크뢰버는 문화적 피로도(cultural fatigue)라는 모호한 개념에 의존하고 있지만, 이븐 할둔은 문명의 발전이란 개인을 더 큰 단위로 통합 · 성장시켜 나가는 과정이라고 보았다.

> 가족과 지역의 친척집단
> 종교적 공동체
> 왕국
> 문명

여기서 맨 마지막 층위는 공무(公務)가 추상적인 범주로 존재하는 장소로서, 역할구조가 그 위치에 있는 사람들과 분리된다. 따라서 더 큰 공동체는 자신의 인격적 토대를 상실하게 된다. 확실히 문명은 모든 부와 기회를 욕망하지만, 자기파멸의 씨앗 역시 가지고 있다. 문명의 본질인 추상성 속에서, 본래의 부족주의나 응집력은 파괴되고 마는 것이다. "사람들은 저마다 화려하고 세련된 것을 추구하고, 점점 안락함이나 부드러움, 평온함 속으로 침잠된다. 따라서 그들은 사막생활과 사막의 거침에서 점점 벗어나게 된다."(Ibn Khaldun 1958, Ⅲ, pp. 341~42)

문명은 쇠퇴한다. 왜냐하면 내적으로 약하고 부패하기 때문이다. 결국 문명은 새롭게 등장하는 권력에 자리를 양보하게 된다. 문명의 역사에 대한 이 같은 비관적인 견해는 물론 아랍이 쇠퇴하던 시기에 등장하는데, 이는 이븐 할둔의 원시주의적 태도, 곧 사막의 거칠고 정직하며 공동체적인 평온한 생활에 대한 노스텔지어라고 생각해 볼 수 있다.

아마 중세아랍의 세계관은 서구적 구성물에 그리 낯설지 않을 것이다. 전통적인 구조는 르네상스 이후에 우리에게 친숙해진 위계적인 동심원 모델이지만, 이후 거시적 순환의 역사이론과 원시주의가 부흥했다. 이 모두를 우리의 역사 속에서도 찾아볼 수 있다. 중세아랍은 정교한 역사와 역사지리의 전통을 가지고 있었고 세계를 진화주의적 범주로 나누지는 않았지만, 기본적으로 문명을 시간의 과정으로 이해하는 토대를 갖추고 있었다. 그런데 이것은 국가계급이 그 자신의 역사적 한계를 인정하거나 적어도 사회의 다른 집단이 그러한 한계를 인식하고 있다는 사실을 받아들여야 함을 의미한다. 다시 말해 대(大)중국의 황제처럼, 국가계급 스스로 자신을 영속적인 질서의 보편적 중심부로 표상할 수 없게 한다는 것이다. 이와 달리 중국의 경우에는 국가기관에 대한 통제가 훨씬 더 엄격하며 비국가 엘리트의 중요성은 훨씬 떨어진다.

대체로 춘추전국시대(동주 東周) 중국의 모델에서는 세계를 아홉 개 지방으로 구성된 중심부와 그 중심부를 둘러싸고 있는 내부 미개인과 외부 미개인(길들여진 미개인과 야만적 미개인)을 포함한 두 개의 동심(同心) 사각형으로 나눈다. 내부 미개인에는 문명화된 사람들과 문명화되지 않은 사람들 모두가 포함되며, 이들은 문화와 자연의 간극을 메워서 연속성을 유지하게 해준다.

문명은 곧 중국의 중심부이다. 문명은 일정한 진보적 방식으로 발전한 그 어떤 것이 아니라, '문명화된 영웅'의 선물이다. "미개인은 일차적으로 자연환경의 일부로 존재한다고 볼 수 있다. 중국의 문화영웅은 질서를 만들고 세계(천국의 바로 밑에 있는 모든 것)를 구조화하여, 미개인들에게 적합한 장소를 마련해 준다."(Müller trans. Müller 1980, p. 63) 그렇지만 미개인들이 자연에 가깝게 그려진다 해도, 미개인과 중국인은 다른 종(種)이 아니다. 멀리서 보면 사실 그들은 서로 닮아 있으며, 중국본토가 본토다울 수 있는 것은 오직 '문명화된 영웅'이 존재하기 때문이다. 확실히 이 모델은 많은 원시신화에 존재하는 문화영웅과 매우 흡사하다. 그러나 미개인은 어린아이, 다시 말해 아직 문명의 방식을 배우지 못한 사람에 비유된다. 사회화와 문화변용을 동일한 과정으로 본 것이다. 겉으로 볼 때는 개인과 심지어 전체 사회가 이 위계적 공간 속에서 움직이고 있는 것 같지만, 실제로 각각의 위치는 완전히 고정되어 있다.

고대중국에서 역사적 혹은 발전론적 이론의 틀이 부재한 것은, 사회의 다른 지배계급과 관련한 국가계급의 본질이라는 점에서 이해할 수 있다고

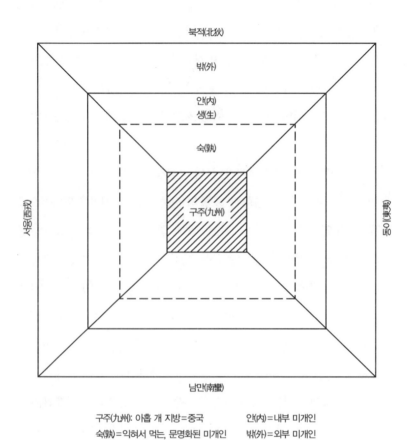

구주(九州): 아홉 개 지방=중국   안(內)=내부 미개인
숙(熟)=익혀서 먹는, 문명화된 미개인   밖(外)=외부 미개인
생(生)=날로 먹는, 비문명화된 미개인

〈그림 3-5〉 중국인의 '세계구조' 도식(춘추전국시대)

생각된다. 아랍의 '황금시대'에도 일정하게 존재했던 진화주의의 이론틀은 천부적인 정치위계의 영속성을 부정하는 역사의식에 기반을 두고 있었던 것으로 보인다. 진화주의는 상업자본이나 산업자본에 의해서 수행되는 불안정한 역동성을 매개로 자기재생산하는 엘리트계급과 어울린다. 특정 집단의 영속과 고정된 위계는 자본주의 권력을 규정하는 구성요소가 아니다. 자본주의 정체성에서 유일한 상수(常數)는 '발전' '진화'로 해석될 수 있는 축적 그 자체이다. 상인계급이 중요한 위치를 차지하는 중세 아랍문명 같은 국가계급 사회에서는 어김없이 일종의 역사적 혹은 발전론적 의식이 등장하는 경향이 있다. 국가계급이 상업적 부의 축적을 지배하는 사회에서, 정치권력은 곧 경제권력, 다시 말해 생존능력이며 어떤 형태의 역사의식이든 직접적인 위협요소가 된다. 그러나 국가계급은 본질적으로 신화적이어야 하며, 우주관에서 국가계급의 지위를 시간을 초월해서 규정하는 의식을 필요로 한다. 따라서 국가가 신정주의일수록 그만큼 권력은 '종교적' 기능에 의존하게 되고 그 정체성은 더욱 신화적이 된다.

현재 관료 국가계급 체제에서 국가는 단순히 정부의 기능으로 축소되고 부르주아가 지배하는 비국가계급 체제라는 문명의 기본적인 연속선으로 이어지고 있다. 이에 대응하는 세계구조는 고대중국에서 중세아랍을 거쳐 지중해·유럽의 세계관에 이르는 연속선과 일치하는 것 같다.

그러나 우리의 원시주의자-문명주의자 갈등모델은 상당히 경직된 중국의 우주관에도 불구하고 사라지지 않는다. 위기의 시대인 춘추전국시대에 엄청난 변화를 겪게 되는데, 이때 권력구조에서 친족이 제거되고 궁극적으로 한(漢)제국의 형태를 취한 관료국가로 대체된다. 원시주의는 바로 이 시대에 모습을 드러냈다. 이 시기에 나타난 도교와 유교의 논쟁은 이와 유사하게 고대 그리스와 프랑스의 르네상스에서 일어난 논쟁을 상기시킨다. 반드시 문명을 비난하는 진화주의의 입장만 취해야 하는 것은 아니다.

이 글의 목적은 문명화된 이데올로기의 역사에 유사하게 존재하는 패턴, 즉 문명체계 자체가 확장·수축하면서 발생·소멸하는 질서에서 순환적으로 나타나는 패턴을 밝히는 것이다. 그에 따라 우리가 논의한 관념들은 내적으로 발전되는 것이라기보다 본질적으로 변화하는 정체성 구조의 일부라고 주장되었다. 결국 나의 입장은 인류학 사상사에서 다음과 같이 표현되는 발전론자의 일반적 흐름과는 정반대에 서 있다.

> 데모크리토스는 초기 인류학사상에서 높은 탑처럼 솟아 있다. 단순히 그가 인간의 도덕적 타락이라는 헤시오도스의 이미지를, 인간적 풍요로움이라는 보다 근대적 이미지로 바꾸었기 때문만은 아니다. 그는 문화를 인간종의 생물학적 속성, 즉 합리적인 사상과 언어를 이해할 수 있는 능력에서 기인한다고 보았기 때문이다. (Honigman 1976, p. 21)

이처럼 사상사에 대한 연속론적 접근방법론은 인류학지식의 사회적 조건을 인식하지 못한다. 호니그만(Honigman)은 데모크리토스와 근대 인류학이 어느 정도 상호 적합한지에만 관심을 기울였을 뿐, 물질주의와 진화주의가 지적 발견이라기보다 얼마만큼 이데올로기적 구성물인가 하는 데는 전혀 관심을 가지지 않았다. 우리가 이해하는 한에서, 데모크리토스의 진화주의는 단순히 먼 과거에서 전해 내려온 훌륭한 사상이 아니다. 만약 그렇다고 한다면, 약간의 합리주의적 경향의 역사가는 다음에 제시된 고대의 문장에서 베이트슨의 '선구자'를 찾지 않을까.

　　남동쪽으로 삼천 리그

　　원나라와 하나라가 만들어놓은 거대한 호수

　　그 호수 위에 있는 깊은 골짜기,

　　그리고 교활하지 않은 맑은 심성의 사람들이 살고 있다.

　　어린아이와 같은 사내들, 그들은 나무꼭대기에 기어오른다.

　　그리고 생선을 잡기 위해 물에 뛰어든다.

　　그들의 즐거움은 짐승과 새의 그것과 같다.

　　그들의 몸과 마음은 한없이 자유롭다.

　　내가 아홉 땅의 머나먼 곳을 방랑하며,

　　갈 때마다 그러한 풍습은 사라져 간다.

　　나는 망설이며 놀라며 당황하는 나 자신을 발견한다,

　　성자와 현자가 정말 우리에게 해준 것이 무엇인지를 반문할 때에.

　　(당나라 시 「도사 導師」, "Civilization." Levenson and Schurmann 1969, p. 114에서 재인용)

[주]

1) 사회적인 과정(societal process)은 짐멜의 개념으로, 자신과 관계하는 타자와 집단을 '사회'로 범주화하는 인식과정을 말한다.―옮긴이

2) 문명의 구조에 대해 충분한 논의가 필요하다면 Ekholm and Friedman (1979) 참조.

3) 문화복합(cultural complexes)은 독일-오스트리아 전파주의와 밀접히 관련된 개념으로서 다수의 문화요소(문화특질)가 모여서 구성된 전체를 지칭한다.―옮긴이

4) 자연은 문명화된 정체성 속에서 내밀한 권력을 발휘하지만, 억압되기에 그 존재방식은 다양하며 합법적으로 인식되지 않는다. 마르키즈 제도(諸島)에서 청교도들의 선교경험에 관한 허버트의 묘사(Herbert 1980)는 억압된 '자연'과 문화정체성 사이의 갈등을 탁월하게 보여주었다.

5) 레슬리 화이트(Leslie White, 1900~75)는 문화를 세 개의 하위체계—기술적 · 사회적 · 관념적 체계—로 나누었고, 이 세 하위영역 중에서 기술적 체계의 발전이 문화를 진화시킨다는 문화진화주의를 주창하였다.—옮긴이

6) 줄리안 스튜어드(Julian Steward, 1902~72)는 역사적 특수주의와 레슬리 화이트의 문화진화주의를 비판하고 인간사회와 환경을 고려하여 문화생태학과 다선진화라는 두 가지 중요한 개념을 발전시켰다.—옮긴이

7) 망탈리테(mantalité)는 사회문화 현상의 저변에 깔려 있는 집단무의식을 지칭한다.—옮긴이

8) Phusis는 전체로서의 있는 것 그대로(Das Seindes als solcheres im Ganzen)를 뜻하는 라틴어—옮긴이

9) BC 495~BC 435년경의 그리스 철학자—옮긴이

04 / 인류학에서 문화개념의 출현[*]

인류학에서 문화개념은 혼란스러운 긴 역사를 가지고 있다. 이 혼란은 19세기 문화개념의 용법에서 비롯되었는데, 당시 문화개념은 민족혼(Volkgeist)의 형태를 띤 인종이나 문명, '고급문화'와 결합됨으로써 어떤 면에서는 독일 민족주의 철학자들의 **문화**(Kultur) 개념과 상반되는 의미로 인식되었다. 이 초기 인류학에서 문화개념은 일반적으로 '민족'(people)의 모든 레퍼토리, 즉 민족을 정의하는 특성들과 매우 긴밀하게 연결되었으며 기술에서부터 종교까지 모든 것을 포괄했다. 다시 말해 문화는 단순히 타자와 구별되는 특성을 지칭하는 것이었다. 이러한 논의들 가운데, 특히 영국의 일부 진화주의자들에게서 볼 수 있는 한 가지 경향은 문화 상념이 습득되거나 습득될 수 있는—다시 말해 반드시 인종적으로 결정되는 것이 아닌—것은 분명하지만, 한 집단의 특질을 이해하는 데 있어서 습

---

[*] 이 장은 헬레니즘 문명의 역사가나 그 밖의 전문가들을 대상으로 발표한 논문에서 발췌한 내용을 토대로 하고 있다. 처음에는 Freidman(1991b)으로 발표되었다.

득되는 레퍼토리가 어떤 위상을 차지하는지에 관해서는 결코 언급된 적이 없다는 점이다. 그리고 세계의 여러 민족들이 문화의 발전정도에 따라 자기서열을 가진다는, 문화를 무조건적으로 단일한 현상으로 이해하는 시각이 있다. 세기의 전환기 미국에서 프란츠 보아스의 명백한 상대주의적 인류학의 출현과 함께 '문화'라는 단어의 용법은 급격한 변화를 겪게 된다. 이러한 변화 속에서 문화는 인구학이나 최악의 경우 인종을 기반으로 해서 추상화되었다. 문화는 그 문화를 가진 사람들과 무관한 '초유기체적인 것'이 되었다. 이를테면 문화는 도식이나 코드 혹은 판본 '저 너머에 있는' 것으로, 마치 문화를 실천하는 사람들과 무관하게 자체의 생명을 지녔고 그 자체로 연구가 가능한 일종의 텍스트처럼 되어버렸다. 바로 이 지점에서 나는 이런 급격한 단절이 단순히 보아스의 지적 천재성 때문이 아니라고 주장하고자 한다.

사실 더 중요한 것은 당시의 '분위기'이다. 동일한 시기에 사회학자이자 인류학자인 뒤르켕은 자신이 '사회적 사실'이라고 명명한 것, 즉 사회적 행동을 강제·조직하며 개체심리학과의 연관성 없이 그 자체로 연구될 수 있는 하나의 집합적 현상으로서 사회적인 것의 우선성을 역설했다. 마치 뉴욕에서 문화가 독립적인 추상개념이었던 것처럼, 파리에서는 사회가 독립적인 추상적 유기체였다. 그리고 제네바에서는 근대언어학의 아버지 소쉬르가 기표의 자의성을 '발견'했다. 즉 언어는 하나의 관습체계로서 그 내부조직은 언어가 지시하는 바와 무관하게 연구될 수 있다는 것이다. 아마 이 시기 사람들은 사회생활과 문화생활이 개별존재에서 점차 소외되고 있음을 자각하게 되었던 것 같다.

이런 시대적 영향은 퇴니스의 게마인샤프트와 게젤샤프트 논의나 구시대의 타락을 개탄하는 만(Mann)의 문학, 근대의 익명적 공포를 다룬 카프카의 작품 그리고 심지어 프루스트의 노스탤지아 속에서 다루고 있는 '소외' 담론에서 지속적으로 나타났다. 확실히 상징주의자와 말라르메의 언어의 무의미성에 관한 학설이나 12음계 음악의 등장 그리고 추상주의 예술은 인류학에서 일어난 학문적 변화의 저변에 깔려 있는 사회적 균열을 더욱 강렬하게 표현한다.

문화를 기표, 상징, 도구, 신념 등과 같은 일련의 추상적인 다발로 보는 상념은 1910년대에 체계화되었다. 보아스의 제자인 알프레드 크뢰버는 이와 같은 문화패턴 '이론'이 발전할 수 있는 발판을 제공했다. 그리고 크뢰버의 제자이면서 레슬리 화이트와 쌍벽을 이루었던 줄리안 스튜어드는 문화를 하나의 체계로 상정했는데, 이 체계 속에서 생태적·경제적·사회구조적·이데올로기적 영역은 진화과정의 역동적인 전체성에 참여하게 된다고 보았다. 여기서 문화와 사회 개념은 뚜렷이 구분되기 어려웠다. 이 경향은 1950~70년대에 미국 인류학을 지배한 신진화주의와 문화물질주의로 이어졌다. 여기서 문화라는 상념은 호모 사피엔스가 세계에 적응하는데 있어서 기존에 이용하던 생물학적 본능체계를 대체한 관계들의 복합체 혹은 체계라는 관념으로 요약될 수 있다.[1]

이후 미국에서 문화개념은 보다 발전하여, 본질적으로 "상징과 인식의 (다시 말해 관념적이거나 의미론적인) 구성물"이라는 현재 일반대중에게 통용되는 용어가 되었다. 이는 주로 크뢰버, 클라크혼 그리고 하버드의 사회학자 탈콧 파슨스가 협력하여 이끌어낸 결과였다. 파슨스는 베버의 **이해**

(Verstehen)를 뒤르켕의 기능주의와 결합시키는 시도에서, 사회연구(social research)를 특히 사회구조의 연구와 문화연구 혹은 사회적으로 부여된 의미에 관한 연구로 나누었다. 그 결과 하버드대학의 인류학은 의미체계, 상징체계, 인지적 범주 체계에 대한 연구로 점점 특화했다. 클리포드 기어츠는 좀더 제한된 문화개념을 대표하는 인물로서, 사실 이런 지적 환경의 산물이었다. 기어츠에게 문화란 공적으로 접근할 수 있는 인간에 관한 텍스트이며, 사회생활의 시공간에 새겨져 있는 상징적 프로그램이고 그 진정한 본질이었다.

인류학 역사에 관한 더 깊은 논의에 독자들이 지루해하지 않는다면, 문화의 추상화와 의미체계로의 축소라는 (미국 인류학과) 유사한 과정이 영국의 사회인류학, 특히 영국의 구조주의로 알려져 있는 분야에서 일어났다는 점을 언급해 두어야 할 것이다. 이 분야의 학자들은 뒤르켕의 이론에 입각하여 사회구조와 상징구조의 관계에 대한 연구를 점점 더 상징구조 자체에 대한 연구에 초점을 맞추었으며, 심지어 사회구조를 하나의 개념적 구조로, 즉 "실제로 현실에서 일어나는 일"과는 무관한 개념모델 혹은 민속모델로 재정의했다. 영국학계에서는 최근 들어와서 '문화'라는 용어를 사용하기 시작했지만, 그 학문적 경향은 미국과 유사하다. 즉 사회적 과정의 관념적 측면들을 추상화함으로써 이 측면들을 독자적인 연구대상으로 전환시키는 경향이 있다. 이와 같은 문화개념 용법의 이행은 습득되고 생산되는 모든 것으로서의 문화에서 의미의 체계 · 코드 · 프로그램으로의 변천과정을 통해 광범위하게 파악된다.

문화개념의 변천과정

여기서는 문화개념이 어떻게 사용되는지에 대한 몇 가지 주요한 경향들에 주목하고자 한다. 20세기 초 미국 인류학에서는, 영국 인류학에서 사회구조주의적 상대주의, 다시 말해서 여러 형태의 사회구조를 유형화된 도식으로 분류하려는 시도가 일반적인 추세였던 것처럼 문화상대주의라는 상념이 매우 강한 힘을 발휘하고 있었다. 각 사회나 문화를 그 사회(혹은 문화)의 관점에서 이해해야 한다는 상대주의 상념은 이 시기의 특징이었다. 즉 사회와 문화는 상호비교를 통해서, 특히 진화단계로 서열화될 수 없다는 암묵적인 상념이 내포되어 있었다. 이후 이 방법론은 전체는 아닐지라도 점진적으로 진화적·보편적 모델들로 대체되어 갔는데, 이 모델들에서 '문화' 혹은 특수성은—문화(혹은 특수성)를 시간 또는 구조주의적 배열이라는 보다 엄선된 공간에서 적절한 위치에 배치하는—보편적 모델에 의해 서열화된 경험적 자료에 불과했다. 이 진화주의와 구조주의의 시기에 사회세계는 역사나 진화라는 거시적인 관점에서 혹은 레비스트로스가 주장한 인류의 변형체계 속에서 조망되었다. 기어츠에 의해 계몽주의와, 즉 민족지학자가 자신의 노트에서 포착할 수 있었던 것은 단지 특수한 생활형태만이 아니라 인간과 같은 사물(thing)이라는 분명히 잘못된 상념과 결합된 이와 같은 일반적인 세계관은 1980년대 들어 쇠퇴했다. 이 순환적 변동은 관념 그 자체에 내재해 있기보다는 더 큰 사회적 맥락 속에서의 광범위한 시대적 흐름에 대한 대응이라고 할 수 있다. 그러므로 보편적·진화적 모델은 1940년대 미국에서 다시 나타나 60년대 중반까지 성장했다. 당시는 미국의 헤게모니가 팽창하는 시기였고, 미래에 대한 신념이 확고했던 근대주의의 시기였다. 영국이 여전히 '나의 사회' '그러나 이 경우는 어떠한가?' 등과 같은 특수주의에 몰두하고 있을 때, 미국의 수많은 인류학자들은 거대한 역사도식에 적합한 광범위한 일반화를 모색하고 있었다. 반면에 영국이나 프랑스는 문화라는 상념을 그다지 사용하지 않았다. 영국은 문화라는 상념을 넓은 의미의 문화개념을 도입하지 않고도 적절하게 분석할 수 있는, 가치와 상징구조의 광범위한 배열을 가리키는 모호한 용어로 단순하게 파악했다. 왜냐하면 이 가치와 상징구조의 광범위한 배열은 종족적/사회정체성을 접근이 훨씬 용이한 표상구조와 혼동하게 하는 경향이 있기 때문이었다. 프랑스 학자들은 이 상념 자체를 고려해 본 적조차 없는 듯한데, 아마 이것은 **문화는 최소한의 의미에서는 프랑스, 최대한의 의미에서는 파리를 의미한다**(옮긴이 강조)는 프랑스의 내부 · 식민지 조직의 고유한 위계성 때문인 것 같다. 물론 부르디외가 이러한 위계성이 지닌 권력을 연구했지만, 프랑화권 종속지역에서 발견되는 지나치게 위계적인 정체성 실천에서도 경험적으로 관찰할 수 있다. 이것이 순수한 지적 문제와 전혀 무관한 것 같지만, 나는 정체성 형성의 사회적 조건은 주류 학문프로그램을 공식화하는 데 매우 중요한 역할을 한다고 본다. 아무튼 지금까지 우리는 그 자체로 이해될 수 있고, 다른 개별체와 비교될 수 있는 별개의 분석 가능한 실체가 존재한다는 관념이 초기 인류학의 지배적인 테마였다는 점을 강조해 왔다. 보다 보편적인 사고를 추구하는 경향은 미국에서 시작되었고, 마셜 플랜(Marshall Plan)의 실시와 유럽의 재산업화와 더불어 유럽으로 번져나갔다. 이 경향은, 1960~70년대에 영국 기능주의자들이 역사적 · 진보적 모델로 점점 돌아서고(사우덜 Southall, 구디 Goody) 특히 마르크스주의 내의 구조주의적 마르크스주의가 노쇠한 기능주의를 공략하고 있을 때 기세를 떨쳤다. 프랑스에서는 다양한 전투태세를 갖춘 구조주의적 마르크스주의가 전성기를 구가하였고, 레비스트로스는 그 자신의 몰역사적 구조주의가 적절히 파급되면서 대두한 새로운 연구에 갈채를 보내고 있었다. 권력구조와 실천구조의 분석 역시 이 시기에 등장했으며(예를 들어 부르디외), 인간의 사회적 · 역사적 궤도를 이해하기 위한 광범위한 인류학적 프로젝트에 기호학과 심지어 구조주의적 정신분석학까지 가담했다.

이후 1970년대 중반과 80년대에 이 같은 본질적 근대주의의 프로젝트는 갑자기 붕괴되었다. 이것은 지적 이유 때문이라기보다 서구사회의 미래가 쇠퇴의 길을 걷기 시작했고 또 근대주의 정체성 자체가 냉소적 탈근대주의나 뿌리를 찾는 연구로 해체되었기 때문이다. 나는 다른 글에서 이것은 서구 헤게모니의 실질적인 쇠퇴와 날로 증폭되는 세계체제의 파편화, 자본 혹은 보다 일반적으로 (베버주의 관점에서의) '부'(富) 축적의 탈중심화, 정치적 파편화, 새로운 지역적 · 광역적 정체성과 정치적 자율의 선언을 고스란히 반영하고 있다고 주장한 바 있다. 20세기 초의 파편화 시기와 유사하게 문화는 지적, 특히 감정적 의제로 크게 부상했다. 사회사나 인간의 사회적 변천에 관한 방대한 구조주의적 고찰 같은 보편적 거대 프로젝트들은 추진력을 상실했으며, 과거 상대주의로 불리던 경향과 문화 그 자체에 대한 강박관념이 다시금 대두했다. 미국에서 문화생태주의자들은 의례(儀禮) 상징주의로 관심을 돌렸고 진화주의자들은 역사에 대해 환멸을

느꼈는가 하면, 개발은 재앙으로 간주되었으며 텍스트 · 코드 · 도식으로 서의 문화가 담론을 지배하기 시작했다. 일부 극단적인 경우에는 문화결정 주의가 (과거 물질주의자이자 진화주의자, 구조주의자였던 마셜 샬린스의 경우처럼) 하나의 명백한 강령이 되었다. 유럽의 상황은 훨씬 더 복잡했지 만, 영국의 경우에는 상징체계와 의미체계에 대한 연구가 일반적인 관심을 얻기 시작했으며 프랑스에서는 과거 구조주의적 마르크스주의자들이 스 스로 이데올로기라고 칭했던 것에 논의를 집중했다(Auge 1975; 1977).

내가 주장했던 것처럼, 이와 같은 변화는 서구의 경우 보다 일반적인 변형에 의해서 달성되었는데, 이 속에서 거대한 사회변형 프로젝트들은 뿌 리와 정체성 찾기나 문화의 르네상스에 자리를 양보했다. 이와 동시에 대 부분의 '제3세계'에서는 개발이데올로기가 강하게 비판을 받았고, '제4세 계' 문화생존 프로젝트가 설득력을 얻기 시작했다. 이에 따라 인류학, 특히 문화에 초점을 맞춘 인류학이 자연스럽게 인기를 얻게 된 것은 새삼스러울 일이 아니다.

따라서 어떤 형태의 문화개념이든 그것의 사용은 일반적으로 세계의 흐름으로부터 독립적이지 않은 순환의 역사를 가지고 있다. 이것은 모든 사람이 동일하게 사고함을 뜻하지는 않지만, 지적 관심사의 분포를 보면 통계적인 경향성이 존재해 왔음을 의미한다.

커밍아웃: 문화를 단순화하여 다시 생각하기

사실 내가 이런 이야기들을 꺼낸 것은, 오늘날 '분위기'로 분명히 존재하면서 현 인류학적 프로젝트에 다시금 영향을 끼치고 있는 또 한 가지 이해방식을 파악하기 위해서이다. 1970년대에 근대주의의 몰락 그리고 문화주의의 르네상스를 주도했던 미래·개발·보편모델에 대한 믿음의 상실은 다름 아니라 문화와 정체성이라는 상념에 의문을 제기하는 보다 성찰적 국면으로 접어들었다. 기어츠의 경우에서처럼, 자기확신에 찬 문화전문가는 제자들에 의해 자신의 행동을 점검하도록 강요받지 않을 수 없었다. 주요한 논점 몇 가지는 다음과 같다. 첫째, 인류학적 사고는 실재 세계과정들에 깊이 매몰되어 있기 때문에 고유한 '과학적' 발전법칙을 가진 자율적 폐쇄영역으로 이해될 수 없다는 것이다. 이것은 지금까지 우리가 그 특성을 살펴본 관심의 변화들을 상호 연결시켜 주는 논쟁이 매우 부족했다는 점에서 명명백백하게 드러난다. 이론과 반증의 규범(canon)은 우리가 언급한 변화에서 아무런 역할도 못했다. 오히려 주요 동인은 평범한 개별민족의 상황변화에서 비롯되는 관심인 것 같다. 예를 들어 1970년대 말 나의 학생들은 구조주의나 발전, 심지어 일반적인 이론문제들에 대해서는 전혀 관심을 기울이지 않았지만, 문화나 종족성과 정체성 문제에 대해서는 적극적으로 파고들었다. 둘째, 인류학적 프로젝트가 우리 자신의 자기동일시의 일환으로서 타자들에게 문화를 부여하는 작업이었다는 점이 점점 더 분명해졌다. 세계체제 헤게모니의 파편화 속에서 인류학자의 불안감은 증폭되었고 또 이것은 이른바 과거 '민족지적 권위'의 붕괴로 귀결되었다. 이렇게 해서 문화는, 객관적 혹은 서술적 현실의 반영이라기보다 협의의 산물로 이해되어야 할 텍스트 혹은 흔히 물상화된 또 하나의 '생활방식'으로 인식되고 있다. 대개 이것은 인류학자들이 연구하는 대상이 자신에 대해서 스스로 말하고 자신의 삶을 스스로 반영하며 자신들에 관한 인류학자들의 '말'과 '글'에 쉽게 동의하지 않는다는 사실에서 비롯된다. 가장 일반적인 쟁점이라 할 수 있는 세번째 논점은 바로 인류학의 범주 자체가 우리가 살고 있는 특정한 세계체제 속에서의 특정한 사회적 지위의 산물로 이해되어야 한다는 것이다. 특히 인류학의 범주들은 문화 그 자체의 중심 상념이다. 앞에서 언급한 탈헤게모니 과정의 산물이기도 한 이상의 새로운 질문들을 통해서, 수세적인 회귀와 문화의 물상화——부분적으로 이것은 어떤 대가를 치르더라도 민족지적 권위를 지키고자 하는 사이비엘리트 문화전문가들이 날조해 내는 것이다——에 대해 대안을 마련할 수 있을 것이다(Geertz 1988). 기본적인 이해방식의 재정립에 대한 불안감을 솔직하게 인정하는 것이 최선의 방법이다. 이것은 다음 논의에서 우리의 출발지점이 될 것이다.

문화 해체하기

인류학에서 문화는 상이한 두 가지 방식으로 통용되어 왔다. 발생론적 문화(generic culture)는 인간행동에 고유한 호모 사피엔스의 특성, 다시 말해 무조건적 반응이나 본능과 반대되는 유의미한 도식 혹은 부여된 의미의 도식으로의 인간행동의 조직화에 관한 것이다. 인간은 자신의 의지에 지시를 내리는 계획과 모델을 가지고 있으며, 이 모든 것은 일반적으로 언어를 매개로 해서 의미론적 구조로 정립된다. 발생론적 문화라는 상념은 이와 같이 인간행동과 조직의 후천적인 임의의 성격, 즉 원칙적으로 인간으로 하여금 생물학적으로 조직화가 프로그램화되어 있는 종에게는 불가능한, 자신의 삶을 살아가는 방식을 변화시킬 수 있게 하는 특성을 다룬다. 앞에서 언급했듯이, 신진화주의자 레슬리 화이트는 이런 '초유기체적' 정의의 많은 부분을 정립했으며, 심지어 기어츠도 문화는 인간의 본성이다, 다시 말해 인간유기체가 기능을 할 수 있기 위해서 인간생물학에 문화 프로그램의 입력이 요구된다고 논하면서 이에 관해 언급했다. 나아가 기어츠는 앞으로 간략하게 살펴보게 될 프로그램으로서의 문화의 체계성에 관한 가설들을 제시했다. 아무튼 문화가 하나의 본능체계, 생물학적 프로그램에 대응하는 것이라는 가설에는 문화의 물상화, 심지어 문화의 실체화까지 내재되어 있다는 것은 두말할 필요도 없다.

더 일반적인 또 한 가지 문화의 용법은 차별적 문화(differential culture)이다. 차별적인 문화는 일정한 집단이 지니고 있는 일련의 사회적 행동과 대표적인 속성을 말한다. 이것은 타자성을 확인하는 데 사용되며, 이 상념은 인류학에 의해 전유되기 훨씬 전부터 민족주의와 종족성에서 공통적으로 찾아볼 수 있는 차별적 정체성의 관계에서 유래한다. 첫번째 상념은 전혀 다른 논쟁점에 기반을 두고 있다. 즉 인간종을 '생물학적으로' 결정된 다른 종들과 구분하는 인간본성의 본질을 이해하려는 시도이다.[2] 한편 차별적 개념은 문화정체성, 특히 서구의 다양성에 관한 초기의 연구들과 다르지 않다. 이 초기의 연구에서는 인간집단의 문화, 그 종족성이나 민족성은 어떤 면에서 그 집단의 본질이며 일련의 고유한 속성이라고 단순화시킬 수 있다는 가설이 적어도 17세기부터 설정되어 왔다. 이것은 쉽게 인종주의 형태를 취할 수 있으며(Kahn 1989), 항상 "X는 Y집단의 구성원이다. 고로 그는 그 집단의 일련의 특징적 양상들을 지니고 있다"는 형태를 띠었다. 따라서 문화는 그 문화의 개별 구성원 모두에게서 나타나는 속성과 동일하다―유전자 풀(gene pool)이 있는 것과 마찬가지로 문화 풀(culture pool)이 존재한다는 것이다. 그들은 그들의 존재대로 존재하기 때문에 그들의 행동대로 행동한다는 것이다. 여기서 핵심적인 용어는 **본질주의**(essentialism)이다.

차별적 문화가 인류학의 초기 상대주의에 뿌리내렸지만, 이것은 또한 인류에게 고유한 어떤 것의 저차원적 특수성으로서의 발생론적 상념과 관계가 있다고 할 수 있다. 당연히 문화의 역량은, 궁극적으로 문화 일반이 현실에 그 모습을 드러낼 수 있는 유일한 방법인 특수한 문화의 역량을 포함한다. 그런데 기어츠는 여기서 훨씬 더 나아가서 일반적인 문화는 없으며 특수한 문화들만이 존재한다고 주장한다. 특수한 문화는 문화를 표명하지 않는다. 오히려 문화는 특수한 문화들의 총합의 잘못된 추상화이다.[3] 물론 이것은 난센스이다. 왜냐하면 발생론적 문화는 인간행위가 조직화되는 역량과 방식에 관한 것이기 때문이다. 어느 집단도 발생론적 문화를 보여줄 수 없는 것은 사실이지만, 이 개념을 도외시하고서는 문화를 변화시키는 능력을 설명할 수 없다. 이를 다른 측면에서 설명한다면, 모든 언어에 공통적으로 언어의 속성이 존재하는 것과 마찬가지로―그렇기 때문에 우리는 언어라는 것이 존재한다고 말할 수 있다―모든 특수한 문화들에는 인간문화의 속성이 공통적으로 있다. 발생론적 문화는, 그것이 사회적 생산성과 대체성(alterity)의 위상 혹은 자신이 아닌 다른 존재의 가능성을 규정하는 한에서는 인간집단의 변이와 창조의 원천이 된다. 이러한 관점에서 볼 때, 차별적인 문화는 역사적 · 공간적 특수성 면에서 발생론적 문화의 현실태에 불과하다.

　이상의 용법들은 공통적으로 다음과 같은 가설을 받아들이고 있다. 즉 어쨌든 문화는 일정한 방식으로 결합된 하나의 실재하는 통일체이자 대상이며, 관계의 체계라는 것이다. 발생론적 문화라는 상념은 능력이란 상념—다시 말해 총체성이나 체계성을 함축하지 않고 표상적 · 해석적 도식의 형성에 개입하는 언어적 · 비언어적 과정의 복합체—을 주장함으로써 그 자체를 지적으로 명료히 할 수 있다 하더라도, 훨씬 더 공통적으로 나타나는 문화의 차별적 용법은 그 토대를 이루는 본질주의를 벗어날 수 없다. 이와 같은 상념은 서구 (또는 다른) 관찰자와 그 관찰자가 관찰하는 사람들 사이의 관계의 산물이다. 관찰대상이 되는 사람은 일정한 경계를 가진 '민족지의 대상'이며 이 경계 내에서 진행되는 것은 지금까지 우리가 발견하고 읽고 해석하던 의미코드를 가지고 설명할 수 있다는 것—이를 달리 표현하면 묘사된 일정한 집단에 상응하는 객관적인 의미론적 내용이 존재한다는 것—은 지금까지 가공된 수많은 언어학적 용례를 보면 알 수 있다. 이 모든 것은 문화를 객관적 실재로 제도화하는 원인이자 그 산물이다. 그리고 혹독한 문화비평은 이 과정을 강화해 왔다.

　그러나 최근 민족지적 권위가 실추되면서, 이러한 전체적 프로젝트의 토대가 와해되기 시작했다. 타문화에 대한 우리의 해석과 물상화는 고도로 환원론적인 프로젝트이며, 그것의 합리화가 곧 문화개념이다. 즉 세계는 여러 문화로 구성되어 있으며 문화는 이해나 심지어 분석의 기본 단위라는 것이다. 문화는 오히려 일정한 사회적 실재를 해석하는 수많은 상호행위로 볼 수 있고, 그 사회적 실재에서 결정권을 행사해 온 사람들이 인류학자이다. 그리고 인류학자들, 즉 대화를 모색하는 사람들과 무슨 수를 써서든 민족지적 권위를 지키려는 사람들로 대립해 있는 이 인류학자집단의 논쟁의 근간을 이루고 있는 것이 바로 이 결정권이다.

최근 프레데릭 바스는 통상적으로 문화라 일컬어지는 것에 대한 자유롭고 개방적인 해석의 관점을 설득력 있게 주장함으로써, 이 논쟁에 매우 중요한 기여를 했다(Barth 1989). 그는 용어의 재개념화라는 측면에서 다음 네 가지 중요한 점을 제시한다. 첫째, 의미는 하나의 협의하는 관계라는 것이다. 둘째, 의미는 단순히 세계에 존재하는 것이 아니라 부여되는 것이다. 셋째, 문화적 의미는 공유된 틀이나 패러다임이 아니라 집단 내에 불평등하게 분배되어 있다. 넷째, 이 문화적 의미의 분배는 사회적 지위에 의존한다는 것이다. 사건은 "물질적 인과관계와 사회적 상호작용의 상호행위 결과이며, 따라서 항상 개별 행위자의 **의도와 모순**된다"(같은 책, p. 134). 바스의 주장을 달리 표현하면, 문화적 구성물이 만들어지는 상황을 집중적으로 규명해야 함을 의미한다. 이미 사회에는 권력관계와 권위관계에 따라 위치 지워진 다양한 목소리들이 존재한다는 것이다. 여기서 부여된 의미가 헤게모니적으로 유지될 수 있을 때 일관성이 존재할 수 있고 이와 같은 권위가 (사회적 현실에서) 인류학자나 공식적인 문화해설자의 상층 권위에 의해서 상호 보완되거나 상호 반박될 수 있다. 바스는 상호행위 그 자체로 복귀할 필요성과, 해석적 상호행위가 다소 획일적으로 되거나 안정적이거나 동질화되는 방식을 이해할 필요성을 주장한다. 이와 같은 관점에서, 문화는 우리가 파악해야 하는 저 너머의 무엇, 텍스트 혹은 숨겨진 코드가 아니다. 문화는 의미실천의 상대적으로 불안정한 산물이며, 세계에 의미를 부여하는 복합적이고 사회적으로 위치지워진 행동, 사회 내부에서나 사회구성원과 인류학자, 즉 사회들간의 다중적 해석이 초래한 상대적으로 불안정한 산물이다. 문화의 실체화는 타자의 정체성을 규정하는—타자성의 본질화—특수한 종류의 실천이며, 여기서 해석의 다중적 실천의 산물은 실천 그 자체보다 우선하게 된다.

우리가 여기서 주장하는 바는 문화란 자기확신적 범주가 아니며, 확실히 현실의 어떤 측면을 설명하기 위해서 사용될 수 있는 것이 결코 아니라는 것이다. 왜냐하면 기껏해야 문화는 그와 같은 현실의 추상화 혹은 문법이나 코드로 잘못 표상된 전형이거나 어쩌면 고정관념일 수밖에 없기 때문이다. 이것은 최악의 아리스토텔레스주의이다. 문화라는 상념으로 표현되는 것에 보통의 불만족이 존재하는 것은 사실이다. 여기서 언급한 바스의 논문은 복합사회를 연구하는 잡지에 실린 것인데, 이 잡지에 기고하는 많은 저자들이 문화개념은 복합사회를 이해하는 데 적절하지 못하다고 주장한다(예를 들어 Hannerz 1989).

진정한 문화란 자율적이고 내적 응집력이 있는 세계라는 시각은 탈식민지 세계에서 더 이상 유지될 수 없는 것 같다. '우리' 혹은 '그들'은 일찍이 우리/그들이 등장했을 때처럼 자기완결적이고 동질적이지 않다. 우리 모두는 상호 의존적인 20세기 후반의 세계에 살고 있다. 이 세계는 허물어진 문화적 경계를 가로질러 빌리고 빌려주는 것으로 특징지어지는 동시에, 불평등과 권력과 지배로 포위되어 있다. (Rosaldo 1988, p. 87)

그러나 이것 역시 문화 일반에 대한 바스의 논의에서 효과적으로 제거되었던 문화와 순수와 진정성에 대한 노스텔지어를 표현한 것이다. 그리고 우리는 인류학에서 문화상대주의의 아버지인 프란츠 보아스가 어떤 문화든 그것의 구성요소는 상당 부분 수입품이라는 점을 매우 분명히 인식했다는 것을 잊어서는 안 된다. 왜냐하면 과거에 순수했던 문화라 할지라도 경계를 뛰어넘어서 상호작용을 하면 처음처럼 존재할 수 없기 때문이다. 문화적 요소의 기원이라는 측면에서 정의되는 문화의 혼성성은 최근의 것이 아니다. 보아스의 저작에서 역사적인 자료보다 본질적인 것은 그 요소가 통합되는 방식이다.

우리는 항상적인 변화 속에서 이따금 여러 형태의 대상과 관습이 한동안 안정적이었다가 급격한 변화를 겪는 것을 보았다. 이러한 과정을 통하여 한때 문화적 단위로 묶여 있던 요소들은 뿔뿔이 흩어진다. 어떤 것은 살아남고 또 어떤 것은 사라진다. 그리고 물질적 특성으로 국한시켜 본다면 문화적 형태는 잡다한 특성을 지닌 만화경이 될 수 있다. 그러나 그 만화경은 문화를 유포하고 모자이크를 하나의 유기적 총체로 변형시키는 정신적 배경의 변화에 따라 다시 주조될 수 있다. (Boas 1927, p. 7)

문화가 항상 실천된 산물이라면, 어떤 식으로든 이질적인 자율적 대상으로 이해될 수 없다. 보아스는 비록 그의 통합모델이 주로 심리적인 것에 초점이 맞추어져 있을지라도, 이 점을 인식하고 있었다. 변하는 것은 곧 사회적 맥락의 변화 속에서 이해되어야 하는 의미를 해석 혹은 부여하는 행위이다. 따라서 문화의 흐름, 즉 빌림과 빌려줌은 개념의 선험적 실체화에 근거한 오기(誤記)이다. 생산물은 경계를 넘을 수 있지만, 문화가 이전되기 위해서는 기표화의 실천 또한 대체되어야 하는 훨씬 복잡한 현상이다. 그리하여 문화는 점점 증가하는 세계의 복잡성 때문에 변화하는 것이 아니다. 변화하는 것은 사실상 장기간 상호 작용해 온 집단들 내부와 집단들 사이에서 정체성과 의미가 부여되는 방식이다. 어떤 '문화'나 수많은 다른 '문화'들의 요소를 담고 있다는 깨달음은 새로운 발견이 아니지만, 수입된 요소가 더 큰 동질적 전체에 더 이상 흡수되거나 동화되지 못한다는 깨달음은 통합적인 과정의 결여를 나타내는 명백한 징표이다. 우리가 지구화와 지구체제의 차이를 논하면서 좀더 확장시켜 나가겠지만, 이것은 기원의 문제가 아니라 정체성의 문제이다.

존재적 기반과 문화의 생산

인류학의 역사를 통틀어서 문화개념은 그들에 대한 우리의 동일시, 세계에 대한 그들의 동일시, 일반적으로 세계에 의미를 부여하는 능력 등 다름 아닌 인식의 문제였다. 최근 바스나 위칸(Wikan), 아부 러그호드(Abu Lughod) 등이 제기한 비판조차도 인식적 틀 혹은 적어도 의미 지향적인 틀을 유지해 왔다. 문화라는 총체적인 텍스트 모델에 대한 이 같은 비판을 통해서 우리는 의미의 논쟁근거에 대한 시각을 가지게 되는데, 여기서는 출발의 공유점보다는 오히려 문화적 헤게모니에 대한 투쟁이 존재한다. 지금까지 우리는 가족 내에서든 정치체 내에서든 동질적이라고 입증될 수 있는 것은 대부분 헤게모니, 즉 가장 넓은 의미에서의 사회화의 효과이며, 이로써 일반 시민계층은 동질화의 정치에 의해서 형성된다고 주장해 왔다. 동질화는 순수하고 단순한 복제가 아니며, 오히려 동기가 실현되는 지시틀이나 정체성 공간의 형성과 관계가 있다. 그리고 이 후자는 겉으로 볼 때 다양한 실천들 사이에서 가족유사성을 확인하거나 발견할 수 있는 기반이 된다. 내가 볼 때 레비스트로스의 신화적 변이에 대한 분석은 이 같은 노력의 일환이라 할 수 있다. 부르디외의 아비투스 개념 역시 한 집단의 다양한 부문들에서 명확하게 구분되는 일련의 행동기질과 세계에 대한 해석들을 도출해 냄으로써 사회적 실천단위를 이해하고자 하는 시도이다.

이러한 관점에서, 문화는 오직 힘에 의해서만 제압되는, 만인이 참여할 수 있는 경기가 아니다. 문화는 사회적 재생산 그 내에서 속성들을 안정화시키고, 사회세계나 세계에 대한 유사한 경험이나 세계에 대한 유사한 해석틀과 욕망 및 동기에 대한 유사한 구조를 만들어내는 경향들을 안정화시키는 하나의 산물이다. 이것은 명시적인 문화모델을 단순히 흡수하거나 현실을 정의하는 문제가 아니라, 그러한 명시적인 모델이 주체의 경험과 공명하는 사회적 상호작용의 문제이다. 주체의 경험은 개개인이 암묵적으로 자신의 사회에 대한 표상을 파악하는 조건으로 귀결되는데, 여기서는 유사한 종류의 반응들 혹은 적어도 반드시 양립하는 것은 아니지만 상호이해가 가능한 반응들을 불러일으킨다. 이와 같은 주체들은 세계에 관한 엄청나게 다양한 모델, 문화모델의 과잉을 만들어낼 수 있으며 또 '사물의 본질'을 둘러싼 수많은 갈등이 존재할 수 있다. 하지만 이 접근방법론에서는 우리가 발견한 이들의 특수한 생활양식에 부합하는 총체적인 모델들 속에 보다 깊은 일관성 또한 존재해야 한다. 어떤 해석에 의하면, 문화는 그 산물에 관한 것이라기보다 이 특수성, 다시 말해 유의미한 세계가 생산되는 방식에 관한 것이다. 혹은 표준 개념을 사용한다면, 문화는 사회화의 위계적 과정에 매몰되어 있는 정체성 공간의 보다 복잡하고 특수한 기반의 산물에 관한 것이다. 이 장의 여러 곳에서 명확하게 언급되고 있는 정체성 공간은 자아구축물과 세계구축물에 관한 것이다. 이 둘은 동일한 과정의 측면들이다.

개념 자체에 대한 비판을 포함하여 문화에 관한 대부분의 논의에는 방법론적 개인주의 편향이 널리 존재하는데, 여기서 문화는 인공물이나 코드, 패러다임, 본질적인 의미, 텍스트로서 해석 등과 같은 것들의 대상이 된다. '이것들'과 주체의 관계는 항상 외재적이다. 이것은 세계와 관련한 변화, 즉 대상화에 표현되는 변화에 대한 근대주의적 경험이다. 최근 들어와 인지인류학자들은 동기부여의 문제를 언급하기 시작했으며, 확실히 이것은 과거 문화분석에서의 편향성을 교정해 줄 것이다(D'Andrade and Strass 1992). 지금까지 인지과학과 언어학의 '이미지 도식'은 경험이 그 고유한 형태들에 스며드는 방식을 이해하는 데 생산적으로 활용되어 왔다. 그러나 여기에는 여전히, 그와 같은 '도식' 자체는 경험을 추상화한 것이라기보다 경험에 영향을 끼치는 일종의 독립적인 존재라고 전제하는, '지극히' 근대주의적인 편향이 존재한다. 이것은 매우 어려운 영역이다. 이를테면 '시간은 돈'이라는 은유와 자본주의 사회의 상호부합을 분리시켜 내는 것이 그 한 가지라면, 또 하나는 모든 계급의 구성원들에게 경험적으로 타당성을 가지는 과정을 이해시키는 것이다. 내가 볼 때, 이 같은 경험적 기반은 문화적 생산, 즉 그 구조와 역동성이 우리가 '문화적 특수성'이라고 지칭하는 것을 발생시키는 문화적 생산의 원천이 된다. 나는 문화개념에 대한 또 다른 접근방법론을 덧붙이는 것을 원하지 않는다. 다만 나는 경험의 근본적인 구조와 표상의 형태에 관한 질문을 특수한 텍스트나 문화적 산물과 혼돈해서는 안 된다고 주장하는 것이다.

[주]

1) 물질주의적 신진화주의의 창시자로 알려져 있는 화이트가 상징으로서 문화의 성격을 생물학적 본능의 자율반사를 대체했던 인간의 일종의 지각 혹은 기호학적 체계로 언급한 사실에 주목해야 한다.

2) 물론 발생론적 문화 역시 차별적인 개념이라고 주장될 수도 있으나 이 개념은 특정한 사회집단보다는 종 전체에 적용된다. 즉 종(species)은 우리 자신을 하나의 종으로, 종의 의식으로, 생물학적 종족성으로 동일시하는 과정의 일부이다. 그러나 실천적으로 '발생론적 문화'의 내용은 차이에 머물지 않고 일반적인 인간행동 메커니즘의 시도 속에 있다.

3) 이것은 보편적 인간이라는 계몽주의의 상념에 대항하는 기어츠의 지칠 줄 모르는 투쟁의 일부이다. 기어츠에 따르면, 계몽주의 프로젝트는 민족지적 수집품에서 볼 수 있는 불가사의하고 이국적인 세계 속에서 각각의 민속을 각각의 문화와 동일시하는 인종적 본질주의로의 기이한 퇴보를 감출 뿐이며, 인류학적인 흥미에 불과할 따름이다(Geertz 1984).

05 / 문화, 정체성, 세계과정 *

지난 10년간(1975~85) 우리는 1960년대의 '진보의 시대'에서는 예측하지 못했던 세계문화의 괄목할 만한 변화를 목격했다. 세계체제의 중심부에서는 위기가 점점 고조되면서 '문명'의 진보를 점차 신뢰할 수 없게 되었고, 그에 상응하여 컬트, 신흥종교에서부터 원시주의, 새로운 전통주의, 즉 문화적으로 새롭게 정의된 정체성을 재정립하는 노력에 이르기까지 새로운 문화운동이 폭발적으로 일어났다. 이와 함께 중심부에서는 바스크, 카탈로니아에서 아일랜드, 스코틀랜드에 이르기까지 '민족'과 종족의 파편화가 점차 진행되었고, '제4세계'로 일컬어지는 집단인 아메리카인디언, 하와이인, 멜라네시아인에게서도 카스텀(Kastom, 전통문화부활) 운동 등의 문화적 정치운동이 급격하게 성장했다. 나는 다음의 논의를 통해 이와 같은 지구적 현상을 적절하게 이해할 수 있는 몇 가지 방법을 제시해 보려고 한다. 우리가 우리의 존재조건과 나아가 우리의 이해 · 가치 · 욕망에 심대한 영

---

* Friedman 1989a에 발표된 글이다.

향을 주었던 과정을 제대로 파악하고자 한다면, 이 같은 논의는 반드시 필요하다.

내가 처음으로 이 현상을 접하게 된 것은 인류학 내에서이다. 나는 초기 저작(Friedman 1977; 1983)에서 문명의 우주관이 일정한 진동패턴을 따라 순환하고 있다고 주장했다. 그 패턴의 한쪽은 진화주의·물질주의·집합주의로, 또 한쪽은 원시주의·문화주의·개인주의(방법론적 개인주의나 경제적 개인주의가 아닌 주체에 초점을 맞춘)로 특징지을 수 있다. 그리고 그 과정은, 현 체제뿐 아니라 이전의 세계체제에서도 팽창과 수축의 거대한 사이클에 상응한다. 인류학에서 1950년대 이후 지배적이었던 발전주의와 물질주의가 1970~80년대 들어 문화주의와 원시주의로 급격히 전환되었다는 생각에서 이 연구를 시작하게 되었다. 이것은 단순히 지적 발전이나 이론적 진보가 아니며, 연구관심의 급격한 전환이다. 통상 국가와 정치적 위계체제의 진화에 관심을 가졌고 기술결정론자 혹은 생태결정론자의 일원으로 분류되던 마셜 샬린스 같은 인류학자들이 이제는 사회발전의 연속성을 부정하는 문화결정론자가 되었다. 우리 문명의 끊임없는 발전과 진보에 대한 믿음이 점차 사라지고 있는 것이다. 1950년대 후반과 60년대를 강력한 문화결정주의, '신고고학', 마르크스주의 인류학의 발전으로 특징짓는다면, 오늘날 새롭게 등장하는 주제는 텍스트로서의 문화, 문화와 정체성, 이데올로기, 문화와 역사 등이다. 이 같은 주제들은 모두 상대주의적이고 심지어 원시주의적 관점을 내포하고 있다. 원시적인 것 그리고/또는 전통적인 것의 구성과정은 근본적으로 우리 자신의 구성과정을 반영한다고 말할 수 있다면, 우리는 문명의 '타자'에 대한 지식 자체로 규정되는 학문인 인류학을 우리 자신의 정체성 변화를 측정할 수 있는 이상적인 반영물로 간주할 수 있다. 나아가 인류학 대상의 변화는 사회과학 일반뿐 아니라 인문학, 문학, 예술, 대중문화, 청년운동 등을 이런저런 방식으로 관통하고 있는 변화와도 일치한다.

미국의 원로 사회학자 다니엘 벨(Daniel Bell)은 마셜 샬린스를 비롯하여 대부분의 미국 인류학자들의 변화와 매우 유사한 패턴을 보여준다. 확실히 사회발전의 주창자로 출발한 벨은 점점 연구의 관심을 정치적 좌파에서 우파로, 계급정치에서 '이데올로기 종말'의 이데올로기로, '후기산업' 사회로, 자본주의 속에서의 '문화적' 모순으로 옮겨갔다. 벨은 그의 경력과 분석 모두를 통해 우리가 논의한 전환을 눈부실 정도로 잘 보여주었다. 지금도 여전히 벨은 오늘날의 자본주의에서 새롭게 나타난 '탈근대성'에서, 불가능한 것이 아니라면 잃어버린 과거의 문화와 전통적 정체성을 회복해야 할 필요성을 주장하고 있다. 이처럼 그의 관심주제는 계급에서 민족으로, 계급에서 문화로, 합리성에서 종교의 필요성으로 바뀌었다.

유럽과 미국의 여러 성과에서 증명되듯이, 역사학은 우리 과거의 사회와 문화들을 재창조하고/하거나 꿰뚫어보고자 하는 시도인 역사인류학으로 옮겨가고 있다. 죽음의 역사, 성의 역사, 가족의 역사, 심지어 근면성이나 군주제의 기원, 프랑스 정체성의 기원, 영국 개인주의의 기원 등과 같은 주제를 다루는 책들이 홍수처럼 쏟아지고 있다. 프랑스 역사가 자크 르 고프(Jacques Le Goff)는 최근 어느 TV인터뷰에서 "오늘날 일반대중들은 왜 프랑스의 중세 사회와 문화에 열광하는가"라는 질문에 주저함 없이 다음의 세 가지 이유를 들었다. 하나는 새로운 원시주의의 등장이며, 또 하나는 문화적 뿌리의 발견에 대한 관심 그리고 마지막으로 이국적인 것에 대한 새로운 관심이다. 르 고프가 여기서 말하고자 했던 것은 원초적 의미에 대한 탐구, 즉 인류학이 지리적으로 멀리 떨어진 곳에서 찾고자 했던 것을 과거 속에서 찾는 시도라고 할 수 있다. 우리 역시 인류학문헌에 나오는 여느 부족사회 못지않게 이국적이고 원시적인 진정한 문화를 가지고 있다는 발견과, 우리에게도 구조주의적 분석이 가능한 마녀와 의례와 설화가 있으며 이 모든 것을 우리 조상의 일상 속에서 찾을 수 있다는 발견은 바로 얼마 전까지 근대주의와 발전주의의 핵심적인 비판지점—"과거를 파괴하고 미래를 통제하는 인간의 자기의식적 의지"(Bell 1976, p. 4)—이었다. 또 한 가지 명심해야 할 것은, 이와 같은 현재의 상황은 이국적인 것을 정상적인 것으로 삼고자 했던 초기 인류학의 역전을 반영한다는 사실이다. 콘도미나스(Condominas)의 섬세한 민족지 "이국적인 것이 일상이다"(L'Exotique est quotidien)는 오늘날 "일상적인 것이 이국적이다"(le quotidien est exotique)가 되었다.

철학과 문학과 예술 그리고 인문학 전반에서, 우리는 수많은 형식과 매체로—직접적으로 푸코, 리오타르, 들뢰즈의 저작에서, 문명화된 문화와 언어의 죽음과도 같은 억압에 대한 니체철학의 반란을 표현하는 클로소브스키(Klossowski)와 아르타우트(Artaud)의 작품에서—표현되고 그리고 수많은 사회학자(Berman 1982; Hirsch 1983)와 인류학자와 비평가들의 저작 속에서 논의되는 이른바 탈근대주의의 출현을 목격하고 있다. 스스로 탈근대주의자라고 선언한 인류학자 폴 프리드리히(Friedrich 1979; 1982)는 시 인류학(poetical anthropology, Tyler 1984)을 창조하려고 노력하면서, 문화와 언어의 근간을 이루는 원시적인 토대를 찾고 있다. 그는 "한 문화전통에 관한 담론은 다른 문화전통의 담론을 분석적으로 포괄할 수 있다"(같은 책, p. 328)는 가능성을 단호히 거부하며, 보다 심오한 시적 이해만이 '예술작품'으로서 문화의 진실을 파악할 수 있다고 주장한다(Friedrich 1982, p. 2). 이 '진보적인' 탈근대주의는 내용 면에서는 앞에서 언급한 신(新)전통주의와 문화부흥주의와 직접적으로 반대되지만, 다형(多形)적 고정성(Brown)과 대중문화의 '포르노토피아'(pornotopia)에서의 개념적 시도와 쉽게 결합될 수 있다. 이처럼 문화주의자와 탈근대주의자가 위기에 대해 정반대의 반응을 하는 것은 문명의 자기규정이 지닌 이중적 본질 때문이다.

지적 문화에서 이와 같은 전환은 고립된 현상이 아니라 문화정치와 지역자치의 광범위한 등장, 개인의 자율성과 전통적 가치들의 재확인, 국가 관료주의적 자본주의의 균일화에 대한 저항, 천박한 평범함과 대중문화와 유니섹스 사회에 대한 저항과 궤를 같이한다. 여성운동조차 이 같은 변화를 겪었는데, 여성운동의 주요한 두 인물, 보수주의자 베티 프리단(Betty Friedan)과 급진주의자 저메인 그리어(Germaine Greer) 모두 보다 전통적인 가정조직으로 돌아갈 필요성을 역설했다. 그리어는 현재와 같은 반(反)재생산적 자유가 앞으로도 지속된다면 필시 대부분의 종이 멸종될 것이라는 주장으로까지 나아간다(Greer 1984). 그리어가 제시하는 이상적인 모델은 인도에서 취한 전통적 확대가족인데, 인도의 개발 프로그램은 진보와 자유라는 이름으로, 그중에서도 특히 여성의 이름으로 이 확대가족을 소멸시켜 왔다. 이 모든 것은, 가끔은 경멸조이지만 대개는 긍정적으로 중간계급의 반란으로 언급되었다.

청년문화 역시 앞에서 논의한 경향을 반영하는 변화를 겪어왔다. 버밍엄학파는 저항문화라는 관념을 대중화하는 데 많은 힘을 기울였던 데 비해, 펑크문화의 출현을 계급에 기초한 문화적 표현으로 개념화하는 데 실패했다. 그 이유는 때로는 독특하게 탈근대주의의 상징을 사용하면서 때로는 자신과 잃어버린 원시성을 명시적으로 동일시하면서, 또 때로는 이탈리아의 '도시인디언'이나 유럽 대도시들의 불법점거자 같은 운동과 밀접한 관계를 맺으면서 문명을 전면적으로 거부하는 것이기 때문이다. 여기서 다시 두 가지의 원시성을 발견하게 된다. 하나는 과거에서 뿌리를 찾거나 주변부로부터 모범을 구하는 문화전통주의이며, 또 하나는 문명의 구속으로부터의 자유를 기대하면서도 다소 먼 전(前)자본주의 사회(푸코, 엘리아스)나 동시대의 원시적인 사회에서 그 뿌리를 찾는 훨씬 리비도적이고 공격적인 인간영혼이다.

위기 그리고 문명화된 정체성의 구조

먼저, 어떤 식으로든 현재의 위기에 대해 정반대로 대응하는 탈근대주의와 전통주의를 이해하기 위해서는 그것들이 발생되는 지점에서 나타나는 자기정의의 구조 혹은 배열망(matrix)을 일정부분 파악할 필요가 있으며, 또 초합리주의와 발전주의를 특징으로 하는 강화된 근대주의와 대립하는 이유에 대해서도 역시 이해할 필요가 있다.

문화의 관점에서 볼 때, 문명화된 정체성은 '원시적' 특성이 좀더 드러나는 시공간적 주변부와 대립되는, 중심부의 속성을 정의하는 행위 · 예절·규범·관념의 레퍼토리 혹은 구조라고 개념화할 수 있을 것이다. 문명화된 문화의 특수성은 그 형식성과 추상성에 있다. 즉 비인격적으로 정의되는 역할, 계약, 임금, 시장 혹은 관료적 지위 등으로 이루어진 체제의 존재이다. 이것은 과거에는 무관심하고 미래를 향해 스스로 발전하는 독립된 행위자이자 역할수행자로서 괴테의 정신, 근대주의를 인격의 모델로 삼고 있다(Berman 1982). 이 레퍼토리는 문명화된 세계의 주변부와 우리 세계의 역사적 과거 속에 남아 있는 몇몇 고립지역(흔히 이것은 직접적인 인격적 관계에 의해 배타적으로 조직되는 삶의 방식인 '원시적 유대', 즉 게마인샤프트의 측면에서 언급되는데, 여기서 사회세계와 우주는 인격적 관계로 이루어진 공동체에서만 뿌리내릴 수 있다)에 존재하는 인류 전통문화의 보다 원시적인 층위를 밀어내지는 않더라도 억압하는 오버레이로 보인다. 이 속에서 후자, 즉 전통주의는 지역공동체의 자기규정, 민족적 자율성, 전통적 가치, 근본주의적 종교를 재정립하려는 열망 혹은 정치운동으로 나타날 수 있다. 이 모델에서 문명―특히 자본주의 문명―은 문화를 부정하는 것이다. 왜냐하면 문화는 원시사회와 (그보다 정도가 덜한) 전통사회의 구체적이고 직접적으로 대면하며 공동체적이고 상징이 지배하는 삶의 형태로 정의되기 때문이다. 이와 같은 정체성 정의의 내재적 구조는 〈그림 5-1〉과 같이 나타낼 수 있다.

문명화된 정체성의 탈근대적 이미지는 대체로 전통주의자의 관념체계와 비슷하다. 문명화된 상태를 추상적인 규범과 형식화된 에티켓 등의 레퍼토리로 정의한다는 점도 비슷하다. 그러나 이 상태는 확실히 문화의 부재가 아니라 문화와 동일한 것으로 간주된다. 여기서는 진정한 문화

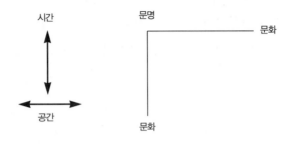

〈그림 5-1〉 전통주의자의 정체성 구조

(authentic culture)의 말살이 아니라 자연의 억압으로 인식되며, 다소 고전적인 프로이트의 용어로는 **문명 속의 불만**(civilization and its discontents)으로 정의될 수 있다. 탈근대주의자에게 원초적인 것은 원시적이고 문명화되지 않고 억압되지 않고 미성숙한 것이다. 문화가 권력과 동일시되는 곳에서 문화는 문명화된 사람의 초자아와 동일한 것이 된다. 엘리아스와 푸코의 저작들과 마찬가지로, 프로이트로부터 영감을 받은 사회학의 변형들에서는 전(前)자본주의를 문명화 이전단계의 전(前)문화와 동일시하는 경향이 뚜렷하다. 확실히 엘리아스의 봉건적인 리비도라든가 세계사를 르네상스 이전과 이후로 나누는 푸코의 이원론은 문화를 초자아 대(對) 무의식으로 보는 시각의 전형을 이루며, 나아가 문화는 보편사의 차원으로 격상된다. 물론 인류학문헌에 대한 피상적인 지식은 가령 '문명화과정'은 원시신화의 중심적 사안이다 등과 같은 견해(Lévi-Strauss 1968)에 대해 의구심을 제기한다.

여기서 다시 '원초적인 것' —이제는 문화 대신 자연—은 '저 밖'이나 '그 이전'에 놓이게 된다. 이는 다시 인간의 기본적 욕구에 기초한다. 그러

152

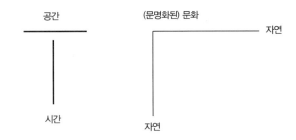

〈그림 5-2〉 탈근대주의자(원시주의자)의 정체성 구조

나 그것은 공동체나 의미 혹은 직접적인 인격적 관계를 위한 것이 아니라 인간의 기본 욕망을 완전하게 표현하고 정교화하기 위한 것 그리고 언어 이전이나 논리 이전이라는 의미에서, 잠재의식을 꿈으로 변환한다는 의미에서 구체적인 것, 개인적인 경계를 허문다는 의미에서 (공동체 community가 아니라) 커뮤니언(communion)을 위한 것이다. 탈근대주의자의 정체성 구조는 〈그림 5-2〉와 같이 전통주의자의 구조와 유사한 방식으로 나타낼 수 있다.

전통주의와 탈근대주의의 정체성 구조 모두 문명화된 정체성의 고전적 정의인 근대주의 입장과 대립한다. 여기서 추상성, 국가, 자기통제는 합리적인 것, 진보적인 것으로 간주된다. 진정한 문화는 방해물 또는 미신으로 간주되는 경향이 있으며 자연적인 것, 비합리적인 것, 야만적인 것, 미성숙한 것과 뭉뚱그려서 다루어질 뿐 아니라 문명화된 정체성의 시공간적 주변부로 전락하고 만다.

문명화된 정체성 구조의 세 가지 변이는 다음과 같이 요약할 수 있다.

1. 전통주의–문화주의

문명:

① 추상성

② 원자화–개인화: 원초적 연대의 해체

③ 유의미하게 조직된 존재의 분해

④ 지속적인 발전이나 자기창조의 과정에서 항상적으로 과거의 부정으로 정의되는 '근대주의'

진정한 문화:

① 구체성: 사회적 범주, '핏줄'·성·나이의 정교화, 자연의 범주, 레비스트로스의 의미에서 '구체적 사고'

② 직접적이고 상호 인격적인 관계가 지배: 대규모 집단이나 최소한 도덕적 도식에 의존하는 개인의 정체성

③ 인간존재의 유의미하고 구조화된 도식

④ 전통 중심의 사회적 과정, 고정된 가치의 자기재생산에 기초한 상투적 심성

2. 탈근대주의

문명으로서의 문화:

① 엘리트(본래적으로), 부르주아 문화: 생산/억제

② 국가·제도·자아에 의한 통제

③ 자율적 개인을 둘러싸고 조직화된 의미, '중간계급'의 도덕성, 사회적·문화적 활동(일, 가정, 여가, 예술 등)의 독립적 영역들; 사회질서의 모델로서 프로이트의 자아–초자아 통제 모델; 지배적 가치로서의 합리성,

내용을 지배하는 형식

④ 개인적(사회적) 자기발전, 성공, 경쟁, '신분상승 추구'의 심성

⑤ 추상성: 사회적으로는 형식화된 에티켓을 매개로 한 추상적 역할과 비인격적인 관계라는 체계의 지배; 문화적으로는 형식과 형식적 관계, 합리성과 구조, 다시 말해 통제의 지배

자연:

① 해방된 원시성(원초성), '욕망'의 영역, 인간 리비도의 창조성에 기초한 문화

② 통제의 부재, 총체적 표현의 자유

③ 희미해진 개인 경계, 형식을 지배하는 내용, 초자아와 무의식간의 위계의 부재, '타자의 욕망'에 지배받으며 희미해진 활동 경계, 비합리적이며 전(前)합리적인 가치의 지향

④ 타자와의 코뮤니언에 집중하는 심성, 심신일체로서의 자아, 개별적인 것이 그 자신의 환경을 가진 것이 되는 것처럼 모두 다형화(多形化)되어 성·나이·인격성(personality)으로 구분

⑤ 구체성: 모든 사람 상호간의 총체적 관계를 기반으로 한 사회, 인간과 물리적 자연의 구체적 측면들이나 세계의 기본적인 원초적 특질은 문화적 정교화와 정체성 창조의 주제이다, 논리 이전의 사고라는 측면과 잠재의식을 꿈으로 변환하는 과정이라는 측면이 지배적이다.

3. 근대주의

문명:

① 지배적 원리로서의 합리성과 발전

② 자아실현을 위한 개인적 자유와 능력이라는 코드에 기초한 부르주아 문화로서의 문화

③ 의미는 (과정으로서의) 운동 그 자체, 해방된 자기성취(self-fulfillment)의 미래에 있다.

④ 생활의 모든 분리된 활동들에 적용되며, 정당성이나 기본적인 평등·민주주의 같은 가치, 발전을 통한 자기성취의 목표와 등치되는 합리적 실천(praxis)[1]이란 심성

⑤ 새로운 것, 세련된 것, 변화역량의 배양으로서의 근대성

문화-자연:

① 미개한 혹은 야만적 상태: 비합리적이고 전통에 얽매어 있고 정체되어 있다.

② 자연적 상태와 등치되고, 개인에 대한 모든 억압과 부자유에의 인격적 속박이 지배하는 전통적 문화; 과거의 지배를 받는 사회

③ 세계를 종교적·미신적으로 이해하는 비합리적인 것으로서의 의미

④ 유형의 상투적인 재생산에 개입되는 구체성, (피아제에 따르면) 미성숙한 심성, 브리콜라주

근대적 모델의 또 한 가지는 순전한 기술적인 버전(technological version)이 있는데, 여기서는 전통적이고 원시적인 것을 문명화된 것과 마찬가지로 합리적이고 어떤 의미에서 근대적인 것으로 간주한다. 이 모델에서 두 존재적 상태의 차이는 단순히 기술-경제발전의 수준에 관한 문제가 된다. 그리하여 기술-환경적 조건의 합리적 적용과 합리적 발전이라는 근

대주의의 역동성을 매개로 해서, 원시적인 것과 근대적인 것을 연결시켜 주는 진화적 연속성이 존재하게 된다. 이 모델은 우리와 그들의 근본적인 차이를 부정하고, 전후(戰後) 자유주의와 친화력을 가지는 보편적 휴머니즘을 내포하고 있으며, 다양한 형태의 마르크스주의와 발전주의에 공통의 토대를 제공한다. 따라서 이 모델은 근대주의 정체성의 해체의 시초로 해석될 수도 있다. 합리성, 발전주의, 문명화된 상태의 정체성을 부정함으로써 문화적 상대주의에 포문을 연다. 차이를 부정함으로써 스스로를 부정하기 시작한 것이다.

자기규정의 세 종류(앞의 근대주의의 변이 포함)는 하나의 일관성 있는 대립구조를 만들어낸다. 구조주의자의 시각에서 볼 때, 이것들은 공통의 문명화된 우주론의 변형들로 축소될 수 있다. 따라서 탈근대주의자와 전통주의자의 대립은 문화로의 회귀 필요성과 자연으로의 회귀 필요성 사이의 대립을 바탕으로 하고 있다. 대립은 수많은 함의를 가진다. 가령 탈근대주의자는 자신의 '원시성'이 시공간적으로 멀리 있을 뿐 아니라 아직 해방되지 않은 심리에 집중되어 있을지라도 의당 스스로를 미래지향적이라고 정의하는 데 반해, 전통주의자는 보다 한정된 과거를 사고한다. 전통주의와 탈근대주의가 근대주의에 대한 반작용인 것과 똑같이, 근대주의의 자기규정은 자연과 문화 모두와 대립한다. 그러므로 세 개의 지위는 〈그림 5-3〉과 같이 단순한 구조를 형성한다.

물론 그림에서는 구조를 매우 단순화시켜서 나타냈다. 현실에서 이 세 개의 축 사이에는 상호 중첩되는 영역들이 수없이 많다. 그리고 위기시에는 세 갈래로 뻗어나간 구조의 특성이 두드러지게 나타난다. 따라서 만약

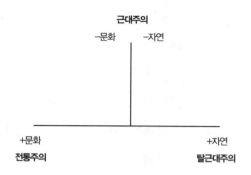

〈그림 5-3〉 근대성의 세 축

이 세 축의 구조적인 조합을 정체성 공간을 구획 짓는 것으로 인식한다면, 전통주의와 탈근대주의의 출현은 문명화된 정체성의 해체를 나타내는 것으로 이해될 수 있다.

그에 반해 근대주의는 보다 형식적인 정체성을 유지하려는 사람들에 의해 점점 더 강화되어 의례화되기까지 한다. 여기서는 정체성보다 정체성 지향성(orientation)이 훨씬 적절한 용어일 수도 있다.

여기서 본질적인 것은 문명화된 정체성은 특정한 구축물, 즉 중심부의 자아와 자연 · 전통문화 · 야만 · 리비도로 정의되는 주변부—'저 밖의' 주변부와/혹은 우리 안의 주변부—의 대립 위에 세워지는 구성을 지닌다는 것이다. 정체성의 위기는 우리 안에 주변화되어 있는 것의 표면에서 일어나는 격랑, 다시 말해 우리 밖에 주변화되어 있는 것과 가까워지는 것이며 가장 넓은 의미에서 '뿌리'와 의미를 찾는 것이다.

세계체제의 파편화와 문화정체성의 형성

지금까지 살펴보았듯이 중심부의 정체성 위기는 보다 일반적인 지구적 위기를 표현한다. 이 위기는 이전의 국가정체성이 약해지고 새로운 정체성이 출현하는 것 속에 있다. 특히 영토로 규정되는 국가지배 사회의 추상적 의미의 구성원 자격에서 '시민권'으로 알려져 있는 일종의 성원권이 해체되고 그 자리에 '원초적 충성', 종족성, '인종', 지역공동체, 언어와 그 밖의 문화적으로 구체적인 형식들에 기초한 정체성이 대신 들어선다.

이런 관점에서 문화적 파편화의 경향성은 발전과정의 일환도 아니거니와 후기산업사회의 질서나 지구적 규모의 정보사회 출현의 일환도 아니다. 오히려 이것은 현실적인 경제적 파편화, 자본축적의 탈중심화, 그에 따른 경쟁의 심화, 축적의 새로운 중심축이 경제적·정치적 권력을 자기 수중으로 집중시키는 경향, 한마디로 세계체제의 헤게모니상의 거대한 변화조짐에 관한 문제이다.

서구의 후기산업주의는 재산업화라기보다 탈산업화, 즉 아마도 파국적인 몰락의 시작일 것이다. 우리는 다른 글들에서 지구체제의 팽창 및 수축의 순환과정을 이미 살펴보았으므로 여기서 더 세밀하게 논할 필요는 없을 것 같다(Ekholm Friedman 1975; 1976; 1977; 1984; Friedman 1976; 1978; 1982; Ekholm and Friedman 1978; 1980). 후기산업사회라는 개념은, 이 현상을 어떻게 설명하든 본질적으로 탈근대주의 이데올로기라는 것은 두말할 필요도 없다(Bell 1973; 1976; Lyotard 1979).

지금까지 파편화과정은 문화자치운동이나 민족주의운동, 종족운동의 형태를 취했을 뿐 아니라, 모든 형태의 지역자치와 공동체의 자기통제를 지향하는 것이 일반적인 추세이기도 했다. 국민국가 내에서 파편화의 정점에 위치하는 것은 민족주의적·종족 자치운동, 종족·문화 자치운동이다.

민족주의, 더 정확하게는 하위 민족주의적 정치체제는 다름 아닌 그 체제의 중심부에서 점점 더 다루기 힘든 것이 되었다. 1957년 진보적 낙관주의 분위기 속에서 칼 도이치는 "주(州) 내의 소수자집단에 관한 한, 어쨌든 이들은 위험하지 않은 것 같다"고 말했다(Deutch 1957, p. 159). 바스크·스코틀랜드·브리타니·플랑드르 등지에서 민족적 이해갈등이 표출되고 내부운동이 전개되면서, 오늘날 범유럽사회에 대한 믿음은 대부분 퇴색했다. 이에 대해 한 저명한 연구자는 다음과 같이 놀라움을 금치 못했다. "대부분의 학자들이 놀라워하고 있듯이, 최근 들어 서유럽과 북아메리카에서는 하위민족적 종족갈등이 다시 나타나면서 점차 격화되고 있다."(Lijphart 1977, p. 46) 따라서 몇 년 전까지만 해도 '제3세계' 신생 독립국가들의 이른바 '근대화' 과정과 관련하여 '통합혁명'(Geertz 1973)이라고 묘사되던 발전은 오늘날 전체적으로 체제와 관련하여 '탈통합혁명'이라고 묘사하는 것이 오히려 타당할 것이다.

세계체제의 중심부와 주변부 모두에서는 종족을 중심으로 한 민족자치운동이 급속도로 성장해 왔다. 이 상황은 다음과 같이 요약할 수 있다.

첫째, 문제의 인구집단이 더 큰 범주의 국민국가나 세계체제와 매우 약하게 통합되어 있는 곳에서는 민족운동은 단순히 정치적·경제적 자율성만을 함의할 수 있다. 왜냐하면 이런 상황에서는 지역문화가 모든 일상생활의 조직화의 일부를 이루기 때문이다. 버마의 샨족과 카친족, 이란의 쿠

르드족, 인도의 나가족, 남아메리카 저지대의 일부 인디언집단 등이 이 경우에 속한다. 이들 집단은 대부분 세계체제의 주변부에서 찾아볼 수 있는데, 여기에서는 상대적으로 변경에 있는 몇몇 지역들이 일종의 근대적 부족조직을 유지하고 있으며 그외 지역들은 초기 식민시기나 서구지배 이전 시기의 대규모 지역체제에서 훨씬 전통적인 적절한 지위를 부여받을 수 있을 것이다. 이런 종류의 운동에서는, 단지 현재와 '문화적' 과거 사이에 역사적 단절이 존재하지 않는다는 이유로 지역 문화와 정체성이 매우 당연한 것으로 받아들여진다.

둘째, 해당 집단이 더 큰 체제에 완전히 통합된 곳에서는 본질적으로 그 정체성은 피부색에서부터 언어, 동일혈통, 공유하고 있는 일련의 문화적 행위나 대상·믿음에 이르기까지 광범위하게 종족성이라고 정의되는 일련의 집단적 상징들에 좌우된다. 여기서 민족주의는 문화적으로 구별되는 국민국가 사회의 확립을 함축하는바, 이 국민국가 사회는 본질적으로 종족적 차이를 제외하고는 여타 국가사회와 동일하다. 이때 문화는 매우 많은 활동에서 중요한 역할을 하면서도, 그 집단의 물질적 재생산과정에는 개입하지 않는다. 흔히 '하위민족적인 것'이라고 지칭되는 이런 종류의 종족적 민족주의는 세계체제의 중심인 유럽적 상황—전체 인구가 다소 동질적인 자본축적의 경제과정에 통합되어 있다—에서 전형적으로 나타난다. 물론 문화적 영역이 재생산과정과 분리되어 있는 체제에서는 어디서나 나타날 수 있다.

셋째, 역시 해당 집단이 더 큰 체제와 완전히 또는 부분적으로 통합되어 있고 그 정체성 또한 일련의 공통된 상징들에 좌우되는 곳에서는 이와 동시에 물질적 재생산을 비롯한 총체적 생활과정의 문화적 모델, 즉 운동의 중심축이 되는 문화적 모델을 지녔을 수 있다. 이것은 문화적 연속성 또는 불연속성의 상황, 다시 말해 문화정체성이 변형되면서 보존되거나 중심부로부터 '수입된' 대안적 정체성에 유리하게 억압되는 상황에서 일어날수 있다. 따라서 바스크 모델의 총체적 생활양식이나 브리타니 모델의 물질적 존재는 존재하지 않지만, 하와이 모델의 총체적 사회나 다양한 북아메리카 인디언 모델의 총체적 생활방식은 존재한다. 이와 같은 모델 주변에 조직된 운동은 오직 모델 그 자체가 스스로 회복되거나 재구성될 수 있는 곳에서만 일어날 수 있다. 이 같은 상황 역시, 식민지/문명화 이전의 과거가 흔히 지역전통의 형태나 유럽인에 의해 기술된 역사와 인류학 형태로보존되고 있는 주변부 지역에서 찾아볼 수 있을 것이다. 이에 관해서는 적절한 시기에 설명될 것이다. 여기서 대두하는 민족주의는, 그 고유의 문화적 모델이 전혀 다른 성격의 정치조직을 함축하고 있는 한해서는 국민국가개념에 상응하지 않을 수 있다.

민족주의 운동은 더 큰 체제의 현행 국가조직들의 보전에 가장 치명적인데, 그 이유는 이런 운동이 존재한다는 것 자체가 거기에 참여한 정치단위의 분열을 뜻하기 때문이다. 따라서 민족주의 운동은 문화적 위기가 취할 수 있는 가장 강력한 형태로서, 적어도 원초적 충성심을 근간으로 한 사회정치적 정체성의 재형성을 많게는 더 큰 체제(앞의 세번째 모델)로부터의 이탈경향을 드러낸다.

체제 안팎의 문화

지금까지 논의한 정체성 형성과 파괴 과정에서 문화의 역할을 이해하기 위해서는, 문화가 더 큰 체제와 관계 맺는 세 가지 방식을 구별할 필요가 있다. 잠시 이것을 문화1, 문화2, 문화3이라고 약칭하기로 한다.

　문화1은 인류학이 분과학문으로 자리 잡은 뒤로 줄곧 인류학자들 사이에서 논쟁이 되었던 모든 문화개념 가운데서 가장 모호한 것에 관한 것이다. 이것이 농업에서 철학에 이르기까지 모든 것에 관한 것인지 아니면 사회의 상징적 혹은 정신적 기원에 관한 것인지는, 이 맥락에서 인류학적 서술의 '객관성'(objectivity)으로 정의하는, 즉 중심부를 대표하는 인류학자들과 자신의 대상 사이의 근본적인 관계만큼 중요하지는 않다. 과학적 관찰자의 특권적 지위로서 다양한 방법으로 표현되는 문화1은 '우리'와의 거리로 규정되는 '저 밖'에 있는 인구집단의 삶의 내용을 (대상화되어 있다는 의미에서) 객관적으로 기술하는 것이다. 이제 이 문화개념은, 더 큰 체제가 중심부에 의한 주변부의 관찰로 이해되는 한 그 체제의 산물이라는 것이 분명해진다. 따라서 객관성은 잠재적으로 정치적 관계의 산물이다. 특히 현재의 위기에서는 중심부–주변부관계와 타문화에 대한 우리의 이해내용의 정도는 명백한 상관관계가 있다. 그러나 여기서 우리의 핵심은 문화1의 개념을 간단하게 '객관적' 문화, 사회분석의 문화로 한정하는 것이다. 이처럼 문화1은 또 다른 사회체제에 고유한 자산, 다시 말해 의미 있게 조직된 사회적 행위에 관한 레퍼토리들을 다룬다. 여기에는 대화, 제스처, 생산과 소비 형태에서부터 종교행위, 정체성의 상징들, 사회적 가치에 이르기까지 모든 것이 포함된다.

문화2는 인구집단이 자신들의 자기동일시(self-identification)에 사용하는 일련의 요소들에 관한 것이다. 이것은 그들에 대한 우리의 확인이라기보다 그들 스스로의 확인에 관한 것이다. 문화2의 특수성은 그 인구집단이 더 큰 통치인구집단과 본질적으로 동일한 조건에서 자기재생산하는 상황에서 나타나는 정체성 구조라는 것이다. 따라서 문화2는 일반적으로 종족정체성의 문화로 알려진 것에 해당한다. 문화2는 그것이 나타날 수 있는 사회적 조건의 본질과 관계없는, 언어·혈통·조상의 공통성이라는 개념에 전적으로 기초하고 있다. 문화2는 지구화의 축소시기만큼 팽창시기에도 뚜렷하게 드러난다. 팽창시기에는 더 큰 체제에서 자신의 이해를 옹호하거나 향상시킬 수 있는 대규모 종족블록이나 소수자블록의 형성이 매우 중요하지만, 확실히 경제적 성공은 종족정체성을 심각하게 약화시키는 경향이 있다. 왜냐하면 개인은 성장하는 국가사회 속에서 사회적 경력을 쌓아나감으로써 그에 상응하는 새로운 정체성을 발견하게 되기 때문이다. 축소시기에는 종족 혹은/그리고 소수집단의 정체성은 역시 문화적·심리적 안전뿐 아니라 경제적 이익의 옹호와 획득을 위한 거점 역할을 한다. 문화2의 결정적인 특징은 근본적으로 정체성을 국가나 지구 차원의 재생산과정에 적응하게 만듦으로써 정체성의 기능을 제한시킨다는 것이다.

문화3은 물질적 재생산을 포함한 전체 생활과정의 조직자로서 문화이다. 그리고 스스로를 더 큰 체제와 본질적으로 대립하는 것으로 정의한다. 따라서 문화3은 문화2가 지닌 문화정체성의 본질적인 요소들을 담고 있으면서도, 오직 현 체제의 외부에서만 존재할 수 있는 또 하나의 '이전' 사회라는 모델을 잠재적으로 품고 있다. 그렇기 때문에 문화3의 노선에 입각하여 조직되는 운동은 일자리나 복지, 평등권에 대한 요구를 강조하지 않고 대신 자신들의 문화를 복원하고 실행할 수 있는 토대를 요구한다. 문화3은 체제 내의 이익획득을 위해서가 아니라 그 체제로부터의 탈출을 위해 조직된다. 정치적 이데올로기로서의 문화3은 문화적으로 '문명'에 대한 저항이라고 정의할 수 있는 것과 문화정체성을 결합시킨다. 이것은 축소시기에 번창한다. 그리고 해당 집단이 주변화되고 '말살'되고 문화적 붕괴를 겪는 팽창시기에도 촉발될 수 있지만, 중심부에서 우세한 이데올로기로 대두하고 자신의 목적을 위해 대중을 동원할 수 있는 것은 오직 문명의 몰락시기 때문이다. 왜냐하면 이런 운동의 이데올로기는 문화주의자(전통주의자)의 개념—자신의 존재조건의 통제에 기초하고, 확대가족과/또는 친족네트워크 같은 직접적 인격적 관계라든가 자본이나 심지어 화폐, 국가, 추상적인 계약·임금 형태의 소멸에 기초한 자연상태에 가까운 지역공동체 개념—과 유사한 개념들을 체현하고 있기 때문에, 중심부의 탈근대주의자와 전통주의자들에게 강력한 호소력을 가지며 이들 중 상당수가 이 같은 집단들의 투쟁에 적극적으로 참여하고 있다.

문화와 지구체제

지금까지 우리는 문명의 탈통합과정을 함축적으로 논했다. 문명의 해체과정은 그 뒤의 공백을 남겨두면서 전개되었다기보다, 오히려 문화와 새로운 정체성의 개화(開花)라든가 일련의 존재의미에 대한 더욱 구체적인 탐구를 함의하는 것 같다. 요컨대 이때 문화에 기초한 정체성은 '근대성', 즉 문명의 팽창과정과 정반대로 다양해지는 것 같다(〈그림 2-4〉 참조).

최상층에서 전체적으로 중심부를 특징지을 수 있으면서도 지역 고유의 수많은 팽창과정을 포괄하는 팽창시기나 심지어 중심부의 수축시기—특히 반(半)주변부라고 다양하게 지칭되는 지역들에서—조차, 지역의 자기재생산 체제가 해체되어 더 큰 식민지·국가간 체제로 통합되는 경향성이 존재한다. 필연적으로 이것은 문화3의 측면에서의 문화파괴로 귀결되며, 흔히 문화2로의 변형으로 이어진다. 그 결과 토착집단의 개개인을 중심부 모델, 즉 성공과 결합되어 있고 그 자체가 성공인 근대주의와 점점 동일시하는 동화경향이 강하게 나타난다. 그러나 세계 '발전'의 파국적 본성은 그 체제의 인구집단 대부분을 선택에 의해서가 아닌 사회적 낙인에 의해, 문화2가 여전히 지배적인 상황에서 극단적인 빈곤상태의 '룸펜'으로 전락시켜 버린다. 근대 자본주의 문명의 국민국가 틀 내에서의 이 같은 부분적인 통합과정은 근대화, '전통사회의 통과'(Lerner 1958) 혹은 '통합혁명'(Geertz 1973)이라는 이름 아래 오랫동안 낙관적으로 논의되어 왔다. 그러나 이 같은 논의는 그 과정의 출발점이 아니라 소멸지점에서 대두했다.

주변부 특유의 문화적 몰락은 중심부에서 근대주의적 정체성의 강화와 동시에 일어난다. 수축시기에는 이 과정이 역전된다. 중심부에서 근대주의가 붕괴하면, 내·외적으로 문화정체성이 기하급수적으로 증가하게 된다. 내적으로는 상실한 것에 대한 탐구와, 주변부의 경우 과거 중심부에 의해 억압되었던 문화적·민족적 자율성에 대한 추구가 나타난다. 종족성에서부터 '생활방식'에 이르기까지, 문화정체성은 그 체제의 희생을 딛고 번성하게 된다.

나는 중심부와 주변부의 복합적 현상 그리고 문화정체성 구성과정에서 세 문화의 상호작용, 위기시에 이 모든 과정과 세계체제의 물질적 과정 사이의 관계에 대한 분석은 지금까지 파악하기 매우 어려웠던 현실을 이해하는 데 풍부하면서도 필수적인 접근방법론이라고 생각한다.

[주]

1) 이 책에서 praxis는 practice에 비해 실존적 실천을 보다 더 함의하고 있다.-옮긴이

06 / 지구체제의 문화적 논리 *

이 글은 근대성과 탈근대성의 문제를 자본주의 문화에 한정하여 다루었던 근래의 입장에서 벗어나서, 현재 우리 문명의 정체성 구조의 변형과 나아가 그것이 문화의 생산과정에 끼친 영향을 외재적 관점에서 살펴보는 데 그 목적이 있다. 나는 일련의 명제를 제시하며 주장을 펼칠 것이다. 이를 위해서 먼저 논의를 이끌어가기 위해서 필요한 몇 가지 기본적인 견해를 제시하고자 한다.

근대주의, 탈근대주의, 전통주의는 앞서 자본주의 정체성의 문화공간의 세 축들로서 다음 〈그림 6-1〉에서처럼 근대주의가 지배하는 일종의 대립체제를 이루고 있음을 기술한 바 있다(Friedman 1987b).

이 같은 대립구조는 구조주의적 방식으로 표현하면 자본주의 정체성의 공간을 구성하는 세 축을 표상한다. 여기서 '자본주의'라고 말한 이유는 다음과 같다. 이런 정체성 공간은 어느 상업문명에서나 일정하게 존재하게

---

* 이 장은 Friedman(1988)을 약간 수정했다. 이 글이 실린 학회지에서는 탈근대성을 주제로 다루었다.

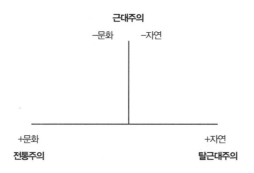

〈그림 6-1〉 구조로서 근대성의 세 축

마련이다. 사회세계가 개인으로 원자화되는 한, 그 개인들이 마약이나 종교적 저항운동을 통하지 않고서는 스스로를 더 큰 우주영역의 일부로서 인식하거나 경험할 수 없는 한 여기에서 표상되고 있는 정체성 공간은 모든 상업문명에서 공통적으로 나타나는 경향이 있다.

이 구조의 논리를 이해하기 위해서 근대주의, 탈근대주의, 전통주의 각각의 내용을 상호 관련시켜서 검토해 볼 필요가 있다. 우선 이 세 용어는 매우 광범위한 현상과 관련해서 사용되기 때문에, 내용을 제한적으로 정의할 필요가 있다.

괴테의 용어로 **근대주의**는 부·지식·경험의 형태로 이루어지는 지속적인 자기축적과정이라고 정의될 수 있다. 이는 인간이 생존을 위해서 끊임없이 움직여야 하는 불안정한 상황을 의미한다. 그리고 자아의 원리로서 운동·성장·자기발전능력이 아닌, 고정된 내용을 갖지 않는 정체성을 의미한다. 여기서 자아는, 프로이트와 마르쿠제의 용어를 빌리면 에고, 다시 말해서 리비도를 승화시키고 원시적 욕망을 문명(문화)의 발전으로 바꾸고 사회적 진화를 추동하는 힘이라고 정의할 수 있다. 따라서 자아의 통제와 형성의 영역은 자기통제의 권역으로 병합된다. 그리고 자아 이외에는 어떤 것도 의미세계에 개입할 여지가 없다. 오직 발견·성장·자연에 대한 점진적 통제, 다시 말해서 발전만이 존재한다. 그에 따라 무한한 축적을 위해서 시공간적으로 무한한 장, 무한한 우주라는 우주관만이 필요할 따름이다. 이 우주는 자기통제된 에고가 마치 자본처럼 스스로를 실현하는 팽창공간이다. 이 공간은 통제의 공간이며, 원시적 영역이나 유아기적 욕망의 영역과 대립한다. 후자의 영역에는 통제되지 않는 모든 것, 곧 식욕·성욕·공격성·쾌락 등 광란의 판타지가 뒤섞여 있고 종교적 페티시즘, 광적인 믿음, 강박적인 규범행위, 총체적 의미체계를 구성하려는 욕구 등 실재에 대한 충동적이고 강박적인 미신관계가 존재한다. 이처럼 억압된 측면들은 전통과 자연, 추악한 욕망과 신경증적 미신, 즉 자연과 문화 모두에 대해 부정적인 근대주의의 특성을 잘 드러내고 있다. 이러한 종류의 문화는 인류학적 의미의 문화가 아니라 문명, 즉 근대성이라고 할 수 있다.

전통주의, 신전통주의, 신보수주의는 동일한 의미세계 내에서 근대주의에 대한 상이한 반작용이다. 전통은 문명화과정에서 억압되거나 심지어 해체되어야 하는 근대적 존재의 일면이다. 즉 모든 인간행위의 의미와 우주 속에서의 인간의 위치를 규정하고 존재에 궁극적 의미를 부여하는 측면, 총체적 우주관 속에 고정된 규범과 예절체계로 정의되며, 문화로 표상되는 측면을 말한다. 그것은 인격적 관계의 세계에 적합한 정당한 권위와 신념의 구조, 구체적 가치체계를 구현하며 근대성과 대립한다. 근대성은 의미가 빈 세계, 게젤샤프트(Gesellschaft) 구조의 지배를 받는 소외된 개인들이 군집한 세계, 추상적인 역할체계 · 기능체계로 정의할 수 있다. 이 속에서 탈근대주의는 근대적 문화파괴의 궁극적 결과이자 가치와 의미의 총체적 상실의 결과로서 근대주의와 대립된다.

탈근대주의의 축은 두 가지 가능성 중의 하나일 뿐이다. 자연, 자연의 힘, 리비도, 속박되지 않은 인간의 창조성과, 에고의 권력과 통제구조로서 근대성의 속박의 대립을 강조한다. 탈근대주의는 원시적인 것의 문명화된 통제로부터 해방이 의미하는 모든 것, 성의 혼돈, 유아기적 욕망의 해방, 타자와 융합될 수 있는 능력, 즉흥적인 감정의 표현, 사회적 거리보다 코뮤니언(communion)에 기초한 사회적 존재 등으로 규정된다. 여기서 근대적이라는 것은 일련의 구속된 제약으로서 문화 · 자연과 대립하고 자연을 억압하는 문화로 개념화된다. 이와 같은 입장은, 강화된 통제의 표현이면서 또한 근대성이 발생시킨 허구적 자유에 대한 반작용인 전통주의와도 대립한다.

완전한 탈근대주의는 근대주의와 완전히 대칭적으로 대립되는 +문화와 +자연의 위치에 놓일 수 있다. 탈근대주의는 원시적인 것의 훨씬 심오한 지혜와 기이한 성질(polymorphous perverse), 예지(叡智, sagesse)와 리비도를 찬양한다. 또한 근대성이 문화에 끼친 파괴적인 영향을 단호하게 공격하면서, 동시에 절대적 상대주의를 통해서 모든 문화와 자연의 가치를 찬양한다. 이러한 입장에서 볼 때 근대주의는 탈문화화되었을 뿐 아니라 탈자연화되었으며, 탈근대주의는 자연과 문화 모두로의 귀환, 구체성으로서의 귀환을 표상한다. 이 같은 일련의 대립관계는 〈그림 6-2〉로 나타낼 수 있다.

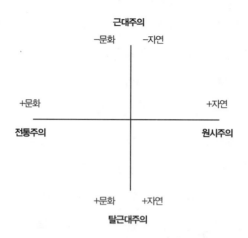

〈그림 6-2〉 근대 정체성 공간의 축의 구조

　　탈근대주의를 어떠한 형식의 정체성도 해체하려고 하는 냉소주의와 혼
동해서는 안 된다. 흔히 냉소주의는 근대성으로부터의 탈근대적 각성과 결
합되어 일종의 복합적인 무관심(blasé-faire)으로 표현되지만, 본질적으로
탈근대주의 사회정체성의 자기모순성이 낳은 산물이다. 냉소주의는 자연
과 문화를 각각 부정하는 것이 아니라, 양자를 혼합시키는 방식으로 양자
의 대립을 피하려고 하기 때문에, 어떠한 확정된 형식의 정체성도 거부하
며, 결국 '아무거나 괜찮다'[1]는 식으로 덮어버린다. 완전한 상대주의, '상
호인정'은 특정한 정체성을 확보하려는 모든 노력을 거부하며, 따라서 본
질적으로 깊은 냉소주의를 담고 있다.

　　나는 이 같은 축들이 자본주의 문명의 장(場)에서 문화전략의 극단을
보여준다고 생각한다. 이 축들은 구체적인 전략에는 상응하지 않지만, 일
정한 경향성을 보여준다. 물론 개인은 각각의 축들에서 일정한 측면을 조

합해 낼 수 있다. 예를 들어 교육에서는 근대주의자인 사람이 자신의 10대 딸에게는 전통주의자일 수 있다. 문제는 그것이 일관성을 띨 때이다. 정체성에 영향을 끼치는 위기상황에서 존재는 일관성을 유지하려고 한다. 네 개의 축 모두 근대주의 정체성의 단일한 공간을 규정하고 있다는 점을 상기할 필요가 있다. 그래서 전통주의, 원시주의, 탈근대주의는 자본주의 문명에서 지배적이며 '정상적인' 정체성, 즉 근대주의의 논리적 외연에 포함된다.

정체성의 위기시에는 논리적 일관성이 훨씬 뚜렷해져서 한쪽으로 치우치는 경향을 보인다. 근대주의 정체성은 평등성의 확대, 개인과 사회의 발전가능성, 잔존하는 비자본주의적 형식(고정적이고 구체적인 가족·공동체·종교구조)의 유동성 또는 그것으로부터의 해방에 기초하고 있다. 더욱이 근대주의는 세계체제의 확장중인 근대적 부문, 즉 확장중인 헤게모니 중심부에서 출현하지만, 더 이상 확장되지 않거나 쇠퇴하는 곳에서는 근대적 정체성이 유지되기 어렵다. 바로 이 같은 조건에서, 비근대적인 나머지 2축과 3축이 이른바 '자본주의 정체성의 공간'[2)]에 출현한다. 반대로 이전에 유지되던 근대주의는 '비문명화'로부터의 공격에 직면하여, 훨씬 극단적이고 심지어 히스테리하게 변하는 경향이 있다. 그리고 세계체제 속에서 헤게모니의 사이클, 축적 중심부의 변동 사이클과 문화정체성의 사이클 간의 연결이 이루어진다.

앞의 2장과 3장에서 자본주의 정체성 공간의 축들을 오가는 진동에 대해서 논의했다(Friedman 1983; 1987b). 진보적 진화주의의 해체, 문화주의와 상대주의·원시주의의 출현 등 지난 세기의 논쟁이 보여주고 있듯이, 근대주의 정체성은 쇠퇴하고 있다. 문화인류학의 탄생에서부터 진화주의에서 기능주의와 상대주의로의 전환, 게마인샤프트/게젤샤프트 논의까지, 수많은 지적 · 학술적 논쟁들에서 이 같은 현상을 분명히 볼 수 있다. 현재 근대주의의 쇠퇴는 일찍이 유례없는 위기로 보이지만, 상황은 이전과 동일하다고 할 수 있다.

지금까지 개진한 바로는 근대주의 정체성의 해체가 전통주의, 원시주의, 순수한 탈근대주의로의 삼분(三分)을 초래한다고 주장하는 것처럼 보일지도 모른다. 그러나 이와 같이 묘사된 공간들이 사회정체성이 구성되면서 뫼비우스의 띠처럼 비스듬히 뒤틀려서 '딱 맞아떨어지는' 그런 순간이 존재한다. 어떤 마르크스주의자는 공산주의를 보다 높은 단계의 원시공동체로의 변증법적 회귀라고 이해하고 근대주의를 전통주의와 연결시킨다. 어떤 사회주의 이데올로기의 형식들은 게마인샤프트에 중점을 둔다. 근대 정체성의 공간이 뒤틀린 사례는 이른바 바이마르와 나치 독일의 '반동적(反動的) 근대주의'(Herf 1984)에서 잘 드러났으며, 더욱이 1920~30년대 북유럽지역 대부분에서도 분명히 나타났었다. 당시 나치독일에서는 근대주의와 탈근대주의 양축을 '하나로' 연결하여, 인종주의적 게마인샤프트에 근대적 프로젝트를 포함시켰다. 이 게마인샤프트 안에서는 게르만문화 그 자체가 기술발전을 추동하는데, 이 문화는 권력에 대한 원초적 의지를 구현하면서(Spengler 1931) 궁극적으로 자동차를 민족성의 표현으로, 즉 폴크스바겐과 아우토반을 기술적 소외와 대립시켰다.

다시 말해서 정체성의 공간을 규정하는 네 개의 축들은 실제로 나타나는 구체적인 정체성을 규정하는 것은 아니다.

앞서 이 공간은 끊임없이 규정되는 자본주의 문명의 특성을 가지고 있지만, 공간 내의 운동은 세계체제의 고유한 정치경제적 과정에 의존하고 있다고 주장했다. 특히 근대주의 정체성은 헤게모니의 확장기에 지배적이며, 헤게모니의 수축기나 위기시에는 삼분(三分)된다고 했다. 여기서는 삼분되는 방향 가운데 전통주의 쪽으로 기울게 된다는 점을 덧붙이겠다. 왜냐하면 전통주의는 근대주의의 부재 속에서 세계를 완전히 거부하지 않고 정체성을 유지하기 위해서 반드시 필요한 뿌리와 가치를 제공해 주기 때문이다.

세계체제에서 근대 정체성의 조합

근대주의 정체성의 확립을 위해서는 몇 가지 핵심적 조건이 필요하다. 사회는, 주체가 발전도식에 따라 자신의 삶을 상상할 수 있도록 개인화되어야 한다. 뒤몽(Dumont 1983)도 언급했던, 자아를 자립적이고 한정된 전체성으로 경험하는 인격, 곧 근대적 개인이 존재해야 한다. 근대적 개인은 인격적 정체성을 부여하는 보다 큰 네트워크에 통합되거나 구속되지 않는다. 세계체제 내에서 자본주의 부문의 침투로 인해 공동체·친족·가족 네트워크가 광범위하게 해체된 지역들에서 이 같은 인격의 개인들을 찾아볼 수 있다.

세계의 자본주의화·상품화·상업화 과정이 지닌 본질적으로 이질적이고 불완전한 성격 때문에, 앞에서 언급한 정체성의 공간이 적용되지 않는 수많은 상황이 나타난다. 그러나 이러한 지역들이 세계체제로 통합되면서, 그것이 통합되어 가는 방식을 이해할 필요가 있다.

헤게모니의 위기상황에서 세계체제의 핵심자본(essential capital)의 흐름을 간략히 살펴보자. 서구의 구조적인 위기와 뒤이은 일본의 위기는 세계 자본축적의 탈중심화를 보여준다. 왜냐하면 전체 자본축적 중 점점 더 많은 부분을 다국적기업이 차지하고 있지만 그만큼 자본의 생산과 재투자 사이클은 파편화되어 가기 때문이다. 이는 모든 중심부 국가에서 수출되는 제조품 대비 수출되는 자본의 비율이 점차 증가하는 현상에서 쉽게 확인할 수 있다. 중심부에서의 탈산업화가 진행되는 것과 동시에 나머지 세계에서 복잡한 조합의 자본축적이 이루어진다. 인도, 브라질, 동남아시아의 여러 국가와 중국의 동남부지역 등 수많은 곳에 자본이 집중되고 경제가 성장하고 있는 반면, 이와 동시에 구체적인 지역 차원에서는 새로운 패턴의 주변화가 나타나고 있다. 아프리카의 많은 국가들처럼 주변부적 지위에서 헤어나오지 못하는 지역도 있다. 즉 세계경제의 장기 사이클은 모두에게 영향을 끼치고 있지만, 각각은 상이한 방식으로 영향을 받고 있다는 것이다. 일부 부문과 지역은 쇠퇴하는 반면, 다른 일부 지역은 향상한다. 주식시장은 상호 연결되어 함께 움직이며, 지역경제는 상호관계에 따라서 그 위치가 바뀐다.

이 같은 변화의 조합은 세계의 문화적 논리가 다양한 방식으로 표현될 수 있는 물질적 논리를 제공한다. 서구에서는 근대주의의 퇴보와 함께 종족성, 종교적 컬트, 다양한 전통주의가 무수히 나타나는 반면, 동남아시아에서는 근대주의의 동양적 변이, 예를 들어서 신유교주의가 뚜렷이 나타나고 있다. 최근 오스트리아 경제의 쇠퇴, 국가재정의 위기, 실업의 증가 등은 이 사회의 민주주의적 근대성을 해체하고 뿌리로의 회귀를 주장하며 인종주의적인 전통주의를 부활시켰다. 이미 프랑스와 독일에서 뚜렷하게 나타난 패턴이 오스트리아에서도 나타나고 있는 것이다. 만약 유럽에서 국내 현상으로 종족성의 르네상스가 나타나고 있다면, 동일한 논리를 따라서 민족정체성도 점차 종족화되고 있다.

자본주의 정체성의 공간에서 누군가의 위치는 부(富)의 기능이나 세계체제에서의 위치에 따른 것이 아니다. 오히려 그것은 위치가 변화하는 방향에 의해서 결정된다. 즉 극단적으로 슬럼화가 진행된 브라질은 외관상으로 매우 근대적인 반면, 중대한 축적의 위기에 직면한 부유한 일본에서는 반(反)근대 문화운동이 무르익고 있다.

이 모든 견해는 세계체제의 근대적 부문들과 관련되어 있다. 비록 내가 이 부문들이 동일한 종류의 대립관계로 구성되어 있다고 주장했을지라도, 그것들은 동일한 사회적 공간, 심지어 정체성 공간조차 갖고 있지 않다. 자기발전하는(self-developing) 원자화된 개인은 친족과 집단을 근간으로 하는 아시아와는 다른 서구의 고유한 현상이지만, 아시아 역시 세계를 위계서열로 조직하는 미래발전 지향적인 관점뿐 아니라, 부와 권력의 축적을 위한 경쟁적 전략과 추상적 역할을 토대로 한 공적 영역을 가지고 있다 (Nakane 1970; Smith 1983; Chu 1985; De Vos 1985; Wei-Ming 1985).

비근대적 부문과 근대성의 위기

일단 세계체제의 비근대적 부문은 다음과 같은 기준에 따라 정의해 볼 수 있다.

① 세계체제의 재생산과정에 완전히 통합되지 않거나 부분적으로도 통합되지 않은 인구집단. 여기서 완전한 통합은 이전의 친족·공동체의 재생산형식을 해체하여 통합한다는 것을 의미한다. 따라서 통합은 해체를 함의한다.

② 다음으로는, 세계경제를 통해 스스로를 재생산하고 보다 큰 정치단위에 통합되어 더 큰 체제 속에 포함되지만 사라지지 않고 별개의 지역적 재생산구조를 유지하는 인구집단도 상정해 볼 수 있다.

③ 이는 결과적으로, 앞에서 서술한 자본주의적 공간에 외재하고 그것과 상이한 고유한 문화전략과 독특한 정체성 모델이 존재한다는 것을 의미한다.

이상의 기준에 따르면 비근대적 부문은 폐쇄된 집합이 아닌 개방된 연속체라고 정의될 수 있다. 그럼에도 이 연속체는 변이의 축, 곧 여기서 살펴보려는 몇 가지 속성을 형성한다.

단순화를 위해서 이 연속체상의 몇몇 관념형 인구집단이나 중요한 위치를 살펴보자.

① 정치적 광역체에 통합되어 있고 그것의 자원이나 영토는 더 큰 정치체로부터 요구되지만, 지역적 재생산과정은 더 큰 사회적 네트워크와 직접적으로 접합되지 않는 집단. 이른바 아마존의 극소수 인디언사회나 아삼, 미얀마, 그 밖의 동남아시아 국가, 중국 등지에 산재해 있는 소수부족 집단 등이 이에 속한다.

② 환금작물, 전문화, 사회적으로 실질적 가치를 지닌 재화·용역의 체

계적 교역 등을 통해서 지역적 재생산과정이 더 큰 정치경제적 과정에 포섭되어 있지만, 지역적인 사회전략이나 재생산은 여전히 건재한 집단. 이는 아프리카의 많은 지역과 멜라네시아, 폴리네시아의 서부지역, 아시아에서 찾아볼 수 있다.

③ 그 지역이 보다 큰 체제로 강하게 통합되어, 사회 내적 재생산과정이 해체되어 버린 집단. 이 집단은 근대적 부문에서 살아가며 그것과의 일련의 관계를 통해서 스스로를 재생산한다. 그러나 이 집단이 완전한 자본주의화나 통합을 이루지 못한 한, 이들은 비록 많이 변형되었을지라도 여전히 비근대적인 문화요소들을 상당수 유지하게 된다. 사회화·게토화·낙인(stigma)은 결합하여 상호 인격관계의 네트워크 구조를 강화하고, 실행 가능하고 뚜렷한 지역적 재생산 전략을 갖지 못한 주체를 만들어낸다. 이 주체는 지역적 집단에 의존한다는 점에서 근대적 에고와는 다르다.

이와 같은 주변부 집단의 문화전략의 특성은 지구체제에서 그것의 위치, 통합된 정도, 통합방식과 밀접한 관계를 갖는다. 첫번째 사례에서는 진정한 사회통합이 아니라 통제, 정복, 잠재적 통합의 관계만이 존재하는 상황을 볼 수 있다. 세계체제의 관점에서 이런 종류의 집단은 자본이 유입되어 축적되는 곳에 위치하는데, 현재 급속히 팽창하고 있는 브라질과 인도에서 찾아볼 수 있다. 이곳은 세계체제로 흡수될 위기상황에 놓여 있다. 그들의 문화정체성은 거대권력에 의해 동일시된 산물, 즉 타자에 의한 동일시를 내면화한 것이다. 이곳의 지도층은 부분적으로 근대적 부문으로 동화되거나, 단순히 서구적 조직으로 대표되기도 한다. 그러한 조직이 그들의 관심과 이해관계를 대표한다는 점에서, 그들의 갈등은 흔히 '제4세계'라고 특징지어진다. 더 큰 체제에 대한 그들의 전략은 본질적으로 자신의 자원 토대를 유지하는 것, 즉 자결권을 가지고 자신들의 생활방식을 계속해서 실천하는 것이다.

두번째 사례에 내포된 전략은 가장 '부정적인' 의미에서 고전적으로 '제3세계'라고 부르는 것이다. 몇몇 경우는 제3세계를 '감정적 경제'라고 비하하기도 한다(Hyden 1983). 이 경우는 근대적 부문에 중심을 두고 있지만, 여전히 '전통적' 목표가 지배적이다. 예를 들어 이 전략에서는 근대성의 대상이 권력의 상징이며, 여기서 권력은 항상 외재적 원천, 세계 너머의 마나(mana) 또는 '이국적' 재화의 소유자의 풍요의 기호인 '화물'에서 유래하며 사회적 웰빙을 규정한다. 이때 근대성은 씨족 혹은 친족 네트워크로 표현되는 전통적 전략에 포섭되어, 근대성을 '전통적' 전제 위에서 전유하는 문화적 논리가 나타난다. '빅맨'이 서구 스타일의 근대 가옥 앞에 서 있는 것이다. 그러나 그의 생활용품과 가구는 여전히 집 밖에 놓여 있는데, 사람들이 살고 있는 곳이 집 밖이기 때문이다. 집 뒤에는 냉장고와 부품들, 비행기 엔진, 전자제품, TV, 라디오 등이 가득 쌓인 차고가 있다. 이 모든 것은 친족과 결연의 네트워크에 영향을 미칠 수 있는 그의 능력과 권력, 사회적 생식력, 곧 그의 '보호자'(client)를 통제하고 그들에게 권위를 내세울 수 있는 원천을 규정한다. 근대성이 위신재와 신부대로 변형된 것이다.

세번째 전략은 '제4세계' 모델의 더욱 변형된 또 다른 버전이다. 이것은 자신의 문화 변두리의 사람들, 문화정체성을 이미 완전히 상실해 버렸기 때문에 문화정체성을 스스로에게 부여할 수 있는 사람들이 실천하는 전략이다. 세계정치경제로 통합된 지역의 주민, 지역적 사회재생산의 도식이 파괴되어 변두리로 밀려나고 낙인찍힌(stigmatized), 예를 들어 북아메리카 인디언이나 하와이인 같은 집단은 사회화의 일부인 가치 속에서 혹은 지식의 형태로 이전의 문화적 요소를 유지한다. 이 집단에서 개인은 더 큰 체제 속의 개인으로 깊숙이 통합되어 있지만, 자본주의화 과정의 불완전성의 결과인 주변적 신분 때문에, 자신의 지역 '문화'가 저급하게 분류되는 상황에서 개인적 유동성은 가족과 공동체에 복무하는 가치관, "가재는 게 편이라는 원리"에 의해서 제한된다.

이 대안적인 제4세계 전략은 자신의 고유문화를 잃어버린 사람들 사이에서 문화적으로 통일된 생활방식을 재정립하려는, 즉 인구의 재구성(이 '종족' 집단은 종종 수적인 면에서 급격히 성장한다)뿐만 아니라 사회문화적 전체성을 재정립하려는 노력이다. 그러나 이러한 문화는 텍스트 형태로 존재하며 집단의 대상화된 표상이기 때문에, '전통'을 근대적 전제 위에서 전유하는 전략으로 볼 수 있다. 이러한 전략은 관념형으로서는 전통주의와 동일하지만 분명한 차이점이 존재한다. 이러한 집단은 세계체제에 완전히 통합되어 있지 않기 때문에, 그들의 정체성과 문화전략이 완전히 '근대적'이지 않다는 점이다. 부분적인 통합으로 인해, 집단구성원이 자본주의 부문에 개인으로서 참여할 수 있거나 참여하도록 강요받으면서도, 지역집단 내의 '평등성'과 연대성을 유지하는 '친족' 호의(好意) 전략에 의해서 심리적으로 제약받는, 절충적인 사회화와 지역공동체 형식이 존재한다.

이 제4세계의 전략은 다음과 같은 방식으로 이전 전략과 연결된다. 첫번째 전략은 보다 큰 체제의 침투에 대한 방어이며, 독특한 생활형식과 사회재생산을 유지하는 일부 집단에서 나타난다. 두번째 전략은 독특한 생활방식을 상실한 집단이 그것을 재창조하려는 시도이다. 요컨대 첫번째 전략은 헤게모니의 성장기와 팽창기에 나타나는 반면, 두번째 전략은 수축기에 나타난다. 그러나 논리적으로 중심부 권력의 헤게모니의 쇠퇴는 작고 새로운 중심부의 팽창을 수반한다. 따라서 이 두 가지 제4세계 전략은 상이한 공간에서 동시에 존재할 수 있다. 두 과정은 세계체제 속에 포함되기 때문에, 두 전략은 비록 세계원주민위원회(the World Council of Indigenous People)처럼, 문제가 있을지라도 단일한 정치적 정체성을 공유할 수 있다.

논의

근대성과 탈근대성과 관련하여, 근대 정체성의 변형과 탈통합에 대한 문제를 둘러싸고 지난 수년간 논쟁이 있었다. 많은 논의가 흔히 도덕적·정치적 관점에 따라 좌우로 나뉘어 극단적으로 대립하여 진행되어 왔다. 나는 최근의 세계문화와 정체성의 변형을 초래한 근대성의 위기를 세계체제의 변형이란 맥락 속에서 보다 객관적으로 이해함으로써 사회주의 혹은 탈산업사회로의 발전이라는 진화주의적 전체성으로서가 아닌 문명체계의 주기적인 역사로 이해해야 한다고 주장해 왔다.

　나의 견해는 근대성의 위기가 세계체제의 중심부의 쇠퇴와 함께 나타나는—이 쇠퇴가 회복될 수 있든지 없든지 간에—고유한 현상이라는 것이다. 이것은 자본의 지구적 축적의 탈중심화 효과에 의해서 나타나며, 탈중심화과정은 세계의 상이한 부분에서 모순적 조건을 만들어낸다. 새롭게 자본이 집중되는 지역에서 근대주의의 중심부와, 이전에는 오지(奧地)였던 곳으로의 자본팽창이 발견되며, 그곳의 '부족민'은 저항 혹은 적응을 통해서 결국에는 헤게모니의 새로운 주변부로 통합된다. 주변부화가 안정적으로 진행된 지역, 심지어 우간다와 중앙아프리카공화국처럼 빠른 속도로 진행되는 지역에서는 자본축적의 부재, 지속적인 비자본주의(근대적) 관계의 존재를 수반하는, 앞에서 기술한 제3세계 전략이 지배적이다. 이 사회에서 위기는 흔히 주술의 만연과 천년왕국운동 등으로 표현된다. 보다 철저하게 자본주의화된 지역에서 근대 정체성의 쇠퇴는 과거의 문화정체성을 정교화하고 회복시키려는 노력으로 이어진다. 바로 이러한 정체성이 물질적 재생산을 포함한 사회적 존재의 전체적 모델을 담게 되면, 그것은 분리된 존재를 유지하고 확립하기 위한 제4세계 전략과 동일시될 수 있다. 이와 같은 사회적 모델이 존재하지 않는 곳에서, 문화정체성을 사회적 경계로서, 곧 보다 큰 체제 속에서의 재화와 서비스에 대한 접근권리로서 정립하는 '종족적' 전략이 나타난다.

물론 어떤 면에서 우리는 세계의 문화적 다원화와 단일한 세계문화의 형성, 이른바 문화의 세계화를 목도하고 있다. 콜라 · 티셔츠 · 라디오, 다시 말해서 서구문화의 물건과 상징들이, 설령 원산지가 홍콩이든 어디든 간에 세계의 수많은 집단들의 일상생활 속에 전파되고 보편화되었다. 그러나 각 집단의 전유양식은 여전히 서구와 매우 다르다. 그리고 이 같은 종류의 문화적인 혼재는 최근의 세계체제 상황이 초래한 산물이 아니다. 사실 그것은 스파게티보다도, 영어라고 불리는 혼재된 크레올 언어보다도 훨씬 오래되었다! 예전에 크레올과 다원주의란 상념은 식민지시기 배타정책에 의해서 유지된 종족차별 상황, 결국 유럽인에 의해서 부여된 정체성이 지역적 · 사회적 실재가 되는 상황과 관련해서 사용되었다. 실제로 모든 문화는 그것의 기원을 따져보면 다원적이고 크레올적이지만, 스스로의 정체성을 그렇게 규정짓지 않는 한, 그것은 그렇게 나타나지도 경험되지도 않는다. 사실 세계를 다원주의로 개념화하는 것은 최근의 체제 파편화과정, 서구 정체성 공간의 혼란을 서구식으로 파악하는 방식이다. 헤게모니가 강화되고 증가하면, 문화적 공간은 그와 더불어 동질화된다. 즉 스파게티는 이탈리아적인 것이 되고, 다양한 방언들은 하나의 국어가 되며, 국어 속에서 문화적 차이는 옳고 그름 혹은 표준과 비표준으로 번역된다. 이것이 세계적으로 서구의 값싼 직물, 유리목걸이, 통조림, 라디오를 주변부의 핵심 권력으로 변화시키는 권력의 문화적 내용이다. 이 같은 권력이 극대화되어 주변부 지역정체성의 핵심적 상징이 중심부에서 생산된다. 아프리카 직물은 실제로는 네덜란드와 같은 유럽국가에서 만들어지지만, 각 집단에 따라 독특한 문양이 고안되고 유럽 내에서는 판매되지 않기 때문에 순진한 관광객 · 여행객 들에게 팔리고 있는 것이다. 물론 오늘날 상황은 많이 변했다. 이제 라디오는 말할 필요도 없고 서구의 의류는 대부분 주변부의 새롭게 산업화된 지대로부터 수입된다. 문화적 다원주의는 현재 세계의 탈근대화, 즉 이전처럼 강압적인 문화적 위계와 동질화의 정치가 불가능한, 탈헤게모니화되고 탈동질화된 세계의 종족화와 문화적 다원화에 대한 서구적인 경험을 지칭한다.

　　세계에 대한 순수한 문화주의적 관점과 대조적으로, 문화의 생산과 재생산에 대한 이해는 정체성 공간의 구성변화와 그에 따른 전략들에 대한 이해를 전제한다. 그리고 여기서 주장한 것처럼, 정체성의 구축과정은 지구체제의 역사적 역동성의 매우 중요한 부분이다.

[주]

1) 서구문명에서 정체성은 에고와 이드, 문화와 자연의 대립 속에 있다. 이 대립이 없다면 문화적 특수
성은 불가능하다. 특수한 라이프스타일 · 에티켓 · 도덕성과 같은 존재양식에 대립하는 또 다른 존
재양식이 구성될 수도 없으며, 비문화 혹은 문화화하지 못한 것 혹은 문명화하지 못한 것은 더 이상
정체성의 범주로 존재할 수도 없다.

2) 나는 '자본주의'를 특정한 정체성의 세계를 정의하는 말로 자주 사용하고 있으며, 다음의 짐멜의 주
장(Simmel 1978)에 동의한다. 그는 경험의 조직화라는 측면에서 근대성을 상당 부분 화폐화 · 상업
화 과정, 즉 인격적 관계망으로의 추상적인 부의 침투로 보았다. 이것은 자본주의적 재생산보다 일
반적인 현상이지만, 전체 사회생활을 상품화할 수 있는 것은 오직 자본주의 경제이기 때문에 근대
성과 자본주의 재생산은 밀접히 관련되어 있다.

07 / 지구화와 지역화 *

샐먼 루시디(Salmon Rushdie)[1]가 지하세계로 사라지다! 1970~80년에 북아메리카 인디언의 인구는 70만에서 140만 명으로 증가했으며 몇몇 부족이 새롭게 생겨났다. 현재 세계 주식시장 네트워크는 과잉자본 상태가 되었고 1990년의 위협적인 붕괴를 방불케 하는 위기를 눈앞에 두고 있다. 그리고 정부는 해결 가능한 문제인지 여부와 상관없이 막대한 신용을 공급하여 재앙을 막고 있다. 동유럽권의 대규모 종족분쟁은 대처하기 힘든 새로운 문제를 발생시키면서 획일화된 제국을 위협하고 있다. 아카풀코(Acapulco), 말로르카(Mallorca), 하와이의 동일한 디자인의 티셔츠, 상이한 상표가 부착된 동일한 시계와 컴퓨터, 심지어 구치 복제품, 대부분 시뮬라크르[2]이지만 뿌리 찾기와 노스텔지어를 자극하는 관광상품, 서구에서 추구되는 타자성의 경험 등이 나타나고 있다. 종족적 · 문화적 파편화와 근대주의적인 동질화는 오늘날 세계에서 일어나고 있는 일에 대한 대립되는

* 이 장은 Friedman(1990b)으로 발표되었다.

186

두 가지 견해 혹은 주장이 아니라, 지구적 현실을 구성하는 두 경향이다. 헤게모니가 동과 서로 양분되어 집중되었던 세계가 정치적·문화적으로 파편화되고 있지만, 자본주의적 동질성은 이전과 다름없이 원래 상태를 유지하며 체계적으로 작동하고 있다. 전세계적으로 나타난 문화적·지적 파편화로 인해, 최근 상황에 대한 일관된 해석이 나오지 못하고 있다. (서구 자본주의 사회의 진보를 순전히 문화적 현상으로 표상하는) 탈산업주의, 후기자본주의, 탈근대주의로부터 서구문명의 쇠퇴, 섬뜩한 나르시시즘, 도덕적 부패에 대해 신랄한 전통주의자의 표상까지 모든 것이 난무하고 있다. 수년 동안 한쪽에서는 탈근대성에 대한 찬반을 둘러싸고 지식인들 사이에서 격론이 벌어졌던 반면, 다른 한쪽에서는 제국주의 이론가들이 각종 사회운동에 대한 열렬한 찬미자가 되었고 개발엘리트는 자신들의 관심을 개발에서 인권과 민주주의로 돌렸다. 그리고 페르난드 브로델 센터(Fernand Braudel Center)의 장기파동으로 분석해 본다면, 오랜 문명들과 그것들의 영고성쇠, 문화와 정체성에 대한 관심이 증폭되어 왔다. 현재 시기의 중요한 특징은 정체성이 열정적으로 실천된다는 것이다. 루시디(Rushdie)와 근본주의의 대립은 이 같은 무모한 자아협상이 가진 폭발성을 잘 보여준다. 즉 근대주의 문학의 소비가 어느 순간 갑자기 위험한 행위가 된 것이다. 지구적 탈중심화는 곧 문화의 르네상스와 동일하다. 해방과 자기결정, 병적인 광신주의, 격화되는 국경분쟁 등은 확장일로에 있는 세계시장의 다국적화와 맥을 같이하고 있다. 세계시장과 문화정체성, 지역적 과정과 지구적 과정, 소비와 문화전략 간의 상호작용을 발견하려는 노력은 표면적으로 혼돈으로 나타나는 상황 속에서 논리를 찾아내려는 시도이다.

협상하는 자아와 소비하는 욕망

이 논의의 목적은 소비를 자기규정과 자기유지라는 광범위한 문화전략적 측면에서 살펴보는 것이다. 여기서 '문화적'이란 용어는, 특정한 정체성 공간—예를 들어 $\Sigma(a \cdots n)$처럼 '나는 누구인가'를 표현하는 순열을 이루는 생산물의 합—을 규정하는 특정한 소비전략으로 표현되는 특정한 욕망구조의 '특이성'과 동일한 의미로 사용된다. 그러나 현재 흔히 사용되는 도해(map), 패러다임, 기호학적 코드를 지칭하는 문화개념은 내가 제시한 목적과 정반대의 결과를 가져온다는 점을 염두에 두어야 한다. 왜냐하면 이것들은 사회생활과 사고조직의 틀을 제공하는 일종의 텍스트 같은 실재성을 함축하고 있기 때문이다. 이와 반대로 이 글에서 도해, 패러다임, 기호학적 코드는 의류패션이든 담론형식이든 간에 모두 사회적 산물로부터 추상된 것이다. 따라서 이것들은 단순히 그것들이 추상화되어 나온 산물만을 반영할 뿐이며, 산물 자체를 생성할 수는 없다. 소비전략은 오직 욕망이 구성되는 특정한 방식을 이해할 때 비로소 제대로 파악할 수 있다. 그리고 우리는 일단 욕망이 인성과 자아의 형성에 있어서 역동적인 측면이라는 가설을 설정할 것이다.

이 주장은 아비투스와 실천의 관계, "통제된 즉흥성의 견고하게 장치된 생성원리"(Bourdieu 1977, p. 78)와 특정한 소비전략의 관계에 대해 부르디외가 세운 모델과 유사하다. 그러나 부르디외는 실천을 궁극적으로 문화자본, 권력의 축적으로 환원시키는 합리주의적 관점을 견지하고 있고, 이 같은 시각은 경제주의와 유사하며 비합리적으로 구성되는 욕망을 설명하지 못한다는 한계를 갖는다. 따라서 구별짓기에 대한 베블린식 모델[3]은, 사회적 신분의 정의에 있어서 문화적 차별화의 역할, 즉 '계급적으로' 규정된 아비투스가 문화시장에서 명확히 정의된 일련의 생산물 · 행동 · 라이프스타일과 스스로를 동일시함으로써 스스로를 구별 짓는 과정을 보여준다.

> 모든 조건은 반드시 그것의 관계적 속성에 의해 규정되며, 이때 관계적 속성이란 여러 조건들로 구성된 체제 내에서 그 조건의 위치적 기능을 말한다. 또한 여러 조건들의 체제는 하나의 차이체제, 다시 말해 그것을 그것이 아닌 것, 특히 대립되는 것과 구별시켜 주는 모든 것이라는 의미에서의 차별화된 지위체제이기도 하다. 즉 사회정체성은 차이로써 규정되고 확인된다.
> (Bourdieu 1979, p. 191)

그러나 이러한 모델은 새로운 정체성에 대한 욕망과 전략—특정한 소비방식에 기반을 둔 일련의 구별짓기를 상대적으로 짧은 안정기를 거친 뒤에 진부한 것으로 만들어버리는 전략—에 기초한 자본주의적 소비의 역동적 측면을 설명해 주지 못한다.[4] 근대 개인주의 · 낭만주의 · 소비주의의 관계를 예리하게 분석한 캠벨은 부르디외가 설정한 방법론에서는 결코 파악될 수 없는 불안정성을 지닌 소비전략을 이해하기 위해서 필요한 보다 큰 틀을 제공해 준다. "관습화와 낭만화의 변증법은 일반적으로 계급과 자본주의 재생산 간의 변증법, 다시 말해 구별짓기와 혁명, 타자에 의해 규정된 이미지와 자기가 규정한 이미지, 댄디와 보헤미안 사이의 역동적인 모순을 사적이고 구체적으로 표현한다."(Friedman 1989b, p.129)

소비에 대한 이와 같은 접근법은 공통적으로 자기동일시(self-identification)와 소비의 명백한 연관관계를 보여준다. 자기동일시는 자아와 세계관의 관계에 대한 의식적 행위이자 진술이며, 일상생활의 당연시되는 측면, 다시 말해 이미 규정된 정체성일 수 있다. 이 같은 관점에서 출발하여 소비를 보다 보편적인 전략, 자아의 확립과 유지를 위한 일련의 전략으로 간주할 수 있다. 종족, 계급, 젠더, 종교 등 문화적인 자아구성의 여러 실천들, 곧 화장과 복장은 특유의 대상을 소비하고 생활공간을 구성한다. 이것들은 특정한 목적을 위해 소비되는 높은 층위의 양식이며, 소비는 동일시의 수단이 된다.

진정성(authenticity)을 향한 투쟁

모든 사회운동과 문화운동은 소비행위이거나, 적어도 그 자신을 상품세계와 관련시켜 규정해야 하는 것이다. 세계체제 내에서 소비는 언제나 정체성의 소비이며, 자본주의적 시장이 제공하는 자기규정과 존재가능 간의 협상수단이 된다. 한때 인간성의 생태학적 견해를 특징지었던 "당신은 당신이 먹는 것이다"(you are what you eat)라는 말은 사회적 행위라는 관점에서 매우 적절하다. 먹는 것은 자기동일시하는 행위이며, 소비 자체이기 때문이다. 단백질과 칼로리를 제외하면 소비는 사회적 재생산에서 리비도의 절반이며, 사회집단과 개인을 차별적으로 규정하는 중요한 부분이다. 동일시의 행위, 곧 인격이 높은 프로젝트 속에 포함되는 것은 어떤 의미에서 순수한 존재론적 진정성을 추구하는 행위이다. 그러나 그것이 스스로 생산된 것이 아니라 시장에서 획득된 자기규정된 상징의 소비일수록, 진정성은 대상화와 잠재적 탈맥락화에 의해서 훼손된다.[5] 따라서 계약은 진정성을 부여하지만, 소비는 진정성을 탈각시킨다. 이러한 체제 내에서 진정성을 가진 유일한 행위는 진정성과 상품화 모두를 포함하는 행위이며, 결과적으로 필연적인 냉소주의와 동시에 세계와의 거리두기가 나타난다.

라사프

콩고인민공화국(브라자빌콩고)[6]의 사푀르(sapeur)와 그 유사집단의 구성원은 대개 브라자빌과 제2의 도시 푸엥트 누아르(Pointe Noire)의 룸펜 프롤레타리아트는 아닐지라도 임시고용직의 낮은 서열에 속한 사람들이었다. 콩고에서 다수를 이루는 종족집단은 남부의 바콩고족(Bakongo)인데, 가장 문명화된, 즉 가장 서구적인 집단으로 스스로를 동일시한 이전의 통치집단이었던 이 종족이 북부의 음보치족(Mbochi)에 의해 정치적으로 제거되었다는 점은 중요한 의미를 가진다. 북부의 음보치족은 프랑스의 직접적인 통치를 받지 않았고, 남부처럼 상업화와 집중적인 선교활동을 경험하지 못했다. 따라서 바콩고족은 음보치족을 비록 야만인은 아니지만 적어도 담론 수준에서는 후진적이라고 생각한다. 그러나 실제로 남부와 북부의 관계는 담론이 아닌 현실에서는 좀더 복잡하다. 브라자빌(Brazzaville)에서 사푀르는 유럽에서 수입된 기성복의 획득과 관련된 연령등급 체계를 통해서 전개되었다. 그리고 이 체계는 가능한 모든 수단을 동원하여 프랑스와 이탈리아에서 유명 디자이너의 의복을 엄청난 비용을 들여 사 모으도록 그들을 파리로 내몰았다. 그들은 콩고의 파리이자 주변부의 중심부이며 개혁적인 민족주의 정부가 도입한 아프리카식 이름을 유일하게 사용한 적이 없는 브라자빌로, 신분의례의 일부로서 옷깃에 유명상표를 기워 넣고 발톱의 춤(danse des griffes)을 추기 위해서 이따금씩 돌아온다.

여기서 명심해야 할 점은 이러한 활동이 보다 보편적인 문화전략의 극단적인 형태라는 점이다. 브라자빌에는 두 종류의 콜라가 있는데, 하나는 라이선스를 받아서 현지에서 생산된 병 콜라이고 또 하나는 네덜란드에서 직접 수입한 값비싼 캔 콜라이다. 브라자빌의 콜라소비는 지역 내에서 의미를 가지고 있다! 자동차 앞면에 수입한 캔을 전시하는 것은 자신이 누구인지 혹은 자신의 지위를 표현하는 것이다. 구별짓기는 단순한 과시가 아니라, 일반적으로 안녕·풍요의 원천이며 권력의 표지인 외부로부터 유래한 진정한 '화물'이다. 그래서 서구적 범주에서 이것은 부르디외의 구별짓기에서 잘 정리된 일종의 베블린식 서열화의 관념형으로 보이지만, 실제로 그것보다 훨씬 더 많은 것을 보여준다. 콩고인은 군중 속에서 밖으로 드러난 자신의 외모에 따른 사회적 서열과 자신을 동일시한다. 욕망과 정체성의 지역적 구조와 정치경제적 맥락의 관계를 파악할 수 있을 때 비로소 유럽의 물리학교수가 왜 학문적 지위가 아니라 저축한 돈 전부를 택시회사에 투자한다는 사실에서 자신의 위신이 얻어지는 점을 불평하는지 이해할 수 있다.

어떤 면에서 라사프(la sape)는 근대 상업주의에 대한 비평처럼 보이기도 한다. 이 프랑스어는 프랑스에서 의복을 우아하게 입는 기술을 의미하는 se saper라는 동사에서 유래했으며, 한량(flâneur)과 타자에 의해서 지시된 댄디족을 의미한다(Campbell 1987; Friedman 1989b). 콩고어로 La SAPE

는 일종의 제도, 곧 우아한 분위기와 사람들로 이루어진 사회(Société des Ambianceurs et Personnes Elégantes)이다. 그러나 이것은 초상업주의(hyper-consumerism)에 대한 냉소적 표현도 아니며, 중산층주의에 대한 실없는 풍자도 아니다. 댄디족은 타자에 의해 지시된 것이면서, 동시에 그/그녀의 자기동일시의 실천은 외모의 적극적인 관리라는 문제를 남긴다. 경계성 나르시시즘 역시 댄디족과 마찬가지로 자신의 웰빙에 대해 '타자의 시선'에 상대적으로 얽매여 있지만, 이 같은 세계(경계성 나르시시즘)는 외모와 존재가 엄격하게 구분되는, 즉 적어도 원칙적으로 겉모습 뒤에 '진정한 인격'이 존재하는 더 큰 우주 속에서 나타났었고 오늘날 다시 나타나고 있다. 외모와 존재가 동일하게 취급되는 경향이 있는 콩고에서는 그렇지 않다. 당신은 당신이 입고 있는 것이다! '옷은 사람을 만들지' 않지만, 인격이 가지고 있는 생명력을 직접적으로 보여주기 때문이고 생명력은 어디서든 항상 외재적이기 때문이다. 의복의 소비는 부(富), 건강, 정치력을 부여하는 힘과 연결되는 지구적 전략 중 하나이다. 콩고의 의술은 좋은 건강상태를 유지하고 주술로부터 인간을 보호하기 위해 몸속에 흐르는 우주의 기운을 유지하고 증가시키는 방법에 중점을 둔다. 그러나 서양의술은 아무리 강력한 성분이더라도 신성한 측면을 상징하지 않는다. 마찬가지로 의상도 사회적 지위의 상징이 아니라 다만 지위의 구체적인 현시일 따름이다.

라사프에서 자기규정 전략은 결코 냉소적이지 않으며, 상품은 상품 '자체'가 아니기 때문에 참여자측은 상품 자체로부터 소외되지 않는다. 소비는 심리적·사회적 생존의 존폐가 걸린 투쟁이며, 완전한 인격을 소비한다. 이 같은 행위의 밑바닥에 놓인 근원적인 절망은 자기구성(self-constitution)의 사회적 위기가 만들어낸 나르시시즘적 비존재의 상태와 관련되어 있다.

> 나는 어떻게 프랑스로 갈 수 있을까?
> 나는 어떻게 그곳에 갈 수 있을까?
> 프랑스, 행복의 땅
> 나는 어떻게 그곳에 갈 수 있을까?
> 아마 내가 그곳에 간다면, 그것은 신의 뜻.
> 아마 나는 그곳에 갈 수 있을 것인가?
> 나는 묵묵히 갈 것이다.
> 나는 어떻게 그곳에 갈 수 있을까?
>
> (J. Missamou, "Kua Kula." Gandoulou 1984, p. 195에서 재인용)

이같이 유럽인에 의해 규정된 성공에 대한 강렬한 일체—지금까지 논의한 것처럼 일반적으로 웰빙을 추구하는 노력으로 간주될 수 있다—와 외부로부터 생명력의 도입을 통해서 현재 결핍의 극복을 목적으로 하는 이른바 화물숭배(또는 천년왕국설) 사이에는, 일종의 가족유사성(family resemblance, 비트겐슈타인의 개념—옮긴이)이 존재한다. 이른바 L'aventure, 즉 파리로의 위대한 이동은 사푀르에서 더 높은 범주인 파리지앵(Parisien)이 되는 것이며, 앞의 시구에서 볼 수 있듯이 천년왕국의 소망을 표현하는 것이다. 그러나 콩고인이 겪게 되는 파리의 현실은 이 꿈을 무너뜨린다. 불결한 환경에서 근근이 생계를 유지하며, 모든 돈은 셔츠와 양말에서부터

바지와 신발에 이르기까지 유명상표의 할부구입에 들어간다. 만약 소비가 우리에게 생활공간의 구축을 위한 것이라면, 라사프에서 소비는 의복이 표명하는, 바로 그 라이프스타일이 아니라 위신의 구성 속에 있다. 따라서 얻어지는 만족감이란 라이프스타일의 경험이 아니라 타자를 위한 자아의 구성, 위엄 있는 지배엘리트(les grands)의 외모에 있는 것이다. 그리고 이 같은 획득전략은 단순히 합리적인 겉모습의 조작만이 아니다. "그것은 마치 약에 취해 그 무엇도 포기할 수 없는 것과 같다."(Gandoulou 1984, p. 61)

라사프가 조직되기 위해서는, 이민자인 파리지앵이 유명상표(haute couture)의 명품(la gamme)를 모으고 브라자빌로 낙향하여, 획득한 유명 라벨을 과시하기 위해서 발톱의 춤을 추어야 한다. 남들에게 잘 보이도록 라벨을 상의 옷깃에 기워 넣고 춤을 춘다. 명품이란 의류상표명을 가리키며 이것이 위신소비의 위계성을 보여준다는 점에 주목할 필요가 있다. 세계적으로 공통적인 이 전략은 명확한 신분구분에 직접적인 영향을 끼친다. "만약 모험가가 은가야, 즉 '농민'을 언급한다면, 그는 사꾀르의 가치체계를 고수하지 않는 브라자빌의 거주자를 말하고 있는 것이다."(Gandoulou 1984, p. 152)

라사프는 콩고의 바로 그 사회망에 부합하지 않는 콩고인의 발명품이 아니다. 반대로 그것은 위신의 축적 전략의 극대화이면서 동시에 근본적으로 그 내적 논리를 부정하는 것이다. 따라서 라사프는 성공하기 위한 공식이면서, 실질적 권력구조에 대한 잠재적 위협이다. 앞서 밝힌 바와 같이 근대서구와는 전혀 다른 정체성의 형식이 상이한 소비실천 전략을 만들어내지만, 유럽과 역사적 유사성을 가지고 있다는 점에서 정치적 함의를 가지고 있다. "사람들의 상이한 서열이 너무 뒤죽박죽 섞여 있다. 하층이 상층을 바짝 뒤쫓으며 압박하고 있다. 만약 어떤 방책을 내놓지 않으면, 군주가 신하의 시종이 되고 마는 위험에 빠질 것이다."(Hanway 1756, pp. 282~83).

그러나 서구에서 이 같은 상황이 새로운 소비자와 소비민주화를 가속화하는 결과를 가져왔다면, 콩고에서는 동일한 상황이 보다 구조적인 위협으로 다가오고 있다. 왜냐하면 바로 서구와 같은 민주화가 이루어지지 않았기 때문이다. 반대로 룸펜프롤레타리아의 댄디즘[7]은 값싼 모조품이 아니라, 가장 높은 신분층의 소비를 통해서 사회 밑바닥에서부터 바로 엘리트 신분의 심장부를 공격하는 것이다.

> 심미주의와 댄디즘의 방탕한 생활에 빠진 실업청년과 건달이 합법적인 권력에 도전하고 자신의 본분을 저버리자마자 물의가 일어난다. 그들은 성공한 사람들을 따라할 것이고, 그렇게 해서 콩고사회에서 정당한 지위로 그들과 동등하게 대우받아야 한다고 기대할지도 모른다. (Gandoulou 1984, p. 188)

유럽의 소비자혁명은 일찍이 모방을 허용하지 않던 계급신분체계에 큰 위협을 가했다. 그러나 그것은 사회적 지위의 의복 중에서 '진짜' 유명상표가 난공불락의 중심부를 이루는 거대한 서열체계로 귀결되었다. 다른 한편으로 라사프는 상징적인 측면뿐 아니라 사회적 서열에 대한 매우 값비싼 공세이다. 유럽의 댄디즘은 사적인 일, 신분의 상징과 에티켓 규범의 실천적 조작이었다. 댄디의 전략은 미묘하게 상층서열로 파고드는 것이었다. 라사프는 체계적인 연령−서열 등급화와 명시적인 위신의 담론 속에서 정치적 층위의 문화적 분류체계의 전복을 가져온다. 논리적으로 그것은 패션에 대한 서구적 영향의 산물이 아니라, 패션이 사회정체성을 표상할 뿐만 아니라 이를 구성한다는 제3세계의 초근대성(hyper-modernity)의 산물이다. 우리가 여기서 상술한 이 특별한 소비는 근대 콩고사회를 특징짓는 국제적 현상이며, 이는 보다 보편적인 전략과 분리되어 사고될 수 없다. 사퓌르는 구조적으로 진정성을 가지기 때문에, 다시 말해 그의 정체성이 유일성을 갖기 때문에 한량이 아니다. 그가 전유하는 육체적 외모는 단지 대중을 속여서 자신과 다른 무엇으로 보이기 위한 프로젝트가 아니며 바로 그 자신의 본질인 것이다. 사퓌르가 서구인에게 이국적으로 보이는 이유는 이같은 특성 때문이다. 서구에서 이처럼 가시적인 나르시시즘은 냉소에 노출될 수밖에 없고 무모하기까지 한 것이다. 그러나 정체성을 거대한 우주론 속에서 생명력의 일부로 받아들이는 나르시시스트는 진정한 의류 마니아이지 사기꾼이 아니라는 점이 중요하다.

주인을 찾아서

우체국에서 나는 브라자빌에서 프랑스의 디자인학교(Lycée Technique)를 다녔다는 한 청년을 만났다. 그는 테케(Teke)에서 북부로 이사했고, 외삼촌과 함께 읍내에서 살았다. 그는 나와 친해지기 위해 열렬한 관심을 표했으며, 몇 분 대화를 나눈 후 그는 스웨덴에 갈 수 있으면 좋겠다고 내게 말했다. 그는 흔들림 없는 말투로 나의 부하나 조수가 되겠으며, 내가 신뢰하고 의지할 만한 사람이 되겠다고 했다. 이 전략은 종속으로 환원될

수 없다. 이것은 가능성이 있는 학생이 자신을 후원해 줄 후견인을 만나
야 한다는 점을 의미하는 것이다. 사회적 생명력의 원천에 가까이 다가가
는 것은 매우 중요하다. 이것은 왜 스웨덴 자동차와 심지어 미국 자동차
가 이보다 구입하기 쉬운 프랑스 자동차보다 높은 서열을 차지하는지 그
리고 주요 개신교 선교활동의 발생지인 스웨덴이 왜 '천국'과 연관되는지
를 설명해 준다.

라사프가 소비의 보다 일반적인 실천(praxis)의 특수한 표현이라면, 바
꿔 말해 소비는 권력 · 웰빙 · 질병의 본질을 규정하는 자기동일시 · 자기
유지라는 실천의 표현이다. 브라자빌에는 7개의 공식적인 교파 외에 95개
의 분파가 있으며, 그들의 주요 활동은 질병치료이다. 심지어 교파조차 이
른바 '전통의학'에 상당히 몰입해 있다. 그리고 분명히 환자가 부족하지는
않다. 치료사가 서양의사의 흰 가운을 입고 서양의 기구와 약품을 과시하
는 모습은 낯선 풍경이 아니다. 이것은 단지 신분의 과시나 (과학적인 의미
에서) 서양기술의 우월성을 인식한 결과가 아니라, 보다 높은 따라서 보다
강력한 형식과 본질의 동일시이다. 1960년대에 밀려든 근대주의의 물결이
쇠퇴하면서 70년대 들어와서 컬트가 급격히 증가했다. 분명히 대다수의
사람들은 자신이 '안녕'(well)하지 못하며, 컬트집단이 제공해 줄 수 있는
주술로부터의 보호, 생명력의 원천이 필요하다고 생각한다.

심지어 사업가도 그러한 '마법적' 원천을 활용한다(Devauges 1977).

그들은 나의 고객, 특히 X를 뺏기 위해서 나에게 페티시즘을 사용한다. 나도 그들과 동일한 방법으로 맞서고 있다―이것은 매우 정상적이다. (선주. 같은 책, p. 150에서 재인용)

여기서 성공하기 위해서 당신은 고객을 끌어들이는 몇 가지 방법, 곧 페티시(fetish)가 필요하다. 일에 대한 지식만으로 충분하지 않다. (재단사. 같은 곳에서 재인용)

나는 단지 나 자신과 나의 사업을 보호하기 위해서만 페티시를 이용한다. 나는 결코 내 삼촌에게 페티시를 사용한 적이 없다(심지어 그의 가족이 내가 마술을 걸었다고 비난한다고 해도). (주점주인. 같은 곳에서 재인용)

이렇듯 실천의 다양한 영역에서 공통되는 핵심이 있다. 콩고가 세계경제 속에서 프랑화권으로 통합되면서 변형된, 일련의 변형된 전통적 실천을 수단으로 근대성이 전유된다는 점이다. 여기에는 불변하는 핵심이 있는데, 그것은 자아의 유지와 축적이 그러한 힘의 거룩한 원천인 신, 조상(신)과 유럽으로부터 유래한 외재적 생명력에 대한 접근성에 근거한다는 점이다. 만약 힘의 흐름이 흩어진다면, 잇따라 파편화가 일어나고 주술과 갈등, '페티시즘'과 컬트주의가 도처에 유행처럼 번져나가며 살아남기 위한 거대하고 절망적인 시도로서 나타날 것이다.

아이누족과 하와이인

아이누족은 잘 알려진 일본의 소수민족으로 주로 북쪽 섬인 홋카이도에 거주하며, 전통적으로 인류학자들에 의해 수렵채집민이란 일반적인 범주로 묘사되어 왔다.[8] 현재 상황을 논할 때, 통상 아이누 문화는 거의 사라졌고 아이누족은 불완전하게 문화변용이 되어서 경제적으로나 정치적으로 주변의 소수집단으로 남아 있다고 한다. 그러나 최근의 역사연구에 따르면, 아이누족은 혼합경제를 가진 위계사회였으며, 수렵채집인의 이미지를 포함하여 현재 그들의 신분은 홋카이도가 메이지 국가로 통합되어 나간 길고 괴로운 과정의 산물이라는 것이다. 일본인들은 아이누족은 종족적 신분을 가지지 않으며, 그것은 단지 그러한 신분이 존재하지 않기 때문이라고 생각한다. 일본 영토 내의 모든 거주자, 일본인은 모두 왜인(倭人)의 분파이며, 다만 몇몇이 다른 이보다 더 발전했을 뿐이다. 마치 가난한 집단처럼 아이누족은 단지 낙오자이고 사회적 범주일 뿐이지 명확한 경계를 갖는 것은 아니다. 보다 큰 경제사회로 완전히 통합되면서, 그들의 위치는 일본의 공적 이데올로기 내에서 변화될 수 있을 뿐이다. 다시 말하면 그들은 일본인이 정의한 대로 근대성을 받아들여야 했다. 이를 받아들여서 아이누 정체성을 부정하고 일본인이 되려고 노력한 많은 아이누사람들이 있다. 물론 일본인은 일본적인 것을 소비하는 것을 함의한다. 이 전략은 주로 아이누족에 대한 차별 때문에 일반적으로 성공하지 못했다. 왜냐하면 공식적으로 아이누족은 다른 일본인과 마찬가지로 왜인이지만, 여전히 낙오자이기 때문이다. 다시 말해 그들의 사회적 지위는 토착일본인 신분이며 종족 낙인 찍기와 유사한 기능을 한다. 아이누족의 60%는 다소의 생활보호에 의존하고 있다. 그들은 자신들의 땅을 일본인에게 빼앗겼기 때문에, 대부분 타자를 위해서 농업이나 농업관련 산업, 서비스 · 관광 부문에 종사하고 있다.

아이누족의 실업률은 15.2%이다.

1970년대에 독자적인 종족집단으로 인정받으려는 목적을 가진 아이누 문화운동이 전개되었다. 정치적 자치권에는 관심이 없지만, 주류집단과 동등하게 인정받으려고 했다. 서구 관찰자에게는 대단치 않아 보일지라도, 이것은 다종족성의 존재가 정당성을 위협하는 국가에서는 매우 심각한 문제였다. 아이누족의 전략은 확실히 종족적인 것이다. 그들은 언어와 전통을 잃어버린 사람들에게, 특히 어린아이들에게 그것들을 가르치기 위해서 학교를 설립했다. 그러나 그들은 이보다 훨씬 많은 일을 했다. 몇몇 지역에서는, 명기된 목적에 따르면 전통적인 수공예품을 생산하고 관광객이 전통적 생활양식을 관람할 수 있도록 전통마을 구조를 만들었다. 비록 오늘날 아이누족은 일본 가옥에 살지만, 그들은 아이누족의 전통적인 가옥인 치세를 짓고 이곳에서 매주 역사, 언어, 전통춤, (실)뜨기, 나뭇조각 교실 등 중요한 마을행사를 개최한다. 또한 많은 의례를 여기서 개최하며, 보통 관광객의 참여와 언론의 관심을 끌기 위해 행사를 홍보한다. 관광객은 아이누족의 생산품을 구입할 수 있을 뿐 아니라, 직접 만드는 과정을 보고 나아가 배우고 직접 만들어볼 수도 있다. 뿐만 아니라 아이누족의 신화·의례·역사에 관한 이야기를 들을 수 있고 아이누족의 음식을 맛볼 수 있으며, 특히 숙소가 만원인 경우에는 아이누사람의 집에 머물 수도 있다.

관광상품의 생산과 전시는 아이누족 정체성의 의식적인 재구성과정에서 중심적인 역할을 한다. 공식적으로는 독자적인 정체성이 아니라 단지 일본 문화의 변이로만 해석되는 상황에서, 그들은 일본인 관광객에게 아이누종족성의 독특한 내용을 강조한다. 아이누족의 자아표출은 자아의 구성과정에서 정치적 도구가 된다.

나의 개인적 견해는 다음과 같다. 아이누사람들은 완전한 인간, 즉 '아이누'
가 되기 위해서 자신의 기원을 억압해서는 안 된다는 점을 인식하게 되었다.
억압하는 대신에 그들은 그것을 밖으로 드러내야 한다. 이것은 오늘날 아이
누사람들에게 일어나고 있는 일이다. 그들은 옛 역사·가치·문물 등 모든
것에 대해 열렬히 알고 싶어한다. 그들은 지금까지 많은 세월 동안 정신적으
로 갈망해 왔다. 지금 그들의 열정을 막아설 것은 아무것도 없다. (아이누족의
대표. Sjöberg 1993, p. 175에서 재인용)

어떤 사람들은 정체성을 시장경제로 푸는 것이 진정성의 효과를 감소
시킨다고 생각할 것이다. 그러나 여기서 다시 콩고의 사례에서, 상업화과
정은 진정성을 보다 고양하는 프로젝트 속에서 나타난다. "모든 아이누족
남자는 '키보리족 남자'이다. 우리는 조각상을 만든다. 왜냐하면 그것을 멈
출 수 없기 때문이다. 그것은 우리의 운명이다. 우리가 수익을 낼 수 있더
라도, 우리는 이것이 잘못되었다고 생각하지 않는다."(같은 책, p. 168의 인터
뷰)

이러한 관점에서 아이누족의 관광 프로젝트 전체가 문화정체성의 구성
과정 중에서 상품형태로서 명시적으로 나타나는 것을 볼 수 있다. 즉 문화
정체성이 실질적인 존재성을 갖기 위해서는 타자에게 명시될 수 있어야만
한다. 그들에게 중요한 타자인 일본인에게 그들 스스로를 규정함으로써,
그들은 자신의 특수성을 정립하는 것이다.

그들은 아이누 음식 페스티발을 개최한다. 그곳에서 사람들은 우리의 음식을 맛볼 수 있다. 우리는 당신도 알고 있는 우리의 고유성을 가지고 있다. 음식은 전통적인 방식으로 요리되고, 음식준비를 위해서 사람들은 전통적인 조리기구를 사용한다. 아이누 음식을 먹는 지금도 우리는 수입된 작물만 경작되는 우리 땅을 사용할 수 없다. 우리는 우리 자신의 곡물을 경작할 수 있는 땅을 가져야 한다. …우리의 음식 페스티발은 매우 유명하며 일본 전역에서 음식을 맛보기 위해서 찾아온다. 그들은 우리 음식이 매우 맛있다고 말하며, 자기 친구들에게도 먹어보라고 권할 것이다. 사실 우리는 이미 삿포로, 아사히카와, 하코다테에 레스토랑을 가지고 있다. (아이누족의 대표. 같은 책, p. 175에서 재인용)

관광객을 위해 자기의식적으로 조직된 마을에서 아이누 음식 페스티벌, 공개된 의례, 수공예품의 제작과정은 아이누족의 공적 이미지를 창조함으로써, 전통문화를 재창조하거나 아마도 새롭게 창조하는 도구이다. 아이누족의 곡물을 키우기 위한 토지의 수요, 수많은 성대한 의례와 활동의 복원, 아이누족의 역사와 언어의 부활, 이 모두는 관광에 기반을 둔 전략과 분리될 수 없다. "관광마을은 곧 아이누족의 다양한 문화적·전통적 생활방식을 위한 연구센터로서 기능할 것이다. 마을이 정보센터로서 역할하고 다양한 전통적 활동을 가르칠 수 있기를 희망한다."(인터뷰. 같은 곳)

비록 아이누족과 사푀르가 내용 면에서 완전히 상반될지라도, 전략적인 측면에서는 사푀르만큼 극단적인 것 같다. 마치 우리가 후자의 명백한 초상업주의를 의심하는 것과 마찬가지로, 관광시장에 기대고 있는 아이누족의 사례는 문화적 자멸에 다름 아닌 듯이 보인다. 이것은 단순히 서구 지식인의 입장만이 아니다.

예를 들어 하와이 문화운동은 관광상품화를 단호히 반대한다. 전통적인 생활방식의 부활을 위한 하와이인들의 투쟁은 주권투쟁의 일부이며, 이는 하와이 문화를 실제 생활 속에서 인식할 수 있게 해준다. 이 운동은 1970년대 문화정체성과 토지에 대한 권리를 재정립하려는 시도에서 시작되었고, 이를 통해 하와이인들은 자신의 문화를 실천할 수 있게 되었다. 이는 팽창중이던 미국 헤게모니로의 강압적인 통합과 함께 하와이에서 문화적 학살과 사회적 탈통합이 있은 지 1세기 뒤의 일이다. 하와이에서 군주권의 쇠퇴와 더불어 1892년의 쿠데타로, 섬은 미국 선교사−대농장주 계층에게 넘어갔다. 아시아에서 대규모 플랜테이션 노동자가 이주해 들어오면서, 이미 인구가 감소한 하와이인들은 이제 자신들의 땅에서 소수민족으로 전락하게 되었다. 이들의 문화와 언어는 억압되었고 차별받았다. 20세기 중반까지 거의 모든 하와이인들이 '부분하와이인'이 되었고, 이들은 때때로 부분중국인, 부분필리핀인, 부분백인과 동일한 정체성을 선택했다. 하와이가 완전히 미국화되면서, 하와이인의 문화정체성은 대부분 1960년대 말경 사라지고 만다. 다른 곳에서 언급한 대로, 1960년대 말은 세계체제에서 미국과 서구의 헤게모니가 쇠퇴함에 따라 일반적으로 근대주의 정체성이 약화되던 시기였다. 세계체제의 파편화는 어떤 수준에서는 지역적 문화정체성, 종족성, 하위 국가주의의 부활로 표현된다. 바로 이 과정의 상당 부분을 하와이인 운동이 보여주고 있다. 플랜테이션 경제가 붕괴하면서, 하와이에서 관광산업은 주요한 위치를 차지하게 되었다. 관광산업은 하와이인의 전략을 표현하지 않았고 이전의 식민지경제보다 더 이들을 해체시키는 결과를 가져왔다. 그래서 하와이인 운동은 관광산업과 강하게 대립하면서 스스로를 규정한다.

현재의 하와이인은 자신들의 지역문화를 선전할 필요를 느끼지 않는다. 이미 잘 알려져 있을 뿐더러, 계속해서 미디어를 통해서 방송되며, 전문적으로 하와이인 전통을 이미지화하고 상업화시키는 거대기업에 의해 관리된다. 하와이인은 상업화가 지닌 잠재적인 탈진정성화의 힘을 예리하게 인식하고 있다. 하와이인 정체성은 관광주의, 특히 관광상업화에 내포된 하와이의 대상화를 배제시킴으로써 구성된다. 하와이인의 태도는 서구 지식인의 연민과 잘 맞아떨어지고 있다. 하와이인은 길들여진 이국성으로 소비되는 것을 원하지 않았고, 서구는 이른바 소비문화에 대해 비판적인 태도를 취해 왔다. 이렇듯 서구와 하와이인 모두 상업적 생산품에 대해 비슷한 냉소주의를 공유하고 있다. 하와이인과 서구는 그러한 생산품을 외재적인 것으로 대면한다. 반면 아이누족은 타자를 위한 자기문화의 생산을 통제한다. 그들의 목적은 단지 상품을 파는 것이 아니라, 보다 큰 세계가 그들의 정체성을 인식할 수 있도록 자신들의 정체성을 자신들이 인식한 대로 내보이는 것이다. 그들은 자신들의 생산품을 자신들의 외연으로 경험하는 것이다.

세계 내 존재와 지구적 과정의 변형

콩고인은 스스로 강해지기 위해서 근대성을 소비한다. 아이누족은 스스로를 창조하기 위해서 전통적인 물품을 생산한다. 전자가 타자성을 전유하는 반면, 후자는 타자를 위해 자아를 생산한다. 하와이인은 스스로를 위해 자아를 생산한다. 더 구체적으로 표현하면, 콩고의 사푀르는 수입된 생명력으로 규정된 안녕의 서열화된 위계 속에서, 우리에게는 신분의 표지(標識)이며 그들에게는 생활의 본질인 것을 축적하고 전유하기 위해서 온갖 노력을 다한다. 'se jaunir'라는 동사는 흔히 사푀르에 사용된다. 이 말은 피부의 미백을 위한 표백제의 사용뿐 아니라 일반적으로 신분의 유동성에 따른 미백효과를 의미한다. 콩고인에게 정체성은 상당 부분 신체 외부, 사회 외부에 존재하는 것이다. 스스로를 깨닫는 것은 **위대해지는** 것이며, 이 위대함은 서구에서 일류급, 가장 선진적 형식, 가장 근대적인 최신의 디자인, 희소한 접근성을 갖춘 가장 최고의 형태로 증명된다. 프랑화권에서 볼보나 사브의 구입은 급격한 신분상승을 의미한다. 여기서 정체성의 실천이란 사실상 타자성의 축적이다.

콩고인과 달리, 아이누족은 주권을 갖고 있지 않고 공식적으로 종족성이 부정된, 억압된 소수자이다. 그들은 위대한 근대국가로 진화한 민족인, 과거 왜인의 버려진 후손으로 기술된다. 바콩고인은 파리지앵이 되기 위해 노력하지만, 아이누족은 아이누족이 되기 위해 노력한다. 라사프가 자기 민족을 위한 '근대화'되기에 관한 것이라면, 아이누족 운동은 근대 일본인을 위한 아이누족이 되기에 관한 것이다. 이 같은 대조는, 근대성의 소비대 전통의 생산, 타자중심 대 자아중심, 파리로의 이민 대 땅에 대한 권리주장이라는 대칭적 역환(逆換)관계를 이룬다. 정체성의 전략에서 이 대조는 단순히 문화적 차이의 문제가 아니라, 지구적 위치의 문제이다. 아마도 존재조건이 상이한 아비투스 구조를 발생시키는 방식에 대해 언급한 부르디외가 떠오를 것이다. 물론 이처럼 상이한 전략은 문화적 고유성이란 옷을 입한다. 그러나 나는 전략 그 자체가 전략이 나타나는 특정한 지역적·지구적 접합양식을 통해 설명될 수 있다고 생각한다. 이것은 지역적 문화전략이 중요하지 않다는 것을 의미하는 것이 아니라, 전략 그 자체를 이해하기 위해서는 그것이 출현하게 된 역사적 상황을 설명하는 것이 필요하다는 것이다. 콩고 사회는 수입된 위신재의 독점에 기초한 기존의 위계체계를 유지한 채 식민체제로 완전히 통합되었다. 후자가 전자의 지역적 부와 번영의 원천이 되면서, 양자는 완전히 양립할 수 있었다. 여기서 주목할 것은 콩고 사회가 (외부와의) 접촉과 식민화를 통해 급속하게 변형되었음에도 씨족제와 인성의 본질적인 측면을 보존할 수 있었다는 점이다. 이를 통해 과거로부터의 연속성을 유지하고 존재의 '비근대적' 조직을 표출하는 전략을 만들어낼 수 있었다. 아이누족은 섬 내부의 분열된 정치체계의 통합과 더불어 파괴되었고 토지를 빼앗겼다. 그들의 정치적 자율권은 낮은 카스트로 낙인찍혀 새로운 '민족'국가로 통합되어 사라졌다. 하와이인도 영국과, 특히 미국의 식민지 팽창으로 문화적·정치적·인구학적으로 파괴되었다. 이 과정이 아이누족과 비견될 수는 없겠지만, 하와이인 역시 전통과 언어와 함께 잃어버린 자신의 땅에서 낙인찍힌 소수자가 되었다. 콩고인과 달리 아이누족과 하와이인은 '전통'문화를 외재적이며, 잃어버렸지만 다시 획득해야 하는 과거로 경험했다. 아이누족과 하와이인 모두 그들의 것이 아닌 보다 큰 근대사회로 통합되었다. 이 같은 근본적인 단절이 콩고에서는 발생하지 않았던 것이다.

따라서 샬린스의 주장처럼, 단순히 상이하고 안정된 문화 패러다임에 대한 언급만으로는 앞에서 말한 전략들간의 차이점을 설명할 수 없다고 생각한다. 반대로 역사적 자료를 살펴보면, 급진적 변화가 실제로 나타났다는 것을 알 수 있다. 초기 하와이 견문록에 따르면, 군장계층의 서구물품 소비는 일종의 소비유희였다고 한다. 1820년 이전에 중국 무역에 종사했던 한 미국인 상인은 이렇게 말한다.

> 우리는 핀, 가위, 옷, 주방기구에서부터 가방, 당구대, 가옥의 골조, 배에 이르기까지 모두 다 가지고 무리지어 섬에 내렸다. 하와이의 군장들은 물건을 고르기 위해서 열띠게 살펴보았다. 그리고 군장들은 구입하는 데 뜸을 들이지 않았다. 만약 물건을 구입하기 위해 필요한 백단(sandalwood, 식물의 종류)을 가지고 있지 않다면, 그들은 외상으로 샀다. (Kuykendall 1968, p. 89)

수입된 물건에는 광목, 중국비단, 캐시미어, 숙녀 드레스가 있었다. 그리고 점차 '품질'이 좋은 것들이 들어왔다. "오는 사람들은 하나같이 더 좋은 물건을 가져왔다. 그리고 평민이 살 수 없고, 그들이 본 적이 없는 물건이 팔릴 것이다."(Bullard 1821~23. 7. 4) 군장들은 일종의 신분경쟁으로 그런 물건들을 상당수 독점했지만, 서구와 중국의 많은 물품들이 더 낮은 서열에까지 흘러 들어갔다(Morgan 1948, p. 68). 열정적으로 서구와 중국 물품을 축적하는 그들의 이미지는 중앙아프리카를 연상시킨다. 심지어 유럽식 이름의 차용이라든가 마나 혹은 힘의 원천으로 간주된 것과의 동일시는 양자에서 동일하게 나타난다. 1817~19년에 기술된 하와이 왕족의 모습은 지구상의 다른 지역에서도 사실일 것이다. "왕궁 주변의 병사들은 칼과 총검이 달린 구식소총을 갖고 있었다. 그들 중 일부는 흰 셔츠와 반코트를 입었으며, 나머지는 벌거벗었다."(같은 곳)

외부와 접촉했던 초기 하와이 사례에서, 상품과 이름의 소비행위를 통한 서구적 정체성의 축적모델을 살펴볼 수 있다. 군장들은 수입품으로 물질화된 마나와 가능한 가깝게 동일시하기 위해 노력한다. 그리고 이러한 과정은 동시에 (우리의 관점에서 볼 때) 신분의 축적이기도 하다. 그러나 하와이 정치제의 탈통합, 식민지 상황에서 하와이인의 주변화는 앞에서 언급한 일종의 단절을 만들어냈다. 이를 통해 분리된 정체성은, 가난이라는 낙인이 찍힌 조건 속에서 나타났다.

> 그 집안은 가난한 계층에 속한다. …평균적인 가계지출과 비교하면 하와이인은 식비를 많이 쓰며, 특히 외상 음식비를 갚는 데 쓴다. 가계운영에는 그다지 돈을 쓰지 않으며, 돈을 빌리지 않는 경우가 그다지 많지 않다. 쓰레기 한가운데 서 있는 보금자리는 아름답지도 위생적이지도 않은 판잣집이다. 쓰레기더미에서 가져온 옷은 질이 좋아 보이지 않는다. 그러나 최소한 자유롭게 입을 수 있고 대개 어떻게 입어도 상관없는 옷이다. (Beaglehole 1939, p. 31)
>
> 제보자는 몇 년 동안 자기 옷을 산 적이 없다. 그가 옷을 신경 써서 입고자 하면 20년 전에 맞춘 양복을 입는다. 이 양복은 질이 무척 좋아서 웬만해서는 닳지 않을 것 같다. 매주 월요일 아침마다 세탁소 차를 불러서 이웃 사이에서 위신을 얻을 수 있다. (같은 책, pp. 32~33)
>
> 여자들이 입는 모자와 옷은 모두 집에서 만든 것이다. (같은 곳)

20세기 초의 하와이인들, 즉 다종족사회에서 소수자들은 보다 큰 사회로 점차 통합되면서 관대함, 쌍방적인 축제, 평등주의, 확대가족 등 자신들의 문화적 감각을 키워나갔다. 하와이인들간의 사회적 관계의 재료가 되는 음식은 특별한 가치를 지닌다. 그에 반해 수입된 물품과 근대성의 추종은 상당 부분 기능이 상실되었다.

그것들의 사용이 줄어들면서, 하와이 음식은 점차 감미로운 맛을 내며 하와이의 영광스런 황금시대를 연출한다. 따라서 수개월 동안 먹을 음식이 별로 없는 가난한 하와이 가족 내에서 찾아 먹을 음식이 없을 때, 하와이 할머니들은 아이들에게 예전 하와이인이 사랑하던 진미를 먹는 척하라고 말한다. 가족들은 황금음식이 아니라면 황금시대로 배를 채울 수밖에 없다. 또 나이가 매우 많은 하와이인은, 근대 하와이인들은 낯설고 이국적인 음식을 좋아해서 약해졌다고 생각한다. …이 제보자는 자신의 기운이 자기 스스로 음식을 준비한다는 사실로부터 나온다고 생각한다. (같은 책, p. 38)

여기서 우리는 발전하는 종족성의 핵심, 곧 근대 하와이인 정체성의 근간이자 문화적 재탄생의 전략인 자기생산과 소비의 전략을 찾아볼 수 있다. 이 같은 자기지시성(self-directedness)은 하와이 고유의 그 무엇이 아니라, 지구적 변형이 가져온 지역사회 고유의 산물이다.

맺음말

수년 동안 생산과정과, 특히 소비를 지금까지 생계의 물질적 측면 이상으로 재개념화하려는 시도가 있어왔다. 나는 다른 사람들과 마찬가지로, 재화가 생활세계를 구축한다는 인식에서 논의를 시작하여 재화는 자아와 사회정체성으로 구성된다고 주장했다. 이러한 관점에서, 정체성의 실천은 소비와 생산의 실천을 포함한다. 지구적 역사의 틀을 통해, 광범위한 계층에서 나타나는 정체성 전략, 곧 소비와 생산 전략의 차이성 그리고 시간에 따른 그것의 변형을 포착해서 설명할 수 있다. 이로써 소비와 생산의 전략과 함께 항상 지역적 정체성의 상이한 전략들이, 지구적 공간 속에서 어떻게 상호관련을 맺고 출현하는지를 알 수 있었다.

[주]

1) 인도 출신의 영국 작가이자 탈식민주의 문학가. 탈식민지 상황에 놓인 개인적 삶의 갈등과 모순을 작품의 주요 주제로 다루었다.—옮긴이
2) 일반적으로 시뮬라크르(Simulacre)는 모든 실재의 인위적인 대체물을 가리킨다.—옮긴이
3) 베블린식 모델은 미국의 사회학자이자 사회평론가인 베블린(Thorstein Bunde Veblen)이 1899년 출간한 『유한계급론』에서 "상층계급의 두드러진 소비는 사회적 지위를 과시하기 위하여 자각 없이 행해진다"고 말한 데서 유래한 소비모델을 말한다. 베블린의 주장에 따르면, 상류층은 자신의 성공을 과시하고 허영심을 만족시키기 위해 소비한다.—옮긴이
4) 누구라도 자신의 경험적 데이터에 견주어 부르디외의 차이모델의 타당성에 대해 진지하게 문제제기할 수 있다. 정반대의 범주는 흔히 불확정성의 통계학적 차이로 나타난다—49% 대 42%. 그리고 '계층'과 결부된 스타일의 범주로 정의되는 것의 대부분은 기껏해야 50%의 범주 내에 있다. 이같이 문화정체성은 사회적 지위와 분명하게 연결되지 않으며, 어떻게 연결되더라도 또 다른 종류의 체제의 과정과 이어지지 않을까?
5) 가장 일반적인 사례는 문화정체성을 국제시장에서 통용될 수 있는 강력한 상징으로 만들어서 종족

성을 상품화하는 관광산업의 능력이다.

6) 서구가 노예거래제 문제로 1885년 아프리카를 분할하면서, 콩고 역시 킨샤사콩고와 브라자빌콩고로 분할되어 각각 벨기에와 프랑스의 식민지가 되었다. 1960년 각각 독립했으나, 하나의 콩고로 통일되지 못했다. —옮긴이

7) 댄디즘은 멋쟁이를 뜻하는 댄디(dandy)에서 나온 말로, 세련된 복장과 몸가짐으로 다른 사람들에게 자신의 정신적 우월을 과시하는 태도를 가리킨다. —옮긴이

8) 아이누족에 관한 자료는 Sjöberg(1993)의 연구에 기초하였다. 그는 현 아이누족의 문화정체성을 다루면서 아이누족과 일본인의 역사적 관계를 명쾌하게 분석하였다.

08 / 정체성의 역사와 정치학 *

과거의 동일시

이 글에서는 과정으로서 정체성의 실천과 의미세계의 구성, 구체적으로 역사적인 도식의 구성 간의 관계를 논할 것이다. 자기규정은 무(無)가 아니라 이미 규정된 세계 속에서 발생하며 항상 주체가 이전에 속했던 더 큰 정체성 공간을 분할한다. 이것은 사회 혹은 집합적 행위자뿐 아니라 개별주체에게도 마찬가지이다. 이와 같이 과거의 해석은 동시대적 주체로의 연속적인 관련 속에서 사건을 선택적으로 조직하는 것이며, 이를 통해 현재로 이어지는 삶의 전유된 표상, 즉 자기규정된 행위에 맞춰 생애사를 창조하는 것이다. 여기서 정체성은 분명히 힘을 부여하는 문제이다. 이 같은 관점에서 역사 없는 사람들이란 타자에게 자신의 정체성을 내보일 수 없는 사람

* 이 장은 "The past in the future: history and the politics of identity" (*American Anthropologist* 94/4, 1992, pp. 837~59)를 수정한 것이다.

들이다. 최근 서구의 정체성과 역사가 도전받는 상황이나 대안적 정체성, 종족적 정체성, 소수민족 정체성이 급속히 증가하는 상황은 근대주의의 주류 정체성에 힘을 부여했던 조건들이 약화되고 있었다는 것을 보여주며 이것은 앞서 은폐되었거나 폐기되었던 정체성의 해방을 수반한다. 나는 서구가 지배해 온 세계가 탈헤게모니화되는 동시에 탈동질화되고 있다고 주장할 것이다.

여기서 주장하려는 것은 두 가지이다. 하나는 정체성과 역사해석의 정치학 간의 일반적 관계에 관한 것이다. 또 하나는 타자들의 실재들에 관한 표상을 경쟁적으로 만들어내는 최근 상황에 관한 것이다. 여기서 무엇보다 중요한 것은 문화적 실재들은 항상 특수한 사회적 · 역사적 맥락 속에서 생산되기 때문에, 정체성이 실천되고 역사적 도식이 생산되는 본질을 설명하기 위해서는 맥락의 생성과정을 설명해야 한다는 점이다. 이것은 우리가 '밖으로' 내보이는 주체의 정체성뿐 아니라, 인류학자에 의해서 '발명된' 정체성 과정을 포함한다. 나는 나아가 정체성이 실천되는 맥락의 창출과정에서 정체성의 지구적 공간이 잠재적으로 구성되며 이 공간은 자아의 지역적으로 특정한 실천과 지구적으로 규정되는 지위의 역동성 간의 상호작용을 통해 형성되고 있음을 주장할 것이다.

자아의 위상과 과거의 구성

역사는 과거에 일어났다고 추정되는 사건과 그 사건의 현재상태의 관계를 생산한다는 점에서, 역사 만들기는 정체성을 생산하는 하나의 방식이다.

214

역사의 구성은 개인 또는 집합적으로 규정된 주체의 사건과 이야기의 의미를 담은 우주의 구성이다. 그리고 이 같은 구성과정은 특정한 사회세계를 살아가는 주체에 의해서 추동되기 때문에, 역사는 현재를 과거에 투사하는 것이라고 할 수 있다. 이런 의미에서 근대적 역사서술을 포함한 모든 역사는 신화이다. 여기서 우리는 서구 지식인의 진리치(truth-value)로서의 역사적 실천과, 역사 만들기를 통해 스스로를 구성해 가는 사회집단 혹은 운동적 실천 사이의 불가피한 대립을 중심 주제로 다룰 것이다. 사회집단 혹은 운동적 실천은, 행위자가 더 큰 사회적 맥락에 위치되는 방식에 따라 다르기 때문에, 결코 단일하고 동질적인 과정이 아니다. 다음으로는 그리스 문화와 하와이 문화를 대비하면서 이 과정의 매개변수를 살펴보고, 특정한 사회조건에서 자기정체성을 실천하는 과정이 과거를 능동적으로 해석하는 방식과 어떻게 관련되는지를 살펴보려고 한다.

과거를 현재 속으로: 그리스 정체성의 형성

그리스 정체성은 쉽게 의문시될 수 있는 최근 종족구성의 연속성을 분명하게 보여주기 때문에 인류학자들의 주목을 받는 것 같다(Herzfeld 1987). 18세기부터 형성되기 시작한 근대 그리스 민족은 진정한 고대를 표상했다. 그러나 이 표상은 고대문명의 서구적 '뿌리'의 부활로서 르네상스부터 시작된 유럽인의 표상일 뿐이다. 이 고대문명에서 고대그리스는 철학·과학·자유·민주주의의 근원으로서 중심 역할을 해왔기 때문에 근대 유럽 사회의 이데올로기적 특질을 보증하게 되었던 것이다. 지금에 와서 많은 논의들은 그리스 민족의 정체성을 해체하려는 반면, 정작 그것이 발생되고 그것을 가능하게 만든 사회적 맥락을 파악하는 데는 큰 관심을 기울이지 않고 있다.

많은 논의에서 소급되는 고대시대에는 정작 일반적인 그리스 정체성이 명확하게 존재하지 않았다. 왜냐하면 그리스 정체성은 개별 도시국가에 맞춰져 있었기 때문이다. 그러나 민족(people)과 국가(state), 종족집단(ethnos)과 국가지배(kratos) 간에는 구별이 존재했으며, 이는 정치철학에서 중요한 역할을 담당했다. 문화지식 전체를 의미하는 파이데이아라는 그리스어는, 민중과 구별되는 문화란 상념이 출현했던 헬레니즘 시대에 들어와서 매우 분명하게 나타났다. 즉 고대·헬레니즘 시대의 그리스 문명의 자기표상과 초기 유럽 근대성의 자기표상 사이에는 흥미롭게도 유사점이 존재한다. 물론 그리스 정체성이 없었다는 주장은 과장된 것이다. 로마제국의 팽창, 비잔틴제국의 성립, 뒤이어 오스만제국의 이식과 함께 급격한 단절이 있었다는 충분한 증거가 있으며, 아마도 이 시기에 그리스 정체성이 사라진 것 같다. 확실히 그리스 사회가 현 그리스 지역의 인구구성과 정치형태 모두를 변형시킨 수많은 제국구조 속으로 스며든 것은 분명하다. 그리스 경제는 로마제국의 팽창시기에 붕괴되어 제국으로 편입되었고, 로마제국의 쇠퇴와 동시에 기독교인 동로마제국이 성립하면서 상당히 많은 지역이 재조직되었다. '그리스인'은 이방인·비기독교인을 지칭하게 되었고, 따라서 낮은 서열에 속했다. '로마인'은 기독교를 믿는 지중해 사람을 지칭하는 용어로 확대되었으며 이 속에서 동방은 별다른 의미를 지니지 않았고, 로모이오이(Romoioi)는 바로 이 인구집단의 정체성을 규정하는 용어로 사용되었다. 근대 이전의 종족정체성은 근대의 서구적 의미, 즉 피와

살로 정의되는 종족성이 아니었기 때문에, 이 용어는 당시의 종족정체성과 모순되지 않는다. 따라서 종족성이 어느 정도 변형되었는지는 매우 불분명하다. 이 물음에 답하기 위해서는 당시 문화정체성의 본질적 특성을 좀더 깊이 이해할 필요가 있다. 국가계급과 제국의 문화엘리트 분류에 따르면, 이 시기 지중해 지역은 재인식되어 각각의 용어는 다른 가치를 지니게 되었다. '로마인'은 본질적으로 비잔틴왕국, 기독교진영, 종교적 질서를 지칭하게 되었으며, '그리스인'은 여전히 하나의 범주로 존재했지만 이교도 상태, 기독교 문명의 주변부를 포괄했다. 기독교 질서의 국가기반이 승리하면서, 이 같은 변형이 나타났던 것이다. 이 시기 민담에서 그리스인은 신화적 인물, 오만함 때문에 신에 의해 멸족당한 과거의 종족으로 표상된다 (Michas 1977, p. 20). 이처럼 지역적 담론 속에서는 불연속성이 뚜렷이 존재한다. 오스만제국이 출현한 이래 이슬람진영과 기독교진영의 양분은 제국 자체의 지역구조에 기초한 준(準)종족차별을 초래했고, 이 모든 상황 속에서 모든 그리스인이 로모이오이가 되었을 정도로 기독교가 널리 전파되었다. 이와 동시에 동방교회와 서방교회의 대립이 나타났는데, 여기서 그리스정교는 진정한 기독교를, 서방은 이단과 '종파분리주의'의 공간과 프랑크족과 라틴족의 인구집단을 표상했으며, 이 대립은 오스만의 지배 아래서 제도화되었다.

여기서 짚고 넘어가야 할 것은 동방교회와 로마교회 사이에 끊이지 않았던 신학논쟁이 완전히 새로운 의미를 가지게 되었다는 점이다. 이는 오스만제국의 정복과 함께 교회의 역할이 재정의되면서 나타난 변화의 결과이다. 이전의 신학적 논쟁이 이제는 민족적 차이(national difference)로 바뀌게 되었다.
(같은 책, p. 20)

오스만체제 속에서 동방정교의 민족화는, 그리스 정체성이 이슬람과
서방의 가톨릭 각각과 스스로를 대립시킬 수 있는 유일한 기반이 되었다(같
은 책, p. 21). 바로 제국의 조직은 일차적으로 종교적 차이에 따른 영토분할
을 기반으로 하고 있었다. "'로마'(millet-Rum)제국의 모든 그리스정교회
신도는 통합된 정체성을 부여받았으며 콘스탄티노플의 밀레트 바시(millet
bashi), '통치자'인 그리스 대주교 밑에 놓였다."(Just 1989, p. 78)

내가 다른 곳에서 주장한 것과 같이(Friedman 1991b), 이 같은 종류의
'종족성'은 전형적인 서구 근대성과는 상이하다. 서구의 근대주의적 종족
성은 정체성의 전달수단이자 매개체로서 신체 속에 위치한다. 한 사람이
한 집단에 속할 수 있는 이유는, 그가 어떻게 사는가와 관계없이 다른 구성
원들과 같은 물질적 요소를 공유하기 때문이다. 이것은 인종적 정체성 모
델의 기반이 되는데, 사실 20세기 이전까지는 생물학과 전혀 관련이 없었
다. 제국의 종족성은 사회적 생활, 영토, 공동성(corporateness), 종교 같은
외재적으로 규정된 속성, 즉 지역을 더 큰 전체의 일부로 규정하는 정치조
직에 의해서 유지되는 공통된 실천과 관련되어 있었다. 따라서 그리스 사
람들은 자신들의 정체성을 종교적 · 정치적 범주인 로미이(Romii)와 대등
한 크리스티아니(Christiani)로 규정하고 기원을 로마시대 비잔틴제국으로
까지 소급하는 경향이 있었다. 그들의 언어는 실제로는 그리스어임에도 로
마이키(Romaiki)라고 불리고 있었다.

그리스 민족성은 로모이오이의 정체성과 대립하면서 나타났다. 이것은 유럽의 팽창과 함께 그리스 지역이 세계경제에 통합되면서 나타난 산물이었다(Michas 1977). 다른 학자들도 이 점을 은연중에 깨닫고 있었지만 체계적으로 이해하지는 못했다. 이처럼 복잡한 동일시 과정을 반영하는 단계들을 정리하면 다음과 같다

첫째, 서유럽이 더 큰 세계에서 헤게모니를 장악하면서 자기정체성과 세계를 재인식하게 되었다. 역사적으로 르네상스는 유럽이 뿌리를 고대국가, 즉 그리스에 두고 있는 문명단계로 올라서는 데 중요한 역할을 했다. 유럽의 발전과 함께 그리스는 오리엔탈의 모든 것에 대립하는 유럽의 적통으로서 점차 새롭게 등장한 유럽 정체성 속으로 편입되었다. 유럽 정체성은 과학 · 진보 · 민주주의 · 상업의 유럽이었고, 일련의 인종적 속성—동방의 '암흑제국'과 대립되는 근대성의 지표—을 고대그리스에서 찾았던 것처럼 모든 것의 기원을 고대그리스로 소급했다. 신비주의, 균형상태, 전제정치, 조세수탈 등이 동방을 특징짓기 위해서 사용되었다면, 고대그리스는 부상하는 유럽 정체성의 중대한 한 측면을 이루었다.

둘째, 17세기 유럽의 남부지대에서 면화 플랜테이션이 성장하면서 그리스는 팽창중인 유럽 경제의 주변부로 통합되었다. 이것은 동방에서 서방으로 상업이 이전되면서 나타난 일반적 변화의 일부였다. 프랑스는 전체 교역의 50%를 차지할 만큼 중요한 교역상대국이었다. 18세기 펠로폰네소스에서 마르세유 비누산업의 주요한 원료인 올리브 산업이 발전함에 따라 그리스는 올리브를 수출하고 리용에서 금, 의류, 커피 등을 수입했다. 이 관계를 통해 오스만제국의 그리스 상인층은 점차 서유럽의 상업자본을 받

아들이기 시작했고, 이것은 그리스인이 제국주의적 구조 내에서 로미이 상
인층이라는 제도적 범주에 속했기 때문에 가능했다. 그러나 당시 역사적
국면에서 그들의 활동은 제국의 단순재생산과 양립할 수 없었으며, 서유럽
에서 로미이는 자신들의 이미지를 서구문명의 후손으로 자리매김하였다.
따라서 새로운 주변부 엘리트들 사이에게 신(新)헬레니즘 민족주의의 발전
은 고대그리스에 대한 유럽적 관점을 체현한 것이었다.

셋째, 동방정교회가 이슬람과 대립하고, 신헬레니즘과 유럽 근대주의
에 기초한 민족주의가 발전하고 새로운 정체성이 본향(homeland)으로 회
귀했다. 이 유럽 근대주의 정체성은 그리스 속에 내재된 서구문화의 본질
적 연속성에 기초하고 있다. 새로운 이상을 품고 서방에서 돌아온 학생들
이 민족주의 운동을 주도했고, 이는 유럽의 헬레니즘 애호가들(philo-
Hellenist)의 지지를 받았다. 이 운동은 그리스 역사의 르네상스로 나타났
으며 언어와 민속 등 과거와의 연속성을 실천했다. 대표적인 사례로 18세
기에는 로미이의 신생아에게 일반적으로 그리스식 이름, 특히 헤라클레스,
테미스토클레스, 크세노폰 등 고대에 기원을 둔 이름이 지어졌다(같은 글,
p. 64). 이와 함께 유럽에서는 우아한 고대문화의 판타지로서 그리스적인
것에 대한 관심이 폭발했다. "그리스 시, 그리스 희곡, 그리스 의상, 그리스
건물, 그리스 그림, 그리스 가구 등 그리스의 모든 것이 끝없이 유행하고
있다."(Mango 1965, p. 36)

계승으로서의 역사

미카스에 따르면, 고대그리스어의 문법이 18세기 초에는 10개에서 세

기말에는 104개로 크게 증가했고 이와 더불어 골동품을 수집하는 취미가 점차 확산되었다(Michas 1977, p. 64).

무엇보다 중요한 것은, 새로 태어난 아이에게 그리스식 이름을 지어주거나 이름을 그리스식으로 바꾸는 '이름 짓기' 실천에서 잘 드러난다. 그리하여 1800년 키도니아의 학교에서 학생들은 자기 이름을 그리스식으로 바꾸고 고대그리스어로만 말하려고 했다. 1813년 아테네의 학교 졸업식장에서 교사는 학생들을 한 사람씩 호명하여 올리브 나뭇가지를 건네주면서 다음과 같이 말했다. "지금부터 당신의 이름은 존 혹은 폴이 아니라 페리클레스 혹은 테미스토클레스 혹은 크세노폰입니다." (Dimaras 1977, p. 59. Michas 1977, p. 64에서 재인용)

유별난 마니아들이 그리스적인 것에 현혹된 것 같다. 자신과 자식들에게 그리스식 이름을 지어준다. …우리의 목회자는 우리의 아이들에게 세례를 하고 성인의 이름을 지어주는 것 대신 그리스식 이름을 지어준다. 하층노동자조차도 자신의 이름을 소크라테스라고 한다. (Dimaras 1977, p. 60)

근대 그리스는 최초의 유럽인, 문명의 담지자로서 계승되는 지식을 전수받은 고전시대의 후손이며, 근대유럽의 방계친이라는 위치에서 인식되었다(Michas 1977, pp. 67~68). "찬란했던 그리스의 후손으로서 우리는 그들로부터 고대유산을 물려받았다."(같은 책, p. 67)

이 정체성을 집단 내에 확산시키고 최초로 그리스 민족을 형성하기 위해서, 통상적인 절차를 밟아나갔다. 신생아에게 세례명을 다시 지어주는 것 외에도, 민속과 보통교육이 중요한 역할을 담당했다. "호머의 상고(上古)시대에… 호머에 따르면 주식(主食)은 구운 보리빵이었다. 그래서 오늘날 그리스인의 주식은 빵이다."(Kyriakides 1968, p. 77)

이전에 그리스인이 스스로를 야만인이며 이교도로 분류한 것은—지금은 문명의 기원으로 변형되었지만—동양의 강압정치 때문이라고 설명될 수밖에 없다. "그러나 그리스인의 지위가 강등된 것은 물론 참주정치[1]와 미신 때문이었다. 만일 그들이 투르크족으로부터 해방되고 자신의 한심스런 성직자로부터 자유로울 수 있었다면… 즉시 그리스인은 조상의 순수성과 미덕을 얻을 수 있었을 것이다."(Mango 1965, p. 37) 인도유럽, 특히 서구의 본질로서의 고전시대, 고전시대와의 연속성, 그리스 정체성의 실천은 더 큰 세계에서 헤게모니를 장악한 유럽의 의제였다. 오늘날 유럽 헤게모니의 쇠퇴와 함께 오리엔탈리즘이 결국 타자가 침묵하는 헤게모니 공간 속에서 서구가 실천한 자기동일시의 산물이었음이 점차 분명해지고 있다. 유럽의 기원이 그리스 문명에 있다는 주장에 문제를 제기한 버널(Bernal 1987)조차 그리스 기원이 갖는 신성함을 문제로 삼았다. 후대의 연구자들은 진리라는 이름으로 연구했지만, 그들의 많은 작업은 분명히 서구 헤게모니 정체성의 해체와 긴밀히 관련되어 있다. 더 나아가 서구교육을 받고 근대성을 습득한 제3세계 학자들은 지식생산과 담론규칙을 재정립해야 한다고 주장한다(Abaza and Stauth 1990).

그리스 민족정체성의 형성을 한 지역의 자체적 진화과정으로 볼 수는 없다. 그것은 각 지역이 영향을 주고받으며 변형되는, 광범위한 영역에서 진행된 동일시의 복잡한 상호작용과 내적 변형과정의 결과이다. 거시적 과정으로서 이것은 그리스반도의 우주론적 재배치, 팽창중인 서유럽의 정치경제 속에서 이 지역을 유럽인의 공통조상과 동일시하고 주변부로 통합하는 과정을 통해서 형성된 것이다. 이 같은 동일시 과정이 반도에 이식되면서, '로마인'은 그리스인으로 변형되고, 이 지역과 고대그리스의 이미지 간에는 유럽 근대성의 정수라는 역사적인 연속성이 부여되었다.

우리는 냉소적인 근대 인류학자로서 이 사실을 조소해야만 할까? 대부분 그렇게 하기 어렵다는 것을 알고 있다. 아마도 자신만만하고 냉소적인 사람들은 결국 민족정체성이란 위와 같은 역사적 과정을 통해서 우주론적으로 신비화된 것일 뿐이라고 주장할 수 있다. 나 또한 어떤 의미에서 모든 정체성이 냉소주의자가 주장하는 것과 같은 과정에 불과하다고 말할 수 있다. 그러나 나는 이 모든 역사적 과정이 단순히 이름과 분류의 게임이 아니라 더 깊은 맥락을 함의하는 과정이라고 생각한다. 곧 사람들의 즉자적 조건과 일상적 존재의 관계 속에서 해석되는 정체성의 형식에는 실질적인 연속성이 존재한다. 여기서 사회정체성을 가능하게 하는 연속성이란 곧 거시적 사회경제적 변형을 문화와 민족의 구성과정, 세계민족의 분포도(map of the world's people)의 재통합과정과 연결시키는 바로 지구적 과정을 말하는 것이다.

과거 속의 현재: 하와이인 운동

하와이는 그리스의 민족주의와 비교될 정도는 아닌 것 같다. 그러나 또다른 입장에서, 하와이는 우리가 지금 숙고하는 문제―정체성의 구성과 더 큰 지구적 과정 간의 관계―에 대해 조망할 수 있게 해준다. 그리스와 마찬가지로 하와이는, 비록 통합이 뜻하는 바가 다를 뿐더러 매우 짧은 기간에 일어났지만 더 큰 제국구조로 통합되었다. 권력의 강화와 집중과 함께, 하와이섬들은 기존의 지역경제가 해체되고 태평양의 백단향나무 교역으로 편입되었다. 평민들은 식량을 생산하는 대신 나무를 구하기 위해 산으로 내몰렸고, 군장들은 수입품의 과시적 소비에 빠져 점점 호놀룰루 항구로 모여들어 결국 빚더미에 올라앉아 파산하고 말았다. 질병과 경제적 위기로 인해 마침내 하와이인들은 극도의 가난과 재난에 빠졌다. 미국 선교사의 지배력이 강화되면서 하와이는 급격한 인구감소, 고래무역의 증가라는 조건하에서 점진적으로 식민지적 입헌군주제로 바뀌어갔다. 같은 시기, 설탕 플랜테이션이 도입되면서 하와이가 미국으로 편입되어야 할 경제적 이유는 점점 더 커졌다. 신의 섭리에 따라 경제적 이득이 필요하다는 점에 공감한 선교회는 주도적으로 하와이를 설탕을 기반으로 한 경제로 바꾸어나갔다. 이에 따라 하와이인들은 자유를 박탈당했으며, 아시아로부터 플랜테이션 노동자들이 대거 수입되었다. 마침내 미국인 거주자들은 하와이 왕정을 무너뜨리는 쿠데타를 일으키고 재빠르게 미국 영토로 통합시켰다. 19세기 초반부터 1960년대 후반까지 하와이는 문화지도에서 사라졌다. 이후 지구적 과정은 역전되었고 하와이인은 자신들의 명예를 되찾기 시작했다.

19세기에 하와이 역사는 선교사로부터 교육받은 하와이인과 백인거주자에 의해서 연구되었다. 그들은 과거를 기독교세계의 근대성과 대립하는 것으로 묘사했다. 이 역사는 우리가 신화로 인식하는 족장의 계보와 업적에 관한 것이며, 최근 기독교 이전의 마지막 최고수장이었던 카메하메하

(Kamehameha) 정권에 대한 기억과 결합되어 보다 구체화되었다. 서구의 관점에서 이것은 전통과 근대를 규정하는 민속(folkore)과 민속화(folklorization)의 작용이다. 유능한 몇몇 역사가들 또한 사회적 논쟁에 개입했다. 예를 들어 말로(Malo 1837; 1839)는 신문논설을 통해 하와이 정부와 사회에 개입하고 있던 유럽 권력을 비판했다. 그는 분명히 근대적인 것을 지향하고 자신의 전통을 비난하면서도, 자기 민족의 기술적 성취를 강조하기도 했다. 말로는, 질병이 발생하여 반세기 동안 인구가 약 80만 명에서 5만 명으로 급감했던 1850년대에 주류 미국인에 대립해서 하와이인 정체성이 나타나기 시작했는데(Stannard 1989), 백인에 대해 양가적이었기 때문에 파편화되었다고 주장했다. 그에 앞서 작동되었던 사회적 전체성에 대한 명확한 이미지가 존재하지는 않았지만, 전복시기까지 발전해 나간 분명한 자기규정의 과정이 존재한다.

지방정부는 새로운 소수자들에게 하와이의 문화와 언어를 실천하지 못하게 금지했다. 대신 백인정착민을 진정한 하와이인으로 규정하는 정체성을 실천하는 방향으로 나아갔다.

원주민 하와이인들에게서 태어난 이들만이 진짜 하와이사람이라는 생각은 잘못되었다. 백인 부모에게 태어나서 하와이를 위해 재능과 정력을 쏟은 사람도 진짜 하와이인이다. 부모 모두가 황인이거나 한쪽은 황인이고 또 한쪽은 백인이더라도 마찬가지이다. 좋은 성품과 모범을 보이며 인생을 바쳐서 이 나라를 이롭게 한 이가 바로 진정한 하와이인이다. (Judd 1880)

주변지역에 하와이인의 거주지를 만드는 부당한 주택정책 등 하와이의 소수자(급감한 소수의 순수 하와이계와 다수의 혼혈 하와이계)는 문화변용에 관한 비관적 주제가 되었다. 고결한 야만의 이미지가 소설·음악·매체에서는 여전히 등장하고 있지만, 정작 당사자인 하와이인들은 그 이미지에서 벗어나 정체성을 정립하려고 노력했다. 연로한 하와이인과의 수많은 인터뷰를 미루어볼 때, 이 같은 노력은 광범위하게 실천되었다.

제2차 세계대전이 발발하고 설탕산업이 쇠퇴하면서 이를 대신하여 관광산업이 점차 새로운 주력산업으로 등장했다. 1959년 하와이는 미국의 주(州)로 편입되었고, 노동조합을 기반으로 한 민주당과 일본계 미국인 집단이 하와이에서 점차 주도적인 위치를 차지해 나갔다. 하와이인들은 태평양의 다종족 파라다이스에서 완전히 주변부로 밀려났고, 타이티를 비롯한 섬주민의 훌라춤, 하와이식 호텔파티, 야간 크루즈, 필리핀 공장에서 만든 로노(Lono)와 쿠(Ku) 신상(神像)과 자잘한 여행상품들 등 열대 판타지의 시뮬라크르가 넘쳐났다. 룸펜화되고 계급의 낙인이 찍힌 하와이인은 호텔의 비숙련노동자나 특히 복지수혜자로 전락했다.

베트남에서의 패전, 유럽·일본과의 치열한 경쟁, 급격한 경제쇠퇴에 따라 미국 전체가 급속도로 쇠락했고, 관광산업도 대체로 1970년대 중반부터 침체에 접어들었다. 나는 이전 논의에서 이 과정이 세계경제 속에서 자본축적의 일반적인 탈중심화와 그에 따른 미국 헤게모니의 몰락을 보여주는 것이라고 주장했다. 이 시기에는 학생운동이 광범위하게 일어났으며 유색인종의 세력이 폭발적으로 강해졌다. 또한 이때는 자신을 하와이인으로 동일시/재동일시하기 시작한 지역집단으로부터 지지를 받은 민족주의

운동이 정점에 달하는 하와이 문화부흥의 시대였다(Friedman 1992a).

　　다른 글들에서 나는 하와이인 운동의 발전에 관해 논한 바 있다(Friedman 1992a; 1992b). 여기서는 하와이인 정체성의 재구성과정과 하와이인 과거의 재해석-귀환 과정 간의 관계에 초점을 맞추어 논의를 진행할 것이다. 새롭게 등장한 수많은 정체성들은 서구사회와 대립하며, 하와이인의 생활방식과 지배집단의 생활방식 간의 역사적 구분에 근거하고 있다. 이것은 문화적 관점에서 사활이 걸린 이슈이다. 인구가 급감한 하와이인은 플랜테이션 사회의 주변부로, 50번째 주(州)로서 근대 자본주의에 통합되었다. 이국적인 것을 추구하는 인류학자 외에 대부분의 사람들은 하와이인이 전혀 존재하지 않는다고 생각한다. 하와이인은 도서관과 기록보관소로 사라지고 없으며 "당신은 하와이어를 어디서 배웠는가? 대학에서?"라며 문화적 연속성을 나타내는 기호는 오히려 하와이인을 의심하게 만든다. 도시나 시골의 하와이인에게서 발견할 수 있는, 섬 전체에서 매우 고립적으로 존재하는 하와이 문화는 인류학자나 관광객이 염두에 두고 있는 종류의 '문화'가 아니다. 서구에 대한 반대자들은 하와이를 초가집, 물고기연못, 타로들판, 털옷 등 비숍 박물관에서나 발견할 만한 물건이 존재하는 쿡 선장 이전의 하와이, 최고군장제, 고대왕국으로 정의한다. 서구의 학자들은 하와이를 이미 민속화했으며, 이 프로젝트에 지난 세기부터 수많은 원주민 지식인이 참여했다. 그러나 이것은 서구에 의해 규정되고 통제되고 대상화된 과거이다. 그리고 정통한 전문가에게 근대 하와이는 관광객의 시뮬라크르와 마찬가지로 진정성을 가지지 못한다. 심지어 하와이인의 권리를 지지하는 사람들에게도 마찬가지이다.

하와이인에 의한 하와이인 정체성의 회복과정에 포함된 전형적인 단계는 동시대의 정체성이란 이름으로 과거를 전유하는 권리를 둘러싼 갈등관계를 표현한다.

근대주의 대 하와이인: 하와이인의 정체성 구성

근대주의적 관점에서 학계는 하와이 문화가 영국과 접촉하기 이전에 이미 사회적 질서를 갖추고 있었다고 규정했다. 이 문화는 19세기 내내 기록되고 만들어졌으며, 수많은 고전문헌과 박물관의 수집품으로 보존되어 왔다. 하와이 사회는 탈통합되었고, 집단들은 미국의 헤게모니로 통합되면서 사실상 하나의 정치적 실체로 존재하지 않게 되었다. 이러한 관점에서, 하와이 문화는 진정성 차원에서 세기 전환기에 한동안 존재하지 않았다. 따라서 근대 하와이인들이 스스로 고안한 문화와 그들의 잃어버린 진정한 문화 사이에는 넘어설 수 없는 절대적 간극이 존재한다. 이 문화에 접근하기 위해서는 서구인과 선교사가 남긴 하와이에 관한 텍스트라든가 근대 인류학자와/또는 고고학자의 종합적인 연구물을 참조해야 한다.

하와이인 운동은 근본적으로 공적인 표상과 맞지 않는, 나름대로의 방식으로 과거를 해석하는 것이다. 몇몇 사람들은 과거를 원래대로 복원하는 것을 문제 삼지만, 대부분의 사람들은 연장자인 쿠푸나스(kupunas)의 입을 통해 본질적인 연속성을 가려낼 수 있다고 생각한다. 쿠푸나스는 근본적으로 상호 연관되어 있는 다음 세 요소의 문화복합을 강조한다.

① 오하나(ohana), 나눔과 연대의 원리에 기초한 확대가족. 여기서는 교환이 없으며 다만 타자에게 자신의 것을 증여하고 다른 사람들도 그렇게

하기를 기대한다. 이것은 자아를 더 큰 집단생활로 흡수시키는 문제이지, 균형적 상호성의 문제가 아니다.

② 알로하(aloha)는 타자의 필요에 맞추어 자신을 헌신하는 원리이며, 오하나의 조직원리이다. 그러나 이것은 또한 인격적 관계맺음의 일반적인 전략으로 이해될 수 있다.

③ 알로하 아이나(aloha aina)는 대지에 적용되던 원리를 표현한다. 대지에 대한 사랑은 남자가 전적으로 의지하는 것과 동시에 보살펴야 하는 신성한 자연과 남자의 관계이다. 말라마(malama), 곧 관리자로서 보살핌은 이 알로하 아이나에서 중심 개념이다.[2]

이 문화복합은 오늘날 하와이 정체성의 도구적 측면이다. 그것은 일관되게 플랜테이션 사회의 침투에 당면한 사회적 방어기제로 19세기에 출현한 폐쇄적 공동체로 하와이를 설명한다. 오하나가 식민시기보다 앞선 현상인지는 확신하기 어렵고 나 역시 단절보다는 역사적 연속성에 더 큰 비중을 두고 있지만, 이러한 폐쇄적인 집단문화는 나눔의 원리와 대지, 확대가족에 대한 사랑 그 자체에서 생긴다고 주장되기도 한다. 그러나 여기서 하와이인을 반드시 접촉 이전과 이후로 대립시켜 구분할 필요는 없다. 아마 앞의 문화복합은 위기와 억압에 대한 사회적 변형과 대응의 과정에서 보다 강조되고 정교하게 다듬어졌을 것이다. 순수한 원시시대와 식민시기의 대립, 잠재적으로 전통과 근대의 대립에 기초한 담론은 그것의 진정성을 약화시킨다. 학계에서 하와이의 군장은 광폭한 살인자였고 하와이인 운동가들은 자신들의 과거를 무척 목가적으로 표상한다고 말한다(Linnekin 1990, p. 22). 그러나 나의 경험에 따르면, 하와이인은 군장권력의 본질을 매우 잘 알고 있으며, 그것에 관해 자기들끼리 자주 논의한다. 오하나의 이상과 대립된 군장권력을 거부하는 사람도 있다. 일반적으로 좋은 군장과 나쁜 군장 혹은 알로하가 있는 군장과 없는 군장 간의 대립이 존재한다. 이것은 때로 하와이 외부와의 접촉 이전과 이후, 전통적 군장과 배신한 군장의 대립과 결합한다. 위대한 군장 카메하메하(Kamehameha)는 종종 근대적 최고 권자의 원형이면서 동시에 서구의 침투를 피해 뒷걸음질 친 매우 양가적인 인물로 그려지기도 한다.

하와이 과거의 토착적인 재공식화는 하와이 문화의 본질을 외부와의 접촉 이전시기로 투영하는 방식으로 이루어진다. 이것은 18세기 하와이가 단순히 앞에서 언급한 원리나 문화복합으로 표현되지 않는다는 사실을 수용하는 방식으로, 하와이사의 시대를 구별해 주는 이주 스토리와 결합된다. 원래 사회는 앞의 원리에 기초하고 있었다. 다신교가 아니라 히나(Hina)와 쿠(Ku) 두 신만을 모셨고, 진정한 알로하를 실천하는 군장이 있었다. '카히키'(Kahiki) 또는 타히티(Tahiti)의 침략 이후에는, 수많은 티키(tiki)를 모시는 다신숭배뿐 아니라 전쟁, 계급권력, 인간제물의 원리에 기초한 사회로 변화했다. 똑같은 시나리오가 영국, 미국, 최근에는 일본의 공격으로 재연되고 있다. 이것은 몇몇 인류학자나 역사학자가 생각하듯이 단순한 창조가 아니다. 식민시기 직전의 하와이 사회에는 심각한 분열이 존재했다는 주장의 표현이다.

하와이 신화 속에서 표상되는 민중과 지배자의 관계를 세계의 다른 지역에서 발견되는 비슷한 구조와 비교해 볼 필요가 있다. 외국의 젊은 군장이 바다 건너 먼 곳에서 쳐들어 왔다는 통치신화는 특이한 현상이 아니다.

예를 들어 서폴리네시아, 피지, 인도네시아, 중앙아프리카에서 발견되는 이 같은 시나리오에서 관대한 종교적 군장의 통치 아래 있던 토착민은 그들을 정복한 정치적 군장과 대비된다. 후자는 정치적 주술력, 군사력을 표상하며 외재적 관계를 맺는다. 정복된 이후 사회의 신화는 일관되게 족외혼으로 서열화된 귀족제에 따라 조직된 정치체, 종족간의 상대적인 착취관계가 부재하며 결연으로 맺어진 서열들간의 자유로운 위신재 교환을 특징으로 한다. 이와 대조적으로 식민지 직전의 하와이 엘리트는 거의 족내혼이었고 서열간에는 착취적·적대적 교환이 존재했다. '이민족 왕'이란 이미지는 이러한 상황에서 나타난 실질적인 갈등에 대응하여 출현했다고 보는 것이 타당하다. 서폴리네시아에서 통치권이란 상념은 민중의 대표자인 대지의 군장과 바다의 이국적인 군장 간의 동맹에 기초하고 있다. 이 동맹은, 포용하는 '대지'의 의례적 지위를 바다의 공격적인 정복권력과 대립시킨다는 점에서 양가적이다. 그러나 하와이에서 적어도 식민시기 직전까지 대지와 민중의 군장이란 존재하지 않았다. 차라리 전쟁군장은 문자 그대로 희생제의를 통해 대지와 '민중'의 신인 로노(Lono)의 무한회귀의 이미지를 통합했다. 예를 들어 피지에서 군장의 의례 속에는 대지의 대표자가 바다의 군장을 무찌르는 장면이 포함되어 있지만, 하와이는 그와 정반대이다. 전자에서는 의례적 지위가 정치권력을 포섭하고 있지만, 후자에서는 의례적 지위가 전쟁군장이란 존재에게 포섭된다(Friedman 1983; 1985).

몇몇 보고서에 따르면, 하와이의 평민 마카아이나나(maka'ainana)는 사원의례에 참여하지 않았으며, 그들에게 사원의례란 지배엘리트의 이국적인 행동이었다. 원래 하와이의 지배자는 타이티의 귀족정에 반대하며,

친족관계를 통해서 인간희생제의보다는 알로하를 통해서 통치했다고 본다. 여기에는 알로하 대 폭력, 상호성 또는 나눔(상호성과 전혀 동일하지 않다) 대 전유, 다산 대 파괴와 전쟁, '민중'과 평화와 다산의 신 로노 대 전쟁과 인간희생제의의 신 쿠 사이의 일련의 대립지점이 존재한다.

하와이의 전통은 평민과 군장 간의 실질적인 갈등을, 신하들이 횡포를 부리는 군장을 내쫓는 사건으로 설명해 준다.

> 많은 왕들은 마카아이나나(평민)를 억압했다는 이유로 민중에 의해 죽임을 당했다. 다음의 왕들은 평민들에게 과중한 세금을 부과하여 생명을 잃었다. 카이할라(Kaihala)는 카우(Ka'u)에서 죽임을 당했으며, 이 때문에 카우 구역은 웨이어(Weir, Makaha)라고 불린다. 쿠카이카라나(Kuka-i-ka-lana)는 카우에서 맞아죽은 알리이(ali'i, chief)이다. …바로 이것이 고대 왕이 민중을 조심스러워하고 두려워한 이유이다. (Malo 1971, p. 195)

하와이섬의 카우처럼 가난한 지역의 몇몇 구역에서는 귀족정이 뿌리내릴 수 없었다고 알려져 있다. 이 같은 경우는 지금도 여전히 나타나고 있다. 앞서 평민들이 불복종했던 지역은 현재도 하와이 운동의 본거지 가운데 하나이다. 하와이 운동은 도로봉쇄와 완강한 저항으로, 다른 많은 섬들을 파괴시킨 광적인 개발을 저지했다. 최근 이곳은 펠레방어기금(Pele Defence Fund), 즉 화산의 여신 펠레의 몸체를 신성모독하는 지력발전소의 설립에 반대하는 운동집단의 근거지가 되고 있다. 따라서 평민과 귀족 간의 적대를 개념화하는 전통은 군장권력의 상징적 기원을 진술할 뿐 아니라 정치적으로 살아 있는 담론이다.

하와이 사회가 외부와 접촉한 결과로 계급이 분화되었다는 사실은 실질적 갈등과 착취의 수많은 실례에서 확인된다. 1820년대 이후 기록은 외부와의 접촉 직후 귀족권력이 어떠했는지를 보여준다. "원주민이 시장에 가지고 나온 물건은, 장물이 아니라면 모든 매상의 2/3를 군장에게 바쳐야 한다. 심지어 거리낌 없이 전부 다 가져가는 일도 종종 있었다."(Stewart 1830, p. 151) 또 다음과 같은 사례도 있다.

> 많은 사람들에게 빈곤이란, 이를테면 동물성 음식을 맛볼 수 없고 오로지 타로와 소금만 먹고 사는 것을 뜻한다. 어떤 가난한 남자가 여차저차해서 돼지 한 마리를 가지게 되었지만, 너무 작아서 그의 가족의 한 끼 식사도 될 수 없었다. 그래서 그는 돼지가 충분히 자랄 때까지 집에서 멀리 떨어진 곳에서 사육했다. 마침내 그는 비밀리에 돼지를 도살하여 오븐에 구웠다. 그러나 음식이 거의 준비되고 오랜 기다림으로 식욕이 극에 달했을 때, 불행하게도 왕실의 우마차가 가까이 오고 있었다. 돼지를 굽는 향긋한 냄새가 그들을 이곳으로 끌어들인 것이다. 그들은 고의적으로 고기가 요리될 때까지 기다렸다가, 예의나 감사표시 없이 예정된 연회를 펼쳤다. (같은 책, p. 152)

카피(Kapihe) 왕국의 유명한 마지막 예언자는 하와이 정치체의 전복, 신 카푸스(Kapus)의 종말, 알리이의 몰락과 마카아이나나, 즉 평민의 부흥을 예언한다.

섬은 통일될 것이다.

신들의 금기는 내팽개쳐지고

하늘의 군장은 바닥으로 내려가고,

대지의 평민이 부흥할 것이다. (Kamakau 1964, p. 7)

이것이 최근 하와이의 정체성에 끼친 영향은, 카오올라웨(Kaho'olawe) 섬에 폭탄을 투하할 수 있는 군사적 권리에 대한 논쟁과 관련하여 카오올라웨 오하나 프로젝트(the Protect Kaho'olawe Ohana)의 공식 진술 속에서 확인된다. 이와 같은 대립은 오늘날 하와이의 상황과 하와이 과거에 대한 해석 속에 살아 있다. 풀뿌리운동가들과 인터뷰한 결과, 그들은 유럽이 나타나기 전의 하와이는 파라다이스였다는 역사적 시각을 견지하고 있다. 독재정치가 행해진 고대 하와이 사회의 기원에 관한 현재 신화 속에서 정치조직은 카히키에서 들여왔는데, 아마 타히티와 동일한 음소로 이루어진 카히키는 '지평선 너머의 대지'를 의미하거나 의미하게 되었을 것이다.

한 운동가는 처음으로 카히키에서 들어온 성직자에 대해 다음과 같이 주장한다.

파오(Pa'ao)는 변화를 가져왔다. 카히키에서 온 파오는… 카히키는 지평선 너머에 있다. …그것은 어디든 있을 수 있다. 그 말이 타히티를 의미할 필요는 없다. …하와이인은 눈을 뜨고 저기, 카히키에서 오는 사람을 보고 있다. 그 사람은 알리를 가져왔다. 그는 계급체제를 가져왔다. 그는 우상숭배를 가져왔다. 그는 티키스(우상들)를 가져왔다. 그는 희생제의를 가져왔다. 그는 성직자를 가져왔다. 남자와 여자를 분리시키고, 전쟁과 헤이아우스(heiaus, 돌로 된 사원들)를 가져왔다. 또한 하와이 신에 대립하는 신을 가져왔다.

(Hawaiian leader in Ka'u 1985)

그리고 하와이섬에서 반란구역인 카우와 카메하메하(Kamehameha)의 관계에 대해 이렇게 말한다.

우리는 카우에서 왕 셋을 죽였다. …우리 역사에서, 그리고 우리는 그들의 알리이들을 죽인 사람을 아무도 알지 못한다. 그러나 우리는 그놈들 셋을 죽였다! 그리고 왕 셋을 그 태도 때문에 죽인 곳은 오직 카우뿐임을 하와이 어디에서나 알 수 있다. 그것이 바로 카메하메하가 여기를 넘볼 수 없는 이유이다. 카메하메하는 카우를 절대로 정복할 수 없다. …절대로 이곳을 이길 수 없다. …그가 만약 여기 온다면 그를 죽일 것이다. 그를 좋아하지 않으며… 그는 멍청이였다. 너는 알로하 없이는 왕이라고 할 수 없다. (같은 곳)

지금 이것이 서구에 저항하는 하와이인 전략의 일부를 보여준다고 할지라도, 식민지 이전의 과거를 에덴으로 인식하는 근거가 되지는 못한다. 내가 볼 때, 이것은 시간을 거슬러 올라갈 수 있는 하위담론, 체계적인 계급관계에 의해서 만들어낸 하위담론을 보다 정교하게 설명한 것이다. 그리고 지배엘리트의 프로젝트와 오하나와 알로하라는 문화복합 간의 대립은 단순히 과거의 발명이라기보다 역사성을 가진 실천으로 보인다.

낙원의 기원

만일 카히키의 이민족 군장이 공포정치·인간희생제의·전쟁을 하와이에 들여온 것이라면 그 이전에는 어땠을까? 사실 절대적으로 명백한 원시사회 모델은 존재하지 않지만, 알로하(친밀한 가족관계, 근본원리로 특징지어지는 사랑과 자비의 일반화된 융합)와 오하나(확대가족, 사회조직의 기본형태) 같은 주요한 용어는 '평등주의적' 상호연대성을 지칭한다고 할 수 있다. 여기에는 숭배해야 할 티키 혹은 우상이 없으며, 영웅적 신성성을 가진 무리도 없다. 오직 두 존재, 곧 선돌(남근석)과 평평한 돌로 표상되는 쿠와 히나(혹은 카날로아 Kanaloa와 히나 Hina)라는 남성과 여성의 원리만이 있을 뿐이다. 이들은 대지와 바다의 다산성을 표현하며 남성-여성의 통일을 구현한다. 사람들은 한편으로 자연과 함께했고 신성한 힘과 직접 관계를 맺고 있었기 때문에 티키, 즉 신의 표상을 필요로 하지 않았다고 말한다. 군장이 있었지만 그들은 알로하를 통해서 지배했다. 그들은 민중의 아버지였으며, 분리된 프로젝트로서 사회계급을 형성하지 않았다.

현재 정해져 있는 기원은, 식민시대의 귀족정치체에 선행하는 사회를 직접 경험하지 않았다는 점에서 그 자체로 문제이다. 카히키 이전 정치체의 이미지는 19세기 하와이 왕국이 탈통합되고 세계체제로 완전히 통합되면서 나타난 사회문화적 총체(nexus)와 상당 부분 일치한다. 우리가 앞에서 주장한 바와 같이(이 책. 231~33쪽 참조), 19세기에는 실제로 인구가 급감하고 점차 플랜테이션 사회경제가 잠식해 들어왔으며, 미국 식민지의 엘리트 수중으로 완전히 넘어간 군주제가 운영되고 있었다. 급격히 축소되어 버린 하와이 평민들은 농촌지역에서 폐쇄적인 공동체를 만들어나갔다. 이 시기 세계의 다른 곳에서도 기록되었던 과정을 밟아나간 것이다(Wolf 1957).

이 공동체의 내부구조는 외부세계의 착취와 부정적 상호성에 대립하여 공동체의 가치, 오하나와 알로하라는 '일반적 호혜성'을 강조했다. 알로하 아이나(대지에 대한 사랑)의 실천과 이데올로기와 나눔을 실천하는 경제 로서 이러한 내부적 자비는 지난 세기에 가장 분명하게 나타난 문화였으 며, 오늘날에는 하와이 원주민의 가치체계로 자리 잡은 문화이다. 그러나 다음에서 살펴보겠지만, 이러한 가치가 오늘날 고유한 하와이의 가치로 표 상되는 것을 단순히 '문화의 발명'으로 치부될 수 없다.

과거에 대한 하와이 이야기는 크게 두 시기로 나누어진다. 하나는 자연 과 더불어 씨족의 연대와 통합으로 특징지어지며, 지역적이지만 무정부적 이지 않은 상황에서 신성한 군장은 군림하지 않고 민중과 함께하는 시기이 다. 또 종교적으로도 신성한 자연세계와의 직접적 커뮤니케이션을 하던 시 기이다. 뒤이어 새로운 군장이 전쟁신과 인간희생제의를 가지고 타히티 또 는 카히키에서 들어와서 이주의 시대를 열게 된다. 유럽인과 미국인의 유 입은 모두 이민족 정복자라는 동일한 주제를 단순 반복하는 것이다. 폴리 네시아의 정복자처럼 유럽-미국의 정복자 역시 그들에게 새로운 신을 가 져다주었다. 가장 최근의 정복자는 일본인일 것이다. 외세의 물결은 최초 의 이주와 정복을 재연하는 것이다.

하와이의 과거에 대한 하와이인의 해석은 집단을 말살하고 그들의 역 사를 서구 역사가와 인류학자의 시각으로 흡수해 버린 더 큰 세계로부터의 이탈과정의 일면이다. 인류학자는 식민지 이전의 군장체제와 서구가 부여한 근대성 간의 대립에 관심을 가진 반면, 하와이인은 자신들의 역사를 타히티 이전 시대의 특징인 사랑과 너그러움, 사람과 자연의 원초적 통일체와 대립하는 이민족 정복자에 의한 일련의 찬탈과정으로 해석한다. 이 원초적인 통일체는 그들의 동시대 정체성의 핵심이자 하와이 공동체의 핵심이며, 그들을 삼켜버린 근대성의 부정적인 상호성과 대조를 이룬다.

> 하와이인은 현재에 확고하게 서서 미래에 기대고 과거를 주시하면서, 현재의 딜레마에 대한 역사적 해답을 찾고 있다. 이러한 태도는 하와이 사람들에게 확실히 실천적인 것이다. 왜냐하면 미래는 언제나 알지 못하지만, 과거는 번영과 지혜로 넘치기 때문이다. (Kahme'eleihiwa 1986, pp. 28~29)

정체성 구축물 비교

그리스의 경우에는 현재의 살아 있는 문화정체성을 만들기 위해서 외부자로부터 규정된 과거가 이용된다. 하와이의 경우에는 외부자로부터 규정된 과거는 거부되고, 살아 있는 과거를 만들기 위해서 현재의 문화정체성이 활용된다. 어떤 수준에서 이것은 단순히 위치짓기(positioning)와 전략의 문제이다. 그리스 엘리트는 오스만제국으로부터 빠져나와 서구로 나아가려고 했다. 하와이 운동은 서구로부터 빠져나오려는 시도이며 자기중심의 자율성을 확보하려는 시도를 표상한다. 이것이 통합의 정치와 탈통합의 정치의 차이이다. 신헬레니즘이 타자의 시선 속에서 자신의 정체성을 발견한 반면, 하와이의 민족주의자는 타자의 시선에 저항하면서 자기 안에서 자신의 정체성을 찾았다. 거울놀이(play of mirrors)처럼, 두 전략은 서로 대립하는 것처럼 보인다. 전자는 자신이 아닌 것이 되기 위해 자신의 과거를 타자의 이미지에 동화시키려고 했고, 후자는 자신의 현재를 타자에 속하는 과거의 이미지에 투영하려고 했다. 그러나 우리가 강조한 바와 같이, 이것은 실제생활과 대립되는 게임이 아니다. 이것은 아마도 지적인 의미에서 환자들이 비존재가 되고 자살할 때까지 환자의 정체성을 벗겨내기를 즐겨했던 프랑스의 몇몇 전설적인 정신분석학자들이 발견해 낸 매우 중대한 지점이다. 정신분석학자들은 개인뿐 아니라 집단은 자신의 존재론적 기반을 상실한 뒤에는 이상하게도 지구상에 자신이 발 디딜 곳이 없다는 것을 깨닫게 된다고 말한다. 그래서 이것은 기호학의 문제도, 기호치환의 문제도, 진리치와 박물관학적 진정성을 가리는 지적 게임의 문제도 아니다. 오히려 이것은 주체의 자기규정이라는 프로젝트 속에서 나타나는 존재론적 진정성의 문제이다. 진정성을 가지고 구성된 과거는 언제나 오늘에서 내일로의 변이에 관한 것이다.

근대성의 공간

그리스와 하와이의 문화정체성과 그에 따른 역사해석을 대비해 봄으로써, 서로 다른 정체성 형성과정의 관계를 상세히 보여줄 수 있다. 두 경우를 구별하는 가장 중요한 측면은 두 집단의 역사적·체제적 위치에 있다. 그리스 민족주의는 그리스가 팽창하는 서구로, 고대그리스를 선조라고 지목한 근대서구의 가치세계로 병합되는 과정의 한 측면이었다. 동시에 그리스 정체성은 오스만제국으로부터 분리되면서 만들어진 것이다. 이 과정은 유럽의 경제적·정치적 지도가 지구적으로 재조직되는 과정의 일부였다. 하와이의 정체성은 서구 헤게모니의 쇠퇴시기에 다시 등장했으며, 근대주의의 정립에 참여하지 않고 그것에 전적으로 반대했다. 그리스는 새로운 제국체제의 출현과정에서 이데올로기적으로 유리한 위치를 차지했다. 동시에 이 새로운 제국체제는 이전에 존재했던 수많은 문화정체성을 지도상에서 사라지게 했다. '늑대와 춤을', 대학 커리큘럼의 '종족화' 과정 등 뿌리를 찾는 최근의 경향을 미루어볼 때, 새로운 문화정체성은 명백히 실패해 버린 근대주의의 대안을 표상한다. 그리스가 과거 속에서 미래를 표상했다고 한다면, 하와이는 많은 이들에게 미래 속에서 과거를 표상하는 것이다.

　이러한 대비를 통해 단순히 흥미로운 비교를 하고자 함은 아니다. 오히려 일정한 시간적 차원 속에서 지역화와 지구화의 접합, 지구체제의 연결을 보여주고자 하는 것이다. 이와 같은 연결은 인류학에서 최근의 위기를 살펴볼 수 있는 틀을 제공해 주기 때문이다. 인류학자가 자기규정을 하는 원주민집단과 대면하게 된 것은 민족지적 노고 끝에 찾아든 행운이 아니라, 우리가 살고 있는 세계의 보다 심오한 변형을 반영하는 것이다. 다음에서 나는 타자를 표상할 수 있는 권위가 위협받고 있는 최근의 상황이 세계체제 속에서 순환적이며 일정한 경향성을 가진 운동의 체제적 산물임을 개략적으로 주장할 것이다.

최근 위기에 대한 반응

　민족지로서 인류학적 실천이란 세계의 '민족들'을 분류하고 분류된 집단에 특수성을 부여하는 것이다. 이러한 종류의 활동이 가진 문제가 더 이상 간과해서는 안 된다. 그것은 내부로부터 밖으로 폭발했으며 외부로부터 안으로 파열되었다(Friedman 1991a). **그들이** 스스로 정체성을 찾고 자신들의 역사를 만들게 되면서, 비록 불신은 아닐지라도 인류학자의 동일시에 대한 회의가 점차 커져가고 있다. 이 같은 상황에 대한 반응과 그에 따른 담론에는 몇 가지 종류가 있다. 우선, 자기성찰적인 탈근대주의자의 반응에서는 이전시기에는 민족지적 경험이 포착될 수 없었을지라도, 민족지적 경험을 포착하려는 일관된 시도가 존재한다. 이것은 고분고분한 민족지적 대상이 없는 상황에서 민족지적 권위를 유지하기 위한 은밀한 시도이고 나르시시즘이라고 다양한 각도에서 비판을 받아왔다. 두번째는 보다 진지하게 문제에 대처하려는 시도로서, 자의식이 강한 대화체의 민족지를 기술하거나 혹은 지구 전체의 동시대적 현실들 속에서 연구방법을 모색하는 것이다(Marcus 1989; 1991). 세번째는 보다 근대주의적 반응으로서, 일종의 부정적인 가치절하를 하는 것이다. 이전의 인류학자들이 세계를 서구의 문화적 범주들로 규정했던 지점을, 민족지적 근대성은 진정으로 근대적인 것이어야 하고 민족지적 '대상'을 새롭게 정립된 주체성 속에서 만들어내려는 최근의 수많은 시도들은 단지 표면적으로만 과거와 유사할 뿐이라고 주장하면서 공격한다. 또한 이 같은 맥락에서 주장되는 '전통의 발명'은 양날의 칼과 같아서, 문화적 연속성이란 가정을 비판하는 동시에 오늘날 문화적 판타지에 정체성을 두려고 하는 사람들도 은연중에 비난한다.

5장과 6장에서 논의한 근대성의 정체성 공간은 근대주의/탈근대주의와 전통주의/원시주의라는 두 축으로 묘사되었다. 이 도식은 사람들을 범주화하려는 것이 아니라, 서구 근대성에 고유하고 가능한 정체성의 장을 규정하고 내부의 근대성에 대한 반응으로 나타나는 것을 보다 명확히 이해하려는 데 그 목적이 있다(〈그림 6-2〉 참조). 실제로 헤게모니 팽창시기에는 근대주의가 헤게모니를 장악하지만, 위기시기에는 삼분되는 경향이 있다. 이 경우 근대주의는 인간의 진보를 가로막는 두 개의 거대한 적, 미신과 자기만족을 피하기 위해서 궁여지책으로 합리주의적 발전주의로 치닫는 경향이 있다. 합리주의적 발전주의는, 미래가 현재에 가까워지기 시작하고 과거가 성스러운 노스텔지어의 아우라를 띨 때 보다 거대하게 드러난다.

비록 '과학적' 분과로서의 인류학이 민족지적 현실과 객관적인 거리를 유지하려고 노력한다 할지라도, 인류학자는 '쇠퇴하는' 우리 문명의 다른 구성원과 마찬가지로 현실세계의 주체로서 극단적으로 사분(四分)되는 과정을 겪게 된다. 앞에서 언급한 반응이 이 공간 내에 분포될 수 있다. 원시주의와 전통주의 양자는 인류학사를 통해 입증된다. 보아스의 틀에서 나타나듯이, 전통주의는 고전적 진화주의에 대한 초기반응과 관련된다. 문화상대주의는 종종 근대문명에 비판적이며 또 원시주의로 기운다(Sapir 1924). 그러나 근대성을 또 다른 문화—대개는 민족문화로, 때로는 자본주의 문화—로 간주하는 경향이 있다(Sahlins 1976). 원시주의에서 근대적인 것은 구조화되고 훈육된 국가권력으로(Clastres 1977), 자연과의 신성한 관계의 부재로(Bateson 1972), 의미와 권위의 상실로(Sapir 1924; Diamond 1974) 나타난다. 전통주의와 달리, 원시주의자는 원시문화를 인간의 기본욕구의 수단 혹은 본성(natural essence)의 표현으로 해석하는 경향이 있다. 자기선언적인 일부 탈근대담론은 많은 점에서 자의식적인 원시주의이다(Friedrich 1982; Tyler 1984). 전통주의는 가치가 부여된 상대주의로 표현되는데, 왜냐하면 근대성의 획일화 권력에 대항하여 문화적 차이를 보호하고 그것의 특별한 장점을 강조하기 때문이다. 전통주의는 지적인 의미에서 문화 결정주의 또는 차이를 문화적 본질로 환원시키기 쉬운 문화상대주의로 표현된다.

이 같은 탈근대주의는 아마도 클리퍼드의 작업에서 가장 잘 표현되고 있을 것이다. 비록 지구화된 근대성에 의해 해체되기 이전 질서에 대한 향수가 보이기는 하지만, 클리퍼드는 일체의 고정된 의미의 형식과 의식적으로 거리를 유지했다. 그는 크레올화라는 상념에서 희망의 안식처를 찾았는데, 점진적으로 서구문화로의 동질적인 확산과정은 이제 새로운 세대의 문화적 차이의 생산과정에서 세계의 나머지와 접합된다. "근대세계에서 서구인들만 성공한 것은 아니다."(Clifford 1988, p. 17) 클리퍼드의 향수는 (그런 것이 존재한다면) 순수한 문화의 쇠퇴에 대한 것이다. 이는 다음과 같은 문장에 잘 반영되어 있다. "순수한 산물들은 미쳤다."(같은 글, p. 1) 그는 오늘날 탈식민지 세계에서 표상할 권위가 쇠퇴하고 있는 상황을 분명하게 인식하고 있다(같은 글, p. 8).

클리퍼드는 오늘날 세계에서 인류학적 작업이 이루어지는 (부분적으로 거리두기 기능으로서) 더 큰 맥락을 분명하게 인식하고 있다. 이 문제에 대한 뚜렷한 해결책은 없다. 물론 아무런, 심지어 일말의 가능성조차 주어지지 않는다. 나는 클리퍼드의 논의가 전형적인 탈근대를 보여준다고 생각한다. 그는 권위적 담론을 가진 근대성의 쇠퇴라는 관점에서 현 상황을 표현하고, 이전의 헤게모니적이고 동질적인 표상의 장으로 밀어닥치기 시작한 동일시와 자기동일시의 다성성(多聲性)을 수용하고 심지어 장려하기 때문이다. 여기서는 해결책이 제시될 수 없으며, 다만 서로를 관찰하고 그에 따

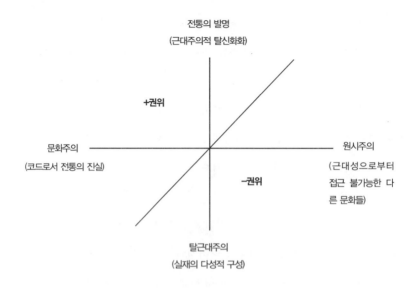

전통의 발명
(근대주의적 탈신화화)

+권위

문화주의
(코드로서 전통의 진실)

원시주의
(근대성으로부터
접근 불가능한 다
른 문화들)

−권위

탈근대주의
(실재의 다성적 구성)

〈그림 8-1〉 인류학적 정체성의 네 축

라 행위자들의 관찰자들에 대한 관찰자로서의 관조적인 거리두기가 있을 뿐이다. 클리퍼드는 타자들의 표상이 지닌 여러 목소리보다 자신의 목소리가 높아지지 않도록 조심하면서, 동시에 표상행위의 관조로 물러섬으로써 위기를 벗어났다.

그러나 인류학자가 깨달아야 할 일반적인 상황은 바로 앞에서 묘사한 근대주의적 난관이다. 이것은 근대주의가 학문적 실천(praxis)의 주된 조건이기 때문이다. 학자가 학문연구 전략의 전제를 완전히 파악하지 못하면서 결과를 확신하는 것이 바로 학문연구의 본성이다. 그러나 결국 인류학자가 X의 역사를 서술한다는 것은 무엇을 하는 것인가? 어떤 종류의 의미가 구성되며, 그것은 누구를 위한 것인가? 당면한 '원주민'의 역사와 문화에 대

244

해 원주민의 관점을 에둘러 말하는 독특한 인류학적 자기확신의 오만을 피하기 위해서, 이 점은 반드시 해명되어야 한다. 앞에서 지적했듯이, 모든 개인과 학파를 네 가지 유형의 축으로 분류할 수는 없다. 이 네 축은 더 큰 공간에서 중요한 지점을 표상하며, 이 공간은 문화적 구성물로서 근대성의 논리적 내용을 명료하게 해줄 뿐 아니라 정체성의 변이를 차트로 보여줄 수 있다. 문화주의의 인류학적 형식인 전통주의와 근대주의 모두는 오늘날 공격받고 있는 민족지적 권위를 필요로 한다. 반면 원시주의와 탈근대주의는, 적어도 타자의 목소리와 텍스트의 정당성을 받아들임으로써 원칙적으로 권위를 포기한다. 이를 그림으로 나타내면 〈그림 8-1〉과 같다.

근대주의 대(對) 사회적 자아의 구축물

역사 만들기와 관련된 근대주의적 담론은 구체적으로 객관주의, 즉 기록되었든 그렇지 않았든 간에 **실제로 일어났던** 역사가 존재한다는 확신에 기초하고 있다. 이것은 과학적 주체가 접근할 수 있는 모든 역사적 담론의 궁극적인 원천이 된다. 근대주의 전략은 실재와 표상된 공간 간의 명확한 구분을 바탕으로 한다. 후자는 현실에 대한 진술이 진실성(truthfullness)이란 관점에서, 즉 실재 사건과의 일치 정도에 따라 평가될 수 있다는 것을 함의한다. 이 같은 방법론에서 발명된 전통·문화·역사라는 상념은 단지 이 모델을 우리 자신의 표상에 적용한 것, 다시 말해서 우리 역사의 탈신비화 과정이다. 이 과정이 어떤 형식을 취하든, 결과적으로 그것은 표상의 구성된 성격을 논증하고, 그에 따라 그것의 허위성과 신비성을 함축적으로 드러낼 것이다. 인간 정체성의 어떠한 형식에 적용하더라도 이것은 효과적인 치료제이다. 마르크스는 자본주의에서 이것을 부의 표상에 적용했다. 프로 이트는 이것을 개인정체성이란 신화에 적용했고, 최근에는 라캉이 모든 에 고의 정체성의 탈신비화를 자신의 연구의 초석으로 삼았다.[3] 사회문화 정 체성의 근대주의적 방법론은 다음 주장과 잘 맞아떨어진다. 홉스봄과 랑거 (Ranger 1983) 외에도, 겔너(Gellner 1983)는 문화정체성이 근대주의의 세속 화−합리화 과정을 견뎌낼 수 없는 일종의 허위의식이라는 자신의 입장을 분명히 했다. 다른 맥락에서 앤더슨(Anderson 1983)은 근대민족을 상상의 공동체, 곧 구체적인 사회적 기반이 없는 집합성을 창출해 내는 상징조직 이라고 분석했다. 지난 수년간 홍수처럼 쏟아진 종족성에 관한 기사와 정 보는 새롭게 부활한 문화정체성의 엄청난 성장뿐 아니라, (비록 소외된 존 재는 아니지만) 지식인들의 무(無)정체성(identityless)을 휩쓸어 삼켜버린 뿌리와 종족성에 대응한 지식인의 근대주의적 해체주의를 반영한다. 왜 이 런 관심이 갑자기 급증했는지를 이해하기 위해서는, 이것을 사회적 실재로 서 파악해야 한다. 근대 지식인의 입지가 심하게 공격받고 있다는 사실은, 모든 이들이 그들의 방법론에 동의하고 있지 않다는 충분한 근거가 된다. 앞에서 주장했듯이, 이것은 근대성의 위기상황에서 나타나는 세 축의 전략 중 하나일 뿐이다. 이 내적 논리는 매우 제한된 다음 두 가지 특성을 가지 고 있다. 첫째, 이것은 진리를, 결과적으로 권위를 그 자체에, 즉 과학적으 로 인식하는 주체에 부여한다. 둘째, 이를 기반으로 표상된 세계를 객관적 진리 대 민속/이데올로기적 모델로 구분한다. 따라서 학자를 통해서 표상 된 객관적 세계는 본질적으로 투명한 이미지인 반면, 그외의 모든 이미지는 불투명하고 변형되고 결국에는 허위이다. 이 같은 방법론은 인류학자가 타자에 대해 말하고 서술할 수 있는 헤게모니 시기에는 유효하다. 그러나 타자가 스스로를 동일시하기 시작하는 시기, 곧 헤게모니의 해체시기에는 자신들에 대한 타자의 구성물을 폭로하고 탈신비화하고 규정하는 권위에 갈등이 나타난다.[4]

장 속에서의 근대주의

근대주의 민족지학자는 서구의 태도변화에 대해 당혹감을 감추지 못하고 다음과 같이 쓰고 있다. "진보와 문명의 이름으로 '야만'의 후진성을 비웃었던 사람들이 지금은 [말 그대로] 원시성과 고대 가치의 가장 맹렬한 비호자이다."(Babadzan 1988, p.206). 바바잔에 따르면, 멜라네시아에서 카스텀 운동의 뿌리는 이와 같이 전도된 담론이며, 원주민 스스로 내면화한 식민지배의 표지(標識)인 마니교의 전도이다. 그리고 지역정체성의 서구적 표상도 동일한 구조로 조직되므로, 그것 또한 분명히 허위이다. 따라서 이런 관점을 취해 서구적 가치를 비판하는 것은 적절하지 않다. 그것은 "서구화과정을 비판하고 원시주의를 변호하지만, 허위적인 비판이며 허위적인 변호에 다름 아니기 때문이다"(같은 글, p. 206). 즉 한마디로 **서구화과정에 대한 서구적 비판**이다(같은 곳). "가장 서구화된 사회계층, 전통적 생활방식과 가치가 가장 많이 제거된 사람들의" 근대화된 집단은 자신들의 실제 문화와 전통이 무엇인지를 알 수 없다. 바바잔은 우리에게 근대적인 것뿐 아니라 '진정한' 원주민을 환기시킴으로써 자신의 입지를 굳히고 있다. "외부의 관찰자에게 호소하는 이 역설은, 고풍 애호가의 담론이 언급되고 아직도 자신들의 문화를 포기하지 않은 전통적 집단의 관점에서 잘 나타난다."
(같은 곳)

이 관점에서 문화모델의 재구성과 재정립을 지향하는 운동은 그들의
근대적 관심이 만들어낸 오역(誤譯)을 통해서 진정한 문화를 선택하고 민
속화한 근대화된 허풍쟁이의 작업이라고 표현하면, 가장 정확할 것이다.
그리고 이 같은 신전통주의적 이데올로기가 자신의 과거에 오염된 관점을
적용할 때, 그들은 '역사 없는 사람들'의 진정한 역사보다는 오히려 신화적
인 파라다이스를 만들어내게 된다. "역사의 부정 또는 (총체적이기 때문에)
갑작스럽고 이해할 수 없는 문화적 기억상실을 넘어서, 그것은 문화적 접
촉 이래로 원주민사회가 서구와 유지해 온 관계의 역사적 차원을 이해할
수 없게 만든다."(같은 글, pp. 208~209) 아마 이것은 극단적인 입장이겠지만,
지식에 대한 서구 근대주의 관점의 근본적인 특질은 다음과 같다. 이 같은
특질은 세계에 대한 일련의 가정을 함축하고 있다.

① 진리는 단일하다. 과거에 대한 진실한 설명은 단 하나이다.

② 과거는 현재를 끝으로 하는 시간적 연속체 중에서 임의적으로 선택
된 파편이다.

③ 이러한 과거에 부여된 구조는 연구자가 연구의 장에서 만들어낸 특
수한 종류의 산물이다.

④ 이 구조는 객관적이고 가정 ①에 상응한다. 다시 말해 이 구조는 단
일하다.

⑤ 과거에 부여된 그 밖의 모든 구조나 해석은 오역이라는 의미에서 결
국 이데올로기적이다. '원주민의 관점'은 원주민의 무의식으로, 이문화의

깊은 구조로 통하는 지름길인 민속모델일 뿐이다. 그러나 그것은, 앞의 패러다임에 따를 때 어떤 과학적 가치도 가지지 못한다. 이것은 단순히 개별적인 관점의 문제가 아니고 구조적으로 위치지워진 담론의 문제이다. 바바잔이 이 같은 담론의 순수한 형식을 일정 부분 표상했지만, 우리가 앞으로 명확히 언급할 다소 유연한 변이는 동일한 군(群)에 속한다.

예를 들어 키징은 멜라네시아의 정치적 조건에 관한 연구에서, 카스텀 등의 문화운동의 특히 정치적 측면을 지적하면서 문화적으로 규정된 권력투쟁의 적극적인 측면을 이해하려고 시도했다. 그는 구하(Guha)와 그람시를 인용하면서, 이 운동을 한때 지배적이던 식민지권력에 의해서 부여된 유일한 분류도식의 기표가 역전된 현상으로 분석했다. 바바잔과 마찬가지로, 키징은 오늘날 멜라네시아에서 갈등을 겪고 있는 정체성의 범주가 식민지적 분류에서 기원하고 있다는 점을 강조했다. 그러나 그는 갈등조건을 이해하려고 하면서, 또 한편으로 일부 관련된 사람들에게 순수한 근대주의적 자세를 강조한다. "[근본적인 가정에 의문을 제기하는] 매우 급진적인 담론은 우리 선조의 과거와 [식민지와 그 밖의] 지배의 과거를 과거로부터 해방시켜서 그것들을 정치적 상징으로 이용한다."(Keesing 1989, p. 25)

여기서 다시 현재와 과거 세계의 표상이 정치적으로 유용해지기 위해서는 투명해야 한다는 상념이 존재한다.[5] 물론 여기에는 진리, 식민시대나 탈식민시대에 만들어진 위기상황에서 마술에 몰두하지 않고 진정한 적들, 실질적 문제를 다루도록 요청하는 진리가 존재한다. 그렇지만 이 역시 규범적인 이야기이다. 왜냐하면 그것은 합리성, 세상 어디에도 존재하지 않는 완전히 탈맥락된 합리성을 전제로 하고 있기 때문이다. 스스로의 재구성에 몰두하는 사람들은 자신들의 과거로부터 자유롭고 싶어하지 않는다 (Trask 1991, p. 164). 키징(Keesing 1991a; 1991b)이 요구한 투명성은 문화정체성의 구성과 전혀 양립이 불가능하다. 좋든 싫든 인류학자는 항상 스스로의 정체성을 구성하는 사람들에게 자신의 권위를 내세우는 과정, 실재의 규정과정에서 필연적으로 발생하는 갈등에 직면하게 된다. "하와이인에게 인류학자는 일반적으로 식민주의자 중의 하나이다. 왜냐하면 그들은 우리가 누구이고 무엇이며 우리가 정치 · 문화적으로 어떻게 행동해야 하는지를 규정하는 권력을 빼앗으려고 하기 때문이다."(Trask 1991, p. 163)

이러한 갈등이 갖는 중요성은 구조 속에 포함된 개개의 특성이 아니라, 구조적 속성에 있다. 키징은 몇 년 동안 태평양 원주민의 권리투쟁에 관해 연구했으며, 전통사회의 식민지적 변형을 인류학의 중심 주제로 만든 사람들 중 한 명이다. 그러나 문화적 · 역사적 구성물의 탈신비화 과정이 함의하는 문화로부터 진정성의 박탈과정(de-authentification)과 구성물을 만드는 사람들의 정체성 간에는 절대적인 양립 불가능성이 존재한다.

또한 마오리족의 '탄생'을 쓴 알렌 핸슨(Hanson 1989, p. 899)은 신화나 역사의 구성이 발명 혹은 그의 용어로는 '기호의 대체'라는 점을 증명하려고 했다. 핸슨은 명쾌하게 우리가 앞에서 언급한 일종의 탈근대주의 계보를 따랐는데, 그는 데리다를 따라서 '논리중심주의'로 번역한(Derrida 1967; Tyler 1991) 진리치의 고정척도를 적어도 원칙적으로는 받아들이지 않았다. 확실히 핸슨은 문화의 발명을 강조하며, 이를 일반적인 문화 변동과정과 등치시킨다. 그러나 그의 논의는 뉴질랜드로 이주한 '위대한 함대'와 최고 신인 이오의 숭배 이야기 등 다양한 전통이 실은 서구 포교의 잔재이며 현재 마오리족의 자기동일시 속에서 그것들의 위치가 마오리족에 대한 외국의 표상의 내면화에 지나지 않는다는 점을 증명할 뿐이다.

어떤 의미에서, 인류학자는 민족지에 나타나는 범주가 경험적 데이터에 근거하는 것이 아니라 더 큰 세계의 이데올로기적 분류에 의해 부과된다는 점을 증명하려고 한다. 텍스트 자체는 마오리족의 자기동일시의 구성과정에서 허위성을 드러낸다는 것 외에 다른 어떤 의미로도 해석될 수 없다. 그것은 토착적인 무엇과 불순하고 혼합되고 서구화된 것 간의 절대적 구별을 전제로 한다. 그리고 통상 아무런 차이가 없다고 주장하지만, 오히려 이 전제는 그러한 차이를 강화하는 효과를 낳는다. 그것은 결코 발명과정이 문제의 핵심이 아니기 때문이다. 만약 외국의 표상이 마오리족의 자기동일시로 동화된다면, 이것의 발생과정은 마치 하와이 혹은 고대 이스라엘로부터의 이주 등이 개개의 민족지적 대상인 것과 마찬가지로, 논쟁대상이 아니라 다만 결과물일 뿐이다. 전유-변형전략, 동기, 동일시는 허위를 내포하지만 겉으로는 중립적 과정으로 이해될 수 있다. 말할 필요 없이, 핸슨의 논의는 수많은 지역신문은 물론이고, 『뉴욕 타임스』에까지 실리는 호응을 불러일으켰다.[6]

린네킨은 원주민 활동가와 장기간 대면하는 매우 흥미로운 사례를 표상한다. 초기 논문에서(Linnekin 1983), 그녀는 분명히 발명학파(The Camp of The Invention School)에 동조하는 입장이었다(Handler and Linnekin 1984). 여기서 전통은 현재 상황이 만들어낸 끊임없이 변화하는 산물로 그려진다. 전통은 그것이 항상 변화하는 현재의 추측된 과거로의 사회적으로 조직된 투사라는 점에서 필연적으로 '허위'를 내포한다. 그러나 린네킨은 하와이인에 대한 논의에서, 전통을 "대략 접촉 이전 시대"를 지칭하는 의미로 또 다르게 정의한다(Linnekin 1983, p. 242). 허구화라는 함축된 기준 때문에 그녀는 하와이인 운동의 문화적 내용에 대해 비판적 입장에 섰다. 최근 그녀는 비록 고의가 아닐지라도, 이러한 이중적인 생각에 의문을 표하기 시작했다. 만일 모든 문화적 표상이—심지어 학문적인 것도—우발적이고 특정한 사회정치적 맥락에 매몰되어 있다는 점을 받아들인다면 "우리는 '실재 과거'(Keesing 1989, p. 37)와 '진짜' 전통(Babadzan 1988; Hobsbawm and Ranger 1983 참조)을 어떻게 방어할 수 있을까(Haraway 1989 참조)" (Linnekin 1992, p. 250).

분명 린네킨은 인류학자와 자기규정을 하는 원주민의 입장차이와, '전통'의 표상과 관련된 해석의 다양성을 알고 있다. 그녀는 키징 같은 권위주의적 사실주의자 혹은 객관주의자가 사실 자체가 경합하는 현재 세계에서 "접촉 이전 문화의 특정한 표상에 대한 명확한 입장을 주장하는 것은 어리석다"(Linnekin 1990, p. 23)는 사실을 이해하지 못했다고 주장한다. 그러나 다른 사람들의 문화와 협상중에 있다는 주장은 "어딘가 불편한 구석이 있는 것 같다"(같은 곳).

이것은, 몇몇 범주는 해체될 수 있지만 다른 몇몇은 그럴 수 없는 지점, 누군가의 해석이 비록 모두로부터는 아니더라도 적어도 일부 투사들로부터 공격받게 될 것이라고 예상되는 지점에서 이루어진 타협을 표상한다. 그러나 그녀의 사례에서는 타협뿐 아니라 학식이 풍부한 학자들과 흥분한 학생들, 활동가 간의 대립이 지배적 관점으로 재등장한다. 마찬가지로 전쟁과 관련이 없을 것 같은 고대의 투구가 전쟁영웅의 착용복, 뿔난 황소의 소유(pit-bull owning), '전통'의 이미지로 적어도 티셔츠에 그려진다(같은 책, p. 24). 유사하게 하와이 최고수장의 장단점을 논하고서, 린네킨은 비록 자신이 "에덴의 이미지에 기댄다"고 하더라도(같은 책, p. 22) 학생들에게 천국도 아니고 지옥도 아닌 이미지를 주었다고 주장하며 이를 객관적 연구의 산물이라고 확신한다. 따라서 전체 학문적 프로젝트에 대한 긴장과 주의에도 불구하고 린네킨의 담론은 여전히 진정성이란 척도에 의해서 지지된다. 그래서 문제는 태도가 아니라 구조에 있다. '협상하는 문화', 즉 민족지적·역사적 실재의 추론과 해석을 연구하는 사람이라면, 그러한 실재에 의해 규정되는 타자와 충돌하게 마련이다. 문화는 문화전문가에게는 완전히 협상 가능한 것이지만, 자신의 정체성을 특정한 형태에 의존하고 있는 사람들에게는 결코 그렇지 못하다. 정체성은 협상 가능하지 않다. 그렇지 않다면 그것은 존재할 수 없다.

이 모든 경우에서, 근대주의는 타자의 정체성 구축물과 직접 대면하게 된다. 이것은 매체 혹은 '원주민' 당사자에 의한 실수나 오역이 아니다. 인류학 전문가적 정체성과 스스로 자기정체성을 생산하려는 세계의 분절들 간에는 필연적으로 구조적 관계가 존재한다. 나는 여기서 과학에 반대하는 것이 아니라 불합리한 태도, 학문과 실재 정치를 혼동하는 결과물 자체에 반대하는 것이다. 이러한 타자와의 대면은 학문과 현장의 갈등이란 형식을 취한다. 학문적 근대주의자는 지식 자체를 위해 세계에 대한 진리를 독점하고 학자의 권위를 지키는 데 관심을 기울인다. 최근에 한 비판적인 인류학자는 "거기 누구 없는가?"(Sutton 1991, p. 91)라는 질문을 던짐으로써 그에 대답하고 있다. 나는 특히 근대성의 위기가 탈근대주의, 전통주의, 원시주의 등 정체성에 있어 수많은 변이를 만들어낸다는 점에 주목했다. 그것들은 서구의 정체성 공간에 외재하는 것이 아니라 그에 의해서 규정된 축들이다. 권위의 문제는 근대주의자와 문화주의자(신전통주의자)들 사이에서 불거져 나왔다. 그리고 실천주의자들 사이에서는 과거를 표상할 권리가 중요한 이슈가 되었다. 즉 소유권에 대한 질문은 또 다른 인격 혹은 집단의 문화를 규정할 권리를 누가 가지고 있는가라는 문제이다. 지구적 관점에서, 이 문제는 세계의 헤게모니 구조가 더 이상 현실이 아니기 때문에 발생한 것이다. 이와 더불어 문화적 형식이었던 헤게모니 역시 해체되고 있다. 이것은 인류학이나 서구문화의 내적 발전의 산물이라기보다는 세계체제의 현상이다.

정체성과 역사의 구축물

『역사의 섬』(*Islands of History* 1985)에서, 살린스는 신구조주의 마르크스주의자인 힌데스와 허스트의 "역사적인 사건은 존재하지 않으며 현 상황에서 물질적 효과를 가질 수 없고 현 사회적 관계의 존재조건은 필연적으로 현재 속에 존재하며, 그 속에서 끊임없이 재생산된다"(Hindess and Hirst 1975, p. 312)는 주장을 예리하게 비판했다. 대신에 이에 대립하여 "문화는 정확히 말해 과거의 관점에서 현 상황을 조직화하는 것"(Sahlins 1985, p. 155)이라고 주장했다. 우리의 논의는 항상 현재 속에서 과거를 실천한다는 주장에 기초하고 있다. 이는 과거가 스스로에게 부여할 수 있기 때문이 아니라, 현재의 주체가 사회정체성의 실천 속에서 과거를 만들어내기 때문이다. 따라서 "과거의 관점에서의 현 상황의 조직화"는 오직 현재 속에서만 일어날 수 있다. 현재에 영향을 끼치는 과거는 현재 속에서 구성되거나 재생산되는 과거이다. 이러한 관점에서 신화적 실천(mythopractice)은 신화를 실현하는 실천이 아니라 신화를 만드는 실천이다. 더욱이 이것을 역사적 과정, 즉 시간에 따른 사회적 재생산의 연속과정 또는 변형과정과 혼동해서는 안 된다. 과거의 모델을 현재에 부여하는 것은 사회화과정과 사회적 운동과정 속에서 의도적 행위로 나타난다. 그리고 두 경우에서, 정체성의 구성과 과거의 동일시 과정의 관계는 매우 체계적이다(Alberoni 1984).

정체성의 구성은 정교하고 매우 진지한 거울게임이다. 주체나 집단에 내·외재하는, 동일시 과정의 다중적 실천들의 일시적이고 복잡한 상호작용이다. 따라서 구성과정을 이해하기 위해서는, 시공간에 따른 움직임 속에 거울을 놓아야 한다. 우리는 그리스와 하와이의 정체성 형성을 파악하기 위해서는 지구적인 역사적 관점이 필요하다고 주장했다. 최근까지도 우리는 제국의 팽창이 초래한, 문화정체성이 해체되는 상황에 매우 익숙해 있다고 생각한다. 서구팽창의 역사에는 문화정체성의 파괴와 그에 따른 심리적인 영향이 가져온 복합적인 파괴의 사례가 여기저기 널려 있다. 정체성의 구축과 재구축 과정은 그와 관련된 모두에게 폭력적이고 위험한 과정이다. 여기서 문화정체성의 등장은 더 큰 단위의 파편화를 함의하며 언제나 위협적으로 경험된다는 것을 알 수 있다. 그것은 때로는 범죄시되고 또 때로는 처벌되기도 한다. 또 우리는 문화적 동일시가 일차적으로 헤게모니의 쇠퇴시기에 폭발할 수도 있다고 주장해 왔다.

지구적 과정의 정치적 조건 속에서 문화적 이질성은 시간에 따라 정치적 헤게모니와 역관계를 맺는다. 그리고 역사는 정체성의 담론이기 때문에, 누가 과거를 '소유하고' 전유하는가의 문제는 곧 일정한 시공간 속에서 누가 그/그녀 자신과 타자를 동일시할 수 있는가의 문제이다. 만약 세계 질서의 파편화가 문화정체성의 다중화를 내포한다면(Friedman 1989a, p. 67), 후자는 역사의 증식으로 표현될 수 있을 것이다. 다중적 정체성은 다중적 역사를 의미한다.

사모아의 작가 앨버트 웬트(Albert Wendt)는 다음과 같이 주장한다. "사회는 사회가 기억하는 것이다. 우리는 우리가 기억하는 것이다. 나는 내가 기억하는 것이다. 자아는 기억의 술수이다."(Wendt 1987, p. 79) 그러면서 그는 전통이 계급이나 지배층의 조작이라는 점을 확실히 인식하고, 전략적으로 이를 자신의 기반으로 삼기로 결정한다. 이를 위해서 그는 자아구성에 쉽게 영향을 줄 수 있는 거울위치를 설정하고 비판한다.

우리 대부분에게 기억은 저주가 아니다. 우리는 기억을 통해서 기억을 재배열하고 대부분의 아픔과 고통을 우리에게서 거두어가기 때문이다. … 마가렛 미드의 사모아는 우리에게 계속해서 전형적인 사모아인을 심어주었고 자기중심의 비(非)사모아 학자들간의 의미 없는 설전을 불러일으켰다. 희망적이게도 몇몇 나의 후손들은 내가 죽은 뒤에 나의 증손자를 구해 줄—누군가를 생각해 주는—기계를 향유하며 살아갈 수 있을 것이다. (같은 책, p. 81)

웬트에게 문제는 지배적인 타자의 담론의 장으로부터 자신을 어떻게 해방시킬 수 있는가 하는 것이다. 이전에는 존재한 적이 없었다는 듯 선입관을 주입하는, 거칠게 수집된 정보나 오보(誤報)로 이미지화된 세계, 이미지로 존재하는 세계—적어도 어떤 세계—로 묘사하고 특징짓고 표상한다.

그래서 우리는 역사가 그들이 스스로에 대해 쓴 파팔라지(papalagi, outsider)의 역사이며, 그들이 우리 지방에 남긴 역사라고 말할 수 있다. 그것은 태평양에 대한 그들의 기억/지각/해석을 구체화한 것이다. 그리고 우리가 학교에서 역사를 가르칠 때, 우리의 기억을 아이들에게 전달하여 우리 아이들의 기억을 재배열한다. 아마 식민지 교육체계에서 우리는 우리 태평양의 그 어떤 역사도, 심지어 그것의 파팔라지 판조차 배우지 못했다. …그러나 나의 아이들과 나는 학교졸업장을 받고 대학에 입학하는 동안 유럽/미국사와 영국사를 과다 섭취했다. (같은 책, pp. 86~87)

이것이 '역사 없는 유럽과 사람들'의 모델인가? 만약 그렇다면, 그것은 패권이란 측면에서 타자를 말하고 기록하는 실천인가? 이것을 가능하게 하는 권위가 붕괴되면서, 새로운 목소리가 출현한다. 이것은 전도된 목소리가 아니며, 심지어 반드시 하위권력의 목소리도 아니다. 이것은 이전 상황을 포괄하거나 능가할 수 있는 관점인, 서구적 담론의 내면화와 관련된 복잡한 견해이다.

나는 외부인이 우리에 대해 기록해서는 안 된다고 주장하는 것이 아니다. 다만 그들이 우리 내부로부터 쓸 수 있다는 듯이 가장하지 말라는 것이다. … 절대로 파팔라지의 관점에서 소설을 쓰지 말라는 것이다. 만약 내가 주요한 성격으로 파괄라지를 가지고 있다면, 나는 사모아적인 서술자의 눈을 통해 소설 속에서 그를 볼 것이다. (같은 책, p. 89)[7]

맺음말

서두에 언급했듯이, 우리는 사회적 동일시와 역사 만들기의 관계를 두 가지 측면에서 분석했다. 첫째는, 정체성 형성의 사회적 조건과 과거의 문화적 생산 간의 관계이다. 둘째는, 이와 동일한 틀로 타자의 과거의 근대적, 이른바 과학적 구축물을 제시했다. 이 논의에서 '객관적' 역사는 그 밖의 역사와 마찬가지로 지극히 사회적 구축물이며, 그것을 단순히 피상적 가치로 받아들일 수 없다. 우리의 주장처럼, 만약 과거에 대한 모든 해석이 사회적으로 추동된다는 관점, 곧 지위의 관점에서 이해한다면, 예전에 침묵하던 타자의 경합하는 실재들과 인류학의 최근의 적대적 관계를 이해할 수 있다. 이를 위해서는 보다 넓은 영역에서 그것들의 상호작용, 나아가 제도화뿐 아니라 지역적으로 특수한 자기구축의 논리까지 반드시 이해할 필요가 있다. 문화적 모델의 의미와 구축물은 추동된 실천이기 때문에, 우리가 전망하는 역사와 민족지의 진리치를 타자의 자기 비전의 방식에 따르고자 한다면 그것이 생산되는 방식을 이해해야 한다. 협상될 수 있는 문화, 기호 대체로서의 발명, 순수한 텍스트적 창조성에서 비롯된 인식론적 실천이란 사고는 대개 자본주의적 근대성에 고유한 문화구조, 자아구조와 연결되어 있다. 그 밖에도 나는 이 개념들이 사적 영역과 공적 영역의 분리에 반영된 주체와 역할(정체성)의 분리라는 선험성에 기초하며, 그것들이 곧 실재들이 되는 것이 아니라 상징이 그것 이상의 무언가를 '상징한다는' 이른바 표상성(representativeness)이란 상념으로 표현된다고 주장했다(Sennett 1977; Campbell 1987; Friedman 1989b). 이것은 신의 권력을 담고 있는 의례적 가면과 그것의 단순한 표상, 상징, 이미지인 가면극 간의 차이이다. 근대성은 상징이 지시하는 대상으로부터의 상징의 분리를 함의한다. 코드, 패러다임, 기호학으로서 문화 상념은 바로 근대적 정체성의 산물이다. 타자에 의해 구성된 타자의 과거에 대해 냉소적이고 부정적인 태도는 스스로를 방어하기 위한 근대적 정체성의 산물이다.[8]

이와 비슷하게 동시대의 뿌리, 종족성, 심지어 인종주의는 그것에 대한 다양한 전통주의적 반응형태이다. 비록 나 자신의 객관주의적 입장이 근대주의적 인류학자와 이른바 외부로부터의 주체 간의 대립을 파악하는 과정에서 분명히 나타난다 하더라도, 이와 관련된 담론에 상대적인 가치를 부여하는 것이 내 글의 목적이나 관심사는 아니다. 나는 이 상황이 서구의 특정한 사회적 맥락의 산물이라는 점을 반복해서 밝히고 싶다. 지구적 시각은 앞서 논의했던 한 축으로의 극단적인 동일시를 스스로 의식적으로 회피할 수 있게 해준다. 무정체성의 입장을 엄격하게 유지하면서, 사회정체성의 구성과정과 그것이 만들어낸 문화적 구조를 이해하기 위해 노력했다. 이것은 동시에 우리의 담론을 만들어내는 근대적 정체성을 이해하기 위한 노력이기도 하다. 문화적 파편화가 우려될 만큼 극단적으로 진행되는 세계 속에서, 여기서 언급된 일련의 현상은 매우 중요하지 않을 수 없다. 최근 대학캠퍼스에서 나타나는 세계에 관한 서구 헤게모니적인 표상에 대한 반대운동은 이 논의에서 자세히 다룬 일련의 지구적 과정의 증거이다. "1988

년 역사가 칼 데글러(Carl Degler)를 비롯한 몇몇 사람들의 반대에도 불구하고, 스탠퍼드의 교직원들은 표결에서 39대 4로, 서구적 관점을 포기하고 문화혼합에 대한 연속 3강좌를 필수과정으로 대체하기로 했다"(Woodward 1991, p. 33)

"우리 문화가 소란한 이민자집단, 게토, 부족으로 파편화되고 있다"(Schlesinger in Woodward 1991, p. 37)고 말하는 몇몇 연구자들은 소수자의 권리증대와 대학의 소수우대정책을 개탄한다. 반면 다른 연구자들은 파편화를 지역 혹은 심지어 새로운 부족적 게마인샤프트로의 긍정적인 전환이라고 본다(Maffésoli 1986). 나는 이러한 갈등을 더 넓은 시각에서 바라보아야 한다고 주장해 왔다. 보다 구체적으로 말해서, 이것들이 과거 헤게모니 세계체제의 실질적인 파편화로 나타나는 현상이라는 것이다.

그리스 정체성과 역사의 정립 혹은 민족주의자가 주장하듯이 재정립은 오스만제국의 파편화와 그리스반도의 서구 헤게모니로의 통합이 낳은 직접적이고 필연적인 측면이다. 최근의 세계체제의 파편화는 보다 광범위한 현상으로서, 새로운 헤게모니 구조로의 전이(轉移)를 표상한다. 어쨌든 이 과정을 이해하기 위해서는, 내가 제안한 더 넓은 지구적 시각을 가질 필요가 있다고 생각한다. 이 방법론은 우리가 어디서 왔으며 어디로 가고 있는지를 이해할 수 있게 해준다. 그리고 우리 모두는 싫든 좋든 이 과정의 행위자로 나타난다. 이러한 시각이 없다면, 우리는 오히려 이해를 절실히 필요로 하는 정체성의 투쟁으로 내던져지고 말 것이다.

과거의 구축은 자기동일시의 행위이며 그것의 진정성, 곧 주체와 의미세계의 존재론적 관계로 해석되어야 한다. 이 관계는 다양한 종류의 사회적 층위 속에서 매우 다양하게 나타난다. 그것은 역사적 · 공간적 · 사회적으로 결정된 환경 속에서 추동된 실천인 것이다. 후자는 더 큰 지구적 과정 속에서 체계적으로 발생된다. 그리고 지구적 과정을 통해서 지구적 위기와 재구조화의 시기에 확산되는 정체성의 경합과 성쇠를 설명할 수 있다.

[주]

1) 고대그리스의 참주정치는 귀족정치가 쇠퇴하던 기원전 7세기부터 3세기에 걸쳐 도시국가 곳곳에서 나타났다. 참주는 귀족 출신으로 민중의 지지를 얻어 비합법적으로 권력을 얻은 독재자였다.—옮긴이

2) 그 밖의 잘 알려진 개념들, 이를테면 카푸(kapu), 신성/금기, 마나(mana), 생명력, 호오키파(ho'okipa), 호혜성 같은 것들은 앞의 개념들과 밀접한 관련이 있다. 대지와 바다의 마나, 이에 관해서 관찰되는 카푸스, 공동체의 근간을 이루는 호오키파, 이 모든 것들은 오하나와 알로하 속에서 표현되는 포용성, 의존성, 단일성과 긴밀한 관계가 있다.

3) 물론 헤겔은 특정의 구체적인 정체성의 소외를 논증하는 데 노고를 아끼지 않은 최초의 사람이다. 그러나 그의 총체주의(holism)는 객관주의적 탈신비화와 상반되는 프로젝트에 어긋난다.

4) 인류학자는 자신의 담론이 함의하고 있는 탈진정성과 거리를 유지하기 위해 많은 노력을 기울여왔다(Linnekin 1991a). 그러나 그 노력이 탈신비화의 효과를 적절하게 거둬내지는 못했다. 모든 사회와 대개의 개인은 자신의 과거를 현재의 조건 · 동기 · 욕망에 기초하여 재구성하면서 스스로를 신비화하는 경향이 있는데, 이는 특정하게 표상되는 과거 속 진실이란 '객관적' 실체를 명확한 기준으로 삼을 때만이 중요하다는 것을 내포한다. 근대주의적 세계에서 핵심적인 논쟁은 세계에 대한 지식, 포퍼식으로는 객관적 지식(Popper 1972)의 축적이다. 그러나 표상이 표상 이상으로 기능한다면, 근대주의는 필연적으로 약탈자일 수밖에 없다. 역사의 진실은 대안적 버전과의 비교에 기초한 담론의 세계 속에서만 운위될 뿐이다. 인류학은 근대주의, 즉 반증주의와 패러다임을 채택함으로써 타자의 자기표상의 정치학에도 관여해 왔다.

5) 투명성이라는 용어는 표현하는 것과 표현되는 것 사이에 왜곡이 없음을 의미한다.

6) 핸슨의 논문(Hanson 1989)이 발표된 이래 인류학자들 사이에서, 타자의 발명된 전통과의 동일시의 성격과 정치적 중요성에 관한 논쟁이 활발하게 진행되었다. 이 속에서 민족지적 정체성 혹은 민족지적 권위가 위태해졌고, 이것은 우리 주장이 타당함을 보여주는 것이다(Hanson 1991, pp. 449~50; Levine 1991, pp. 444~46; Linnekin 1991b, pp. 446~48; Jolly 1992). 핸슨의 견해를 지

지하려면 인류학의 전문성을 민족지학 혹은 역사학으로 보아야 하는데, 발명 테제를 옹호하는 데 문제는 그것의 자기모순성에 있다. 모든 문화가 발명되는 것이라면, 특정한 문화적 산물이라고 견줄 만한 것도 진정성의 근거도 존재하지 않는다. 이것(전통의 발명)은 흔히 문화적 창조성이라고 일컬어지는 것과, 근대의 문화적 산물에 끊임없이 비진정성(inauthenticity)을 부여하는 담론 사이의 중대한 모순을 함의한다.

7) 보다 깊은 의미로 인간으로서 우리의 궁극적인 목적은, 다양성 가운데 단일한 인간성을 찾아가는 프로젝트에 기초하여, 적어도 이해의 수준에서 우리 내부로부터 문화적 산물을 정확하게 파악하는 것이다. 그러나 이는 이해하려고 노력하는 사람들에게만 의미가 있을 뿐, 이해의 대상이 되는 사람들이나 인류학적 프로젝트와 완전히 무관한 사람들에게는 아무 의미가 없다. 또 다른 한편 웬트가 지적한 것과 같이, 지양해야 하는 것은 대화하지 않고 어림잡는 것이다. 사람들은 궁극적으로 자신의 내부에서 경험한 것들만 알 뿐이다. 그 밖의 것을 안다고 가정하는 것은 어리석으며 어리석은 만큼 권위적인 담론 그 자체에 맹목적이다.

8) 자기구성(self-constitution)의 다양한 실천에 따라 의미화의 다양한 방식이 있음을 함축적으로 말해 왔다. 예를 들어 이스라엘의 잃어버린 부족에의 동일시는 어떤 선교분파의 영향 아래 있는 상당히 많은 사회들에서 일어나고 있는데, 이를 세계사 혹은 성경에 대한 우리의 견해에 입각해서 결론지을 수는 없다. 그것은 특정한 행동이 일정한 역사적 맥락에서 의미를 획득한다는 관점에서 이해되어야 한다. 많은 사회에서 선교의 힘과 지위는 선교집단과 그들의 신성한 경전에, 탈통합되고 있는 사회의 생명력과 웰빙의 원천을 종종 그들 현존재의 직·간접적인 결과로서 부여한다. 신성한 땅에서 왔으며 성경 속 인물의 후손이라는 것은 성경 그 자체가 초월적인 식민지적 권력의 힘 혹은 마나의 표현이 되는 상황에서 신성한 정체성의 원천이 된다.

09 / 우아함의 정치경제학 *

소비이론이란 있을 수 없다

최근 수년간 소비에 관한 서적이 엄청나게 쏟아졌다. 그동안 경제학자들이 주체를 도외시해 왔다는 인식을 하게 되면서, 경제학 자체에서 그리고 최근 인류학 내부에서 현상을 이론화하려는 수많은 시도가 이루어졌고, 수년 동안 소비자 행동에 관한 정연하지만 공허한 효용이론에 대해 불만의 목소리가 커져왔다. 경제학에서 이를 만회하려는 시도가 있었으니 형식화의 문제에 부딪히고 말았다. 밀턴 프리드만(Milton Friedman)은 항상소득이론 (1957)[1]을 통해, 보다 발전된 합리적 기대로서 개인의 소비선택을 설명하고자 했다. 그러나 이 이론은 수요의 본질적 특성을 다루지 않고, 이미 규정된 여러 종류의 상품(필수품 대 사치품) 중에서 선택되는 소비의 양적 분배만 설명하고 있을 뿐이다. 랭카스터(Lancaster 1971)는 상품 자체를 연구

* 이 글은 Friedman(1990a)을 수정한 것이다.

하여 이 문제를 직접적으로 다루려고 했다. 즉 빠르고 안전한 차, 맛좋은 시리얼, 세척력이 뛰어난 가루세제, 열량, 단백질 등과 같은 상품의 구체적인 속성에 기초해서 필요이론을 발전시키려고 했다. 그러나 그의 방법론은 필연적으로 동어반복의 문제에 빠지고 만다. 왜냐하면 선호의 속성은 본질적으로 소비하는 주체와 무관하게 규정될 수 없기 때문이다.[2] 근대경제학에서 소비이론의 문제는 양면적이다. 수요의 효용이론은 동어반복에 빠지는 경향이 있다. 즉 소비자는 자신이 원하는 것을 구입하고, 생산자는 대개 요구되는 것을 생산하기 때문에, 생산은 소비에 수렴하는 함수가 된다. 다시 말해 수요의 원천은 전적으로 개인적 주체 내부에서 찾을 수 있으며, 사회문화적 맥락의 영향을 받지 않는다는 것이다. 시장경제가 지닌 총체적 합리성의 일부로서의 공급은 단지 소비를 반영하지만(혹은 반영하지 않거나), 소비는 독립적인 개인들의 수요가 합쳐진 결과일 따름이다. 이는 방법론적으로 개인주의적 결정론을 함의하고 있다. 여기서 거시경제의 보이지 않는 손은 개인적 효용이라는 미시경제를 통해 작동된다. 그리고 이 같은 순환논법에서 효용이란 단지 실질적 수요, 곧 사람들이 구입한 것을 추상화시킨 것에 불과하다. 수요의 기원―사람들이 원하는 것이 무엇이고 그러한 필요와 욕망이 어떻게 구성되는가에 관한 설명―은 경제학의 영역 너머에 존재한다. 최근에 와서 비로소 소비를 라이프스타일의 관점에서 다루고자 하는데, 이 관점에서는 감정의 조직에서 사회정체성의 형식까지 라이프스타일을 구성하는 일련의 요소들이 고려된다(Earl 1986). 그러나 여기서도 경제이론이 기반으로 하고 있는 존재의 사회적·문화적 속성은 경제이론으로 포섭될 수 없다는 문제가 있다.

사회학자와 인류학자는 이론적이지만 구체적인 관점에서 소비에 접근했다. 과시적 소비에 관한 베블린(Veblen)의 초기 저작은, 아마도 근대세계보다는 그에게 이론적 영감을 준 포틀래치와 상당한 관련이 있는 것 같으며, 많은 사회과학자들에게 영향을 미쳤다. 부르디외의 사회적 구별짓기로서의 소비이론은 이 접근방법에 가장 충실한 형식이다. 메리 더글러스(Mary Douglas)는 일반적인 관점에서 접근하여, 상품은 사회적으로 규정되며 사회적 관계를 규정하는 수단으로서 이해했으며 그에 적합한 논의를 이끌어나갔다. 아파두라이(Appadurai)와 그 밖의 사람들 역시 상품의 규정에서 문화적 상대성을 논증하기 위해 노력했다. 캠벨(Campbell)은 근대소비의 역사적 기원을 명쾌하게 분석하면서 수요의 형성과정을 설명하기 위해서는 인간의 욕망이 구성되는 방식을 이해해야 한다고 주장했고, 밀러 역시 헤겔에서 부르디외에 이르기까지의 소비방법론을 비교분석하면서 언제나 사회적으로 특수한 '사회적 자아의 창조과정'(Miller 1987, p. 215)으로 소비를 개념화할 필요성을 강조했다. 이것은 짐멜(Simmel)의 『돈의 철학』에서도 설명되는데, 짐멜은 근대소비의 형식을 이전의 보다 총체적인 사회적 우주가 파편화되면서 나타난 분리대상화의 산물로 분석한다. 개별 소득과 상품의 등장으로 근대적 개인은 생산의 의미 도식에서 자유롭게 해방되었다. 화폐는 표상물(representativeness)일 뿐 더 이상 본질적인 가치를 지니지 않는 일반적 등가물로 추상화된다. 그 밖에 국가, 과학, 민주주의의 추상화 등과 같은 모든 것들은 문화적 형식으로서의 근대성의 형식, 즉 개인주의 · 파편화 · 대상화 · 자율화의 측면과 상관관계에 있다. 짐멜은 상품화의 형식적 함의를 다루면서, 캠벨의 결론을 상당 부분 보완할 수 있는 결론을 도출하게 된다.

이 모든 논의들은 소비의 의미화를 보다 일반적인 사회적 과정에서 찾고 있다. 그중에는 이 과정을 문화적으로 보편적이기보다는 특수한 것으로 분석한 탁월한 논의도 있다.

자아의 협상과 근대성의 소비욕망

이 논의의 목적은 부분적으로 소비범주를 자기규정, 자기유지의 광범위한 전략으로 확장하는 것이다. 소비에 관한 대부분의 논의는 근대성의 공리, 다시 말해 진공 속에 살고 있는 자율적·합리적 개인이란 가설에 근거한다. 이 같은 가설에서 세계는 보편적 개인들이 상이한 역할을 수행하는 특정한 무대이며, 의미는 코드·문화도식·패러다임을 통해서 외재적으로 구성된다. 따라서 소비는 임의적이고 비어 있는 잠재적 대상에 부여된 범주체계, 곧 사회적 가치, 선호, 효용 등에 의해서 창조된다. 현재의 문화모델은 이 같은 사회적 실재의 개념화과정을 함축하고 있는데, 왜냐하면 옷의 패션이든 담론의 형식이든 본질적으로 사회적 산물의 추상화에 근거하고 있기 때문이다. 따라서 문화모델은 단지 추상화되는 산물을 반영할 뿐, 산물 자체를 창조할 수는 없다. 소비전략은 욕망이 구성되는 특수한 방식을 이해할 때 비로소 제대로 파악할 수 있다. 그리고 이 과정은 분명히 인성이 구성되는 본질적인 측면이다.

이 같은 주장은 아비투스와 실천의 관계—"통제된 즉흥성이라는 견고하게 장치된 생성원리"(Bourdieu 1977, p. 78)와 특유한 소비전략의 관계—

에 관한 부르디외의 모델에서 찾아볼 수 있다. 그러나 부르디외는 모든 실천을 문화자본의 축적, 즉 특수한 형식의 권력축적으로 환원한다는 점에서 합리주의적·경제주의적 시각을 가졌다고 볼 수 있다. 따라서 그의 관점에서는 욕망의 비합리적 구성과정을 설명할 수 없다. 아비투스 개념은 문화결정주의를 피하는 방식이 될 수 있지만, 그것은 곧 아비투스의 구성과정에 실천적 기준(praxeological criteria)이 부여됨으로써 심각하게 제한되고만다. 이 점은 소비를 사회적 구별짓기 전략으로 엄격히 제한하는 그의 분석에서 명백히 드러난다. 부르디외는 제대로 인정받지 못한 베블런 모델을 이론적으로 발전시켜서 아비투스를 계급분석으로 밀고 나갔으며, 이로써 아비투스는 사회적 위치의 문화적 규정을 매우 기계적으로 가능하게 만들었다.

> 각각의 조건은 조건의 관계적 속성과 분리되어 규정되지 않으며, 그 속성은 조건들의 체계에서 각각의 조건이 차지하는 위치에 의한다. 이러한 방식으로 조건들의 체계는 **차이체계**이며 차별화된 위치체계이다. 즉 각각의 조건은 그것이 아닌 것, 특히 그것과 대립하는 것과 구별되는 모든 것에 의해서 규정된다. 따라서 사회정체성은 차이의 장에서 규정되고 확인된다. (trans. Bourdieu 1979, p.191)

나는 자본주의에서 가시적 소비(distinctive consumption)가 함의하는 차이전략을 부정하고 싶지는 않다. 그러나 계급-소비-스타일의 상관성이 적어도 50% 정도 된다는 사실은 나머지 50%는 무엇인지 궁금하게 만든다. 심지어 자아와 소비의 규정에서 구별짓기가 담당하는 일정한 역할을 받아들이더라도, 자본주의적 소비 일반은 정체성을 단지 계급정체성으로 간주하는 상대적으로 정적인 방법론으로는 파악할 수 없는 역동적 측면을 가지고 있다. 구별짓기는 뚜렷하게 근대적이지도 자본주의적이지도 않다. 베블린은 북서연안 인디언의 포틀래치를 연구한 인류학자 프란츠 보아스와, 과시적 소비와 사치로 규정되는 서열화에 관한 다른 학자의 연구로부터 영감을 얻었으며, 이를 근대산업사회로 일반화시켜서 베블린식의 도식을 완성했다. 그는 친족으로 조직된 사회에서 위신경쟁이 단순히 인격적 정체성과 분리된 지위의 문제일 뿐 아니라 삶과 죽음의 문제라는 점을 잘 이해하지 못했다. 베블린 담론에 담긴 사회적 존재형식 속에서는 인격적 자아가 역할개념을 내포하면서 사회적 지위와 동일하지 않다. 경험영역에서 사회적으로 성취된 위신은 쉽게 허위로 이해되고 심지어 소외된다. 구별짓기는 과시적 소비로 표현되는 위신이 사회정체성 전체가 되는 사회, 즉 주체가 표현된 지위와 동일한 사회에서 더욱 확고하고 절대적인 것이 된다.

근대적 개인주의, 낭만주의, 소비주의의 관계에 대한 캠벨의 최근 분석은 소비를 통한 정체성 변화가 수단이 되는, 근대적 소비의 보다 일반적인 본성을 밝히고 있다. 차이의 유지에 대한 부르디외의 주장과 반대로, 그의 논의는 끊임없이 변형되는 자본주의적 소비의 주요한 특성에 대해서 매우 많은 것을 알려준다. 소비는 정체성의 공간, 라이프스타일을 만들고 멋진 백일몽을 꾸게 하는 판타지로 가득 찬 충동에 의해서 추동되며, 결국에는 기만일 뿐이지만 소비자는 새로운 스타일과 상품을 찾아나선다. 이 과정은 고정된 사회정체성의 해체와 이른바 근대성이라는 복잡한 현상의 형성에 근거하며, 소비에 관해서는 더 큰 우주론과 고정된 자기규정성을 상실한 근대적 · 개인주의적 주체의 등장에 의존한다. 자아는 사적인 것(자연적 영역)과 공적인 것(문화적 또는 사회적 영역)으로 양분된다는 특성이 있는데, 이 특성으로 인해 자아의 적절한 표현을 찾고자 하는 욕망과, 모든 정체성이 임의로 구성되며 절대로 진정성을 가질 수 없다는 인식 사이에서 근본적인 양가성이 나타난다. 이와 같은 인식은 근본적이다. 백일몽의 원리, 월터 미티(Walter Mitty)의 원리,[3] 대체성의 원리, 사회적 자아의 구성원리 모두 근대적 개인에게 특수한 것으로, 보편화될 수 없다. "관습주의와 낭만주의의 변증법은 일반적으로 계급과 자본주의적 재생산의 변증법을, 구별짓기와 혁명, 타자 지시된 이미지와 자기 지시된 이미지, 댄디와 보헤미안의 역동적 모순을 개별적으로 구체적인 수준에서 표현한 것이다."(Friedman 1989b, p.128)

소비행위는 매우 수준 높은 라이프스타일과 동일시되려는 욕망의 충족 방식을 표현한다. 소비는 멋진 인생의 이미지를 물질적으로 실현하거나 그것을 시도하는 행위이다. 부르디외의 소비자는 상품세계에서 적소(適所)를 구축함으로써 문화정체성을 규정한다. 그러나 소비의 목적이 단순히 사회적 위치를 지정하는 것만은 아니다. 캠벨은 베블린을 비판하면서, 소비의 목표는 이와 같은 차이가 아니라 생활공간의 창조를 통해서 채워지는 성취감이라고 주장했다. 만약 여기서 구별짓기가 일정한 역할을 한다면, 그것은 자기성취(self-fulfillment) 전략의 일부로서 이루어진다. 왕처럼 산다는 것은 포틀래치 전략의 일부도, 상대적인 지위의 정치적 진술도 아니다. 그것은 그러한 신분과 관련된, 가치가 높은 사치재의 향유이다. 이 같은 모델에서 구별짓기의 실천은 지위를 관례화하고 사회적 위치를 매기는 타자 지시된 동일시 전략과 관련되어 있다. 그것은 생활공간을 형성하는 일련의 특정한 상품과의 자기 지시된 동일시라는 일반적인 전략 속에 포함되며 동시에 그것과 대립한다.

이 접근방법에서 자기동일시와 소비를 명확히 연결시켜 주는 공통된 기반이 있다. 자기동일시는 자아와 세계의 관계에 대한 의식적 행위와 진술이거나 일상생활, 즉 이미 규정된 그리고 완전히 사회화된 정체성의 당연시되는 측면으로 간주되기도 한다. 이러한 관점에서 소비는 보다 보편적 전략 혹은 자아의 확립과 유지를 위한 전략으로 파악될 수 있다. 소비는 아주 일반적인 의미에서 정체성을 창조하는 특정한 수단이며, 시공간을 물질적으로 재조직하면서 비로소 실현된다. 이처럼 소비는 유용한 대상을 인격 혹은 인격들 간의 특수한 관계 속으로 보내는, 높은 차원의 방식에 의거한 자아구축물(self-construction)의 수단이다.

건강, 부, 외모: 콩고의 생명력에 관한 역사

구별짓기가 근대 유럽사회에는 매우 부분적으로 적용될 수 있는 반면, 중앙아프리카 특히 콩고에서는 완벽하게 적용될 수 있다. 여기서 의복은 사회적 차이의 실천 속에서 규정된다. 콩고의 시신이 안치된 교회나 공동묘지, 영안실을 방문하면, 흔히 볼 수 없는 매우 세련된 취향의 우아한 의복을 걸치고 애도하는 친척들을 찾아볼 수 있을 것이다. 아프리카의 이 지역은 의복과 옷감의 오랜 교역사(交易史)를 가지고 있으며, 의복은 언제나 중요한 역할을 해왔던 것 같다.

> 고대에 왕과 그의 신하는… 아름답게 장식한 야자나무로 만든 옷을 허리 아래로 늘어뜨려 입었으며 역시 같은 옷감으로 만든 허리띠를 매었다. 또한 앞에는 장식용으로 사향고양이나 담비 혹은 검은담비의 화려한 가죽을 앞치마처럼 두르고, 전시용으로 어깨에 망토를 걸친다. 이렇게 입은 다음 간접적으로 제의(祭衣)와 유사한 옷을 입는다. 이 옷은 양질의 야자나무로 짠 천으로 만들었으며 망사로 만든 장식술이 무릎까지 내려간다. 잉쿠토(Incutto)라고 불리는 제의(祭衣)를 오른쪽 어깨에서 등으로 둘러 넘겨 입어서 손을 자유롭게 만들고, 고대의 관습에 따라 어깨 위에는 얼룩말의 꼬리를 걸쳐 잡고 있다. (Pigafetta 1970, p. 108)

초기 이 지역을 방문했던 사람들은 하나같이 서열이 높은 사람들만이 앞에서 말한 것과 같은 우아하고 섬세한 치장을 할 수 있었던 매우 계층화된 상황에 대해 말했다.

> 대부분 사람들은 맨발이었지만, 왕과 몇몇 신하는 야자나무로 만든 샌들을 신고 있었다. 이와 같은 현상은 고대 이후 로마의 신분사회(Roman status)에서도 볼 수 있다. 가난한 평민계층은 같은 종류의 옷을 허리 아래로 걸쳤으나 매우 조잡했으며, 그보다 더 가난한 사람들은 벌거벗고 다녔다. (같은 책, p. 109)

그리고 유럽제품이 들어오면서 구별짓기는 더욱 심해졌다.

그러나 이 왕국이 기독교의 신념을 받아들이면서, 관료들은 포르투갈의 유행을 좇아 망토와 중세 기사들이 입던 겉옷과 비단관복을 입기 시작했다. 그들은 또한 두건과 망토를 두르고 벨벳과 가죽옷을 겹겹이 입었으며 장화를 신고 양쪽에 쌍날칼을 찼다. 그러나 포르투갈인을 모방할 만큼 재력이 충분하지 않은 이들은 예전의 옷을 계속 입었다. (같은 곳)

콩고공화국은 노예무역, 콩고사회의 탈통합, 벨기에와 프랑스의 식민지배 등과 같은 폭력적인 역사를 경험했으며, 이러한 역사는 유혈사태와 급격한 변동으로 이어졌다. 그러나 이 모든 지옥을 거쳤음에도, 근본적인 관계는 결코 해체되지 않았다. 모든 정치체가 와해되었던 반면, 비록 크게 변형되었지만 친족질서는 원로회가 지배하고 씨족조직들간의 일반교환에 기초한 위계적인 종족체계 내에서는 거의 손상되지 않았다. 한 세기가 지난 후에도 기본적인 사회화 패턴은 그대로 유지되었고, 더 큰 집단에 대한 개인의 의존성은 보다 강화되었다. 급격한 변동과 불안에도 불구하고, 연장자와 사자(死者)의 가르침 속에서 주체는 존재론적 생명력을 부여하는 근본적으로 친족 중심의 정치네트워크와 연결된 요소 혹은 '영혼'으로 그 자신이 구성되는 경험을 배우게 된다. 이러한 사회화(socialization)는 필연적으로 웰빙의 유지를 위해서 사회적 환경에 의존하는 주체를 만들어낸다. 이 같은 전략의 내적인 논리는 다음과 같이 설명될 수 있다.

① 모든 생명력(키콩고 Kikongo의 마킨당골로 makindangolo)은 외부

로부터 유래하여 정치적 위계, 친족위계를 통해서 개별자에게 전달된다. 위계는 생명력의 원천에 근접한 정도에 따라 설정된다.

② 생명력의 크기는 더 큰 우주론적 위계서열과 관계있는 웰빙의 정도에 따라 정해진다. 여기서 웰빙은 부와 건강 모두를 가리킨다.

③ 생명력의 흐름을 확보하기 위한 생활전략이 존재한다. 전통적으로 생활전략은 사회체제, 즉 최상층의 독점적 재화가 신부대로 낮은 서열로 전달되는 위신재 체제에 의해서 확보된다. 이 체제가 붕괴하면, 힘의 흐름이 중단되어 정치적으로도 인격적으로도 위기가 발생한다. 생명력의 부족을 극복하기 위한 일차적인 해결책은 주술과 '식인주의'(cannibalism), 즉 타자로부터 생명력을 전유하거나 생명력의 원천인 최고신 은자비(Nzabi)와 직접 연결된 혹은 적어도 그를 주술과 요술로부터 보호해 주는 숭배집단을 설립하는 것이다. 개인이 정치적 위계를 통하지 않고 생명력에 접근할 수 있게 해주는 기독교신앙은 가장 중요한 숭배대상 가운데 하나이다. 정치경제적 성공이 마술·요술·주술 등 비합법적인 힘과 관련되고 종교적 물신숭배가 웰빙의 유지와 악으로부터의 보호와 관련된다는 점에서, 아직 밝혀지지 않은 불명료한 부분이 존재한다.

④ 정치적 위계가 식민통치의 형식으로 재정립되는 시기에, 생명력은 후견인주의(clientship) 전략을 통해 획득될 수 있다. 실질적 부와 마찬가지로 실질적 위계는 우리가 주장한 바와 같이 흔히 비범하고 심지어 비합법적인 주술과 연관된 것, 생명력의 표현이다.

왕을 위한 맞춤: 사고를 위한 음식

생명력 분배의 주요한 특징은 실재 부 · 권력 · 권위가 함축한 불명료성
이다. 표면적 서열은 잠재적으로 비합법적 주술행위의 결과라고 생각된다.
이것은 외삼촌의 권력이든, 국가기관장의 권력이든 간에 모든 관계에 적용
된다. 또한 이것이 콩고지역의 파행적인 정치위계사와 관련되어 있다고 생
각된다. 본래 군장과 왕권의 위계적 정당성은, 근본적으로 다산성과 안녕
(welfare) 일반이 서열체계를 따라서 흐른다는 생각에 근거했다. 그러나 심
지어 이 시기에도 정치권력은 소비의 은유를 통해서 표상되었다. 가장 오
래된 자료 중에는 왕족의 식인주의에 관한 내용이 있는데, 신하는 왕자에
게 자진해서 자신의 인육을 바쳤다고 한다.

> 이 사람들의 역사에서 주목할 만한 사실은, 삶에 지치거나 자신의 용맹함과
> 용기를 증명하고 싶은 사람들이 삶을 경멸하는 행동으로서 스스로 죽음을 택
> 하여 위대한 영예를 얻었다는 점이다. 따라서 그들은 왕자의 신하로서 기꺼
> 이 살육되기를 바라고, 자신뿐 아니라 자신들의 노예 또한 살찌워서 살해되
> 어 먹히기를 바란다. (Pigafetta 1970, p. 28)

이와 같은 표상에서는 가신으로서의 자신을 희생하여 글자 그대로 우
월자의 일부가 되는 영예를 얻는다는 것이 가장 중요하다. 그러한 식인주
의가 정말로 이 시기에 있었는지, 이웃한 적들을 제외하고는 이에 관한 언
급은 실제로 거의 찾아볼 수 없다. 이 이미지의 논리는 이중적이다. 강한
권력의 왕자는 자신에게 의존하는 사람들에게 흐르는 생명력의 흐름을 통

제하며 그들을 소비하기도 한다. 이 논리의 완전한 힘은 콩고 정치체의 해체와 함께 실현되었다(Ekholm Friedman 1991).

이 흐름을 보증하던 우주론적 연결의 탈통합과 함께, 부의 축적의 탈중심화와 함께, 콩고왕국의 몰락에 따른 전쟁과 정치적 혼란과 함께, 사회적 우월성의 형태로서 노예무역과 식민 지배권력이 나타났다. 그리고 점차 폭력이 이 지역의 운명이 되어버린 만연한 불안과 재난의 근원으로서 생명력을 전유하기 시작했다. 힘은 그것을 어떻게 얻었든간에 힘이기 때문에, 권위의 탈정당화는 단지 양가성을 가질 뿐이다. 권력자가 마술사라는 사실은 그의 권력, 즉 파괴능력을 훼손하지 않는다. 대통령이 아이들의 심장을 먹고 인간의 피로 목욕한다는 사실은 그가 가진 권력의 원천을 보여주며 그의 초자연적 능력이 건재하다는 점을 함의한다. 마술사는 자신의 권력을 부끄러워하지 않는다. 오히려 완전히 그 반대이다! 그리고 콩고 바신(Basin)의 북부지역에서 명성이 자자한 방갈라 카니발은 유럽 방문객의 감수성을 당황스럽게 만들었다. "위대한 방갈라 군장의 아들 마타 부이케(Mata Buike)는 사람고기를 먹은 적이 있는가라는 질문에 다음과 같이 말했다. '아! 나는 지구상의 모든 사람을 먹고 싶다!'"(Johnston 1908, p. 339. Ekholm Friedman 1991, p. 221에서 재인용)

에콜름 프리드만(Ekholm Friedman 1991)은, 19세기 중·후반에 콩고의 남부지역에서는 광포한 마술로, 북부지역에서는 식인주의로 나타났던 폭력적 대변동은 통상의 전달통로가 파괴된 상황에서 생명력을 전유하려는 통합전략의 변형으로 설명될 수 있으며, 식인주의는 만족스러운 문제해결 수단은 아닐지라도 일정한 대안이 되었다고 말한다. "예전의 카니발에서 원주민들이 서로에게 보여주었던 희롱과 감흥을 지금에 와서는 전혀 찾아볼 수가 없다."(Weeks 1913, p. 78) 현재 식인행위는, 우리가 아는 바와 같이 고기와 동물성단백질의 소비도, 심지어 맛있는 음식의 소비도 아니다. 이는 살아 있는 세계, 즉 건강과 웰빙의 원천이며 끊임없이 소멸될 위기에 있는 우주를 살리기 위해서 권력을 불어넣는 행위이다.

또 다른 영역에서, 20세기 초·중반 식민지배에 반대하여 일어난 천년왕국운동이 단순한 백인 축출이 아니라 생명력의 전유와 관련 있다고 주장할 수 있다. 천년왕국운동은 화물숭배와 유사하게 일반적 전략을 새로운 영역으로 옮겨놓은 것에 불과하다. 이 같은 운동은 신의 **생명력**(force vivante)을 필요로 하는 사람들에게 전해 주려는 치료요법의 유행과 맞닿아 있다. 요컨대 가장 심오한 의미에서 소비인 것이다.

지금까지 의복과 종교 컬트에서 화물숭배와 식인주의까지 간단히 살펴보았다. 우리는 이러한 상이한 소비형태 사이에 매우 복잡한 연결고리가 존재하며, 이것은 상이한 장들 속에 분배된 수요 곧 정체성이자 욕망구조의 표현이라고 주장했다. 여기서 우리는 과거와의 연속성, 곧 문화적 의미와 범주의 연속성이 아니라 개별경험이 구성되는 조건의 연속성에 대해 말하고 있다. 다음 장에서는 의복에 초점을 맞추어 논의를 진행할 것인데, 그 이유는 의복이 앞에서 언급한 전략의 일반적 형식을 표상하고 의복에 잠재된 상징적 본성으로 인해 의복 자체와는 **다른** 무엇을 표상하는 능력 때문에, 콩고사회에서 예상하지 못한 정치적 역할, 아마도 사회를 변형시키는 역할을 해왔기 때문일 것이다.

화물(cargo)로서 의복

앞에서 논의한 일련의 구조는 프랑스의 식민지배를 통해서 강화되었으며, 탈식민화된 후에도 정치적 · 경제적 영역은 프랑화권으로 이어졌다. 식인주의는 단지 역사적 에피소드로 사라지고 있지만, 생명력 체계는 반드시 이론이 아니더라도 어떤 시대에서나 연구되어 왔다. 전형적인 사례인 파리와 확장된 사례인 콩고의 브라자빌는 세계에 대한 동심원적 모델과 위계적 모델의 두 층위를 보여준다. 콩고의 수도는 중심가에는 근대적인 백인의 주거지(la ville des blancs)가 자리 잡고 있고 외곽에는 흑인의 슬럼가(bidonvilles)가 밀집해 있는 식민지권력의 전형적인 공간이다. 공간조직은 사회적 위계의 산물이자 표현이며, 생명력의 분포를 보여준다. 식민지 프랑스 정부는 콩고를 진화된(évolué) 근대부문으로 통합시키기 위해서 흑인에서 백인으로 이어지는 문화연속 모델을 발전시켰다.

식민지 상업과 행정 발전의 중심지인 바콩고(Bakongo)는 곧 진화를 의미했기 때문에, 이곳에서 등장한 종족집단이 문명화과정의 서열질서를 지배했다. "테케족은 전래된 스타일의 라피아 의복, 즉 사각 천을 기워서 만든 '토가'(남성), '빠뉴'(여성)를 입지만, 콩고족은 일찍부터 이것을 입지 않고 수입의류를 입는다."(trans. Soret 1959, p. 43) 유럽에서 수입된 모든 제품은 신분의 중요한 표현수단이었다. "바콩고는 콩고 · 가봉의 대부분 지역에서 거의 찾아볼 수 없는 모더니즘을 띠고 있다."(trans. Balandier 1955, p. 43).

두말할 것 없이, 이 같은 콩고의 변형은 종족을 분리시키고 지역을 남과 북으로 나누었다. 북부지대는 상대적으로 보수적이고 문화적으로 수세적인데, 그들은 경외심을 갖고 바콩고를 코고 민델레(kôgo mindele), 즉 백인의 콩고라고 불렀다. 강조했던 대로 의복은 예나 지금이나 자아를 규정하는 궁극적인 수단이다. 옷을 입는 전략이 모든 콩고인들에게 일반적으로 영향을 끼쳤다는 기록은 분명히 1950년대까지 거슬러 올라간다.

도시민은 유럽의 옷을 입고 새로운 종류의 저명인사처럼 보이려 한다. 백인은 이것을 전혀 경멸적이지 않은 의미에서 진화되었거나 탈부족화된 징표로 인식한다. 여전히 외모를 매우 중시하는 중앙아프리카에서는 소득의 많은 부분(1951년 M. 소레에 따르면 평균소득의 약 20%)을 외모를 가꾸는 데 투자한다. 월등히 많은 양이 수입되는 면직물(1950년 현재 '기계와 부품'에 이어 2위이며, 1938년에는 수익 면에서 1위를 차지)과 도심으로 몰려든 수많은 재단사(포토포토에는 재단사가 인구 300명당 1명이고 바콩고는 95명당 1명 정도)는 의복과 옷감에 대한 관심을 보여주는 확실한 지표이다. (같은 책, p. 22)

1950년 도시인구에서 상당한 비중을 차지했던 재단사들은 식민지 무역량의 상당 부분을 차지했던 수입옷감으로 옷을 만들었다. 그리고 재단사의 인구밀도 또한 특징적이라고 할 수 있는데, 왜냐하면 북부사람들과 비(非)바콩고인이 주로 거주하는 포토포토의 재단사는 바콩고의 문화엘리트 1명당 재단사 수의 1/3에 불과했기 때문이다.

어떤 이는 이러한 근대성의 소비를 파농, 마노니(Manoni), 그외의 사람들이 논의했던 피식민적 강박관념의 표현으로 해석할 것이다(Gandoulou 1989, pp. 27~28). 그러나 적어도 콩고의 경우에는 식민지정권이 이미 존재하고 있던 위계적 실천(praxis)을 옮겨놓은 일종의 상보성의 문제일 뿐이다. 따라서 소비전략의 특수한 형식은 인종적 위계질서, 즉 백인신분과 연관된 것의 전유 여부에 따라 조직되지만, 단순히 식민지 문화나 식민지의 열등한 강박관념으로 환원될 수 없다.

실존주의 양식(Existentialisme à la mode)

1950년대에는 자신의 정체성을 브라자빌에 도입된 프랑스식 제도에서 찾고자 하는 수많은 청년클럽이 생겨났다. 영화가 소개되었고, 파리지앵의 근대생활의 이미지는 새로운 라이프스타일과 연관된 신매체나 카페를 통해 전파되는 등, 규칙적으로 **진화**해 갔다. 주로 바콩고 지역을 중심으로 발전한 이 새로운 그룹은 **실존주의자** 혹은 엑시토(existos)로 알려졌다. 이는 이들이 공공연히 사르트르의 철학을 채택했기 때문이 아니라, 전후(戰後) 파리에서 유행하던 분위기나 양식과 관련되어 있었기 때문이다.

> 콩고인 클럽은 여러 색 중에서 검은색과 빨간색을 채택했다. 그들은 이 색이 파리 귀족의 색깔이라고 상상했다. 사실 이것은 파리의 실존주의자와는 거리가 있으며, 이미지를 구성한 것에 지나지 않는다. 왜냐하면 실존주의자와 검고 빨간 의복 사이에는 아무런 상관관계가 존재하지 않기 때문이다. (같은 책, p. 33)

이 청년클럽의 평균연령은 18세이며, 회원들은 서로의 비용을 보조해 주고 그룹의 목적을 진작시키기 위해서 도움을 주고받았다. 파리 라이프스타일로의 동일시는 위계적인 구별짓기 전략의 일부이다. 이 전략을 통해서 여러 클럽들은 전적으로 의복으로 표현되는 신분을 놓고 서로 경쟁한다. "바콩고인은 의복을 두려워하면서도 존중한다. 이 방면으로 일종의 경외심이 존재했다."(같은 책, p. 34에서 재인용) 각각의 클럽에는 신분의 유행을 이끌어가는 드레스메이커가 있었다. 존재론적 문제에 대한 관심부족에도 불구하고, 이른바 엑시토는 바로 이 같은 문제 위에서 존재하고 있었다. 투사(投射, project)로서의 유행은 자아가 곧 타자성의 전유와 동일시되는 식민지 사회에서 개별자를 생존할 수 있게 하는 확실한 해결책이었다.

1950년대 의복의 전략은 급속한 도시화, 임금에 기초한 부문의 증가, 화폐경제, 상호부조 네트워크 등 새로운 사회형식의 형성과 함께 확산·강화되는 종족정체성의 공유와 유지라는 콩고사회 일반의 변형 맥락에서도 설명될 수 있다. 그러나 이러한 변형도 도시와 농촌 지역을 연결시켜서 하층도시민에게 식량을 공급하고 나아가 새로운 도시소득의 상당 부분을 차지했던 친족네트워크를 해체시키지 못했다. 또한 엠보치족(북부지역) 속에서는, 콩고족이 지배하는 발전된 남부와 미발전된 북부의 대립이 전면에 등장하기 시작했다. 콩고족이 표상하는 동심원적 위계질서는 파리〉콩고〉엠보치〉피그미〉자연의 순으로 나타났다. 또 다른 집단인 테케족은 북부와 남부를 오고가며 양쪽 모두와 동맹을 맺고 있는 체제 내의 협잡꾼이다. 테케족은 드 브라자(De Brazza)[4]와 조약을 맺고 이 지역을 프랑스에 넘긴 사람들이라는 점에서 흔히 배신자로 간주되었다. 따라서 의복전략은 콩고의 정치사를 되살리는 '부족' 혹은 종족적 구별짓기에 참여하고 심지어 완전히 만들어내는 것이다.

라사프(*La sape*)

만약 엑시토가 옷을 입으면, 그들은 또한 동일 직종에 종사하는 가족이며 발전중인 도시문화로 잘 통합되어 있다는 것을 의미한다. 1950년대는 물가보다 임금이 빠르게 상승하던 경제 팽창기였다. 이 기간 동안 성장한 사회주의 이데올로기 속에서 독립운동이 일어났고, 이는 이후 국민국가의 성립으로 이어졌다. 60년대에 들어서면서 클럽들은 종교적 컬트활동과 함께 쇠락했다. 사회주의 운동을 하던 수많은 사람들은 컬트의상을 아프리카 정체성과 새로운 사회혁명에 대한 공격으로 간주하고 공격했다. 대신에 미래지향적인 정치참여와 함께 민족주의로서 전통문화의 부활이 지배적 흐름을 형성했다. 이전의 엑시토는 사라졌고, 다만 1964년부터 1986년까지 청년단체(clubs des jeunes premier)만이 곳곳에 산재해 있었다. 이들은 정치권력의 획득을 위한 새로운 다종족적 투쟁을 전개하면서 콩고 정체성의 기호인 전통의복을 입었다.

다른 아프리카 국가들과 마찬가지로 백인 식민주의자를 대신하여 새롭게 등장한 콩고 정부는, 지역정치가가 이전과 동일한 위계를 점유하고 동일한 가치를 부여받는 계급구조를 유지했다. 소비가 정체성을 규정하고, 근대성이 사회적 권력의 본질을 표상하는 것은 물론 사회적 권력의 본질 자체를 이루는 체계 속에서 사회구조는 과시적 소비와 거의 동일한 심리적 속성을 취하는 경향을 보였다.

'부유한' 이라는 서양의 형용사가 많은 재화 · 생산수단 · 지불능력의 소유 여부에 따라서 개인을 평가하는 것을 의미하는 반면, 콩고에서… 부의 관념은 서구의 소비와 얼마나 동일한가의 정도에 따라서 그 가치가 측정되는 소비력에 의해서 평가된다. (trans. Gandoulou 1984, p. 41)

엠보치족은 1968년에 군사쿠데타를 일으켜서 콩고족을 추방했다. 콩고족의 이데올로기적 관점에서 이것은 야만인의 침략을 표상했다. 이와 동시에 경제는 1970년대 후반과 80년대 초반의 오일 붐에도 불구하고 침체되었고, 성장에 큰 타격을 받았다. 이 시기에 유행을 좇는 두번째 소비의 물결이 주로 바콩고 남부의 집단에서 강하게 일어났다. 바콩고는 국가 이데올로기의 역할뿐 아니라 정치적 · 관료적 위치에서도 주도권을 빼앗긴 상태였다.

'우아하게 옷을 입는다'는 동사 se saper에서 유래한 라사프(la sape)는 우리 사회의 한량(flâneur)을 의미하며, 바콩고의 청년클럽이 등장하면서 특별히 강한 의미를 지니게 되었다. 또 제도로서 La SAPE는 우아한 사람들의 모임(Société des Ambianceurs et Personnes Elégantes)을 가리켰다. 초기의 엑시토(existo)는 재단사를 데리고 다른 집단이나 팀과 경쟁하던 고용된 가장(家長)을 의미했지만, 사푀르(sapeur)는 수입된 기성복에서 가장 높은 수제복에 이르는 서열 중에서 가장 낮은 서열에 해당하는 지역 드레스메이커이다. 이들은 대개 무직으로 개인적으로 높은 지위(a grand)를 얻기 위해 경쟁하는 미혼인 청년을 말했다. 사프는 도시의 나이트클럽을 드나들며 명성을 쌓아서 서열체계를 형성한 개인들의 네트워크이다. 그러나 클럽 그 자체인 서열체계는 씨족조직의 완벽한 반영물이다. "사푀르들이 클럽을 지칭하면서 '가족'이라고 말하는 것은 낯선 일이 아니다. 실제로 그들은 다른 구성원들을 친척으로 인지하는 경향이 있다."(trans. Gandoulou 1989, p. 90) 일반적으로 각 클럽에는 이름, 관할구역, 서열화된 하위그룹, 특별한 호칭, 노동분업이 있으며, 회원들 상호간의 호칭에 관한 특별한 규율과 규정, 다시 말해 그룹의 정체성을 상징하는 특별한 언어용례와 의례가 존재한다.

우아함의 실천과 구조의 생산

사프는 서열화되지 않은 평범한 젊은이를 위대한 사람으로 변형시키는 의례과정이다. 그것은 바콩고에서 시작하여 파리의 '리미널'한 국면에 머물렀다가 다시 바콩고로 돌아오며 끝을 낸다. 이 과정에서 의복이 끊임없이 만들어지고 파티와 댄스 바를 통해 의례적으로 선보인다. 브라자빌에서는 누구나 처음에는 등급이 낮은 비유명상표(non-griffés)의 옷, 모조품, 평범한 기성복을 모을 수 있다. 모험(l'aventure), 파리로 떠나는 것은 평범한 사퇴르의 더 높은 신분의 품격, 곧 파리지앵으로의 실질적 변형의 시작이다. 파리는 수많은 의례의 발상지이며 시련의 시공간이다. 파리에서 사퇴르는 명품이라고 불리는, 즉 의복의 위대한 이름표를 좇아 명실공히 유명상표의 의복을 구입하는 데 필요한 현금과 신용카드를 마련하기 위해서는 도둑질도 마다하지 않는 생활을 한다. 한편으로 파리는 사프의 중심지로서 일종의 천국이지만, 다른 한편으로 고되기 때문에 지옥에 가깝다. 이와 같은 모순은 백인의 신성한 거주지 속에 낮은 서열의 흑인이 거주한 결과로 이해된다. 의복의 서열질서는 가장 낮은 곳에서 가장 높은 곳까지 초기 엑시토

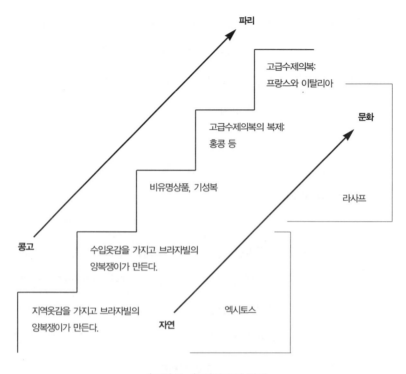

파리

고급수제의복:
프랑스와 이탈리아

문화

고급수제의복의 복제:
홍콩 등

비유명상품, 기성복

라사프

콩고

수입옷감을 가지고 브라자빌의
양복쟁이가 만든다.

지역옷감을 가지고 브라자빌의
양복쟁이가 만든다.

엑시토스

자연

〈그림 9–1〉 라사프의 위계

의 범위를 보다 정교하게 만든다. 이를 도표화한 것은 〈그림 9–1〉이다.

이와 동일한 위계는 장신구 영역에도 존재한다. 상표는 중요한 역할을 한다. 예를 들어 웨스턴(Weston) 구두는 가장 서열이 높다. 영국과 프랑스에서는 잘 알려지지 않은 상표도 있고, 심지어 모조품 등도 있으며 낮은 등급에는 지역제품인 샌들이 있다. 서열은 본질적이며, 따라서 대체가 불가능하다. 이것이 라사프의 근본원리이다. 이 원리에 관한 놀라운 사례로 1984년에 무려 5200프랑(FF)이 나가던 카포 · 비앙코 · 크로커다일 구두의 모조품 생산공장을 들 수 있다. 이 모조품은 매우 훌륭하면서도 단 900

284

프랑에 불과했기 때문에, 파리지앵을 유혹했다. 그러나 다음과 같은 말이 돌면서, 반응이 거의 사라져 버렸다.

> Ah non, za fua zé… 너는 진짜 구두를 사야 한다. 품질이 뛰어나더라도 모조
> 품이라는 것이 알려지는 순간, 모든 것을 잃게 된다. affaires zi fuidi. 가장 싼
> 크로커다일 한 켤레는 2천 프랑이지만, Za fua za—"바로 그거다. 그러면 끝
> 이다." (trans. Gandoulou 1984, p. 75)

명품(la gamme)의 수집은 우리가 이해하는 것처럼 단지 외모에 대한 것이 아니다. 어떤 외모를 갖는 것만으로는 충분하지 않으며, 외모에 진정성이 있어야 한다. 진정성의 유일하고 확실한 기호는 상표이다. 모조품이 받아들여질 수도 있지만, 체계 내에서 낮은 등급에 속한다. 우아함이란 단지 우아하게 보이는 것뿐만이 아니라 유명상표의 의복을 입는 것이다. **그것은 진짜를 입는 것, 이런 의미에서 진짜가 되는 것을 의미한다.**

신체의 변형과 관련된 또 하나의 영역은 진한 화장(maquillage à outrance)의 실천, 즉 표백제 등과 같은 강한 화학약품을 사용하여 피부를 희게 만드는 것이다. 탈색(se jaunir)이란 표현은 이 같은 광범위한 실천을 지칭하며, 부유하고 강력해지는 수단, 백인이 되는 수단을 의미한다. 이것은 모험가의 가장 값싼 실천 중 하나이지만, 사용되는 제품은 효과에 따라서, 또 우아한 정도에 따라서 서열화된다. '의약품'에 속하는 라리(Lari, 콩고 사투리)나 킬롱고(kilongo)는 '화장'을 지칭하는 일상용어이다. 이 복잡한 영역을 논의하지는 않겠지만, '의약품'은 하얀 피부의 진정한 아름다움

속에서 표현되는 생명력의 축적을 가능하게 하며, 이 영역에서 의상의 우아함 영역과 동일한 논리를 발견할 수 있다.

파리지앵은 자신의 모험담, 특히 자신의 획득물에 대해 이야기하며 고향의 사푀르들과 끊임없이 관계를 유지한다. 이 과정에서 그는 자신의 신분서열을 보여주기 위해서 브라자빌로 우아하게 귀환하기도 한다. 그는 보통 수차례 귀환하며, 자신이 완전히 귀환하여 콩고사회에 재통합되기 전까지 새로운 앙상블을 끊임없이 보여준다.

이것은 서열상으로 가장 높은 범주인 그레이트맨, 즉 진정한 파리지앵이 만들어지는 과정이다. 그레이트맨의 위치는 클럽에서 찬조를 받아서 댄스장과 밴드를 빌리고 음식과 술을 사는 등 많은 비용이 들어가는 의례적 축제를 통해서 달성된다. 많은 사람이 초대되고 도전이 이루어지는 밤은 후보자들이 이른바 '필사적으로 옷을 입어야 하는'(se saper á mort) 바로 우아함의 포틀래치이다. 축제에서 사회자는 후보자의 자질, 코디, 의복, 신발, 화장 등 전범위를 자세히 훑으면서 스타나 영웅으로 소개한다. 또 치아까지 장식한 그의 여자친구는 공개적으로 그를 껴안으며 그에게 선물을 증정한다. 이어서 비슷한 방식으로 다른 사람들도 돌아가며 선물을 내어놓는다. 예찬자가 오케스트라에게 강렬한 리듬의 음악을 연주하라고 신호를 주면, 음악에 맞추어 사푀르가 등장하고 사람들에게 소개된다. 선물이 모두 증정될 때까지 이 패턴은 반복된다. 이 과정은 과시적 겉치레의 전단계이다. 증정식이 끝나면 춤이 시작되고 공식적으로 축제가 열린다. 발톱의 춤을 추면서 사람들은 자신 위에 붙은 일련의 상표를 매우 세심하게 보여준다. 이 어려운 임무는 반드시 매우 세련된 방식으로 수행되어야 한다. 어느

축하연이든 위대한 사푀르는 여러 명 있기 때문에 신분갈등은 필연적이며, 주로 경멸감, 우월감, 의도된 무관심 등 정교한 제스처를 교환하며 표현된다. 강둘루(Gandoulou 1989, p. 115)는 굴욕감을 주는 특유한 행동을 다음과 같이 묘사했는데, 예를 들어 상대편의 웨스턴 신발을 밟는 것은 Ngé za fua zé, 즉 "너[친근하게]! 그렇게 할 수 없어" "여기서 너의 자리는 없어"를 의미한다. 사푀르는 행동하기 전에 자신의 우월성을 확신해야 한다. 또 상대편이 슬그머니 자리를 뜨거나 옷을 바꾸어 입거나 상대를 무시하며 돌아가는 것은 흔한 일이다(같은 곳). 이 같은 미의 찬양은 그레이트맨의 신화를 만들어내고, 클럽에서 집단간의 위계를 세우는 집단 내부의 조건을 이룬다.

이러한 행위로 구축되는 관계구조 속에서 지도자와 그레이트맨은 방대한 후견관계와 교환관계망을 통해 종족의 군장과 동등한 기능을 한다. 그레이트맨은 비록 일시적이지만 위신재를 얻기 위해, 노예 또는 연소자 위계에 속하는 낮은 서열의 추종자들을 모은다. 클럽조직에는 그레이트맨, 연장자, 연소자라는 위계가 존재한다. 사푀르는 루이14세의 유명한 관리의 이름을 따서 마자랭(Mazarin)[5]이라고 부르는 개인비서나 전령을 거느리고 있다. 후견인의 네트워크는 사프 모험을 통해 축적된 위신재로부터 형성된다. 엄청난 열망을 지닌 후견인들은 착취당한 대가로 그레이트맨의 화려한 의복을 빌려 입을 수도 있고, 사회적 인맥을 넓힐 수도 있다. 또한 그레이트맨 사이에서 화려한 의복의 교환도 이루어지는데, 이것은 확실히 과거 콩고의 전통적인 정치체인 바로 위신재의 유통을 연상시킨다.

이 구조는 우아함의 서열을 규정하는 유명상표를 끊임없이 축적하며, 브라자빌과 파리를 계속해서 왕복하는 사람들에 의해서 유지된다. 이 과정의 객관적 한계는 파리로의 모험을 감행할 수 있는 경제적 조건에 의해서 결정된다. 이 과정의 종착점은 사뾔르가 브라자빌로 완전히 귀국한 뒤에 맞이하는 불확실한 운명이다. 궁극적으로 이 프로젝트의 모순은, 그것이 소비에서 시작해서 소비로 끝나기 때문에 안정적인 소득을 창출할 수 없다는 점에 있다. 이것은 복잡한 문제이며, 단순히 경제적 관점에서만 바라볼 수 있는 문제가 아니다.

상표의 축적은 보호자/후견인 네트워크를 창출하며, 이는 복잡하게 얽힌 비형식적 부문, 즉 판매와 대여를 통해서 형성된 연결망을 소득창출 기제로 전환시키는 수단이 된다. 앞선 수많은 사뾔르는 결국 잊히고 말겠지만, 또 다른 이들은 자신의 우아함을 실질적인 경제적 이익으로 전환시켜 나간다. 심지어 사뾔르의 세련미가 국제적으로 인식되면서, 그들이 진정한 신이 되는 프랑스 패션 올림포스의 신성한 자리까지 오르는 매우 드문 사례도 있다. 최근 1990년 3월 신성한 사제[6]는 브라자빌로 내려와서, 이곳의 엠바모우 팰리스 호텔에서 실제로 사뾔르 춤을 공연한 적이 있다. 이 호텔은 국가적으로 정말 부유한 엘리트계층과 유럽의 손님들이 자주 찾는 곳이다. 이 사건은, 분명히 말하자면 이미지를 실재로 바꾸는 능력을 보여준다. 비록 '실질적' 엘리트만이 참여할 수 있지만, 그들의 행위는 근대적 맥락에서 위신재 축적의 전체 프로젝트를 정당화시킨다.

인성과 사회적 자아: 정치로서의 우아함

지금까지 우리는 콩고인들의 자아전략에서 일정한 일관성을 찾아볼 수 있었다. 의복은 소유물, 이미 존재하는 자아의 표현, 이미지화된 자아의 실현 그 이상이다. 그것은 자아를 구성하며, 그 구성된 자아는 전적으로 사회적인 것이다. 숨겨진 '실재의 나'가 없으며, 그래서 숨어 있는 진짜 주체와 모순을 일으키는 역할이란 존재하지 않는다. 본질적으로 콩고인의 소비에서 드러나는 연속성의 하나는, 그것이 사람들의 것이든 신 혹은 의복의 권력이든 간에 개인들에게 나타나는 성취의 효과이다. 흔히 사푀르는 자신을 약에 취했거나 주술에 걸린 상태로 묘사한다. 그들은 자신을 완전히 흡수해 버리는 전면적인 프로젝트에 참여한다. "나는 세상에서 가장 행복한 사람이다. 나는 우월성에 대한 강박관념에 의해 움직인다. 비록 네가 바로 내 앞을 지나간다 할지라도, 나는 당신을 보지 않는다. 나는 너의 사회적 서열이 무엇이든간에, 비록 나의 친척일지라도 당연히 너를 무시한다."(trans. Gandoulou 1989, p. 162)

이 글의 시작부터 주장했듯이, 사푀르의 경험은 그것이 진정성을 지녔다는 단순한 이유 때문에 한량의 경험과 동일하지 않다. 현실에 어떤 속임수도 사용하지 않는다. 이 전략은 관객을 우롱하는 것도, 외모를 적절치 못한 신분수단으로 이용하는 것도 아니다. 외모가 단순히 본질을 표상한다기보다는 본질 그 자체가 되어버린 세상에서, 옷을 잘 입는 것은 수단이 아니라 목적 자체이다. 그러나 바로 경험 자체에 일정한 중복이 존재한다. 우선 우리는 우울증을 극복하기 위해서 소비가 이용될 수 있다는 점을 경험적으로 알고 있다.

예를 들어 일광욕실의 이용자는 자신의 행위를 웰빙을 얻는다는 느낌으로 설명한다. 백인이 콩고인에게 아름답게 보이는 것과 표면적으로 유사한 방식으로 구릿빛 피부가 우리에게 아름답게 보이는 것이다. 또한 영국 청년노동자의 계급문화를 연구한 학자들은 노동자들이 자신들에 의해서 소비되는 제품에 강하게 동일시되고 있다는 점을 강조한다. "모드(mod)족[7]은 상품을 생산자나 사용자와 전혀 무관한 것이 아니라 자신의 외연으로 간주하고 또 상품에는 일련의 사용규칙이 있다고 생각한다."(Herman 1971, p. 51) 계급과 관계없이 서구의 소비자들이 대체로 자신의 투영물, 자신의 산물인 정체성 공간의 구축과 일차적으로 연관되어 있다는 것은 사실이다. 그러나 자아의 약화, 나르시시즘의 강화, 타자 지향적 소비에 대한 의존성 강화 간에는 상관관계가 존재한다.

사꿰르는 자신의 행동을 사회적 질서에 대한 위협, 즉 권력과 외모의 정체성에 대한 위협으로 간주하는 국가권력의 사회적 현실을 대면하고, 주체로서의 자신과 자신의 우아한 이미지 사이에 존재하는 차이를 인식하기 시작한다. 이와 정반대로, 냉소적인 한량은 자신의 이미지로 완전히 흡수되기 때문에, 결국 주체로서 자신의 현실과 만날 수 없다. 근대적 개인으로 특징지어지는 영역과 총체적 자아로 특징지어지는 영역의 통일은 보다 근본적인 나르시시즘의 조건 속에서 나타난다. 콩고인의 자아에 관한 논의를 통해서 우리는 개인의 독창성을 억압하고 자신을 생명력을 지닌 거대한 친족구조와 연결된 일련의 요소로 표상되는 우주론을 아이에게 부여하는 특수한 종류의 사회화과정을 확인할 수 있었으며, 이 같은 종류의 사회화를 통해서 개인은 전적으로 큰 집단에 의존하고 있다는 경험을 하게 한다는 것을 주장해 왔다.

이것은 근대자본주의 사회에서 이른바 에고의 기능을 대신하는 안정된 우주론적 정체성으로 유년기의 나르시시즘 상태를 강화시키는 사회적 상태이다. 자신을 자기 지향적 유기체로 경험하도록 사회화되었으며 에고의 투사에 의해서 통제되는 근대적 개인은 에고의 투사가 완전히 실패했을 때만이 나르시시즘 상태로 돌아갈 수 있다. 그러나 그것은 해석된 우주의 안정된 나르시시즘이 아니라, 오직 자기 존재를 확인시켜 주는 타자의 응시를 받을 때 비로소 해소될 수 있는 비존재의 고뇌, 즉 완전한 불안정상태이다. 이와 대조적으로 총체적 주체에게 '타자의 응시'는 항상 그 위에 존재한다. 신이 언제나 지켜보고 있는 것이다.

이러한 관점에서 타자를 통해서 자신의 존재와 가치를 필사적으로 확인하기 위해서 옷을 입는, 자신의 에고를 잃고 타자에게 의존하는 서구의 나르시시스트는 보통 자의식적인 한량의 정상적이지 않은 극단적 사례이다. 다른 한편으로 사뫼르의 행동은 콩고인에게는 정상적인 타자 지향적 자기치장의 극단적인 변형이며, 비록 생명력, 구체적으로 우아함을 축적하는 시도일지라도 의도하지 않게 자율적인 자아를 만드는 행위이다. 그러나 이 같은 경향은 파티 초대장의 문구에서 표현되는 사뫼르의 자기이해나 심지어 냉소 속에서 부분적으로 나타난다(다음의 박스 참조).

신체적 · 미적 용모의 장, 즉 '사회적 가면극'의 영역에 완벽하게 적용하여 거의 완벽하고 절대적으로 그레이트맨과 맞아떨어지는 순간부터 균열이 발생한다. 과장, 과도함, '초순응주의'는 그것이 획득하려는 규범 그 자체를 전복시킨다. (Gandoulou trans. 1989, p. 170)

파티초대

다음 문구는 라사프에서 표현되는 냉정한 자기 지식의 정도를 가리킨다.

"골(Gaul)은 400년 이상 로마의 지방이었다. 가울 사람들은 로마사람들처럼 살고 입으면서 그들의 언어인 라틴어를 배우면서 그들을 따라했다. 점차 골 사람들은 로마사람들과 분간되지 않았고, 골에 사는 모든 사람들은 갈로로마 사람들로 알려지게 되었다."

LES AZURIENS

['리비에라의 사람들, 리비에리아인']

향락 속으로

사프로서 성공을 거둔 P. D. G. 팜필 야마모토 음나와 모데 나 모테테 나 예(Pamphil Yamamoto Mwana Modé na Motété na yé), V. P. D. G. 오스팅트 야로타(Ostinct Yarota), P. D. H 제프 세이레 드 베스푸치(Jeff Sayre de Vespucci)

그들이 [엄청난 불꽃파티에서] 처음으로 인기 폭발적인 외모로 나타날 날을 기념하여, 리비에라의 시칠리아인 3인은 3월 19일 14시 30분에 CI 모던 바콩고로 여러분을 초대합니다.

주의사항: 원주민은 입장은 금합니다. 사프는 원주민을 싫어하기 때문입니다. 와서, 가장 멋들어진 유명상표(Zibélé)의 아름다운 수준을 감상해 주세요.

상상력과 실재의 전복

우아함의 패러디는 사푀르를 사회적 토대를 위협하는 극히 반사회적인 사람으로 바꾸어놓는다. 단지 우아하게 옷을 입는 청년집단의 타파를 목적으로 하는 선전활동에서 사푀르는 국가계급에게 실질적인 위협이 된다고 한다. 청년집단의 프로젝트는 위험하지만 교육과 '직업'이라는 공인된 통로를 통하지 않고도 '정상'에 올라서 성공할 수 있다는 것을 입증하는 것이다. 이것은 위신과 권력의 정체성과 대립하는 매우 위험한 범죄이다. 그러나 권위에 의해서 이것을 쉽게 다룰 수 없다. 단순히 이 같은 불법적인 우아함을 무시할 수 있는 것이 아니라, 의복이 결코 사람을 만들지 못한다는 암묵적인 이해를 바탕으로 이들을 단념시키는 방법밖에 없다. 따라서 이 같은 상징적 위계질서의 전복에는 치명적인 논리가 작동하고 있다.

콩고의 젊은이들 사이에서 유명한 가수인 분제키 라파(Boundzeki Rapha)에게는 〈추방당한 파리지앵〉(Le Parisien refoulé)과 1년 뒤에 발표한 〈돌아온 파리지앵〉(Le Parisien retenu)이라는 제목의 유명한 노래 두 곡이 있다. 첫번째 곡은 감옥에 갔혔다가 고향으로 추방당한 뒤에 선조가 살아온 방식, 즉 '농사일'에 헌신하기로 결심한 실패한 영웅의 파리 모험담을 그렸다. 이 노래는 음악적으로 종교적 톤을 선명하게 강조하면서 끝이 난다. 두번째 곡은 옛 방식으로의 회귀에 의문을 제기한다. 이 노래는 적절한 생활방식을 아이들에게 종교적으로 가르치는 현인에 대한 이야기로 시작되는데, 영웅은 가르침을 따르지만 그것을 믿지 않았다. 오래된 라리(Lari)의 속담인 "당신은 당신의 아이를 찾지만, 그는 멀리 가버렸다" "당신은 풀

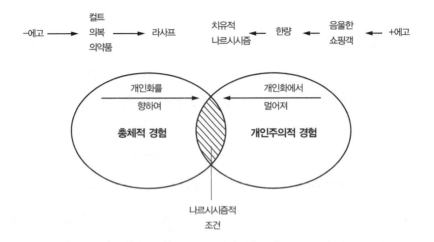

이 그림은 개인이 더 큰 사회적·우주론적 장으로 완전히 통합된 총체주의 상황에서부터 내적이며 자율적인 자아를 지닌 개인주의 상황에 이르는 연속체를 표현하고 있다. 교집합에 위치한 나르시시즘의 조건은 개인이 내적인 자아를 지닌 것도 아니며 안정성을 보장해 주는 더 큰 우주론적 장에 있지도 않은 상황을 가리킨다. 그림은 두 가지 대립되는 운동을 표현하는데, 하나는 총체적 장의 진보적 해체와 나르시시즘의 상태 속에서 개인의 출현으로 이어지는 움직임이며, 또 하나는 자율적 에고의 점진적 해체의 움직임이다.

〈그림 9-2〉 개인주의와 총체주의 정체성 공간의 수렴

[을 심을 수 있는 들]을 찾지만, 그것은 사라지고 없다"는 생존의 절망적인 불가능성을 표현하는 일련의 비유에서 따온 것이다. 주요 합창이 갑자기 터져 나온다. "그러나 나는 아름답다. 그리고 그것 때문에 사람들은 나를 사랑한다. 내가 아름답다면, 그것은 내가 킬롱고(kilongo)를 사용하기 때문이다(즉 나는 피부를 표백했다). 후렴구: 킬롱고가 좋아, 킬롱고가 좋아(kilongo c'est bon, kilongo c'est bon)." 다른 곳의 화물숭배와 마찬가지로 우아함의 숭배는 자아를 되살리고 동시에 권력구조를 전복시킨다. 그것은

주체를 집단의 프로젝트에 완전히 흡수시키거나 경계 없는 개인의 이미지를 만드는 경향이 있다.

이상의 논의를 통해 우리는 라사프의 실천이 상징권력의 축적을 통해서 권력을 장악하려는 시도라고 간주해 왔다. 우리는 확실히 이 상징들, 즉 고급 수제의복은 미적 이미지로 포장된 건강·부·순백·신분 등의 형식인 생명력, 권력의 표현이 아니라 바로 권력의 규정이라고 주장했다. 그러나 근대적인 용어에서 세계를 이해하고 있기 때문에, 결론까지 이 논리를 완전히 추적할 수는 없었다. 상징주의 담론 자체는 구체적인 권력과 부를 정당화시키지만, 역으로 우아함의 정치·경제적 논리가 권력상징의 중요성을 폄하여 담론 자체를 뒤바꿀 수 있다. 국가계급은 정치적 폭력을 사용해서 우아함의 그레이트맨이 되었고, 국부를 빼돌려서 우아함을 유지한다. 심지어 이것은 결국 주술과 악한 마술의 관점에서만 이해될 수 있다. 생명력의 축적이 체제의 원리이기 때문에, 라사프와 다른 축적기술 간에는 본질적인 차이가 없다. 이 같은 논리 속에서 자신들에게 쏟아지는 비난에 대해 사푀르들이 대응하는 방식은 간단하다. "비록 우리의 방법이 덜 폭력적이지만, 당신도 우리와 다르지 않다." 따라서 보다 깊은 의미에서, 라사프는 거기 존재하는 모두인 것이다.

[주]

1) 항상소득이론은 소비함수이론으로 소득을 정기적이고 확실한 항상소득과 임시적 수입인 변동소득으로 구분하여, 항상소득의 일정 비율은 소비되며 변동소득은 저축으로 돌리는 경향이 강하다는 이론이다.—옮긴이

2) 효용성은 실제의 선호도에서 추론되기 때문에 이론적으로 사람들은 항상 그들이 원하는 것을 산다. 물론 경제학자들은 수요를 통한 설명에 깊이 관심을 가지지 않기 때문에 이에 대해 적절하게 설명하지 않는다고 그들을 비난할 수 없다. 그러나 여전히 그들이 제안한 일련의 이론의 경험적 타당성에 대해 의문이 제기될 수는 있다.

3) 월터 미티는 제임스 터버(James Thuber)의 단편소설 『월터 미티의 비밀생활』(*The Secret Life of Water Mitty*)의 주인공이다. 이 소설에서는 공상을 좋아하는 월터 미티를 통해 상상이 일상보다 사실적이며 절박할 수 있음을 보여주고 있다.—옮긴이

4) 영국의 헨리 스탠리는 1879년 Boma 부근에서 킨샤사까지 도로를 건설하기 시작했는데, 1880년 프랑스 해군장교인 드 브라자(Pierre Savorgnan de Brazza) 백작이 건설현장에 나타났고 결국 스탠리는 협상을 통해 콩고강 우안 지역을 드 브라자 백작에게 양도함으로써 오늘날의 브라자빌이 건설되었다. 이로써 콩고강을 경계로 벨기에 식민지와 프랑스 식민지로 나뉘었고, 오늘날 콩고라는 나라가 두 개 생기는 계기가 되었다.—옮긴이

5) 1643년 루이13세가 사망하자 루이14세는 만 5세의 나이로 국왕이 되었다. 이때 어린 왕을 대신해 국정을 담당한 추기경이 마자랭이다.—옮긴이

6) 앞의 사례에 해당하는 사람을 비유적으로 표현한 것이다.—옮긴이

7) 에드워드 왕조의 복장·화장 등을 초현대적으로 흉내 내는 청춘남녀를 말한다.—옮긴이

10 / 나르시시즘, 정신적 뿌리, 탈근대성[*]

세계체제, 정신적 뿌리, 탈근대문화는 서로 관계가 있을까? 누가 이런 터무니없는 질문을 던지는가? 이 질문은 물론 인류학자들에게 아무런 의미가 없다! 더군다나 '문화를 쓰는' 요즘 시대에는 더욱이 그러한 것 같다. 나는 이 질문에 답하기 위해 몇 가지 작업을 수행했고(Friedman 1987b; 1987c; 1988; 1989a), 그 연장선상에서 이 글을 전개시켜 나갈 것이다.

  인류학은 서구와 비서구의 상호적 관계변화의 반영물로서, 명백히 이론적이며 민족지적으로 '실재적' 입장에서 크게 선회하여 점차 민족지적 행위 자체의 담론으로 스스로를 좁혀왔다. 이 과정은 일반적으로 '민족지적 권위'(Clifford 1983)의 쇠퇴와 인류학 서술에서 당연시되던 많은 범주에 대한 포괄적 비판을 통해 진행되어 왔다. 이 같은 내부비판을 통해서 우리는 이전에는 거의 토론된 적이 없는 번역, 쓰기, 타자재현의 사회적 맥락에 관한 논제를 이해할 수 있게 되었다. 그러나 그것은 맥락 자체에 대해서 그

---

* 이 장은 Friedman(1992a)을 기초로 했으나 약간 차이가 있다. .

리고 그러한 질문이 중요하게 대두되는 역사적 국면에 대해서는 아무것도 말해 주지 않는다. 내가 앞서 주장한 것처럼(Ekholm and Friedman 1980; Friedman 1987b), 맥락을 살피는 것이 적합한 이유는 인류학자들의 논쟁적 이슈가 인류학의 정체성 문제로부터 발생하기 때문이다. 따라서 대화를 통해 타자를 표상하는 방법론이 폰 뭉크하우젠[1] 남작의 민족지보다 발전된 것이라고 인정한다면, 우리의 심정적 변화는 순수한 이타적 행위나 방법론적 혹은 인식론적 전환이 아니며 따라서 지적인 발전과정도 아닐 것이다. 민족지적 권위의 쇠퇴는 세계체제의 헤게모니 구조의 파편화과정의 즉각적 표현이다. 이것은 단지 '문화를 쓴다' 이상의 보다 보편적인 의미에서 정체성의 정치일 뿐만 아니라 민족지 정치, 정치의 문제이다. 민족지적 기술은 자국에서 우리를 위해 타자를 쓰는 실천이기 때문에, 그것은 정의상 타자의 글과 목소리를 배제한다. 따라서 민족지는 타자를 표상할 권위, 논리적으로 암암리에 타자를 침묵시키는 권위를 구체화한다. 지금 이것은 심대한 정치적 행동이다. 왜냐하면 그것은 우리에게 타자를 동일시하기 때문이다. 궁극적으로 이것은 또한 식민지와 탈식민지적 기제(apparatus)를 통해 타자에게 정체성을 부여하고, 나아가 마침내 그것이 타자 자신의 정체성이 되게 만든다. 그래서 이 같은 논의는 학문적 논쟁일 뿐 아니라, 권력과 표상의 일반적 관계의 핵심을 건드리게 만든다.

종족적 혹은 지역적 정체성을 향한 투쟁, **기원**과 관련된, 기원의 **장소**를 매개로 관련되는 (낙인찍히거나 상징적인) 속성들, 언어의 억양처럼 상호 관련되며 지속되는 모든 현시(顯示)는 분류투쟁, 가시적으로 만들고 믿게 만들고 알려지게 만들고 인식하게 만드는 독점력을 향한 투쟁의 사례이다. 즉 사회세계를 분할하는 정당한 기준을 부과하는 것이며 결과적으로 사회집단을 만들고 파괴하는 것이다. 이러한 투쟁은 사실상 분할의 원리를 통해 사회세계의 비전을 부여하는 능력이다. 이 원리가 집단에 부여될 때 그것은 의미, 의미에 대한 합의, 특히 집단의 정체성과 통일과 관련된 합의를 만들어낸다. (trans. Bourdieu 1980, p. 65)

동일시는 누군가에게 정체성을 부여하는 과정이다. 민족지는 우리에게 타자의 정체성을 만들어 보여주며, 그것의 실천조건 속에서 그것을 다시 타자에게 부여한다. 그에 대해 말하거나 그를 대변함으로써, 결국 우리는 그가 우리의 범주를 통해 말하게 만든다. 이것은 안정적인 헤게모니의 조건, 정체성의 확고한 위계, 제국 속에서 적절하게 작동한다. 그러나 이러한 조건이 탈통합하기 시작하면, 그것과 관련되었던 담론들은 권위를 상실하게 된다. 그것은 우리 자신이 더 이상 그들을 단순히 표상할 수 없다는 것을 깨달았기 때문이 아니라, 그들이 우리를 그렇게 하지 못하도록 하기 때문이다. 그들의 자기동일시와 그들에 대한 우리의 동일시가 충돌한다.

인류학자에게 문제적인 것이 더 큰 논제 속에서는 단지 인덱스에 불과한 사소한 것이기도 하며, 학계는 문제를 해결하는 방식에 대해 결론 없는 논쟁을 벌이고 있다. 대화를 서구식 독백으로 포섭하거나, 시적인 묘사와 이른바 과도한 탈근대적 표상방식 등의 기술을 사용하기도 한다(Tyler 1991).[2] 그러나 인류학자는 자신들을 세계 내의 인류학적 대상에서 제외시킴으로써 모든 관점을 상실했고 자신의 경험에 대한 자폐증적인 응시에 안

주하고 마는 위험에 빠지게 되었다.

그리고 이 문제는 다음과 같이 나타나는 것 같다. 인류학의 민족지적 공간이 내파되었다. 중심부/주변부의 실재가 무너지고, 비서구세계를 표상하는 서구의 능력기반이 침식되었다.[3] 자폐증과 나르시시즘의 은유는 객관주의와 이론에서 현지경험에 대한, 타자성과의 조우에 대한 배타적 응시, 민족지와의 강력한 동일시로 후퇴했다. 이것은 우리의 사회적 존재영역 너머에 분명히 존재하는 구체적인 세계변형의 일부분이다. 만약 인류학적 상황이 단지 거대한 현상의 징후에 불과하다면, 우리는 인류학적 자기성찰(self-reflection)을 통해 보다 폭넓은 견해를 얻을 수 있다.

지구체제의 흥망성쇠

우리가 살고 있는 체제, 생산수단의 생산과 소비를 통한 추상적 부의 재생산에 기초한 체제(이것의 가장 순수한 형태가 산업자본주의이다) 속에서, 세계자본의 흐름과 축적의 변화와 정체성 구축과 문화적 생산의 변화 간에는 강력한 기능적 관계가 존재한다. 이 관계를 물질적 과정과 근대성의 문화적 공간의 관계 속에, 지구적 공간을 구성하는 상이하게 구성된 근대성들간의 역동적이며 유동적인 관계 속에 포함시킬 수 있다.

지구체제에서 안정적인 헤게모니 국면은 지배적인 중심부와 주변부의 강한 위계적 관계로 특징지어진다. 그리고 중심부로의 자본축적과 이에 따른 주변부의 원료와 노동을 위한 공급지대화, 중심부의 공산품을 위한 산업화라는 노동분업, 즉 '세계의 작업장' 신드롬으로 나아가는 경향이 있다.

자본축적의 탈중심화 시기는 그러한 국면과 대조를 이룬다. 이 시기 생산의 관점에서 부유하고 사치스러워진 중심부는 체제의 특정 지역으로 엄청난 양의 자본을 수출한다. 작지만 급속히 팽창하는 중심부가 새롭게 출현하여, 이전 중심부의 생산을 능가하고 이전 중심부는 점차 자신이 수출한 자본의 생산품의 소비자가 되는 상황으로 귀결된다. 중심부의 쇠퇴는 복잡하고 불균등한 과정이다. 중심부에서는 산업지역이 쇠퇴하는 경향이 있는 반면에, 생산과 수출에서 벗어난 거대한 자본은 부동산, 주식시장, 예술품, 사치재 등에 보다 상업적으로 투자된다. 이 국면에서는 탈산업화와 고급주택화, 빈자와 부자의 증가, 슬럼화와 여피화라는 역설적인 상황이 나타난다. 그리고 '실제로 쇠퇴중인' 중심부에서 강화된 계층화는 단일한 체제적 과정이다. 마치 '탈산업사회', 곧 정보의 생산과 통제의 지배로 특징지어지는 사회의 출현처럼 보이는 것은 대체로 혹은 전적으로 탈산업화의 산물이거나 이에 수반된 계급구조에서의 변환일 것이다. 이 시기 중심부에는 새롭게 지위가 상승하는 집단이 생겨나게 된다. 그리고 상품화의 진전에 따른 진보, 점차 사치스러워지는 소비상품과 소비공간이 표면적으로 나타난다.

사회의 주류 밖에서 '가난하게 사는' 예술가의 주택에서부터 도시풍의 '예술적인' 부르주아지의 화려한 주택에까지 존재하는 다락방은 중산층 문화의 흥미로운 확대과정을 반영한다. 20세기의 이 시점에서 다락방과 관련된 문화 스타일—다락방의 라이프스타일—은 위대한 산업사회의 '더 작은 과거'에 대한 보편적인 향수뿐만 아니라 열린 공간과 예술적인 생산형태에 대한 중산

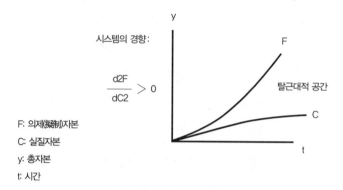

시스템의 경향:

$$\frac{d2F}{dC2} > 0$$

F: 의제(擬制)자본
C: 실질자본
y: 총자본
t: 시간

이 방정식은 의제자본이 실질자본, 즉 생산자본보다 점진적으로 빠르게 성장한다는 것을 보여준다. 이것은 시스템에서 자본축적의 탈중심화 시기에 나타나며 중심부에서의 비생산부문에 대한 투자를 수반한다. 투자의 탈근대적 공간은 실질성장 곡선과 의제성장 곡선 간의 간격 속에 존재한다.

〈그림 10-1〉 의제자본과 탈근대성

층의 선호를 보여주는 것이다. …산업사회에서 미적 가치가 가정생활에 대한 새로운 컬트로 이어진 것은 또한 문화변동의 상업화를 반영하며, 그 밖에 산업사회의 '기계시대'의 목적과 같은 명백한 문화변동, 여가활동의 전문화, 중산층 여성의 가사노동으로부터의 분리를 반영한다. (Zukin 1982, p. 81)

만약 자본이 투자되는 주요 시장이 토지 · 주택 · 기술 · 주식 시장이라면 여기서 실질적 축적에서, 마르크스의 용어로 표현하면 가공적(fictive) 축적, 즉 서면가치의 축적으로의 전환이 일어난다. 서면가치의 유일한 효과는 부의 차별화를 통해 계층화를 확대시키고 인플레이션과 그것에 내재된 유동성 문제를 통해 일반적으로 축적과정을 점차 압박하는 것이다.[4] 이것은 1920년대 이전에도, 산업자본주의 이전에도, 지중해권의 쇠퇴 이전

302

에도 아마도 로마의 쇠퇴와 심지어 아테네의 헤게모니의 탈통합 이전에도, 일어난 적이 있다.

헤게모니 축적의 탈중심화는 자본들간의 경쟁심화와 잠재적으로 헤게모니의 변환을 내포한다. 이전의 중심부에서 소비와 투기적 축적으로의 부(富)의 이동은 사회구조상의 변화, 우리가 살펴볼 바와 같이 문화적 변화를 수반한다. 경제적 과정과 문화적 과정 간에는, 적어도 추상적 부의 축적을 기반으로 한 체제 속에서 일정한 관계가 있으며, 이 관계는 궁극적으로 물질적 생산과정에 의존하고 있다. 바로 소비의 조직과정, 따라서 수요의 조직과정은 자본축적의 시공간적 분산에 의존한다. 수요는 소비의 잘 규정된 코드에 의해서 고정되지 않으며, 근대성의 괴테적인 정신에 의해서 작동된다. 따라서 수요는 원칙상 가변적이고 무한한 변이를 허용한다. 이 관계를 파악하기 위해서 우리는 다시 돌아갈 연구주제인 근대적인 것 자체의 본질을 비교관점에서 이해할 필요가 있다. 앞에서 규정된 정의를 따라서, 우리는 자본축적의 경향성 자체에 국한시켜 분석할 것이다. 이것은 명백히 모순적인 과정을 통해 다음의 특징을 보여준다.

① 공간적으로 자본축적의 탈중심화 그리고 중심부–주변부관계의 변환과 이에 수반된 새로운 축적 중심부의 출현

①-1 몇몇 선택된 지역에서의 급속한 '발전' '근대성'과 세계소비시장의 중심부의 출현

② 중심부에서의 상품화의 진전: 사회관계의 '자본주의화'와 사회세계 측면들의 점진적인 상품화, 이른바 후기산업사회 혹은 탈근대적 **진화**로의 진전

③ 중심부에서 일반적으로 나타나는 산업생산으로부터 의제적(擬制的) 축적, 부동산·'문화산업'으로의 자본이동

나르시시즘과 자아의 구성

우리가 '경계를 허문 장르'(blurred genres, Geertz 1980) 실천에 솔직해진다면, 이 물질적 과정은 탈근대주의에서 전혀 놀라운 일이 아니다. 지구체제의 경제학은 마찬가지로 문화적으로 구성되는, 즉 문화**에 의해서** 구성되는 것이 아니라 문화**를** 구성하는 과정의 물질적 **측면**이다. 우리의 목적은 한 측면을 또 다른 측면으로 환원하는 것이 아니라, 측면들간의 연관성을 파악하는 것이다.

정체성 공간의 구축은 경제적 과정과 문화적 과정을 연결하는 역동적 작동인자(operator)가 된다. 그것은 욕망의 원천이며 따라서 표상도식을 만들어내는 고유한 원동력이다. 나르시시즘과 같이 기본적인 개념을 전유하기 위해 프로이트를 옹호할 필요는 없다.

다시 말해서 이드, 에고, 초자아를 포함한 인간정신의 보편적 구조가 존재한다고 가정할 필요는 없다. 그것들이 반드시 개인 내부에서 상호간에 고정된 관계를 맺고 있다고 가정하지 않더라도, 이 개념(topoi)[5]들이 언급하는 몇몇 운동의 존재를 받아들일 수 있다. '원초적 나르시시즘'이란 용어는 유아기 동안 자기규정 행위를 타자에게 의존하는 상태를 말한다. 이같이 인간으로서의 기본적인 출발점은 수많은 논의의 주제가 되어왔으며, 구조주의 정신분석학자인 라캉은 그것을 거울단계로 언급하면서 체계적으

로 탐구했다. 물론 그의 연구는 사르트르의 초기 현상학적 심리학과 미드 (G. H. Mead)의 인식론적인 작업과는 분명히 대비된다. 비록 라캉이 실존주의적 주체를 비판하고 있지만, 샤르트르가 많은 부분에서 라캉의 작업의 원천인 것은 확실하다.

프로이트의 관점에서, 나르시시즘 상태는 내적 경험의 부재, 좀더 정확하게는 자율적인 존재로서 자아를 규정하는 경험의 부족으로 특징지어진다. 여기서 주체는 **일차적으로** 어머니와의 관계를 통해서 더 큰 단위로 완전히 통합된다. 그리고 에고는 마치 자율적인 자아를 생산하는 방식인 것처럼 나르시시즘의 거울을 점차 내면화하는 과정을 통해서 구성된다. 다시 말해 이것은 자아실현(self-realization)이 가능한, 즉 자기 자신의 프로젝트에 따라서 정체성을 형성하는 과정인 것이다. 표면적으로 자연스러운 이같은 발전과정은, 우리의 관점에서는 매우 문화적으로 규정된 것이다. 이는 근대적인 개인의 형성을 특징짓는 특정 유형의 사회화를 보여준다. 이 문화적 특수성은 개별화의 실패로 규정되는 '이차적 나르시시즘', "피할 수 없는 개별화(individuation), 분리(separation), 체념(abandonment)의 자각 속에 나타나는 불완전한 슬픔"의 가능성을 야기한다(Levin 1987, p. 502). '비근대적'이고 비자본주의적인 수많은 사회형태에서, 의존성과 상호성의 조합은 문화적 핵심(cultural core)으로서 정교하게 연구되어 왔다. 『아프리카의 오이디푸스』(Oedipe Africain, 1966)에서 오르티게스 (Ortigues)는 서구의 개별화과정 속에 통상 내면화된 것이 그곳에서는 선조, 사자(死者)의 권위와 프로젝트에 의존하는 주체에게 끊임없이 부여되는 외재적 지시틀이라는 점을 논의한다. 근대성에서는 이와 반대상황이 펼쳐진다. 조상 대대로 내려오는 조직이 제거됨으로써, 자기 내부에서만 인격적 프로젝트의 확립과 유지를 위한 원천을 구할 수 있게 된다. 그리고 사회적으로 확립된 영속성이 부재하기 때문에, 프로젝트는 탈중심화되고 우주론적 토대로부터 분리된다. 결과적으로 프로젝트들의 끊임없는 변형과 그것들간의 경합이 나타나고 결국에는 프로젝트 그 자체가 원리적 프로젝트이자 스스로 움직이는 추상물이 되어버린다.

근대적인 것에서는 인생 프로젝트의 권위를 자아 혹은 에고에 두는 반면, 전통사회에서는 프로젝트와 그것의 권위를 인간주체에 외재하는, 더 큰 사회적 연결망과 우주론적 원리에 두는 경향이 있다. 그러나 이러한 사실들은 양자 모두에서 인간의 나르시시즘 토대를 드러내고 탈통합될 수 있다. 이 탈통합은 더 큰 체제의 상이한 부문에서 상이한 시점에 발생하는 외재적 조건에 의존한다. 즉 헤게모니 중심부의 팽창은 종교적 성격을 띤 반작용과 함께 중심부에서 자아의 '전통'구조에 위기를 불러온다. 이후 중심부/주변부 구조로 통합된 지역에서 이와 비슷한 위기가 발생할 수 있다. 비록 더 높은 '정치적' 질서로서의 친족은 사라지고 교회와 국가로 대체된 유럽의 경우와 같이 완전히 발전한 농민사회일지라도, 친척과 공동체 연결망의 탈통합은 중심부에서 천년왕국운동을 불러올 수 있다. 친족을 기반으로 조직된(kinship-organized) 정치체가 존재하는 주변부에서 사회를 재생산하는 동력, 힘, 마나는 궁극적으로 바로 권력의 원천으로부터 유래한 정복자, 외부인, '이민족 왕'으로부터 발생하는 것처럼 보인다. 중심부에서 개인주의화가 진행되면서, 그것은 동시에 근대적 우주론을 발생시킨다. 반면 주변부에서 지역적 위계질서가 보다 높은 근대적인 질서로 포섭되는 경향이 있다.

문화적으로 헤게모니의 안정된 상태에서는, 체계로 통합된 지역들 내에서 지역문화는 평가절하되고 흔히 근대적이라고 규정된 지배적인 서구 모델로의 동일시를 요구하는 공통된 위계적 가치질서가 유지된다. 피식민자의 식민지적 심성과 의식 모두 이러한 맥락 속에서 형성된다.

하와이의 탈근대주의

새로운 정착민

최근 하와이에서 가장 큰 방목지(미국에서 가장 큰 사유농장)의 구획지에 관한 보고서는 다음과 같다.

레인보우 방목지의 새로운 라이더: 하와이의 도시 파니올로(Paniolos)는 도시를 떠나서 소떼와 침실 네 개의 집 사이를 자유롭게 오고간다. 뉴욕과 필라델피아에서는 절대로 이렇게 할 수 없다. 와이키키에서도, 심지어 마우이(Maui)에서도 그렇다. 토종 뉴요커인 데이비드 칸은 꿈의 고향인 하와이섬에 가기 전까지 필라델피아, 와이키키, 카나팔리에서 계속 일해 왔다. 그에게 카우보이, 말, 소는 존 웨인 영화에서나 볼 수 있는 것들이었다. 지금 칸은 드넓게 펼쳐진 공간에서 흰 소를 방목하는 삶을 영위하고 있다. 소몰이를 하는 말 탄 진짜 카우보이와 인사하면서….
무엇보다도 칸은 신발에 먼지 하나 묻히지 않고도 이 모든 것을 즐길 수 있다.

> 이들이 하와이 방목지의 새로운 카우보이이며, 도시에서 탈출하여 목장에서 다시 인생을 시작하는 천상의 경영자이다. 이곳에서는 비관적인 말을 절대로 들을 수 없다. 다우존스가 떨어지거나 지프 체로키(Jeep Cherokee) 안에서 전화가 불통이 아니라면 말이다. (*Aloha Islandair* 1989. 1~2)

하와이는 세계 속에서 세계를 통합시키는 체제에서 특별한 장소를 차지한다. 오늘날 하와이는 많은 자본이 투자된 관광경제에 의해서 지배된다. 더욱이 일본의 투자로 하와이는 미국 본토의 경기순환과 역행하는 경향마저 보인다. 하와이섬의 역사는 점차 증가하는 헤게모니의 사이클을 보여주었으며, 현재 일본의 투자에 의해 부분적으로 상쇄되고 있지만 이미 탈헤게모니화(dehegemonization) 과정으로 진입하였다. 주의할 것은 일본의 투자가 일반적인 경향성을 혼란시키는 것이 아니라 탈헤게모니화 과정의 주요한 측면이라는 점이다. 만약 현재의 불균형이 문화적 경제전략의 결과가 아니라 바로 세계체제과정의 결과라면, 일본의 대미흑자의 40%는 **미국 소유의 회사가 일본에서 사거나 만든 물건을 미국으로 역수출**한 것에서 비롯되었다는 점을 상기할 필요가 있다. 이와 비슷하게 싱가포르와 말레이시아의 대미수출의 60% 이상은 미국 회사에서 만든 것이다. 나아가 1985년에 일본에 생산기지를 둔 미국 회사는 일본에서 미국의 대일무역 적자액보다 더 많은 생산액을 달성했다. 다시 말해 일본과 동남아시아의 성장은 미국의 자본축적의 탈중심화를 보여주는 유기적 표현이다.

19세기와 20세기에 하와이는 점차 미국 경제로 통합되어 갔고, 하와이 언어는 금지되었고 그들의 춤과 문화는 문명에 대립하는 완전히 야만적인 표현으로 간주되었다. 이 상황에서 하와이 인구집단은 빠른 속도로 감소했다. 이 같은 낙인찍기(stigmatization)와 사회적 탈통합은 근대적인 하와이 공동체의 형성을 촉진시켰다. 이 공동체는 설탕산업과 1950년대 후반부터 급속히 팽창한 관광산업—20년 사이에 공간을 **위대한 게츠비** 스타일에서 **마이애미 바이스**로 바꾸어놓았다—이 만들어낸 거대한 다종족 공동체로 둘러싸여 수적으로 열세에 놓여 있었다. 하와이가 주정부로서 미국에 편입되고 일본인이 가장 큰 종족집단을 형성하면서, 하와이인은 중요하지 않은 존재로 전락하게 되었다. 대중관광주의와 일본인계 미국인이 지배하는 정부와 교육기관이 결합하여 하와이인을, 그들에게 설 자리를 거의 주지 않았던 예전의 설탕산업보다 더 주변부로 밀어내었다. 20세기 내내 진행된 이와 같은 통합과정은 하와이인 정체성의 상실로 이어졌다. "나가라. 나가서 하올레(haole, 백인)와 결혼하라. 하와이어로 말하지 마라. 우리의 옛 종교는 사악한 마술로 가득하다. 선량한 기독교인이 되는 것만이 유일하게 선한 길이다. 아니, 하와이의 종교는 위험하다. …그래서 나는 이것을 실천하지 않는 것이다." 물론 일정한 경제적·정치적 상황에서 벗어나는 일은 쉽지 않았다. 그러나 그들은 지금 새로운 상황에 직면했다. "저 사람들은 너도 알다시피 코코넛이다. …바깥은 갈색이지만 안은 하얗지." 그 사람들은 이전에 공동체의 선량한 지도자라고 상상되었지만, 1970년대 중반부터 일어난 하와이 정체성의 부흥과정에서는 반역자가 되고 말았다.

오늘날 하와이는 많은 의미에서 갈림길에 놓여 있다. 미국과 일본 관광객들은 80%가 일본 자본인 자신들의 전용호텔에서 묵는다. 1960년대 와이키키는 태평양에서 가장 유명한 관광지로 바뀌었다. 70년대의 경제위기

이후, 관광산업은 내리막길로 접어들었고 실업률은 상승했으며 하와이인이 조직되기 시작했다. 낡은 호텔은 세기 전환기의 혹은 시대를 넘나드는 포스트모던 스타일로 화려하게 리모델링되고 과거 귀족정치에 대한 향수가 매우 짙게 가미되었다. 영국 신사의 농장은 여유로운 사람들, 곧 하와이의 건물과 땅의 주요 구입자인 일본인 이주민과 일본인 마피아에게 팔려나가 하와이 과거의 디즈니 버전처럼 존재한다. 현재 하와이는 미국 내에서 폭력조직이 관할하는 마리화나의 거대한 생산지이다. 하와이섬에서 하와이인은 여전히 소규모로 흩어져 살고 있고, 부분하와이인(part-Hawaiian)의 지역공동체도 앞의 일에 종사하면서 흩어져 살고 있다. 또 하와이가 태평양에서 원자폭탄의 주요한 저장고이며 북태평양 전체를 관할하는 작전센터라는 점도 간과할 수 없다. 그리고 이 한가운데서 하와이인 운동은 주권회복, 1893년의 비합법적인 쿠데타로 잃어버린 섬의 반에 달하는 땅의 회복, 하와이섬에 하와이인 문화의 재정립에 초점이 맞춰지고 있다. 냉소적인 서구인들에게 탈근대성의 우스꽝스러운 모조품에 불과할지 모르지만, 하와이인들에게 이것은 사회적 삶 혹은 죽음의 문제이다.

하와이 역사

하와이는 쿡 선장이 파란을 일으키며 도착하여 지역 군장의 손에 죽임을 당한 뒤, 세계경제로 빠르게 통합되어 갔다. 식량을 조달하는 항구로 시작해서, 대중국무역에 필요한 백단향의 중요한 생산지가 되었다. 영국의 도움으로 하와이섬들 전체로 확장될 수 있었던 전통적인 정치체계는 급속한 경제변형의 내적 반응으로 인해 해체되었다. 호놀룰루의 귀족운동, 광범위한 사회질서의 붕괴, 전염병, 인구급감, 백단향 무역에 따른 군장의 파산이 일어났다. 군장권력의 종교적 토대인 카푸 시스템(kapu system)은 군장들이 점차 유럽과 미국의 무역상인과 그들의 군사적 지원에 매달리게 되면서 붕괴했다. 회중교 선교사들의 도착, 고래무역, 사탕수수 플랜테이션의 발달, 중국·일본·필리핀 노동자의 유입, 강력한 사유제 도입, 하와이 군주제의 붕괴와 미제국으로의 통합은 근대 다중족적인 하와이의 토대를 만들었다. 이 과정에서 하와이인은 100년 만에 수적으로 (60만 명에서 4만 명으로) 엄청나게 감소했고 자신의 땅에서 서열이 낮은 소수자(마이너리티)로 전락했다.

하와이인 운동은 1970년대 초반에 시작되었다. 이것은 다른 서구세계에서 정치적 활동이 활발히 전개되던 시기와 일치한다. 몇몇은 하와이인 운동이 흑인운동으로부터 많은 아이디어를 끌어왔다고 말하지만, 수많은 사례를 미루어볼 때 미국식 발전에 따른 점진적인 파괴에 오랫동안 저항해 온 하와이 농촌지역에서 그 뿌리를 찾을 수 있다. 하와이인의 뿌리는 분명히 존재하지만, 초창기 운동은 학생들이 주도한 정치적 좌파활동과 밀접히 관련을 맺으며 진행되었다는 특징이 있다. 이 이데올로기에 따르면, 하와이인의 권리는 평화와 생태의 문제, 관광자본에 의한 섬의 파괴에 대한 저항과 연결된다. 리조트 건설에 대한 반대로부터 형식적으로는 국가가 소유했지만 하와이인들이 자신들의 정당한 유산이라고 주장하는 토지의 점령까지 수많은 활동이 있었다.[6] 그러나 좌파가 쇠퇴하면서, 양자 사이에 분리가 일어났다. 하와이인들은 응분의 지위를 요구하기 시작했다. 그들의 정체성은 견고하게 정립되었고 주요한 관심사는 전적으로 하와이인의 문제, 토지소유권의 문제, 하와이 문화의 재정립으로 옮겨갔다. 수많은 민족주의적 경향은 70년대 후반부터 뚜렷해지기 시작하여 80년대 후반에 들어서는 더욱 강화되었다. 어떤 단체는 미국으로부터의 독립을 주장하며, 하와이 정체성에 관한 문건을 출판해서 회원들에게 돌리고 예전의 영토를 지배했던 왕조를 복위시키려고 노력했다. 왕족과 가까운 친척이라고 주장하는 어떤 여성이 선봉에 서기도 했지만, 회원이 겨우 수백 명에 불과하여 큰 영향을 끼치지는 못했다.

지역적 실천과 토지의 점유는 80년대 내내 지속되었고, 각 단체의 지도부는 하와이의 문제를 해결할 방책으로서 토지문제와 함께 주권문제를 제기했다. 이 새로운 문제와 관련된 중요한 두 단체는, 현재 하와이인 문제를 다루고 있는 정부기관인 하와이인 사무소(the Office of Hawaiian Affairs)와 칼라후이(Kalahui) 하와이, '하와이 민족'(Nation of Hawaii)이다. 전자의 구성원은 하와이인과 부분하와이인들이 직접 선출하며, 후자는 하와이인의 일상적 투쟁에 참여하는 수많은 단체들로 구성되어 있다. 후자는 빼앗긴 땅과 하와이인 본향(home land)에 대한 권리회복과 주권회복을 주장해 왔다. 물론 두 단체간에는 갈등이 존재하고, '사무소'는 '민족'의 이념을 상당 부분 차용하면서도 스스로를 영속적인 하와이 정부에 합당한 국가기구로 규정한다. 운동에 참여한 사람들은 끊이지 않는 분란에 회의적이지만, 전략적 차원에서 변화가 일어나고 있다. 그들은 근대적 발전으로부터 하와이를 지키기 위해서는 단지 지역적 투쟁의 문제에만 머무를 수 없으며, '최후의 해결책' 즉 정치적 자치권을 얻어내야 한다고 생각한다. 그리고 원칙적으로 국가정부가 그들의 목적을 인식하고 있으며, 이는 20년 전만 해도 정부가 그 존재를 거의 인식하지 못했던 사람들에게는 매우 큰 진전이다. 심지어 국가의 정치틀에도 영향을 주고 있다. 현 주지사 존 와이히(John Waihee)는 최초의 하와이인 주지사이다. 그리고 그의 당선은 그의 정치력이라기보다는 하와이인의 권리를 인식하고 관광산업의 엄청난 영향력으로부터 벗어나고 있다는 증거, 이데올로기적 전환을 보여주는 명백한 증거이다.

이러한 전환은 근대주의 정체성이 쇠퇴하고 뿌리의 선택이 가능해지면서 일어났다. 비록 일본인, 중국인, 필리핀인, 한국인 등 다른 이주민들과 섞이긴 했지만, 하와이인은 섬의 원주민으로서 지난 한 세기 반 동안 만들어진 하와이 지역문화의 대표자이다. 원주민 정체성의 인식은 하와이인 운동의 출현에서 중요한 역할을 담당해 왔다. 1970~80년의 센서스 결과에 따르면, 자신을 하와이인으로 동일시하는 인구는 13만 명에서 19만 명 이상으로 급격히 증가했다.[7] 또 같은 기간 동안 북아메리카 인디언은 70만 명에서 140만 명으로 늘어났다. 이것은 생물학적 사실이 아니다. 이전까지 다른 무언가로 동일시할 수 있을 만큼 충분히 '뒤섞인' 많은 하와이인들과 그보다 훨씬 더 많은 인디언들이 자신의 정체성을 원주민이라고 주장하기 시작했다는 것이다. 하와이인의 정체성은 지난 10년 동안 공고해졌다. 1950년대와 심지어 60년대까지 자신을 숨기고 스스로를 중국인이나 한국인으로 불렀던 사람들이 이제 더 이상 그렇게 하지 않고 있는 것이다.

하와이인 운동의 구성원 중에는 나이 많은 사람들도 있고 젊은 사람들도 있다. 나이 많은 사람들은 수적으로 얼마 되지 않지만, 자신의 인생을

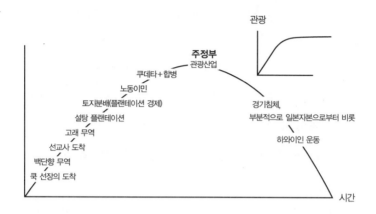

〈그림 10-2〉 지구체제에서 하와이의 역사

하와이인의 정체성을 위한 투쟁에 헌신해 왔다. 그들은 운동에서 가장 급진적인 부류에 속한다. "나바호(Navaho)처럼 살기에는 충분하지 않다. 그래봤자 항상 똑같다. 우리가 연합을 구성한다 해도 국가권력과 동일한 문제에 직면하게 될 것이다. 우리에게 유일한 해결책은 진정한 독립이다." 이는 '민족'단체가 지지하는 연합방식에 반대하며 자치권 회복운동에 참여하고 있는 75세의 어느 회원이 한 말이다. 젊은 회원들의 이력은 비슷비슷하다. 그들 대부분, 특히 열성적인 사람들은 일반적으로 다음과 같은 인생을 살아왔다. 그들은 비교적 젊은 나이에 입대하였고 유럽과/혹은 베트남에 다녀왔다. 그들은 더 넓은 세상에 대해 실망한 채 돌아왔으며, 다른 무엇을 찾아 운동에 참여했다. 그들은 근대 미국사회, 때로는 기독교에 반대한다. 그들은 생계기반이 되는 토지를 얻고 자신과 아이들을 위한 하와이어 학교의 설립을 위해서 싸워왔다. 그들은 하와이의 고대사원 헤이아우스

(heiaus)를 복원하기 시작했다. 그들은 부모세대의 기독교가 가진, 본래의 종교와 문화에 대한 부정적인 관점을 비판한다.

하와이인 운동은 경기침체기에 시작되었는데 지금은 일본인들이 초래한 새로운 투자물결을 맞이하고 있다. 일본인들은 호텔과 리조트를 엄청나게 사들여 낡은 것을 리모델링하고 새로운 리조트와 (5만 달러나 되는) 값비싼 회원권의 골프장을 건설했다. 땅값과 토지세와 주정부 수입에서 인플레이션이 일어났고 일본인 방문객의 비자요건이 완화되었다.

민족언론의 두 가지 길

차이는 극명하다. 『타임』지는 하이야트 와이콜로아(Hyatt Waikoloa)를 3억 6천만 달러 규모의 휴양지라고 소개하고 있다.

> 『타임』지는 분명 지친 여행객들에게는 친절하지 않다. 카투만두에는 애틀란트시만큼 수많은 여행패키지가 있고 검은 아프리카가 혜성처럼 밝아졌다고 자랑할 수 있을 만한 곳이 지구상에는 많이 남아 있지 않다. 그런데 때마침 하와이의 빅아일랜드의 해변 쪽에 새롭게 각광받는 하이야트 리젠시 와이콜로아가 생긴 것이다. …여행객은 객실에 들어가기 위해서 총알 모양의 모노레일을 타거나 휴양지까지 길게 뻗은 운하를 따라 배를 탈 수 있다. …남편이치와 함께 도쿄를 방문하던 중에 에이미 카토흐(Amy Katoh)는 "디즈니랜드가 사람들의 엔터테인먼트를 바라보는 시각을 바꾸어놓았다"라고 감회에 젖어 말했다. "그리고 이곳은 리조트에 대한 사람들의 사고를 바꾸어놓을 것

이다." …하이야트는 지금 여행객이 필사적으로 경험과 맞춤 기억을 찾고 있으며 그것을 찾기 위해서 하룻밤에 일반객실 265달러에서 고급객실 2500달러까지도 지불할 것이라고 예상한다. (Gillis 1989, p. 49)

이 호텔 판타지 땅에서 여행객은 돌고래와 수영할 수 있고 인공적인 열대 파라다이스에서 그들만의 식사를 즐길 수 있다. 이곳은 한때 미국에서 가장 큰 목장을 떠받치고 있던 용암지대였지만, 지금은 여피족들이 앞다투어 투자하는 곳이며 지난 몇 년 사이에 서구 중심부에서나 볼 수 있는 거대한 고급주택가를 연상시키는 곳으로 변모했다. 그리고 이에 더하여 그들의 생활 속에서는 향수와 전통의 감흥을 즐길 수 있다. 하와이 카우보이(파니올로) 생활을 풍부하게 경험하고 예전에는 왕궁에서나 맛볼 수 있는 만찬과 흥미로운 활화산을 즐기면서 세련된 생활을 만끽할 수 있다. 그 밖의 다른 호텔과 계획중인 복합시설도 있다. 그중 하나는 개발중인 섬의 남쪽 2500에이커 부지에 옛 하와이와 중세유럽을 모방하여 별 다섯 개의 특급호텔로 지어질 예정이다. 이곳은 유럽의 상류층과 신흥부자들을 끌어들이기 위한 것이다. 하와이 리비에라(Hawaiian Riviera)는 이름 그대로 존재한 적이 없는 세상의 진정한 시뮬라크르, 역사적으로 드러난 적 없는 새로운 부의 상상적 풍광을 보여줄 것이다.

이와 비슷한 시기에, 미국 언론들은 리조트 건설과 관련하여 마우이섬에서 발굴된 대규모 하와이인 매장지를 대서특필했다.

마우이섬의 고대 매장지에서 유골 900기가 발견되면서, 8억 달러 규모의 해변호텔 건설이 일시 중지되었으며 하와이의 건설열기를 잠재울 수 있도록 법안개정이 요구되고 있다. …거주자들은 발전과 보존의 균형을 어떻게 맞출 것인가에는 관심이 없다. …말라마 나 카푸나(Malana Na Kapuna) 또는 '조상돌보기'라는 조직의 대변인 에드워드 카나헤라(Edward Kanahera)는, 우리에게 그것은 종교적이면서 정신적인 문제라고 말했다. "우리 문화에서 유골을 파헤치는 것은 인간이 할 수 있는 가장 나쁜 짓이라고 믿는다. 그것은 살인보다 나쁘다. 왜냐하면 현세보다 훨씬 오래 지속되는 인간의 사후세계를 방해하는 것이기 때문이다." (*New York Times* 1989. 1. 4, A11)

현지 하와이인들은 계약에 따라 움직이는 고고학자들에 반대하여 자신들의 뜻을 관철시켰다. 개발업자들은 일보 후퇴해서 건설지구를 옮기는 데 동의했고, 법원은 역사보존을 위해 하와이인만이 토지를 보유할 수 있다고 판결했다.

파라다이스에서의 낚시

하와이섬의 서부해안에 작은 어촌이 있다. 이 마을은 내지인과 와지인 모두가 하와이의 마지막 마을, 하와이주에 남은 마지막 어촌이라고 부르는 곳이다. 마을은 주도로에서 1500피트 아래의 용암으로 뒤덮인 해안까지 이어진 매우 구불구불한 도로 끝에 위치해 있다. 길을 따라 내려가면서 볼 수 있는 멋진 경관 중 하나가 검은 열기의 사막에 야자나무와 푸른 잎이 늘어진 오아시스, 마을의 원경이다. 외지인은 이 마을을 위험하다고 생각한다. 게다가 비천한 하와이인에 관한 이야기, 꽤 유명한 관광객 살해사건이 그 이미지를 굳혀놓았다. 그러나 고작 200명이 사는 이 마을 바로 한가운데 주립공원이 있어서 캠핑을 즐기고 '다른' 하와이인들을 구경하려는 발길이 끊이지 않고 있다. 마을에는 나무오두막 여러 채와 비교적 성공한 가족 소유의 근대적인 가옥 두 채가 있다. 자가발전기를 제외하면 전기도 수도도 없다. 오두막 한 채는 상륙선 위에 올려 있는데, 영화 〈걸스, 걸스, 걸스〉(Girls, Girls, Girls)에 나오는 엘비스 프레슬리의 집이었다. 포장도로는 아마도 마을을 빠르고 안전하게 드나들기 위한 영화제작사의 요구로 만들어진 것 같다. 외견상 마을의 생업은 인근해역에서 고등어와 노란 지느러미 참치를 잡는 것이다. 족내혼의 비율은 "여기서 우리 모두는 가족이다"라고 말할 만큼 매우 높다. 분위기는 적막하고 평온하며 다만 여행객들과 영화제작사로 인해 소란스러울 뿐이다(이 마을에 관한 교육영화 두 편이 더 만들어졌다). 목가적인 어촌은 도시생활에서 잃어버린 모든 것의 상징이다. 그러나 여기에는 눈에 보이지 않는 것들이 있다. 마을사람들은 마약과 도박으로 고소를 당했으며, 개발업자들이 마을사람들을 자신들처럼 만들기 위해서 설득중이다. 개발업자들은 전통적인 하와이인들은 자기 땅을 입찰자에게 팔아버리고 자질구레한 장신구나 파는 이상한 사람들이라고 생각한다. 이를 다룬 소설 『코나의 마지막 마을』(Last Village in Kona)이 1986년에 출판되었다. 이 소설은 하와이에서 매우 잘 알려진 저널리스트의 작품인데, 그는 책표지에서 자신을 프랑스계 하와이인의 진정한 후손이며 하와이인 운동을 지지하는 급진주의자라고 소개했다. '마지막 마을'에는 실재에 대한 완곡한 이미지만이 있다.

하얀 산홋빛 도로가 몇 세기 전부터 이곳에 살았던 고대의 마을주민들이 돌을 쌓아 만든 용암바위의 낮은 담 사이로 뻗은 코코넛숲을 가로지르며 굽이쳐 나 있다. 아주 오래 전에 도로가 놓인 뒤로, 마을의 전체적인 모습은 과거와 매우 비슷하다. 나무로 만든 집은 한때 돌단 위에 초가들이 서 있었던 야자수 사이의 개간지에 그대로 서 있다. (Altieri 1986, p. 8)

이 글은 1926년 용암이 덮쳐서 사라진 이웃마을에서 이주해 온 피난민들이 세운 오두막들 사이로, 파라마운트 스튜디오가 건설한 구불구불한 아스팔트 포장도로와 지난 몇십 년간 산발적인 하와이인 운동에도 불구하고 몇 년 전까지 인식되지 못했던 피난민의 토지권에 대해 언급하고 있다.

이것은 문화정체성을 재정립하려는 하와이인 투쟁을 묘사하기 위해 기획된 소설이다. 그리고 마지막 마을은 많은 것을 상징하는 핵심으로서 살아 있는 전통을 구성하는 데 중요한 역할을 한다. 근대세계의 범죄, 마리화나, 사악한 관광주의와 과거 하와이인의 목가적인 생활 간의 갈등은 작품 속에서 긴장관계를 형성한다.

솔로몬은 오랫동안 말없이 그를 쳐다보았다. 그리고 조용히 말하기를, "카위카(Kawika)는 그가 다시 돌아올 수 있다고 생각한다. 어쨌든 돌아오는 길일 거라고. 그는 카위카가 어떻게든 돌아와서 문화의 일부, 하와이인이 된다는 느낌, 즉 전체 생활과 영혼의 일부이며 땅과 바다의 진정한 일부가 된다는 느낌을 되돌려줄 것이고 생각한다. 당신도 알다시피 바로 이것이 우리가 잃어버린 것이다. 그것이 바로 하와이인이 된다는 것을 의미한다." (같은 책, p. 7)

지난 몇 년 동안 "진보는 멈출 수 없다"면서 되돌아갈 수 없다고 말해왔다. 그러나 하와이인 운동의 핵심은 지금이 적기(適期)라는 본능적인 감각이다. "그렇다면 그는 아마도 시대를 잘못 타고난 것이 아니다. 그는 매우 적당한 시대에 태어난 것이다."(같은 곳)

지금 이 작은 어촌의 사람들은 그들만의 역동적인 사회적 삶을 누리고 있으며, 그들의 삶은 하와이인 운동이 말하는 목가적인 이미지와는 아무런 관련이 없다. 왜냐하면 근대성이란 단순히 대립적인 관점에서 파악될 수 없기 때문이다. 그러나 정체성 담론은 전통 대 근대성의 담론이며, 마을사람들은 땅 없는 도시 하와이인과 마찬가지로 이러한 담론에 익숙하다.

우리가 여기서 말하려는 것은 다층적이며 상호 침투적인 현실이다. 즉 특정한 생활형식과 그에 따른 전략을 가진 마을, 지역집단 전원을 호텔직원과 관광객을 위한 하와이인으로 바꾸어버린 공격적인 관광산업, 죽어가는 설탕산업, 마카다미아 공장, 커피, 마리화나 등 위험과 기회의 거대한 세계에 둘러싸여 있지만, 여전히 마을을 모델로 제시된 전통과 동일시하는 하와이인 정체성 담론 속의 마을이다.

하와이의 탈근대화는 서구 근대주의 정체성의 파편화가 표현되는 방식이다. 이는 관광의 고급화와 함께 노스텔지어를 강조하는 방식으로의 전환, 근대적인 활동에 전념하면서도 전통적인 것으로 분류되는 촌락민에게 하와이성과 잠재된 새로운 정체성이 점진적으로 나타나는 상황 등을 아우른다. 헤게모니 정체성의 동질적 모델이 붕괴되면서, 진짜 하와이인을 진보적인 근대사회의 하층민으로 동화시키려 했던 발전적 연속체는 다중심적인 정체성의 형성체제로 전환되었다. 이 과정에서 주요한 두 '견인차'는 근대 하와이의 초석인 관광산업과 그에 대립하는 하와이인 문화운동이다.

관광산업이 만들어놓은 동일시 속에서 하와이와 하와이인은 명확한 외형을 갖춘 문화적 대상으로 표상되며, 호텔의 하와이식 연회와 무대 위 훌라춤과 조정경기 등으로 전시된다. 비록 점차 출연비율이 높아지고는 있지만, 문화행사에서 진짜 하와이인은 무대에 잘 등장하지는 않는다. 일찍부터 하와이인의 역할을 맡은 사람들은 타히티와 다른 섬사람들이었다. 이것은 자신들의 이데올로기를 공유하는 개발업자와 방문객과 거주민이 만들어낸, 오늘날 하와이인을 선조와는 아무런 관련이 없는 혼혈이며 게으르고 우범적인 인종으로 보는 강력한 표상과 결합된다.[8] 이 이미지 모두는 촌락민의 자기동일시와 상호 작용한다. 그리고 새로운 관광주의는 새롭게 등장한 사치스런 관광객의 편의를 위해 옛 하와이와 플랜테이션 농장에 대한 향수어린 꿈과 모사된 하와이인 그리고 지난 영광스러운 소비시대의 유럽을 창조하거나 실제로 재창조한다. 이러한 정체성 형식 속에서 하와이인은 근대적 부문이 투사한 이미지에 의해서 규정된다. 최근 하와이의 현실들과는 하등 상관이 없는 문화 혹은 이미지의 문화가 요구된다. 만약 그들이 그러한 발전에서 일정 부분 역할을 한다면, 그것은 '그들 자신'의 대표자로서 그리고 진정한 문화적 과거의 담지자로서의 역할을 맡을 것이다. 하와이인 운동은 마찬가지로 과거를 좇는다. 만약 관광주의의 전환과 이 운동 사이에 중첩되는 부분이 있다면, 그것은 양자 모두 뿌리와 진정성에 초점을 맞춘다는 점이다. 그러나 운동에서의 진정성은 관광주의의 그것과는 완전히 대립된다. 왜냐하면 그것은 타자가 응시하는 이미지를 의미하는 것이 아니라 생활방식, 현재의 사회적 곤경—근대세계에서 미래의 부재, 관찰자의 이미지—에 대한 물질적 해결책을 의미하는 것이기 때문이다.

콩고인 정체성의 초근대성(hyper-modernization)

지구적인 구조적 관점에서 하와이의 고유한 특징은, 하와이인은 자신의 문화적 자아에 집중한다는 점과 외부세계를 힘이나 정체성의 원천으로 보지 않는다는 점이다. 이것은 특히 운동의 구성원들에게 진실이며, 아마도 고유한 문화정체성을 구성하기 위한 전략이 낳은 논리적 결과라고 할 수 있을 것이다. 그러나 심지어 외부세계를 권력의 원천으로 믿는 밀로리이(Miloli'i) 같은 마을에서 그것은 엄밀히 근대적 관점에서 정치권력과 돈으로 표상된다. 만약 하와이인이 외부세계와 동일시해야 한다면, 하와이인의 조건에서 그것이 결국 진보를 표상하는 일이기 때문이다.

아프리카의 경우는 이와 정반대이다. 여기서 외부세계는 권력의 원천일 뿐만 아니라 내부세계의 존재조건이다. 돈, 의약품, 개발은 생명력이다. 콩고에서 그것의 원천은 일반적으로 파리이다.

콩고를 여행하는 사람은 정말 소수에 불과한데, 그들은 콩고 내부에 머무는 동안 비록 변형된 것일지라도 콩고 사회의 현실과 맞닥뜨리게 된다. 그들이 편히 쉴 수 있는 곳은 호텔 로비이거나 밤의 향락가뿐이다. 백인의 탈식민사회는 고립된 소수집단으로서, 정말이지 거대한 흑인세계에 둘러싸여 있다. 한편 하와이에서 관광객은 집을 떠나지 않는다. 하와이 이미지로 포장된 백인세계에 둘러싸여 고립되어 있는 집단은 하와이인이다. 하와이인을 알기 위해서는 주변세계를 떠나서 고립된 집단 속으로 들어가야 한다. 콩고의 방문객은 잠재적인 후원자의 지위에 서 있는 우월적인 존재이다. 하와이인에게 당도한 방문객은 그들과 동등한 입장에 서 있는 자신을 발견하게 될 것이다. 콩고의 정체성은 파리에 강하게 매어 있는 반면, 하와이의 정체성은 하와이의 중심에 있다.

나는 7장과 특히 9장에서 라사프(la sape)로 알려진 콩고의 현상에 대해 기술한 바 있다. 콩고의 청년단체(clubs des jeunes premiers)는 1970년대에 성장했다. 앞에서 말한 대로 단체회원들은 주로 하층민들이지만, 그들은 매우 발전된 교육시스템에 의해 더 큰 세계와도 친숙하며 가장 값비싼 물건 특히 의복을 욕망한다. 이전 논의를 반복하지 않고서, 나는 중요한 주제 중 하나를 강조하는 것이 중요하다고 생각한다. 나이 혹은 신분집단에 따른 거대한 조직에도 불구하고 파리지앵 모험, 유명상표(haute couture)의 포틀래치적 과시, 프로젝트로서 사프는 단순한 역할게임도 아니며 다른 사회공간을 '스쳐 지나가는' 댄디들의 게임도 아니다.

물론 어떤 이는 이러한 활동에서 의복과 권력의 관계에 대해 냉소적으로 말할지도 모른다. 그리고 우리가 앞서 지적한 바와 같이 이 같은 경향이 존재한다. 어떤 이는 콩고가 급속히 근대부문으로 통합되면서 라사프와 같은 극단적인 반응이 일어났다고 설명할 것이다(Gandoulou 1989). 그러나 우리는 운동의 화물숭배와 같은 측면을 서구에서의 소비와 사물의 일반적 관계로 해석하지 않도록 주의해야 한다. 차라리 그것은 근대적 의미망을 지역적 실천 속에 포괄해 버리는 권력언어를 상세히 보여주는 직접적인 전략을 표현한다. 인구집단 대다수가 주변화된 상황에서는 앞에서 언급한 라사프 전략이 구사되기 쉽다. 표면적으로 한량의 고전적인 전략으로 보일지도 모르지만, 여기에는 또 다른 중요한 전략이 존재한다. 즉 중심부로부터 발산되어 중심부의 선택된 대표자들을 통해 확산되는 생명력과 웰빙의 축적 전략이 존재하는 것이다. 의복이 사람을 만든다는 말이 있다. 이 말은 다른 어떤 곳보다 콩고에서 가장 진실에 가깝다.

여기에 겹쳐지는 회색지대가 있다면, 그것은 타자의 시선에 의존하는 한량의 나르시시즘적 경향일 것이다. 캠벨은 유럽인의 낭만주의와 댄디 간의 중요한 차이점을 지적했다.

> 댄디의 노력은 결과적으로 죄책감에서 유발되는 역동성을 지닌 이상적인 모델을 꿈꾸는 상상력에서 나온 것이 아니라, 상이한 지향성에서 생겨난 수치심의 발로이다. 이 같은 윤리관은 베블린적 의미에서 유행을 타고 더 쉽게 확산된다. 그러나 그것이 대개 근대적인 유행패턴의 지적인 기원을 드러내준다고 생각할 수 없다. (Campbell 1987, p. 212)

표면적으로 외형에 대한 의존과 과시를 통한 '베블린식' 신분경쟁이 동시에 일어난다. 그러나 아프리카에서 후자는 개인적 변이가 아니라, 그것은 사회구조이다. 마찬가지로 한량은 그와 같은 다른 무엇으로 인식되었다. 댄디는 평범한 사람 같지 않다. 그/그녀는 자신의 소비를 그 자체로 즐기지 않으며 그것이 다른 사람들에게 어떻게 보이는지에 따라서 소비한다. 자아 목표의 추상적 원리가 탈통합되는 시점에서, 탈근대적 조건은 나르시시즘의 욕망에 의해 일차적으로 추동된다. 그러나 서구문명에서 나르시시스트는 공허하게 살아간다. 반면 전근대사회에서 나르시시스트는 확정된 의미세계에 둘러싸여 있다. 따라서 사푀르(sapeur)를 위한 의복은 단순히 타자의 인정을 통한 만족 수단을 의미하지 않는다. 그것은 정치적 권력의 정의이며 사회적 위계 속에서의 위치규정이다.

이 같은 의미에서 그것은 우리에게 정치적 지위와 관련된 소비에 관한 진술이다. 사푀르는 그/그녀가 권력을 표현하는 장에 침입한다는 점에서 정치질서에 대한 도전을 표상한다. 따라서 국가계급의 정당성, 적어도 절제영역에 대한 독점권에 도전한다. 분명히 여기서는 콩고의 고유한 역사가 중요한 역할을 하고 있음을 알 수 있다.

남북의 대립은 콩고어를 말하는 집단들간의 대립이다. 이 집단들은 우선 식민체계와 이에 수반된 상업화에 따라서 나뉘며, 다음으로 프랑스가 직접 개입한 최초의 독립정부와의 관계에 따라서 나뉜다. 북부인은 외부지역과 바르바리[9]와 관련되어 있다. 그들은 권력을 쟁취하여, 북쪽 브라자빌로 중심을 이동시켰다. 그리고 옛 남쪽정부가 들어서 있던 낡은 식민지건물과 닮은 모양으로 브라자빌에 새 궁전을 지었다. 그들은 새로운 대안 정체성으로 콩고(Kongo) 정체성을 강요했다. 정확히 말해, 아마도 남부인의 은유는 신분을 대체하는 상징의 원천이 되었을 것이다.[10] "우리는 이 나라에서 가장 문명화된 집단이다. 우리의 외모가 그것을 보증해 줄 것이다."

사푀르는 한량과는 다르다. 왜냐하면 그/그녀는 구조적 관점에서 진정성을 갖고 있기 때문이다. 그/그녀의 정체성은 단일하며, 그/그녀가 전유하는 겉모습은 단지 대중을 속여서 자신보다 나은 무엇으로 보이려는 프로젝트가 아니라 바로 그의 본질 자체이다. 우주론이 없는 나르시시스트는 냉소적이면서도 절망적이다. 정체성이 더 큰 의미체계로 통합되어 있는 나르시시스트는 진정성을 갖춘 의복 마니아이다. 전근대와 탈근대 나르시시즘의 관계를 이해하기 위해서는 반드시 이 차이를 이해해야 한다. 전자는 특정 종류의 사회적 삶의 세계를 구성하는 일부이지만, 후자는 개인주의적 경험이 탈통합되면서 나타나는 효과이며, 그것의 의미는 단지 근대성의, 자기발전의 프로젝트일 뿐이다. 근대성의 세계에서 나르시시즘적 조건은 그/그녀의 존재를 창조하고 지지해 주는 타자를 끊임없이 갈망하는 주체 안에 존재한다. 콩고의 경우에서 바로 그러한 지지구조와 안정된 의미구조가 사회적 존재의 토대가 된다.

최근 콩고 석유산업의 급격한 쇠퇴는 사회적 삶을 지배하는 친족네트워크와 지역체계의 고정축인 위신의 축적과 분배 전략을 심각하게 압박하고 있다. 그것은 실제로 종교운동의 범람을 낳았고, 전부는 아닐지라도 대부분의 종교운동은 부와 건강의 원천과의 기능적 관계를 강화하거나 재정립하려는 시도였다.[11] 나르시시즘의 쇠퇴와 위협은 집단의 포괄적인 전략, 규정상 외재하는 생명력의 원천과의 관계, 곧 생명선과의 재정립과 강화를 낳는다.

비교 화물(comparative cargo)

화물이라는 상념을 민족지적 의미에서 형식적으로 이해할 것이 아니라 사회적 자아의 본질적인 측면인 외재성과 관련하여 이해할 필요가 있다. 이를 통해 우리는 일반적인 사회적 전략을 물신숭배로 표현하는 의복 마니아 사뢰르와 화물개념이 최초로 '발명되었던' '전근대적' 멜라네시아의 일정한 현상들 사이에서 중요한 유사성을 발견할 수 있다. 많은 지역에서 포스트화물로 지시되는 현상이 있다. 후룬산이 있는 세피크강 지역의 프린스 알렉산더의 얀고루 언덕에서는 펠리 연합(Peli Association)이라고 부르는 물신숭배가 나타난다. "후룬 컬트는 1969년쯤으로 거슬러 올라가는 것 같다. 마티아스 얄리완과 다니엘 하위나라는 두 남자는 후룬산 정상에 자리 잡은 수많은 시멘트회사들이 이곳 사람들에게 물질적 이득이 흘러가지 못하게 막았다고 증언했다."(May 1982, p. 35)

그런데 이곳은 20세기 최초로 서구와 만났던 장소이다. 1914년부터 가톨릭 선교사들이 들어왔던 곳이다. 금이 발견되면서 백인 개척자들이 모여들었다. 1950년에는 소와 커피, 쌀, 땅콩, 코코아 등 환금작물 재배가 점진적으로 도입되었고 노동력의 고용이 확대되었다. 그러나 인구의 약 40%는 외지인으로 채워졌고, 지역민들은 사회경제적 이득을 거의 얻지 못한 채 온갖 고생을 겪었다.

> 얀고루 지역에서 이루어진 개발은 (이것은 세픽 지역과 대체로 동일하게 적용되는 사실인데) 사람들의 기대에 미치지 못했다. 그들의 [개발에 대한] 실망은 계속 높아가는 이주율과 부흥한 화물숭배… 그리고 지방정부에 대한 반감에 반영되어 있다. 그것은 아마도 오스트레일리아의 보난자와 쉽게 부자가 될 수 있다는 내용의 행운의 편지가 인기를 얻게 된 요인이 되었던 것 같다. 이 편지는 정부가 금지하기 전인 1960년대 말과 1970년대 초까지 넘쳐났다.
> (같은 곳)

이 같은 조건에서 앞에서 묘사한 반응이 나타날 것이라고 짐작할 수 있다. 이러한 유형의 많은 컬트에는 본래의 고유한 모호성이 존재한다. 식민지 권력과 국가의 엘리트는 사람들에게 혜택을 주지 않았으며, 따라서 제거되어야만 하고 지역민과 동일한 관심을 가지는 대표자로 교체되어야 한다는 인식이 있었다. 물신숭배의 지도자는 공식적으로 모든 부는 노동의 대가라고 주장하면서 그것이 화물숭배임을 부인했다. 그러나 동시에 불가피하게 외재적 권력과 연결되는 자기규정 전략이 존재한다. 파푸아인의 열등한 지위는 그들이 선교사들에게 속아서 신의 말을 귀담아듣지 않았기 때문이라고 설명된다. 결과적으로 그들에게는 유럽인의 웰빙이 주어지지 않은 것이다.

컬트활동의 초기단계에서 돈을 더 많이 벌기 위해 돈을 태우고 얼굴이나 손목에 난 상처에 재를 문지르는 사람들과 무덤을 청소하고 돈이 가득 담겼다고 생각되는 가방을 묻는 사람들이 보고되었다. 후룬 기념식 시기에 마람바냐 마을에는 컬트 지도자의 주술도구와 그들이 모은 돈을 보관해 두는 '권력의 집'(paua haus)이 존재했다. 그 뒤로 주술도구가 그 파우아 하우스에 있으며 '은행'에서 돈이 만들어진다는 말이 퍼졌다. 다른 수많은 마을에서 파우아 하우스를 설립하기 위한 움직임이 있었다. 파우아 하우스에서 '일꾼'과 '꽃'은 '돈세탁'과 '그릇싸움'이라고 지칭되는 활동을 수행했는데, 그것은 펠리 회원들이 모은 돈을 모두 유약을 입힌 커다란 물동이에 흩트러놓는 것이다. 이것을 올바르게 수행한다면, 이 활동이 물동이 속의 돈을 늘려줄 것이라는 주장이었다. (같은 책, p. 46)

그리고 운동은 지역적 뿌리에 초점을 맞추지만, 사회를 지탱하는 생명력의 원천에 대해서는 의문을 제기하지 않는다. "조직연합은 원시적 본성에 자부심을 느끼지만, 유럽 구성원이 되는 공통된 욕망이 존재하는 것 같다."(같은 책, p. 44)

여기에는 실질적인 모순이 존재하지 않는다. 자기동일시의 실천과 자기유지의 실천은 각기 다른 영역에 속한다. 전자는 자기대상화 행위이며, 후자는 대상화된 자아의 표현이다. 만약 이 둘 사이에 지적인 대립이 잠재되어 있다면, 그것의 통합이나 해결은 불가능하다. 이와 비슷한 상황이 일찍이 하와이의 마을사람들에게서 나타났다. 그들의 존재는 운동에 의해 대상화되었지만, 운동의 객관적 · 문화적 존재는 결코 그들의 정체성과 일치하지 않았다. 전통적인 하와이 문화는 자아의 모델과 정치적 실체이지만, 동일한 사람들에 의해서 근대적인 마을문화로는 배치되지 않기 때문이다.

지구적 관점에서 문화전략

서구 근대주의 정체성의 쇠퇴는 구원을 추구하는 새로운 경향으로 이어져 왔다. 여기서 그것은 뿌리의 추구이며, 콩고인과 파푸아인에게는 완전히 이국적인 내적 평화와 영원에 대한 추구이다. 종교의 핵심은, 동양에서 유입된 것이라 할지라도 일반적으로 인간의 구원이다. 왜냐하면 그것이 인간 본성에 관한 보편적인 진실을 담고 있기 때문이다. 집합주의에 대한 해결책으로서 서구의 개인주의가 형성되었지만, 개인주의 역시 초월적이지 않다. 그것은 규정상 (근대주의적 관점에서) 가능한 모든 종류의 정체성을 담은 근대성의 우주 속에 포함되어 있다.

공적인 정체성이 파괴되고 심지어 법적으로 금지당한 하와이인들은 서구와 콩고(Congo)의 상황 모두와 유사점을 가지고 있다. 문화정체성은 재정립되어야 하는 무엇이며, 따라서 그것은 '초자연적인' 통제를 매개로 서구로부터 건강과 부를 유입하고 강화하는 것이 아니라 서구에서처럼 뿌리를 추구하는 방향으로 조직된다. 다른 한편 집단 해결책을 시도할 필요가 없다. 하와이의 근대적 사회집단화에 조응하는 집합적 우주관은 존재하지 않기 때문에, 대부분의 하와이인의 즉자적 경험이란 문화적 관점이 아니라 사회적 관점에서 개인이 더 큰 집단에 통합되는 경험이기 때문이다. 이처럼 하와이인 운동은 이미 하와이의 일상적 존재, 더 큰 근대세계에서 낙인찍히고 물질적으로 주변화된 존재 속에 현존하는 집합적 경험을 제도화하기 위해 적절한 사회문화적 틀을 추구한다. 하와이인에게 이것은 집합적 · 총체적 정체성의 성취를 가능하게 만드는 급진적 부문, 토지기반, 라이프스타일이란 사회적 해결책을 함의한다. 서구인에게 표면적으로 이와 유사한 운동은 새로운 사회의 형성이라기보다는 개인을 경험적 집합성으로 통합시키는 것과 관련되어 있다.

문화변동 모델

나는 앞서 구부러지고 중단되기도 하는 연속체 속에서 정체성의 전략적 변이를 대략적으로 개괄해 보았다. 이 연속체는 개인을 더 큰 사회적 단위로 통합시키고 자아에 부여되는 자명한 의미를 제공하는 사회로부터, 개인이 모든 사회문화적 총체성으로부터 분리되어 자율적인 자아를 가지고 개인의 우주관이 변화원리 자체, 모든 문화의 원리, 발생론적인 문화의 원리에 의해 질서 잡히는 사회까지 연속되어 있다. 이제 우리는 변화하는 상이한 전략들의 동시다발성을 어떻게 이해할 것인가를 고려해 볼 것이다.

이 분석에서는 다음과 같은 현상을 언급할 것이다. 탈근대적인 문화의 등장, 종교적 근본주의의 재등장, 국제적 종교운동의 등장(이것이 적당한 용어라면), 종족운동, 소수민족운동 등 이 모두는 서구에서 나타나는 특징적인 현상이다. 급속한 경제성장을 이룩한 동양지역에서는 새로운 형태의 근대주의가 출현한다. 동양의 고유한 문화적 특성과 그것이 보여주는 보편적 진화주의 간에 나타나는 상이성을 이해하기 위해서는 그것을 서구지배의 쇠퇴와 관련시켜 살펴볼 필요가 있다. 그것은 한편으로 신유교주의로 표현되는 유교적 질서의 도덕적 핵심, 곧 관료적인 공공영역의 윤리와 추상적 도덕성을 역설하는 질서를 강조해 왔다. 이 질서는 이상적인 가족상에서 추출되어 일반적인 사회원리로 확대된다. 예를 들어 이른바 NIC(신흥공업국가)가 개발을 견인할 뿐 아니라 서구의 산업사회보다 우월한 몇몇 특별한 문화를 가지고 있다는 생각과 연결된다. 다른 한편으로 유교적 발전주의와 서구모델의 관계에 대해 수많은 논의가 제시되었다. 신유교주의 이데올로기는 실용적인 면에서 민주주의의 목적과 합리주의적 발전을 강조한다. 근대성에 대한 이 같은 자기의식적인 프로그램이 갖는 고유한 속성은 중국 문명 내의 종족적 토대와 관련이 있다. 이 새로운 근대주의에는 흥미로운 논리가 숨어 있다. 즉 서구 근대성의 문제는 근대성의 프로젝트를 완전히 실현시킬 수 있는 도덕적 가치를 산업화과정에서 개인주의가 침식시킨다는 것이다. 이 견해는, 현재 서구의 형식인 탈근대적 전환을 만들어낸 근대성의 변증법적 모순에 관한 벨(Bell)의 분석과 잘 맞아떨어진다. 동양의 모델에서 개인은 집단적 프로젝트를 완전히 지향하며, 따라서 비록 현재일지라도 서구와 같은 탈통합이 일어날 수 없다. 이처럼 문화적 우월성이 철학적으로 해석되고 있지만, 영국이 한때 인종적 우월성과 제국의 자명한 본성의 우월성으로서 친족윤리를 과시했다는 점을 잊어서는 안 될 것이다. 이와 같은 관점에서 혹은 패권의 쇠퇴라는 관점에서 볼 때, 신유교주의는 문화운동이라고 말할 수 있다. 나아가 유럽의 르네상스는 동양의 중심부가 쇠퇴하면서 나타난 문화운동이며, 영국적인 것이란 영국을 제외한 유럽의 나머지, 세계의 나머지와 대립되는 고유한 근대성의 컬트로서 등장한 것이다. 결국 신유교주의는 일종의 근대주의적 우주관에 포함되지만, 합리주의 발전을 강조하되 서구 특유의 개인주의를 유발하지 않는다는 점에서 서구의 그것과 일차적으로 다르다. 그러나 나는 이 차이가 여전히 정도의 문제이지 종류의 문제는 아니라고 생각한다. 대체로 회사 혹은 더 큰 사회적 단위에 대한 충성심을 강조하는 영국 전성기의 공적인 도덕성은, 비록 서구가 개인과 모든 사회적 관심사를 초월한 더 높은 도덕원리의 관계에 동일한 무게를 두더라도(그러나 이것은 동양과는 대립된다) 신유교주의에 필적한다. 심지어 공자와 모더니스트인 하버마스의 철학 간에는 깊은 상응성이 존재한다는 학문적 논의도 있다(trans. Van Doan 1985).

서구에서 급격히 증가해 온 종교운동은 위드나우(Wuthnow)와 로버트슨(Robertson)에 의해 세계체제의 관점에서 분석되었다. 후자는 세계 속에서 무한한 전체로서의 인간애와 통합의 필요성을 강조하는 새로운 종류의 정체성과 인식을 생산하면서, 자아와 세계의 상대화(relativization)를 강조해 왔다. 이 실질적인 국제적 통합과정이 지역적·민족적 맥락을 초월하는 종교적 경험을 생산하고 전체로서의 인류, 위계 없는 보편주의를 제도화할 것이라고 한다. 그러나 이 같은 운동을 근대주의적 보편주의와 혼동해서는 안 된다. 종교운동은 본질적으로 지역종교 혹은 종족정체성처럼 구체적으로 개인을 인류와 동일시하는 종 의식(species consciousness)을 강조한다. 광범위하지만 구체적인 정체성 형식을 지향하는 경향이 확실히 존재한다. 심지어 종교적인 경험영역을 넘어서더라도, 대륙 전체로 퍼져나가는 유럽의 열병이 그와 동일한 경향성을 보여주는 증거이다. 낡았지만 여전히 가치 있는 고고학·역사학·언어학을 수단으로, 특히 유럽 정체성을 정립하려는 시도가 분명 존재한다. 그러나 지역적이고 민족적이며 근본주의적인 것을 향한 보다 강력한 발전이 있다. 최근의 종교적 감정의 폭발은 그것이 국가적·국제적 헤게모니의 파편화에 따른 결과라는 주요한 특징을 가지고 있다.[12] 그리고 이 상이한 정체성 형식들에 공통적인 토대가 있다. '인간, 유럽, 독일, 하와이 등 그들 모두가 근대성의 흐름에 비해서 완전히 고정된 구체적인 정체성, 진정성, 뿌리를 추구한다는 점이다. 그리고 이것이 완강히 버티고 있는 근대주의자에게는 '호도된 구체성'으로 보일지라도, 그것은 단지 그들 자신의 '추상성'을 보완하는 것에 불과하다.

지금 자본축적의 중심과 정치적 헤게모니의 위치전환, 새로운 주변화와 통합과정, 정치적 자율성의 확산이 일어나고 있는 세계가 세계체계 속에서 이전의 순수한 문화의 잡동사니를 생산하고 있는 것이다. 그것은 상호간에 소통될 수 없는 대립적인 상황들과 자기동일시를 발생시킨다. 왜냐하면 그것들은 상이한 존재조건을 기반으로 하고 있기 때문이다. 나는 이같은 분기현상 모두에 공통되는 요소가 자아의 해체라고 주장해 왔다. 이자아의 해체는 자아가 문화적으로 구성되는 방식에 따라 다르지만, 그럼에도 그것은 타자의 시선에 대한 의존이 인격적 생존의 생명줄이 되는 나르시시즘 경험이라는 보편적인 핵심을 지니고 있다. 또 이 상황에 대한 반응역시 그것이 발생하는 문화적 맥락에 의존하며, 나는 이에 따라 나타나는 사회적 실천의 연속체에 관한 몇 가지 가설을 제기하려 했다.

여기서 말하는 상이성은 세계체제 과정의 지역적 역동성과 인성의 특수한 문화적 구성과정의 접합에 의해서 발생한다. 즉 이 상이성들은 지역사회 구조 안에서 다양한 위치들 가운데 분포한다. 따라서 나르시시즘적의존성을 강화시키는, 주체가 더 큰 사회문화적 도식에 깊이 매몰되어 있다는 특징이 있는 체계에서 상업화에 따른 개인주의화의 영향은 당연히 주술을 폭발적으로 불러일으킨다. 이같이 주술에 대한 의존성은 가시적 · 비가시적 측면 모두에서 신체를 구성하는 힘을 통해 주체와 연결되는, 조상영의 위계에 따라서 규정된다. 이러한 구조가 온전하게 남아 있는 곳에서는, 그것이 전략과 실천(practitioner)을 확대시킴으로써 외부세계와 제국과 초자연적 힘의 원천에 건강과 부를 연결시키려는 현상이 지배적으로 나타난다. 주술이 유행하고, 위기에 대한 대응으로 컬트활동과 화폐마법 등을 통해 연결흐름을 개선하려는 노력이 나타난다.

비록 완전하지 않더라도 개인주의화가 좀더 성공적으로 진행된 곳에서, 개인주의화는 식민화와 탈식민화, 종족—계급구조의 낙인화와 불가피하게 연관된다. 여기서 주체가 더 큰 집단으로 통합된다 하더라도 문화적 도식의 통합이 수반되는 것은 아니다. 왜냐하면 지배엘리트의 헤게모니 도식은 억압적이지는 않지만 교육, 법 등 특정한 사회적 질서가 당연시되는 문화적 도식의 일상화를 통해서 정치적으로 하위도식을 분할하는 경향이 있기 때문이다. 이런 상황에서 개인은 감정적으로 타자에게 의존하는 경향을 수없이 증명해 줄 수 있지만, 외부로부터의 생명력의 축적을 목표로 하는 문화전략의 결여를 드러낸다. 더 큰 사회에서의 위기는 지배집단의 정체성과 권력의 약화, 곧 이전에 억압받았던 문화정체성의 잠재적 강화를 함의한다. 이 같은 경우에는 체계 내에서의 부의 흐름의 강화보다는 해방을 향한 문화운동, 이전의 존재형태를 재정립하려는 시도가 나타난다. 이 '제4세계' 전략은 본질적으로 앞에서 언급한 '제3세계' 전략과 대립된다.

이 두 전략은 지역공간 속에서 세계과정이 만들어내는 복잡한 상황에서 예상되듯이, 종종 결합되어 나타난다. 멜라네시아에서는 제3세계와 제4세계의 전략이 정치적으로 결합되어 논쟁적인 방식으로 나타나고 있다. 국가엘리트의 형성이 제3세계 발전주의로서 원래 제4세계 이데올로기를 재정립하기 위한 완전한 조건을 만들어내는 것을 쉽게 찾아볼 수 있다. 이 같은 문화생산의 영역을 예전보다 더 상세히 관찰할 필요가 있다. 그러나 이 전략들의 변이와 조합은 주체가 집단으로 상대적으로 강하게 통합되어 있는 층위에서만 나타날 수 있다. 멜라네시아 지역과 같이 지역적인 사회역동성이 여전히 살아 있는 곳에서, 흔히 문화정체성을 정립하려는 운동은 사회를 떠났던 사람들과 근대적 부분으로 통합된 개인들의 활동 속에서 나타난다. 이러한 운동은 파푸아뉴기니에서 나타나는 매우 일상적인 정치종교운동과 같은 힘을 가지고 있지 않다. 사실 문화운동은 언제나 정치종교운동으로 나타나며, 운동은 즉각적으로 정치적 특징을 가진다. 이와는 반대로 대부분의 하와이인이 멜라네시아 소수 활동가집단에 비길 만한 위치를 차지하는 하와이에서는 그와 동일한 종류의 운동이 큰 주목을 받고 있다. 다시 말해 하와이에서 문화적 동일시의 실천(praxis)이 종교를 에워싸고 있다면, 멜라네시아에서는 정치종교적 실천이 문화정체성을 포괄한다.

맺음말

점차 파편화, 탈통합, 무의미, 문화적 혼합이란 관점에서 묘사되고 있는 세계에서 단일성을 찾으려는 노력은 잘못된 일은 아니지만 매우 어려운 일인 것 같다. 그럼에도 불구하고 나는 단일하고도 복합적인 지구적 변형과정을 포착하기 위해 노력했다. 물론 이것은 지역구조나 자율적인 문화적 도식이 존재하지 않는다고 말하는 것은 아니다. 다만 그것들의 오케스트라가 지구적 영역의 상이한 부문에서 상이한 형식을 취하면서도, 서양 헤게모니의 쇠퇴라는 주요한 테마를 중심으로 발생한다는 것이다. 근대성은 동양으로 이동하여 탈근대성을 뒤로 한 채 깨어나고 있는 반면, 서구에서 근대정체성이 점차 무력해지면서 종교부흥, 종족 르네상스, 뿌리, 민족주의가 부활했다. 한 시대를 풍미한 구조적 혼란 속에서, 체제의 주변부와 변두리는 이른바 제3세계와 제4세계 전략이 결합한 복잡한 방식에 따라 반응하고 있다. 어느 곳이든 개인이 스스로를 구원하기 위해서 밖으로 나서는 이행시기에 앞에서 기술한 상이한 통합형태는 지역사회의 위치뿐만 아니라 전지구성의 특수성에 따라 분화되고 재조합되는 몇몇 문화전략들로 적절하게 환원될 수 있다.

이것은 삶의 전략이자 동시에 전지구체계의 다양한 적소에서 등장하는 욕망구조를 만족시켜 주는 모델인 것이다.

문화전략의 파노라마

근대주의자　진보적 진화주의자, 자아와 사회와 세계의 발전. 이러한 생활전략으로부터의 일탈은 병리적이거나 단순히 미발전되고 유아적인 것으로 분류된다. 이러한 의미에서 근대적이지 않은 모든 상태는 궁극적으로 지적·기술적·동기적인 면에서 근대성의 성취를 위해 필요수단의 결여로 환원된다.

① 근대주의는 보편적인 문화적 관점에서 민주적인 해결과 효율적인 도덕적 통치에 이바지하는 정치적 제도, 경제성장, 사회적 근대화과정 즉 근대의 제도화로 표현될 수 있다. 근대주의자 담론에서 정치적 논쟁은 사회적 민주주의가 자유주의보다, 사적 영역이 공적 영역보다, 마르크스주의가 다른 섭근법보나 효과적인가 혹은 징덩한가 등 이렇게 근대주의적 전략을 강화할 것인가에 초점을 맞춰져 있다.

② 아시아의 근대주의는 대체로 서구모델의 기본적인 특성을 보여준다. 양자의 차이는 주로 개인의 역할을 자율적인 행위자라기보다 집단적 도구에 놓는다는 점에 있다.

근대주의 정체성의 쇠퇴

탈근대-근대-소비주의　① 모든 동일시 과정으로부터 냉소적으로 거리를 두지만, 정체성의 결여에 대해서 정확히 인식한다.

② 소비주의: 정체성의 상품구성을 통한 자기표출에 대한 나르시시즘적 의존성. 매우 불안정하며 종교적 혹은 종족적 해결책으로 쉽게 전환될 수 있다. 그것의 변이가 상품성으로서 뿌리를 소비하는 것이며, 과거에 대한 향수나 이후 만들어진 과거를 상기시키는 생활공간을 창출하는 것이다.

전통주의-종교-종족 정체성의 결여와 근대적 프로젝트의 실패에 대한 대안. 개인은 사회적 조건의 변화(이동성, 성공)와 무관하게 고정되고 명확한 정체성이 존재하는 더 큰 프로젝트 속에서 자신을 상상할 필요를 절감하게 된다.

① '전통주의자'는 구체적인 가치와 도덕성, 사회적 규칙과 문화적 실천을 강조하는 이 전략의 일반적인 측면을 말한다. '종교'는 보통 형태상 전통적이고 근본주의적이며, 종종 지역을 기반으로 하고 공동체를 지향하거나 국제적이고 인류 지향적이며 반종족적이지만 구체적인 종(種)을 지향하는 종족성과 연관된다. '종족성'은 구체적인 지역적 혹은 역사 · 언어에 기초한 정체성이며, 가치체계보다는 일련의 문화적 실천 및 믿음과 연결되어 있다.

② 생태주의 혹은 '녹색주의' 전략은 전통주의 전략과 밀접하게 연결되어 있다. 후자가 문화 자체에 기반을 두고 있다면, 전자는 본질적으로 인간과 에코시스템의 적절한 관계 속에 자리 잡고 있다. 양자는 확실히 전통적인 것=자연에 가깝고=자연에 적응된(즉 생태적으로 건전한) 것이라는 진화주의적 우주관 속에서 중첩되어 나타난다.

제3세계 부의 흐름을 끌어들이는 전략, 연결과 의존의 전략이다.

① 규정된 지위 내에서 절제된 소비가 중심적인 역할을 하는 후견관계로 이루어진 국가-계급의 서열화체계로서

② 전략은 명료하게 부의 원천인 중심부와 앞서 언급한 서열전략상에서 전유되는 권력의 형태인 근대성을 지향하며

③ 따라서 전략은 발전지향과 사회기반구조의 성장이라는 관점이 아니라 위신의 상징, 곧 권력으로서 기능하는 근대성 혹은 그 부산물의 소비라는 관점에서 규정된다.

제4세계 체계로부터의 탈출전략, 자족적이고 정치적으로 자율적이며 문화적으로 조직된 공동체의 형성과 유지전략

① 전략은 일반적으로 이전에 억압된 정체성과 라이프스타일을 재정립하기 위한 문화적 운동의 형태를 취한다.

② 전략은 일반적으로 모든 형태의 근대성, 특히 보편적 발전이라는 관념을 거부한다. 그것들은 전통주의적이지만, 더 나아가 특정한 세계관과/혹은 종교적 도식에 기초하여 작동하는 사회질서를 정립하려는 시도이다.

③ 평등주의를 지향하는 경향이 나타난다. 왜냐하면 그러한 운동에서는 서열화의 토대가 없기 때문이다. 종종 지역사가 새롭게 상상되는데, 어떠한 사회적 위계형태도 없는 존재상태가 태초부터 있었다고 가정된다. 그곳에서의 지도력은 틀림없이 사람들의 구원자·아버지·어머니이며 모든 가치의 화신인, 카리스마를 지닌 지도자로 그려진다.

비록 세계체계의 상이한 지역에서 등장하는 의식적 전략들이 존재한다 하더라도, 그것은 물론 전체 스토리인 것은 아니다. 비록 그것들이 가족 유

사성을 보여준다 하더라도, 일상생활의 전략이 아니다. 그러나 그것들은 존재의 동일한 조건하에서 만들어지기 때문에 동질적이며 지역적 가능성 중의 하나일 뿐이다. 제4세계의 문화적 전략은 이미 세상에 등을 돌리고 자체적인 지역전략을 가지고, 상위의 정치경제적 실천에 의식적으로 반대하는 공동체에 의해 생산된다. 이것은, 문화운동이 소극적인 적응을 대신하는가 아닌가에 상관없이 사실이다. 이에 반해 제3세계 전략은 상위의 사회적 질서가 지역구조를 포괄하는 상황에서 만들어진다. 제3세계적 상황은 허약한 지역정체성을 만들어낸다. 제4세계적 상황은 지역정체성을 강화시킨다. 그러나 상황은 그들의 상대편과 정체성에 따라 달라질 수 있으며, 이에 따라 상이한 전략이 나타난다.

그래서 근대주의자는, 전통주의자나 생태근본주의자가 제4세계주의자와 자연스럽게 연대하듯이, 초래되는 결과와 관계없이 제3세계주의자와 자연스럽게 연대한다. 그러나 탈근대주의자는 그들의 잠재적인 동맹군은 다른 모든 인간성은 제거해 버리고 자신들이 원하는 인간성만을 남긴, 자연과 친숙하고 지혜로운 '우리를 위한 원시인', 결국 환상에 불과할 뿐이기 때문에 항상 고독할 따름이다. 지난 시대와 이국적 장소의 이미지로부터 세계를 구성하려는 탈근대적 전략은, 예컨대 정체성이 부재한 신흥부자와 부를 찾아 떠나는 모험가 등은 결국 세계와 세계사의 산물일 따름이다. 이런 전략은 자기소비일 뿐이며 연대를 구하지도 필요로 하지도 않는다.

세계체계의 파편화는 변화한 조건에 적응하기 위한 광적인 창조성을 추구 · 발견 · 반대하는 사회활동을 강화한다. 여기서 쓴 대로, 소련은 역사상 가장 큰 충격을 경험하고 있다. 중국은 학생과 도시지식인과 젊은 노동자 등 많은 부문이 참여한 천안문사태를 진압한 뒤에 회복하는 중에 있다. 그들은 거대한 외국자본의 투자가 도입되고 거대한 부의 축적이 가능해지면서 출현한 계층화에 직면하여, 국가—계급 권력조직을 전복하려고 했다. 내가 주장한 바와 같이, 이 같은 지역적 충격·실천·운동·전략 모두는 전지구화 과정과 연관되어 있다. 전지구화 과정은 내재한 정체성의 장을 세계공간 속에 분포시킨다.[13]

앞서 내가 주장한 바와 같이, 현상황을 나르시시즘 문화, 탈근대성, 후기자본주의, 후기산업주의, 정보화사회로 특징짓는 사람들은 지구체제 수준에서 이루어지는 단일한 과정의 일부 측면만을 강조한다. 우리가 서구의 자기도취에서 벗어난다면, 현재 전지구체제 속에서 근본주의, 종족성, 문화민족주의, 제3세계 컬트주의, 제4세계 해방론이 강화되고 있다는 것을 알 수 있다. 하와이의 산골마을에서 큰돈을 걸고 카드놀이를 하고 있는데, 주변에서는 관광객들이 맨션을 짓기 위해서 자신들이 추구하는 새로운 진정성을 지닌 토지를 찾고 있다. 이것은 미쳐버린 세계나 문화의 크레올화를 의미하는 것이 아니다. 우리는 이것을 쓰레기나 문화적 완두콩스프로 분류하고 우리의 지적인 문화적 도식에 대해 냉소적으로 방어할 것이 아니라, 우리가 이해해야 하는 실체로 바라봐야 한다. 문화도 사회도 아닌 오직 사람들만이 미쳐갈 뿐이다. 오늘날의 세계에서, 정체성과 전략의 혼돈은 실질적이고 매우 구조화된 힘들, 오늘에서 내일로 나아가고자 하는 사람들의 삶 속에서 끊임없이 느껴지는 힘들의 효과인 것이다.

[주]

1) 폰 뭉크하우젠 남작(1720~97)은 실존인물로, 중부독일의 군인이자 수렵가, 여행가이다. 폭탄을 타고 적진으로 날아가 고공 탐색을 나섰다고 주장할 정도로 허풍이 심했던 뭉크하우젠 남작에게 사람들은 '허풍선이 남작'이라는 별명을 붙여주었다. 1785년 영국으로 망명한 루돌프 에리히 라스페라는 독일인이 뭉크하우젠 남작의 허풍을 바탕으로 한 이야기를 영어로 펴냈는데, 이 책은 1786년에 독일 시인 A. 뷔르거에 의해 독일어로 번역되고 여기에 13편의 이야기가 더해져서 『뭉크하우젠 남작의 놀라운 수륙여행과 출진과 유쾌한 이야기』라는 제목으로 출판되었다.─옮긴이

2) 이것은 물론 근대의 시적 양식과 가정된 '원시적 심성' 간의 '구식의' 상응성을 가정한다.

3) 최근 코펜하겐에서 열린 중동 관련 학술회의에서 이란의 전통과 정체성에 관해 발표하던 어느 저명한 학자에게 회의장 뒷좌석의 전통복장을 한 무슬림교도가 이의를 제기했다. 그는 자신의 문화에 꽤 정통해 보였으며 앞선 학자와는 다른 해석의 관점에서 오랫동안 열변을 토했다. 매우 흥미롭게도 그의 담론은 좌중을 압도하고 말았다.

4) 실질적 대비 의제축적의 비율증가는 지불수단 대비 부채비율의 증가, 즉 유동성 비율의 감소를 의미한다.

5) topoi는 장소를 의미하는 라틴어로 사고의 덩어리를 말하며, '육하원칙'처럼 이미 구성되어 있는 아이디어 발상의 순서를 가리킨다.─옮긴이

6) 하와이의 많은 토지가 리조트, 공항, 군용부지 등으로 대여되고 있다는 점에도 불구하고 법적으로 하와이인에게 속해 있다고 주장할 수 있고 주장된다는 점은 흥미롭다. 1920년에 왕족이 이른바 하와이인을 위해 남겨두었다는 본토를 포함하여 주정부에 양도된 토지가 거의 섬의 절반에 해당된다. 이것은 정치적 의미에서 매우 독특한 법적 상황이다.

7) 1984년 하와이의 인구는 20만 8천 명이었다. 섬에서 태어난 전체 인구의 30%가 하와이인으로 추정된다. 또한 미국 본토에 적어도 7만 명의 하와이인들이 일시적으로 혹은 영구적으로 살고 있다는 사실은 중요하다. 이 수치는 연방센서스가 예상한 것보다 낮게 추정되었다.

8) 어느 레바논인 개발업자는 우리에게 밀로라이에서 '순수혈통'을 보았냐고 비꼬면서 물었다.

9) 이집트를 제외한 북아프리카의 옛 이름─옮긴이

10) 그러나 지역적 혹은 종족적 정체성은 그러한 대안의 원천이 되는 강력한 요인이 아니다. 바콩고어를 말하는 사람들 사이에서 사푀르가 시작되었지만, 사회정체성의 기반으로서의 운동은 종족의 경계를 넘어서서 사실상 종족성보다 계급에 더 가까운 일반적인 축적전략을 표현한다.

11) 1985년 77개의 종파가 공식적인 선교를 위해 주정부에 허가를 신청했다. 그 숫자는 오늘날 100여 개에 이른다.

12) 그리고 나는 유럽통합 자체가 이전의 세계 헤게모니의 파편화의 일부이며 새로운 정치경제영역의 형성과 세계경쟁 속에서의 통합력이라도 생각한다.

13) 물론 지역적 과정과 지구적 과정의 접합과정을 통해서이다. 지구적 방법론은 단지 관련된 사회적

과정만이 지구적인 것이라고 가정하지 않으며, 다중적인 지역적·사회적 실천(praxis)이 그러한 넓은 과정으로 통합된다고 가정한다. 또한 후자의 속성이 전자의 속성을 무력화시키는 것은 아니다. 반대로 지구적인 사회적 과정은 대체로 지역적 전략과 지역적·지구적인 비의도적 속성들로 구성된다.

11 / 지구체제, 지구화, 근대성의 매개변수[*]

지구적인 것의 두 버전

오늘날 지구적 이론화와 분석에는 다양한 버전이 존재한다. 심지어 '지구적인 것'과 본질적으로 상반되는 관점일지라도 혼용해서 사용하는 경향이 매우 빈번하게 나타나고 있다. 지구적 과정에 대한 방법론은 크게 다음 두 가지로 구분된다. 첫번째는 최근에 발전된 논의로, 문학연구 그리고 버밍햄학파의 영향을 받은 문화사회학[1]적 관심과 관련되어 있다. 여기서 지구화는 사람들·이미지·상품이 점차 전세계적으로 상호 연결되고 교환되며 이동하는 것으로 인식된다. 두번째는 내가 지구체제 방법론으로 언급하려는 것인데, 일찍이 지구사적 정치경제학으로 발전되었고 최근 들어서는 지구체제의 관점에서 문화와 정체성에 대해 문제제기를 시작한 방법론이

＊이 장은 1992~93년에 몇 차례 열린 회의와 세미나에 제출한 논문에 기초했다. 이보다 짧은 글은 Featherstone, M., Lash, S., and R. Robertson eds., *Global Modernities*(London : Sage)에 실려 있다.

다. 물론 이같이 광범위한 방법론들간에는 종종 중첩되는 부분이 존재한
다. 때때로 전자가 후자를 비판하기도 하지만, 그것이 주장하는 것만큼 논
쟁적이지는 않다. 로버트슨(Robertson)과 그에 못 미치는 하네르츠
(Hannerz) 같은 연구자들은 세계체제 연구자들의 분석에서 문화가 부재하
다는 점에 불만을 가지고, 마치 분석이 출발부터 잘못된 것처럼 주장하기
도 한다. 분명 세계체제 이론가들은 일차적으로 정치경제학적 현상에 관심
을 두어왔다. 그러나 이것이 그러한 이론틀에서 이른바 문화적 이슈에 적
절한 방법론을 배제한 것도 아니며, 문화적 특수성이 또 다른 사회적 현상
의 일면이라고 보는 통합적 방법론 역시 배제하지도 않는다. 우리는 후자
에 대해서 논의할 것이며, 또한 지구체제의 특수하고 지역화된 산물인 '근
대성'을 논의하면서 부분적으로 이를 구체화시켜 나갈 것이다.

지구화

　최근 몇 년간 비교적 많은 문헌에서 지구화가 다루어졌다. 이 논의의
대부분은 우선 제국주의의 위계적 본성, 즉 특정한 중심부 문화의 점차 증
가하는 헤게모니와 미국적 가치 · 소비재 · 라이프스타일의 확산에 초점을
두었다. 초창기 몇몇 논의에서는 이를 '문화제국주의'로 언급하고 전세계
적으로 문화적 차이가 소멸되고 있다는 점을 엄중히 경고했다. 이 같은 논
의는 공식적으로 '경제적' 주변부가 아닌 1950년대 후반과 60년대 서유럽
의 문화엘리트들 사이에서 나타났다. 당시 엘리트들 사이에서는 미국의 도
전(defi Americain)과 코카콜라 문화의 헤게모니에 대한 두려움이 퍼져 있
었다. 오늘날 이 주제는 일차적으로 사회학자들의 작업 속에서 발전되어

왔으나, 최근 들어서는 세계 광역에 걸쳐 나타나는 문화적 과정을 다소 복잡하게 이해하고자 하는 인류학자들의 논의 속에서도 나타나고 있다.

로버트슨은 최근 지구성의 문제를 객관적 과정과 주관적 과정의 이원성으로 정식화했다. "지구화는 세계의 압축 그리고 전체로서 세계를 인식하는 태도의 강화 둘 다에 관한 것이다."(Robertson 1992, p. 8) 그는 여기서 지구적인 상호의존성의 증가와 그 상호의존에 대한 인식 둘 다를 언급하고 있다. 그는 초기 논문(Robertson 1991)과 대조적으로 이 같은 압축이 비록 항상 동일한 성격을 띠지는 않았지만 지난 세기를 넘어서 심지어 천년 이상 진행되어 온 것이라고 주장한다. 사실상 압축은 이를 포함하는 실질적 과정과 관련하여 해석되지 않았다. 다만 로버트슨은 어디까지나 의식과 문화의 문제에만 관심을 가졌을 뿐이다. 압축이라는 말은 바로 '지구촌'의 제안자들 사이에서 상세히 묘사되는 현상들, 곧 부분들간의 거리 축소, 내파를 말한다. 이 메커니즘은 기술적 가속화, 하비(Harvey)가 보다 정확하게 지적한 시공간의 압축이라는 용어와 관련되어 있다. 이는 물론 돈뿐만 아니라 사람들, 소리, 사진 등 그 밖의 다양한 정보형태의 운송효율을 의미한다. 그의 분석에서 이것들은 단지 과학의 발전이나 몇몇 중립적인 기술진화 때문에 나타나는 것은 아니며 자본축적 과정, 즉 세계경제를 조직하는 특수한 형태의 사회전략에 의해 추동된다. 그는 지구적인 상호의존성이 지구체제의 고유한(exclusive) 측면이라고 가정했는데, 이는 지구화에 대한 그의 관심을 상호의존성에 대한 인식 정도로 제한하고 축소시켰다.

여기서 지구화의 본질적 성격은 지구적인 것에 대한 의식, 즉 지구적 상황에 대한 개인들의 의식, 특히 세계는 우리 모두가 참여하는 영역

(arena)이라는 의식에 있다. 이 인식에는 수많은 측면이 존재한다. 로버트슨은 다소 구체적으로 경험된 표상, 우리 모두가 보다 큰 무엇의 일부라고 이해하는 과정이라는 단지 보편적인 것(the universe)을 언급했을 따름이다. 물론 이것은 인간세계라기보다는 차라리 유일신 혹은 절대적 영혼에 가깝다. 그는 파슨스를 좇아 전체적 의미에서 지구화, 인간의 관념 등을 개별주의의 보편화와 대비시키면서 개별주의와 보편주의의 상호작용을 집중적으로 논한다. 그는 이 같은 현상을 파편화가 아니라 관념의 전파로 이해한다. 다시 말해서 지역정체성이 출현하는 사회환경을 상당 부분 지적인 혹은 인식상의 지구화로 간주하는 것이다.

로버트슨은 지구적 과정의 이론적 틀에서 형성되는 서로 구별되지만 상호 관련된 네 요소를 가정한다. 이것들은 자아들(개인들), 국민국가, 인류, 국민국가들이 모인 세계체제이다. 이 같은 형식들은 그가 〈그림 11-1〉에서 표현한 일련의 관계들을 통해서 1870~1920년경에 상호 연결된다.

〈그림 11-1〉의 도표는 지구성의 경험과정을 포괄하는 상대화의 핵심적 과정을 보여주고 있다. 내가 이해한 바에 따르면, 도표의 윗부분에서 사회들의 상대화는 국가들간의 상호작용이 이루어지는 보다 넓은 장에 대한 인식이다. 반면 도표의 아랫부분은 모든 인류를 포함하는 개인정체성의 확장에 대한 것이다. 여하튼 이 가설은 세계가 점차 단일한 단위가 되어간다는 것이다. 물론 로버트슨은 국가가 축소될 것이라고 예상하지 않으며 오히려 국민국가의 출현은 지구적 장을 조직하는 지구성의 확산이 가져온 결과 그 자체라는 점을 강조한다. 용어들을 연결하는 방식은 모두 본질상 인식론적이며 담론적이다. 나는 근대 정체성의 공간으로 언급하게 될 이론적

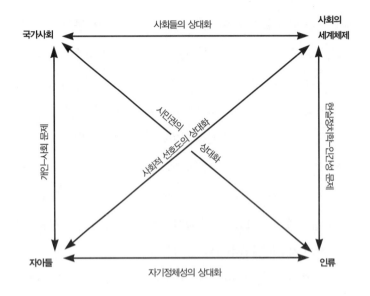

국가사회 ←—— 사회들의 상대화 ——→ 사회의
                                    세계체제

개인←—사회

시민권의
사회적 선호도의 상대화
상대화

현실정치학–인간성 문제

자아들 ←—— 자기정체성의 상대화 ——→ 인류

〈그림 11-1〉 로버트슨의 지구화 모델

틀 안에서 이 용어들을 다시 설명할 것인데, 이것들은 발전하는 지구체제의 산물 그 자체이지 지구적인 것과 동일하지 않다. 상대화는 근대성에서 차별/분리 과정의 표현이다.[2] 따라서 인류는 보다 큰 세계에 대한 인식이라기보다는 개인주의화 과정 자체에 기초한 세계에 대한 보편화된 전망이다. 세계를 종족–종(種) 혹은 인종으로 조직하는 것은 동일한 체제 속에서 '타자'를 동일시하는 또 다른 형식이다. 보다 넓은 영역인 국가단위들간의 정치경제에 대한 인식은 물론 위계적인 제국에서부터 경쟁적인 세계까지 몇 가지 상이한 형식을 취할 수 있다. 로버트슨의 도표는 상대화과정의 본질에 대해서도 그리고 시간에 따른 변화방식에 대해서도 아무것도 말해 주지 않는다. 반대로 그것은 세계 속에서는 발견되지 않고 단지 단정될 뿐인 인식만을 상세히 보여줄 뿐이다. 결국 이것은 지구화된 세계정부에 대한 로버트슨 자신의 인식이다.

내가 이해한 바에 따르면, 로버트슨은 우리 모두가 서로 동일해진다고 주장하지는 않는다. 반대로 그는 두 가지 상호침투 과정, 곧 (마치 국민국가에서처럼) 특수주의의 보편주의화와 (민족화된 근대주의 혹은 일본의 불교처럼 지역적 맥락에서 보편성을 전유하는) 보편주의의 특수주의화를 주장한다. 이같이 지구적인 것이 가진 근본적인 문화적 역동성은 지구화에 관한 다른 논의(하네르츠, 아파두라이, 프리드만)에서도 다소 다른 방식이기는 하지만 유사하게 전개된다. 여기에는 의미와 해석의 문제로 쉽게 치부될 수 없는 또 다른 종류의 추론이 존재한다. 보다 최근의 논의에서 그는 지역적인 것이 지구적인 것의 산물이 되는 방식, 즉 특수성이 지구화에 대립된 측면이 아니라 바로 그것의 한 측면이 되는 방식을 강조한다. 종족성, 민족주의, 원주민운동 등 일련의 지역적 현상은 지구적 산물로 이해될 수 있다. 지역화 전략은 그 자체로 지구적이다. 여기서 나는 로버트슨이 그러한 현상의 정신적 혹은 의미론적 측면을 과대평가했을 수도 있다고 생각한다. 예를 들어 그는 지역성의 '표준화'를 마치 사회적 상황 혹은 맥락이라기보다는 하나의 계획(plan)인 것처럼 강조한다. 이에 반해 나의 방법론에서 지역적 과정은 보다 큰 지구적 과정의 일부일 뿐이다. 그리고 언제나 분명한 것은 아니지만 그는 20세기 지구적 문화는 국민국가가 확산되는 토대라고 말한다. "20세기에 비슷하지만 수없이 많은 방식으로 국민국가가 증식되어 나간 현상은 이 같은 관점에서 지구적 정치문화의 결정화(結晶化)과정이었다고 설명할 수 있다."(Robertson 1992, p. 69)

로버트슨은 또한 지구적인 것은 대부분 '지구적 환경(circumstance)'을 두고 경쟁하는 해석들간의 문제이며, 그것이 체제 자체의 여러 측면을 구성한다고 주장한다. 그러나 그는 그것들 자체에 기초한 정치경제학 모델 외에는 어떠한 대안도 제시하지 않는다. 지구에 대한 인식, 지역들과 지구에 대한 경쟁적인 해석들간의 소통은 내가 보기에 지구적 과정을 역동적으로 이해할 수 있을 만큼 충분히 구체적이지 않다. 예를 들어 근본주의가 지구적 상황에서 대안이 되고 있다는 사실 자체는 근본주의의 출현과 그것이 가진 힘을 설명해 주지 못한다. 뿐만 아니라 보다 흥미로운 주제인 그러한 움직임이 다른 종족운동·원주민운동·공동체운동과 동시에 출현하는 현상을 설명하지 못한다.

나의 관점에서 지구화는 바로 지구적 인식 자체에 관한 것일 뿐만 아니라, 이미 존재하는 지구체제의 역사에서 한정된 시기에 그것이 형성되는 방식에 관한 것이다. 지구화는 지구적 성격을 지닌 의미들이 부여되는 과정에 관한 것이다. 사실상 지역화라고 할 수 있는 민족주의·종족주의·소국화와 같이 지역적인 의미가 부여되는 지구적 과정과 지구화를 혼동해서는 안 된다. 로버트슨은 보편적인 종교가 탈국가적 정체성을 확립한다고 말하지만, 그것에 참여하는 사람들이 실제로 그와 같은 방식으로 동일시할 때 비로소 그렇게 할 수 있을 뿐이다. 예를 들어 불교는 스리랑카에서 매우 지역적이다. 그곳에서 불교는 국가의 구성 자체와 상당히 밀접하게 연관되어 있으며, 캘리포니아와 그 밖의 지역에서의 지구적 운동과 같은 교파를 초월한 세계주의적 불교와는 매우 다른 관점을 가진다. 나이지리아 사람이 〈댈러스〉를 본다는 사실은 실제 그들 사이에서는 매우 지역화된 현상일지 모른다. 시청자들은 프로그램의 수입된(즉 지구적인) 지위를 인식하고 있지만, 프로그램이 생산된 사회와 전혀 닮지 않은 일련의 지역 내의 위계관계를 규정하기 위해서 그러한 지위를 이용할 것이다. 그러나 이 같은 사실에 기뻐하는 세계주의자들은 지구화의 진정한 대표자이다. 왜냐하면 그들이 아프리카에서 〈댈러스〉의 출현에 부여하는 의미는 본질적으로 지구적이기 때문이며, 우리가 앞으로 살펴보겠지만 세계주의자의 의미는 근대적인 것과 동일한 의미를 지니기 때문이다. 나는 종족과 민족의 형성은 비록 지구적 산물이지만 문화전파라는 관점으로 이해해서는 안 된다고 생각한다. 로버트슨은 민족주의의 특성을 지구적 현상으로 규정하는 월러스틴의 의견에 분명히 동의하고 있지만, 월러스틴은 민족주의를 지구적 강제력(force)들과 그것들 간의 관계 속에서 이해했지 관념의 파급으로 이해하지는 않았다. 내 생각에 특수주의는 '발전'의 특정 국면에서 나타나는 지구체제의 산물일 뿐이며, '지구적 장'의 보편적 특성이 아니다. 예를 들어 원주민들 사이에서 문화·정치적 자치권의 재정립을 위한 '제4세계' 운동이 출현하게 된 것은 사회적 관점에서 지구적 과정이다. 또 그것은 세계체제 헤게모니의 중심부에서 근대적 정체성이 쇠락하면서 나타난 동일시의 변화를 의미한다. 세계원주민위원회(WCIP)에서 열리는 포럼, 수많은 방송 리포트, 〈늑대와 춤을〉 같은 할리우드영화 모두는 제4세계 사람들의 표상 가능성을 고조시켜 왔다. 이 같은 현상은 지구화이지만 또한 여기서 그 외양은 현재진행중인 탈중심화와 탈헤게모니의 국면에서 나타나는 지구체제의 결과적 산물이다.

지구체제

통상 지구화는 문화로 지시되는 과정, 즉 지구적 영역에서의 의미부여와 관련된 과정을 말한다. 지구적 영역은 지구화의 전제조건이다. 그것은 이를테면 국민국가, 제3·4세계, 종족성과 종교운동 같은 지역정체성이 형성되기 위한 전제조건이 된다. 그것들은 지역화전략이지만 지구적으로 만들어진다. 지구적 공간은 헤게모니의 변동사이클을 따라서 중심부/주변부 구조와 그것의 팽창·수축·파편화·재정립되는 일련의 역동성을 지닌 산물이다. 다른 저서에서 자세히 논의된(Ekholm Friedman; Ekholm and Friedman; Friedman) 이 같은 일련의 역동성은 우리가 지구체제 혹은 지구적 과정으로 언급한 것이다. 여기에는 지구체제 속에서 직접적으로 만들어진 수많은 문화적 과정이 있다. 이것은 앞에서 언급한 정체성의 형성과 파편화과정이다. 여기에는 마르코 폴로가 중국에서 파스타를 가져온 것처럼 비교적 체제적이지 않은 현상도 있다. 물론 마르코 폴로의 항해는 체제적 과정의 일부였다. 그러나 다른 생산품이 아니라 파스타였다는 사실을 체제적 관점에서 설명하기는 매우 어렵다. 이탈리아반도에 파스타 요리가 소개된 것은 지구화의 과정이며, 결국 파스타 중심의 이탈리아 요리법은 은유적으로 문화적 혼합주의 혹은 크레올리즘의 과정이라고 할 수 있다. 이러한 혼합은 지역정체성의 실천이라는 관점에서는 흥미로울지 모르지만, 구체적인 요소의 기원을 동질화시키는 세계주의자의 관점에서는 그렇지 않다. 그러나 이 경우에는 파스타가 이탈리아 음식이 되었고 그것의 기원인 중국과는 무관해졌다는 사실이 문화 생산과정의 핵심이다. 기원이 유지되는가 혹은 사라지는가는 정체성 실천의 문제이다. 일정한 영토 내에서 문화의 본질적 특성은 동일시의 문제, 곧 정체성의 문제로 환원될 수 있다. 여기서 나는 동일시 실천은 당연히 지구체제의 문제이지 지구화의 문제가 아니라고 생각한다. 후자는 전자의 산물이다. 정체성의 실천은 체제 내에서 행위자를 구성하고 변형시키며, 구체적인 의미지형이 만들어지는 과정에 역동성을 부여한다. 이것은 지구화에 대한 앞선 논의가 곧 지구화의 지구체제적 메커니즘에 대한 것임을 함의한다.

지구체제는 지구화과정을 포함한다. 그것은 동일시와 문화적 산물의 지구적 과정과 지구적 제도형식의 정립을 포함한다. 그러나 지구적 과정은, 심지어 통상의 제도적 망의 확립 없이도 세계의 보다 큰 부분들의 사회적 변형을 일으키는 주요한 힘이 되어왔다. 구세계와 신세계 모두에서 거대한 제국의 붕괴와 변형, 교역의 재조정에 따른 결과로서 '부족'사회 체제의 변형태(metamorphosis), 식민사회의 형성, 다원주의 · 룸펜프롤레타리아 · 국가—계급뿐만 아니라 수렵인 · 채집인 · 군장의 생산은 모두 지구적 과정에 의해서 발생되는 지구체제의 본질적인 부분이다. 나는 지난 몇 년 동안 인류학자들이 연구한 세계는 지구체제로 통합되어 이미 구조적으로 변형되어 버린 세계라고 주장해 왔다(Ekholm and Friedman 1980). 이른바 지구체제 인류학에서 이루어지는 대부분의 연구는 통합적 변형과정에 초점을 맞춰왔는데, 이 통합적 변형과정은 지구체제의 산물인 민족지에 의해서 서구 정체성 담론, 곧 진화주의, 자족적인 유기체로서의 사회, 생계로서의 문화에 관한 담론으로 해석되어 온 '민족지적 현재'를 만들어왔다. 지구체제는 세계사회의 실질적 변형과 그 변형의 결과로 나타나는 중심부의 표상 전체에 영향을 끼친다. 여기서 반드시 사회적 변형이 또한 문화적 변형이라고 주장할 필요는 없다. 식인주의, 넓은 의미의 주술과 프레이저의 신성한 왕과 19세기 후반 중앙아프리카의 새로운 씨족구조는 전체 지역에서 진행된 거대한 변형의 산물이다. 비록 변형의 연속성이 분명하게 존재한다 하더라도, 이는 주요한 문화변동이며 여러 중요한 면에서 새로운 경험이자 불연속성이다(Ekholm Friedman 1991).

지구체제는 확장/축소하는 중심 '부문'과 그에 따라 나타나는/사라지는 주변부 사이의 접합을 포함한다. 이 같은 접합은 가장 넓은 의미에서 생활형식의 중대한 변형 중 하나이다. 나아가 이를 통해서만 장기사적 과정을 적절하게 이해할 수 있다. 지구체제의 역사적 과정은 그에 참여하는 사람들의 존재조건, 반응, 문화전략을 제시하고 제한하는 확장/수축, 헤게모니화/파편화와 같은 구체적 속성들을 가지고 있다. 나는 이 같은 체제에서 독특한 생활조건이, 문화적으로 구체적인 제도·표상 형식들이 생산되는 장소인 앞으로 설명할 '정체성 공간'의 생성과 직접적으로 관계가 있다고 주장할 것이다. 이 형식은 중심부 권력이 세계를 분류하는 방식 그리고 시간에 따라 이 분류가 어떻게 변화하는가, 또한 어떻게·언제·어디서 근대주의·원시주의·전통주의라는 상념이 출현하는가라는 질문과 함께 다양한 식민지정권, 탈식민지국가, 사회·문화적 운동을 포괄한다. 이런 관점에서 지구체제의 정체성 공간은 지구화가 가지는 수많은 내용의 원천이 된다.

이 맥락에서 지구화는 지구적인 제도적 구조, 즉 이미 존재하는 지구적 장을 조직하는 구조의 형성과 지구적 문화형식, 즉 지구적으로 접근 가능한 대상·표상으로 생산되거나 변형된 형식을 의미한다. 서구 지식인이 세계를 단일한 장소로 해석한다는 사실은 그것이 세계체제의 나머지 지역까지 널리 보급된 해석이 아니라면 그 자체로 지구화의 사실이 될 수 없다. 국민국가가 지구적 현상이 된다는 사실은 지구화의 근거가 아니라 지구체제의 현상이다.[3] 소국화는 지구화가 아니며 그것은 확실히 지구적 현상이다. 그것의 역동성은 보다 큰 지역 또는 지구 전체에 걸쳐서 정립되는 조직에 대한 것이 아니라, 구체적인 역사적 국면에 놓인 세계 속에서 자기동일시를 통한 관계들의 변형에 대한 것이다.

지구체제에서 지구화: 제도적 과정

통상 지구적 관계는 가시적인 제도적 관점에서, 이를테면 식민통치, 탈국가기업, 세계은행과 노동조직뿐만 아니라 기독교와 이슬람 같은 국제적 종교구조와 언론기업 등에서 가장 쉽게 확인할 수 있다. 어떤 이는 이러한 현상을 지구체제적 과정과 대립되는 지구화현상이라고 언급할지도 모른다. 왜냐하면 그것들은 이미 존재하는 지구적 장 속에서 구성되기 때문이다. 식민통치는 이미 존재하는 지구적 위계를 강조하고 제도화한다. 다국가주의(multinationals)는 지구적 관계의 일정한 국면에서 역사적으로 창출된 산물이다. 세계은행, 노동조직, 종교구조 등은 기존에 존재하는 세계질서 내에서 이를 고착화하는 프로젝트가 가져온 산물이다. 이것이 의미하는 바를 명확히 하기 위해서 세계에서 거대한 다국적 경제활동 중의 하나인 관광산업을 예로 들어보자. 거대한 관광산업의 존재는 소비경향들과 관련되어 있다. 그것은 운송수단의 변화하는 조건뿐 아니라 체제의 중심부에서 변화된 소득구조와의 상호작용 속에서 출현해 왔다고 할 수 있다. 이처럼 이것은 지구체제적 현상이다. 그러나 고향과는 동떨어진 판타지 세계의 구축, 광고형식, 관광산업의 조직구조 등 관광주의의 정교화는, 우리의 관점에서 볼 때 지구화의 문제이며 지구적 사회구조의 명백한 창조물이다. 지구화된 구조는 현 지구체제에서 새롭게 등장한 것이 아니다. 15세기~18세기의 상업회사들은 지구적으로 제도화된 구조였다. 사실상 이러한 구조의 존재는 단일한 회사에 고용된 식민지 교역국의 디아스포라를 포함하며, 더 나아가 고대세계로 거슬러 올라가는 거의 대부분의 상업문명이 지닌 특징이기도 하다. 과거의 거대한 제국은 강력한 지구적 조직이었으며, 마찬가지로 지구화시키는 강력한 지구화 문화이기도 했다. 심지어 뚜렷한 제국구조가 부재한 상황에서도 인도양과 동남아시아의 교역체제는 방대한 제도적·문화적 지구화를 만들어내었다. 이는 보통 동남아시아와 인도네시아의 힌두교화와 인도양의 이슬람화 과정이라고 칭해진다. 케이블 뉴스 네트워크, 즉 〈CNN〉은 오늘날 세계 대부분 지역의 시청자를 위해 실재를 생산하는 지구적 조직이다. 〈CNN〉 광고 중 어떤 것은 세계 여러 지역의 시청자들을 낭만적으로 묘사한다. 인류는 하나라는 이미지화된 〈CNN〉의 주장 속에서 인류의 다양한 문화와 물질적 외양을 그려내는 것이다. 로버트슨의 인류 역시 세계 뉴스 네트워크 그 자체가 가지는 근원적인 정체성을 강조한다. 정기적으로 재생산되는 실천(praxis)이라는 관점에서 지구적 영역의 사회화는 지구화가 가지는 제도적 과정의 핵심이다.

지구체제에서 지구화: 문화적 과정

물론 제도적 과정과 문화적 과정을 범주상 구분하는 것은 옳지 못하다. 왜냐하면 이 두 과정은 상호 작용하고 상호 관통하는 지구적인 것의 동시적 측면이기 때문이다. 다른 세계, 다른 광경의 표상, 세계여행의 주요한 판타지는 관광산업의 제도적 조직을 통해 구체화되며 다시 그것의 활동을 추동한다. 상업주의 표상은 거대한 교역회사의 실천과 자기해석을 관통하고 있다. 그러나 나는 여기서 실재의 수준을 다루기보다는 분석적 구별을 할 필요가 있다고 생각한다. 이것은 그러한 과정과 관련된 구체적인 구조를 보다 분명하게 밝히기 위해서이다. 이러한 분석은, 지금까지의 지구화에 관한 저작들이 의식적으로 문화주의적이었던 반면 나는 지구화가 지구체제 과정 중 일부라고 주장하기 때문에 매우 중요하다.

파편적이든 총체적이든 세계음악에서 세계지도에 이르기까지 지구적인 것에 대한 인식, 내파되는 세계에 대한 의식, 지구촌, 지구적인 것에 관한 모든 표상은, 그것들이 정체성의 지구적 공간에 참여하거나 그것의 일부라는 점에서 더 큰 세계에 대한 단순한 표상이라기보다는 지구화된 산물이다.

여기서 우리는 문화적 의미에서 '지구화'라는 용어가 함의하는 바를 구체화할 수 있다.

① 여기서 요구되는 것은 안정된 지구적 지시틀이며, 이를 통해 지구체제의 상이한 부분들에서 동일한 일련의 표현 혹은 표상에 대한 접근이 가능하다. 이것이 형식상 대상이든 속성이든 어떤 종류의 표현 혹은 표상에도 적용될 수 있어야 한다.

② 지구화가 동질화되기 위해서는 또한 의미부여의 틀이 '사물'이 처음 생산되는 장소의 틀과 동일할 필요가 있다.

이 두 가지 조건 중 첫번째는 약한 지구화를 가리킨다. 그것은 단지 지시대상에 대한 지구적 장이 존재하며, 지역공동체·영토·국가·광역을 넘어서 보다 광범위한 영역까지 접근할 수 있다는 점을 보여준다. 두번째 는 보다 강한 형식이다. 지구적인 것이 전유하는 메커니즘 자체가 지구화 되었다는 점, 우리 모두가 더 큰 영역에서 순환하는 대상과 표상을 동일한 방식으로 이해한다는 점을 함의한다. 첫번째 형식의 기반은 지구체제에서 표상을 매개하고 전달하는 모든 수단이며, 이를 통해 생산되고 운반된 것 을 받을 수 있게 해준다. 두번째의 기반은 세계를 유사하게 해석하는 지구 적 주체의 창출에 있다. 여기서 가능성의 연속체가 존재한다. 이 연속체 중 몇몇 지점들은, 예를 들어 다양한 지점에서 전파를 잡을 수 있는 라디오와 텔레비전 같은 장치를 이용해 구체적인 형식으로 실현될 수 있다.

① 이 장치들은 그것들이 담고 있는 기호의 내용을 전달하는 의사소통 수단으로 사용될 필요는 없으며, 단지 혼례와 상례에서 교환되거나 피보호 자(client)들에게 내려주는 위신재 품목으로 충분하다.

② 이 장치는 의사소통이라는 맥락에서 사용될 수 있으나 다음의 한정 된 경로에서만 사용된다.

㉠ 의사소통의 언어는 이해되지 못할 수 있다.

㉡ 이미지는 이해될 수 있으나 지역적 맥락의 관점에서 해석된다.

㉢ 이미지는 보다 밀접한 범위의 의미부여를 통해, 즉 옷·자동차· 집 등과 같이 동질적이라고 확인할 수 있는 유형의 관점에서 이해될 수 있 다. 그리고 표상된 인격의 활동은 보다 일반적으로 접근 가능한 의미 있는 이미지를 기반으로 해석될 수 있다. 그러나 언어가 아닌 지역적 공감대를 기반으로 한 매우 광범위한 해석을 통해 이해되기 때문에, 본래 이미지에

부여된 의미와는 상관이 거의 없거나 전혀 없다.

③ 이 장치들은 의사소통의 맥락에서 사용될 수 있지만, 다음의 경로에 한한다.

㉠ 소통의 언어는 이해될 수 있지만, 의미가 부여되는 맥락은 다를 수 있다: '오지에서의 셰익스피어' 신드롬

㉡ 이 이미지는 사용되는 언어와 지역적으로 부여될 수 있는 의미범위와 관련해서 이해될 수 있다. 그러나 범위는 지역적 맥락이라는 관점에서 의미가 있을 뿐이다. X는 〈댈러스〉가 백만장자와 그의 가족관계와 개인적 야망에 관한 문제라고 이해하고 자신의 상황에 유추해 볼지 모른다. 그러나 사치품은 정체성과 신분의 지역적 실천에서 매우 중요하기 때문에 이야기의 주제와 상관없을 수 있다.

강력한 지구화의 선행조건은 지역적 맥락의 동질화이다. 이를 통해 체제 내에서 상이한 위치에 놓인 주체들이 지구화된 동일한 대상·이미지·표상 등에 동일한 의미를 부여하는 성향을 지닐 수 있는 것이다. 약한 지구화는 지역적인 것이 지구적인 것을 지역 나름대로 실천된 의미로 동화시키는 과정을 수반한다. 강력한 지구화를 위해서는 지구적 규모에서 유사한 종류의 주체가 생산될 필요가 있다. 이 같은 지구화의 상이성을 이해하기 위해서는 지구적 과정 그 자체의 본성으로 돌아가 의미부여가 이루어지는 사회적 조건을 변형시키는 사회적 과정을 살펴볼 필요가 있다.

지구화와 깨어난 세계주의

초문화적이며 탈국가적인 의미부여(transnational attribution), 정체성

혹은 문화가 과연 존재할 수 있을까? 이와 같은 접근에서 후자 즉 강력한 지구화는 동일시 과정이 명백히 초문화적인 상황에서, 즉 혼합되거나 초국가적인(supranatioanl) 상황에서, 그것들 사이에서가 아니라 그것들 위에서 가능할 뿐이다. 이 같은 종류의 동일시는 지구적 관점에서 차지하는 위치(position)와 관련되면 세계주의자의 위치에서 전형적으로 나타난다. 세계주의는 정체성의 관점에서 한계가 없으면서 이도 저도 아니다. 그것은 세계에 속하지 않은 채로 많은 세계를 옮겨다니며 참여한다. 그것은 그/그녀가 움직이는 지역영역 외부에 위치한 지적인 자아의 위치이자 정체성이다. 세계주의의 실천은 문화에 대해 자기 스타일을 유지하는 지구적 민족지학자들과 마찬가지로 지역적인 것과 거리를 유지하고 흔히 우월성을 내보인다. 세계주의자는 바로 이러한 자기규정 때문에, 우리가 다음에서 살펴볼 것처럼 비권위적이면서도 철저하게 '근대적'이다. 세계주의자는 타자의 정체성에 대해 지속적인 대체성을 제시함으로써 자신의 역할을 수행하고 피상적으로 타자의 실재들에 참여할 수 있다. 그러나 대체성 그 자체 외에는 자신만의 어떠한 실재를 담지할 수 없다. 따라서 세계주의와 지역주의의 대립은 세계주의 의미 자체로부터 단순하게 추론된 것, 이는 적어도 두 가지 지역적 문화의 존재를 가정하는 상념이다. 지구화 속에서 인류학자는 그/그녀가 그/그녀의 대상을 동일시함으로써 자기동일시에 관여한다. 그리고 세계주의자는 마치 인류학자처럼 타자의 주인처럼 행세할 때가 있다. 이 같은 상황은 분절적인 문화들의 세계, 상대주의의 고전적인 모자이크 내에서 가능했다. 지구체제의 관점에서 이것은 그 자체로 환상이며 서구 헤게모니의 제국질서가 만들어낸 산물이었다. 그 질서가 무너지면서 문화적 경계의 분절성이 해체되어 버렸다. 피곤한 이국주의자들에게 세계는 "점차 혼합된 차이의 스펙트럼"(Geertz 1988, p. 147)이 된다. 이것은 내가 주장했던 것과 같이, 권력관계 속에서의 무질서의 징후이지 새로운 진리의 출현은 아니다. 과거 인류학자는 그/그녀의 '대상'을 재규정함으로써 그/그녀의 오래된 정체성 속에서 살아남을 수 있었다. 그러나 이제 그/그녀는 지구화된 산물들을 동일시함으로써 지구적 동일시가 이루어지는 주요한 장소이자 지구적 문화에 대한 전문가가 되었다. 지구적 문화에 관해 연구하는 인류학자는 지구적 예술 큐레이터와 예술과 문학의 비평가집단에 참여하고, 한때 타자성을 독점했던 그들은 이제 현재의 대상을 크레올화되고 혼합된 타자성, 내 안의 타자성, 타자 속의 나로 재규정함으로써 독점적 지위를 회복하려고 한다. 인류학자의 자기성찰성은 이미 지구화의 조건을 이해하기 위해서 필요한 세계주의의 표현일지도 모른다. 왜냐하면 초문화적인 것이 위치한 곳이 탈국가적 구조와 조직 그 자체이기 때문이다. 그러나 문제는 왜 그리고 언제 그러한 자기성찰성이 나타나는가이다. 왜냐하면 의식(consciousness)이란 단순히 지구적 제도에 대한 반응인 것은 아니며, 언제나 존재해 온 지구적 과정에 대한 반응은 더더욱 아니기 때문이다. 이와 대조적으로 내가 다음에서 제안할 것이지만, 그것은 전적으로 그러한 제도의 점유자들이 놓인 자기동일시의 조건과 관련되어 있다.

지구체제, 지구적 제도, 지구화

나는 지구체제와 지구화는 포함관계라고 주장했다. 지구체제는 탈국가(trans-state)의 성격을 가진 내부조직을 발전시킨다. 이것들은 흔히 정치적이다. 그것은 정치조직, 군사조직, 문화조직, 언론조직, 외교조직, 원조조직 등 무엇이든지간에 연대조직을 포괄한다. 그리고 다국적 경제조직, 전 지구적 투자, 감시기구(speculation machine)가 그것의 기반을 이루고 있다. 우리는 이 구조들이 새로운 것이 아니며 반드시 문화적 지구화과정을 생산하는 것도 아니라고 주장해 왔다. 후자를 위해서는, 적어도 세계은행의 경제학자들과 외교관에서부터 인류학자들에 이르기까지 지구화된 혹은 지구화되는 제도와 관계된 개인들 사이에서 지구적 인식이 발전될 필요가 있다. 이것은 점차 밀접해진 상호소통과 함께 헤게모니의 쇠퇴와 무질서가 나타나는 세계체제의 일부분에서 일반적으로 만들어지는 인식이다. 이 같은 상황은 지구성을 일상의식에 밀어넣는다. 또한 지구적 계급구조, 곧 고급외교관, 국가수뇌부, 구호단체 직원, 국제연합 같은 국제조직의 대표 등으로 구성되는 국제적 엘리트들이 출현하게 된다. 그들은 골프와 당구도 치고 서로 칵테일을 주고받으며 일종의 문화적 관계를 형성한다. 이 같은 방식의 집단화는 예술작품을 거래하는 국제적인 문화엘리트, 출판과 언론매체의 대표자들, 문화산업의 VIP들에게서도 나타난다. 그들은 세계를 위한 이미지, 세계의 이미지를 생산하는 언론의 표상, 사건에 직접적으로 관계하고 있다. 그들이 만든 뉴스의 많은 부분은 바로 그들에 관한 것이며 현실을 바라보는 그들의 시각을 전달한다. 그러나 이것이 헤게모니적 동질성을 내포하지는 않는다. 또 그들의 정체성이 전적으로 체제 내에서 그들이 놓여 있는 위치의 산물임을 의미하지도 않는다. 정반대로 그들의 시각은 동일시와 자기동일시의 보다 일반적인 지구적 과정이 만들어낸 산물로서, 지구적 제도와 네트워크를 혼동해서는 안 된다. 따라서 지구적 파편화는 세계에 대한 해석의 증가이며, 이는 지구적 담론이 가지는 역사적으로 특수한 내용이 된다. 세계은행은 모든 것을 쏟아붓는 발전주의에서 부족체제와 생태시스템을 유지하는 방향으로 선회할 수 있다. 이러한 입장 변화는 은행 그 자체가 아니라, 내가 주장하듯이 '근대성'의 특정한 정체성 공간과 (다음에서 살펴볼 대상인) 그것의 역사적 동요에서 찾을 수 있다. 그러나 그와 같은 엘리트의 공통적인 위치에 부여될 수 있는 일정한 공유된 속성 또한 존재한다. 경제의 '지구적 영향력'에서 문화적 '지구촌'까지 지구화에 관한 대부분의 논의가 시작되는 곳이 바로 이 부분이다.

지구적 과정은 그 자체의 내부적 경계를 내포하고 변형시키며 변증법적으로 지역구조와 접합된다. 이 같은 관점에서 지구적 과정이 대개 국가, 시장, 운동, 일상생활(Hannerz)로 조직된다는 주장은 비현실적이다. 왜냐하면 지역구조 자체는 보다 큰 지구적 과정 속에서 매우 다양하게 만들어지기 때문이다. 아프리카 국가들은 동남아시아와 유럽 국가들이 하는 방식으로 '의미를 운영하지' 않는다. 화물숭배는 서구의 녹색운동과 매우 다른 방식으로 세계를 조직한다. 이와 반대로 나는 지구적 현상의 분석은 제도적·문화적 형식, 국가, 시장, 운동, 일상생활 같은 것이 세계체제의 지구와 지역의 접합 속에서 생산되고 재생산되는 방식에 정확하게 초점을 맞추어야 한다고 생각한다.[4]

문화의 재정식화: 동사(動詞)로 돌아가기

내가 주장한 대로 만약 문화의 지구화가 지구체제의 산물이라면, 문화 상념 역시 그 자체로 그러한 체제 중심부의 변형과 함께 생성된 것이라고 할 수 있다. 지구적 관점에서 문화는 차이를 본질로 변형시키는 서구 근대성의 전형적 산물이다(Friedman 1987b; 1988; 1991b). 그것의 출발점은 특수성, 즉 차이에 대한 또는 유사한 일을 처리하는 상이한 방식에 대한 인식이다. 구별된 집단에 차이를 부여할 수 있는 곳에서만 문화 혹은 문화들이 존재하는 것이다. 여기서 특수성이 나타나고 재생산되는 실질적 과정을 살피지 않는다면, 차이는 본질, 인종, 맥락, 패러다임, 코드, 구조로 쉽게 바뀌고 말 것이다. 문화가 출현하는 지구적 맥락에서 살펴본다면, 근대적 도구로서 문화는 역사적 시기와 이를 확인하는 전문가의 정체성을 기반으로 상이한 문화 · 종족집단 · 인종 등의 외양을 만들고 세계의 본질주의화(essentialization)를 형성한다.

사람들은 특수한 일을 하고 특수한 의미를 부여하고 특수한 종류의 실천을 한다. 지금 만약 그러한 특수성이 일정한 인구집단에서 발견될 수 있다면 그것들이 어떻게 가능한지 질문해야 한다. 어떻게 특수한 실천 혹은 의미가 일정한 인구집단 내에서 동질적일 수 있는가 그리고 어느 정도인가? 여기서 사회화의, 권위의, 정체성의 기능은 중요한 역할을 담당한다.

이 같은 관점에서 문제는 언제나 문화이다. 그리고 이 문제는 항상 문화의 구성과 재생산 혹은 재구성에 관한 문제이다. 우리는 물론 실천의 특수성이 대개 상대적으로 자율적이고/이거나 관습적이라는 점을 기꺼이 인정할 수 있다. 그럼에도 여기서 우리는 관습적인 것이 보다 큰 사회적 맥락에서 조직되고, 어떻게 이것이 무력화되는지에 대해 문제를 제기할 수 있다. 우리는 그것의 역할을 설명해야 한다. 이 모든 것은 문화적 특수성이 그 자체의 관점에서 설명될 수 없다는 사실을 강조한다. 그것은 절대로 행동의 조직화를 설명할 수 있는 자율적인 영역으로 이해될 수 없다.

만약 의미실천과 상호작용의 실천 모두가 부르디외의 말대로 주관적 존재의 역사적으로 특수한 (객관적) 조건 속에서 설명될 수 있다면, 우리는 의미조직으로서의 문화라는 일차적인 상념에 의존하지 않고서도 특수성이 생산되는 모델을 그려볼 수 있다.

이와 같이 일련의 규칙을 일련의 규칙이 생산되는 맥락으로부터 추상화하고 이를 사회화하거나 전달하는 것으로 문화를 사회적으로 간주하지 않으면, 문화는 결코 코드 혹은 패러다임이 되지 못한다. 문화의 힘은 이 사람 혹은 지위에서 저 사람 혹은 지위로 세계—에 대한—명제를 전달하는 사회적 관계의 힘이다.

문화 상념에 대한 가장 위험한 오해는 그것이 문자 그대로 사회적 존재가 경합되는 장에서 의미가 생산되는 매우 다양화된 방식들을 단순화시킨다는 점이다. 가장 심한 경우에 인류학자에 의한 특수성의 동일시가 의미론적 도식의 창출과 제도화와 혼동되기도 한다. 그것은 타자들의 경험을 우리의 인지범주로 환원시킴으로써 우리의 동일시를 그들의 동일시와 혼동시키고 평이하게 만들어버린다. 기어츠는 의례·사회구성체·권력구조는 모두 동일한 층위에 있는, 다시 말해 문화적 텍스트, 문화적 카달로그를 위한 특수성이라고 주장하면서 이를 명확히 밝혔다.

타자성에 대한 인류학적 텍스트화로서 문화는 타자성의 특수성이 창출되고 유지되는 방식을 제대로 표상하지 않는다. 그것은 단지 **특수성의 동일시를 정체성의 특수화와 정체성의 근본적인 분화(speciation)**로 해석할 것이다. 그것의 유용성은 분류라는 속성에 있지만, 이것은 매우 의심스럽다. 그것의 약점은 그것이 실제로 분류된 것에 대해 아무것도 말하지 않으며 차이 자체에 대한 일련의 메타커뮤니케이션[5]이라는 사실에 있다. 지구적 관점에서 세계의 문화화는 중심부의 일정한 전문가집단이 보다 큰 세계를 동일시하는 방식, 사물의 중심적 도식을 따라 그것을 질서 짓는 방식에 대한 것이다. 다음에 나오는 크레올화는 앞서 언급한 깨어난 세계주의의 맥락에서 그와 같은 텍스트화의 사례를 적절하게 보여준다. 크레올화는 한 때 세계의 식민화된 타자들에게서 나타나는 그 무엇이었다. 현재의 파편화된 위계체제 속에서, 즉 타자를 바라보는 중심부는 더 이상 존재하지 않는 시대에 우리는 글자 그대로 새의 눈을 가지고 세계 위에 혹은 제트기 속에 우리의 위치를 설정해야 한다. 그러나 개념이 논리적으로 텍스트로서, 본질(substance)로서의 문화적 상념에 기초하고 있다. 이는 결국 문화를 다른 문화와 섞이거나 혼합될 수 있는 속성을 가진 것으로 간주하게 한다.

혼합된 본질주의로서 크레올화

크레올화는 우리가 앞에서 비판한 문화의 상념을 사용하면서 나타나는 피할 수 없는 결과이다. 그것은 최근 들어 명백히 지구적 규모로 발생하고 있는, 단일한 장소와 상황 속에서 상이한 기원을 갖는 의미들이 만나고 혼합되는 것을 지칭한다.

크레올화라는 상념은… 오늘날 세계적으로 파급되는 문화적 과정의 유형을 매우 깔끔하게 요약하고 있다. 이 개념은 상이한 역사적 원천을 갖는, 본래

공간적으로도 상호 분리된 의미와 의미형식들이 광범위하게 혼합되는 과정을 가리킨다. 크레올 문화의 순수한 형식[허걱!]은 역설적이지만 본질적으로 불순하다. 나는 이것이 민족지적 사실의 문제라고 생각한다. 결코 이것을 무시하려는 의도는 없다. 크레올화가 이루어지는 전형적인 맥락은 이들 전통의 담지자가 결과적으로 그 전통의 일부를 행하는 타자보다 더 중요해지는 사회구조라고 할 수 있다. (Hannerz 1992, p. 96)

이 같은 문화의 혼합, 아마도 새로운 산물로 이어질 융합은 앞의 은유의 관점에서만 가능한데, 이는 곧 질료로서의 문화, 이 경우에는 명백하게 액체로서의 문화를 말한다. 엄격히 형식적인 관점에서 이 같은 문화의 본질화(substantialization)는 생산이라는 관점이 아니라 산물이라는 관점에서 이해된다. 따라서 '의미의 사회적 조직'이 암시되기는 하지만, 그 같은 사회적 조직은 모두 중심부에서 주변부로 그리고 그 역으로의 의미**흐름** 속에서 사라지고 만다. 그러나 더 나아가 본질이라는 은유는 크레올화가 갖는 정치적인 내포, 문화주의의 객관주의적인 언어에서는 무시되는 내포에 의해서 만들어진다. 크레올이란 개념의 사용은 언어학적으로 깊이 논의된다면 보다 분명해질 것이다. 그것은 통상 다음과 같은 상황이나 국면, 즉 상이한 집단들간의 의사소통을 위해서 사용해야 하는 제2의, 때로는 미발달한 언어가 무역 혹은 식민지적 상황에서 새로운 세대의 발화자들에 의해 제1 언어의 지위로 동화되어 가는 상황을 지칭한다. 상대적으로 미발달한 제2의 언어는 흔히 피진(pidgin)으로 언급된다. 이 언어는 적어도 두 가지 언어요소들을 병합시키고 그 안에 혼합의 관념을 도입하였다. 크레올화는 피진이 문법과 어휘요소에서 복잡성을 가진 모국어가 되어가는 과정을 말하는 것이다. 피진과 크레올의 범주들은 최근 비판의 대상이 되어왔으며, 그것이 유용한 이론적 용어가 아니라는 점이 몇몇에 의해서 제기되고 있다. 피진과 크레올 범주의 특수성을 크게 격하시키는 주장, 곧 수많은 세계의 주요 '자연'어 자체도 그와 동일한 과정의 산물이라는 주장이 설득력 있게 제기되고 있다. 이른바 자연어와 피진 사이에 구조적인 차이점이 분명하게 존재하지만, 적어도 후자가 어느 정도 형식적으로 의사소통의 제2형태로 규정되는 곳에서 크레올과 '자연'어를 구별할 수 있는 적절한 언어학적 기준은 존재하지 않는다는 것이다. 이와 반대로 크레올의 범주에서 중요한 것은 보다 '일차적인' 혹은 자연어와의 관계에 의해 정해지는 순수하게 문화적 지위이다. 나아가 혼합이라는 의미에서 모든 언어는 크레올이라고 할 수 있으며, 이 같은 사실은 그 개념이 분명한 언어적인 가치를 갖지 않는다는 것을 함의한다. '크레올'이라는 용어는 문화에 대한 본질주의적 상념으로 전환될 때, 그것은 오직 혼합의 관념, 곧 두 가지 혹은 그 이상의 '순수한' 문화들간의 혼합, 순수한 흑인+순수한 백인+순수한 인디언을 표현할 수 있을 뿐이다. 지금 사실상 타자에 대한 이 같은 분류는 이주노동과 '원주민' 노동의 다양한 조합'을 기반으로 한 플랜테이션 노동이라는 식민지적 맥락이 만들어낸 산물이다. 더욱이 지배엘리트들은 이러한 분류법을 받아들였다. 오직 사회화의 특별한 조건 속에서만 비로소 크레올이 자기 자신을 성격 짓는(self-characterization) 형식이 되는 것이었다.

여기서 나의 주장은 크레올이 타자를 동일시하는 형식이며 지구체제 속에서 나타나는 헤게모니의 배열에 의해서 안정화된 형식이라는 것이다.

타자들의 문화가 가지는 혼합된 본성은 오직 사회정체성을 정립하고 제도화하는 수단을 통해서 비로소 실현될 수 있다. 따라서 영국인과 프랑스인에게 그들이 크레올어를 말하거나 크레올화된 문화를 가졌다고 납득시키는 것은 간단하지 않다. 이탈리아인들은 말할 것도 없이 파스타의 기원에 대해 논쟁해 왔다. 그들 중 몇몇은 마르코 폴로의 여행으로 거슬러 올라가야 한다고 주장하지만, 대부분은 중국과의 관계가 오늘날 스파게티의 문화적 규정과는 아무런 관련이 없다고 생각한다. 크레올 정체성의 정립과 유지는 문화적인 사실이라기보다는 사회적인 사실이다. 다시 말해서 크레올에 대한 정의는, 곧 크레올의 범주가 시간을 넘어서 유효하기 위해서는 상이한 기원들에 대한 인식(recognition), 즉 '객관적으로' 혼합된 문화담지자 정체성의 일부로서 유지되어야만 하는 인식을 내포한다.[6] 식민지적 맥락에서 크레올 개념의 사용은 문화의 정립된 관점에 기초한 동일시의 안정된 메커니즘이다. 오늘날 세계를 대체로 크레올화된 것으로 이해하는 것은 문화적 저항, 즉 지구적 현상으로서의 종족·민족·경계를 경험한 분류자(classifier)의 정체성을 표현한다. 문제는 우리가 카리브해 혹은 동남아시아의 플랜테이션 부문에서 보다 제한된 방식으로 나타난 것과는 비교도 할 수 없는 세계적 규모의 문화적 흐름에 갑자기 직면하게 되었다는 것이 아니다. 문제는 자아와 타자 모두를 동일시하는 조건이 변했다는 점이다. 문화는 함께 흘러가거나 서로 섞이는 것이 아니다. 차라리 어떤 행위자, 종종 전략적으로 위치지워진 행위자가 자기동일시의 일부라는 관점에서 세계를 동일시하는 것이다. 문화적 혼합은 혼합된 기원을 실천하면서 나타나는 효과이다.[7]

이접으로서 지구화

지구화에 관한 아파두라이의 방법론은 **내부에서** 문화적 과정이 발생하는 지구체제의 관점을 유지하려 한다는 점에서 나의 주장과 매우 유사한 면이 있다. 그러나 문화, 심지어 지구적 문화체제에 관해 본질주의적 관점(substantialized view)을 도입하면서, 문화적 혼동 심지어 문화적 무질서의 관점을 취했다(Appadurai 1990, p. 20). 이것은 이 연구가 담아낼 수 있는 무궁무진한 잠재력을 저해한다. 그는 세계를 에스노케이프, 미디어스케이프, 테크노스케이프, 파이낸스스케이프, 이데오스케이프로 다소 임의적으로 나눈다. 여기서 우리는 문화개념에 집착할 필요는 없으며, 다만 사람들, 돈, 기술, 표상, 정치적 정체성이 세계를 떠돌다 특정 지점에서 지역 · 민족 · 지역적 구조의 특정한 통합체로 굳어지는 일련의 흐름 혹은 토피(topii)에 관심을 가질 뿐이다. 이 같은 흐름 사이에서 점점 많아지고 있는 이접(離接, disjuncture)은 오늘날의 주요한 특징이며, 타자가 크레올화로 묘사되는 혼합된 차이들을 생산한다. 여기서 혼합되는 것은 문화뿐 아니라, 인도가 미국으로 컴퓨터 전문가를 수출하고 두바이로 웨이터를 수출하는 것과 같이 사실상 그 밖의 모든 것이다. 세계를 관통하며 활개를 펴고 있는 종족적 디아스포라는 새로운 근본주의의 주요한 원천으로 보인다. 그러나 이런 탈영토화는 또한 인도에서 새로운 소비취향의 원천이며, 일본인이 접수한 로스앤젤레스에서 나타나는 공포의 원천이 된다. 그의 논의에서 주요한 테마는 지구화가 특수화/보편화와 지역화/지구화에 상응하는 동질화 경향과 이질화 경향의 상호변증법(cannibalizing dialectic)으로 구성된다는 것이다. 나는 저자가 쓴 것에 대부분 동의하지만, 그가 언급하는 이접은 찾아볼 수 없었다. 지구체제의 관점에서는 전세계적 축적의 탈중심화와 정체성의 파편화를 논리적으로 연결할 수 있고 또한 세계영역에서, 곧 생존과 지역적 축적이 이루어지기 위한 새로운 조건의 출현을 설명할 수 있다. 인도에서 고급기술자가 양성될 수 있다는 사실과 1980년대에 일본인 투자자들이 남부캘리포니아를 사들였다는 사실은 이접의 문제가 아니라, 세계영역에서 탈중심화의 체제적 과정의 문제이다. 근본주의의 그리고 강력한 민족주의의 지구화는 이 과정의 일부이며, 근대주의 정체성이 쇠락하기 시작하면서 문화정체성이 폭발적으로 분출한 것을 보여준다. 이접이란 개념은 이전에 보다 체제적이었던 세계에서 기인한 일정한 소요만을 상술해 줄 뿐이다. 그러나 탈조직화로 때로는 실질적인 무질서로 나타나는 것이 그보다 덜 계통적이거나 체제적인 것은 아니다. 나는 감히 주장컨대 무질서는 지구적 영역으로의 무작위 혹은 혼돈의 도입에 관한 것이 아니라 다음 두 과정이 결합된 것이다. 첫째는 지구체제의 파편화와 그에 따른 지역적 프로젝트와 지역화된 전략의 다층화이다. 둘째는 정치제도, 계급연합, 공통된 재현매체의 동시적 전지구화이다. 만약 브룩클린에서 태어난 폴리네시아인 댄서가 와이키키의 무대에서 타히티 불춤을 상연하면서 관광객들에게 하와이의 훌라춤을 보여준다고 해도(이것은 오늘날 진정성을 모니터링하는 세계에서는 더 이상 일어나지는 않지만), 이것을 탈근대적 혼돈으로 이해할 필요는 없다. 반대로 그것은 지구적 문화사의 상수(常數) 중 하나이다. 이것은 기원에 대한 자기동일시를 지구적 과정에 의해 교란당하는 문화전문가에게만 혼돈으로 자리 잡을 뿐이다. 결과적으로 그들은 다른 사람들의 '실질적으로 존재하는' 문화를 탈진정화로 해석하고 만다.

문제는 실체 혹은 본질로서의 문화라는 상념 위에서만 발생하는 것이다.

허술한 모자이크

문화가 지구적 영역에서 일정 정도 중요한 행위자라는 상념은 일반적으로 인류학적 관점과 서구의 본질주의에서 공통적으로 나타난다. 이것은 내가 주장한 대로, 서구의 근대성 그 자체의 반영이다. 세계는 분절된 문화들로 만들어진다는 관념을 가장 열심히 비판하는 사람들조차도, 심지어 문화를 의미의 사회적 조직으로 규정하는 사람들도 문화를 여전히 종족이주, 매체전송, 생산품과 서비스의 지구적 이동과 같이 지리적으로 한곳에서 다른 곳으로 흐르는 것으로 간주했다. 지구화를 연구하는 인류학자들은 이 같은 과정을 분명히 지난 20년간 명백히 진행되어 온 자본의 지구화, 더 큰 세계에서 일어나고 있는 일에 대해 사람들이 가지는 분명한 인식과 관련된 매우 새로운 현상이라고 생각한다. 이전의 인류학적 관점은 이 같은 현상이 초래한 결과를 민족지적 실재에 관한 고전적인 방법론으로 표현할 수 있었다. 이 방법론은 통상 '사다리'와 '모자이크' 두 가지를 대비시킨다. 전자는 문화(이 경우 사회적인 유형)를 진화의 시간 순에 따라 배치할 수 있다는 상념을 지칭한다. 여기서 시간적 흐름이란 공간적인 사회들의 분포를 시간적 진보로 해석하는 것을 의미한다. 이것은 헤게모니의 인류학으로서 우선 영국 헤게모니의 고전적인 진화주의였으며, 다음으로 미국 헤게모니의 신진화주의로 나타났다. 모자이크는 전자의 상대주의적 버전인데, 시간을 공간으로 다시 바꾸고 세계가 동등한 가치, 심지어 비교할 수 없는 가치를 가진 잘 만들어진 단위들로 나뉘어 있다는 관점을 유지한다. 민족지적 세계에서 지구적 관점, 세계 '민족'지도는 더 큰 세계 속 어느 곳에서도 혼합이 존재하고 있다는 점, 순수한 문화란 존재하지 않으며 (만일 '체제'가 적절한 말이라면) 더 큰 체제 내의 다른 곳으로부터 들여온 요소를 포함하고 있다는 점을 보여준다. 다시 말해서 이것이 문화는 경계를 넘어서 현 세계체제의 정치적·경제적 위계가 열어놓은 방향으로 서로 흐른다는 관점, 곧 허술한 모자이크의 관점인 것이다. 세계에 대한 이러한 이해방식이 대중적으로 받아들여질 수 있었던 것은 과거 문화상대주의와 관련하여 연속선상에서 표현되기 때문이라고 생각한다. 그러나 만약 내가 주장한 대로 모자이크가 절대로 존재할 수 없고 문화가 사실상 의미의 사회적 조직화라면, 지구화 현상은 이전에 제대로 갖춘 세계민족문화지도에서 볼 수 있는 문화적 혼합으로는 설명될 수 없다.

근대성의 매개변수

비록 최근 들어서 제임슨과 기든스 등 몇몇 학자들이 연관성을 제기했지만, 지금까지 근대성은 지구성과 관련하여 논의된 적이 거의 없었다. 물론 이 관점들은 사회와 문화를 보다 특수한 종류로 특징짓는 통상의 인류학적 연구들과는 다르다. 그것은 매우 최근에 이르기까지 민족적·지역적·종족적 문화와 같은 상념에 기대는 경향이 있었다. 근대성을 다루는 인류학은 전통적으로 도시연구에서 이루어졌고 현재 도시사회학과 관련을 맺고 있다. 여기서 도시는 근대적 복잡성이 나타나고 전통이 해체되는 현장이며, 개인은 자유롭지만 익명성의 바다로 내몰리는 곳이다. 또 그 속에서 대부분의 상호작용은 단일하며, 그 자체로 중요성을 갖는 것은 아니지만 도시인으로서 주체 자신의 정체성을 확립하는 데 있어서는 매우 중요하다. 여기서 도시'문화'란 존재하지 않는다. 반대로 도시는 이전의 문화적 전통을 녹여내는 일종의 보편적인 용매로 보인다. 도시는 결핍, 특히 게젤샤프트의 바다에서 이른바 게마인샤프트의 부재로 규정된다. 통상 문화와 관련된 것은 전자이다. 여기서 이 같은 복잡성은 이른바 주체의 대체성을 함의하며, 이는 경제적·정치적·사회적으로 스스로를 유지하기 위해서 다소 피상적인 외형들 중 하나를 스스로 선택해 나간다는 것을 의미한다. 그러나 이처럼 근대성을 도시에 한정시키는 것은 경험적으로 옳지 못하다. 고독한 군중의 이미지는 이와 같은 도시상황에만 한정되지 않는다. 세계는 예부터 지금까지 친족연결망과 기타 매우 '비근대적인' 연대의 관점에서 조직된 도시 중심부들로 가득 차 있었다. 그러나 우리는 도시 자체의 인과적 힘을 가정하지 않고서도 도시에 대한 고전적 글쓰기에서 표현되는 근대적 조건을 광범위하게 묘사할 수 있다. 우리는 근대성이 상업적 지구체제가 가져온 지역적 산물, 곧 존재조건의 지역적 변형에서 발생한 정체성의 형식 혹은 아비투스라는 점을 주장할 것이다. 그러나 그것은 또한 지구성을 조직하는 데 중요한 구성요소이기도 하다. 왜냐하면 그것은 보다 큰 체제 속에서 서열화 모델을 제공하고, 그것의 구체화된 이미지와 사물은 더 큰 세계를 관통하는 정체성의 형성과정을 보여주기 때문이다.

여기서 제안되는 방법론에서 근대성은 지구체제 중심부에서 출현하는 정체성 공간이다. 그리고 이 지구체제는 18세기 이래 서구사회의 전형으로 간주되어 온 수많은 관념물을 생산해 왔다. 그러나 나의 견해로는 그것은 특수한 '문화'의 문제라기보다 구조의 문제이다. 나는 근대성을 일종의 상황, 때로는 근대성의 문화적 형태로서 언급되어 온 일련의 특수한 표상군이 만들어지는 인격적 존재의 틀로 지칭하고자 한다. 물론 근대성은 실질적인 의미에서 **문화**가 아니다. 그것은 흘러갈 수 없고, 흔히 전통을 묘사하는 일련의 차이 혹은 수집품이란 관념으로 환원될 수 없다. 우리가 보아온 대로, 그것의 중심적 특징 중 하나가 대체성의 원리이기 때문에 더더욱 그러하다. 모든 특수한 형식과 실천은 필연적으로 임의적이며 임시적이다. 한편 우리가 논의하게 될 다른 형식들처럼 대체성은 매우 독특하며, 내가 주장하듯이 그것들이 세계를 조직하는 방식은 체계적이다.

문화적 생산의 한 형식으로서 근대성이 출현하게 된 본질적인 기반은 일정한 경계의 문턱을 넘어선다는 점에 있다. 이 경계의 문턱에서 개별주체는 일정한 사회적 상황(혹은 계급) 속에서 그/그녀의 자아를 스스로 조직하고 동기를 부여하는 존재, 곧 자율적인 주체로 나타나는 경향이 있다. 이것은 개별주체에 대해서 위계적이고 총체적이며 그리고 천부적이고 전체화된 이전 구조의 해체를 필요로 한다. 이 같은 해체는 다양한 형식을 취하는 복잡한 과정이지만 역사적으로 상업화과정에 의해 가장 분명하게 표상되어 왔다. 상업화과정이란 의무—기대의 연결망, 즉 전형적으로 친족·카스트·'신분'(estate) 질서를 갖춘 사회에 역사적으로 변화무쌍하고 통상 불완전하게 침투하는 과정을 말한다.[8] 이 같은 역사적 과정의 유럽식 버전은 세네트(Sennett)와 캠벨(Campbell)의 연구에서 멋지게 분석되었다. 개인주의화는 부에 대한 접근성의 점진적인 탈중심화, 자유롭게 선택될 수 있는 방식으로 타자에게 스스로를 표상할 수 있는 인격적 능력, 그에 따른 귀속적 신분위계의 붕괴와 관련되어 있다. 이것은 바꿔 말해서 자아와 자아의 표상 두 가지가 구별되는 것이며, 즉 공사의 구별, 극장, 폭발적인 소비자혁명, 일련의 혁명들, 타자성에 관한 사적인 판타지의 형성을 만들어내는 자아성의 논리를 정립시킨다. 타자성 곧 다른 정체성, 다른 사회적 형식, 다른 지위와 계급은 18세기 후반과 19세기에 등장한 새로운 소설 속에서 넘쳐났다. 또한 이 같은 근대성은 발전주의와 진화의 관점에서 자아와 사회의 표상영역을 창조하여 "'존재의 거대한 사슬'을 시간화"한다.

다음에서 나는 구조로서 근대성의 본질적 성격을 개략적으로 설명할 것이다. 이어서 그것과 지구적인 것의 관계 그리고 그것과 문화의 관계, 즉 지구체제 대(對) 전지구화의 관계에 관한 문제의식으로 돌아올 것이다.

먼저, 근대성은 자기 지시적 용어(self-referential term)이며, 특정한 역사적 시기 동안 우리 사회 속에서 본질적인 무엇인가를 특징짓기 위해서 사용되어 왔다는 것에 주목해야 한다. 그것은 현사태보다 선재하는 무엇으로서의 '전통'이란 용어와 대립된다. 따라서 근대성은 정체성의 용어, 적어도 현재에서 특수한 무엇인가를 경험하고 그것을 정의할 필요를 느끼는, 다시 말해서 그것을 다른 종류의 존재와 대립시킬 필요를 느끼는 지식인의 정체성이다. 근대성은 그것이 사용되어 온 것처럼 본질적으로 역사적인 개념이며 문화적 형식 혹은 생활형식으로서 현재의 시간적 위치에 관한 진술이다. 이것은 종족성에 상응하는 것처럼 보이지 않는다. 그것은 고정된 내용을 가진 문화적으로 규정된 정체성이 아니라 조건·사태·시대의 규정이며, 구체적으로 통상 서구의 자기규정과 연관되어 있는 것이다. 자본주의, 산업주의, 민주주의, 개인주의, 과학은 그 내용의 일부이다. 이 내용은 서구문명의 일부로서 일관되게 동일시된다. 그래서 어떤 의미에서 그것은 서구문명의 보다 광범위한 동일시의 일부이다. 또한 바로 근대성의 정의 자체가 논쟁대상이며, 동시대적 존재의 문화적 본성이 자신들에게 중심적인 문제가 되는 지식인들에게는 경합하는 정체성이라는 점을 강조할 필요가 있을 것이다.

근대적 시대에 특수한 것으로 분류되는 현상 혹은 현상들의 다양한 측면들을 다루는 많은 문헌이 있다. 이중에서 보다 중요한 몇 가지를 다음과 같이 다소 비체계적으로 열거할 수 있다.

① 개인주의

② 공적 영역의 변형과 공사구분의 변형

③ 민주주의

④ 종족성과 민족주의: '민족'의 출현

⑤ 산업자본주의 그리고/또는 산업주의

⑥ 국가의 변형: 추상적인 정부제도의 출현

⑦ 소외와 소외에 의해서 추동된 사회운동

⑧ 세속화−탈미신(disenchantment)

⑨ 제도적인 권력의 형식과 주체를 통제하는 형식으로서의 추상화

⑩ 발전주의/진화주의, 근대성의 개념은 이것의 산물임

⑪ 특수한 정체성과 자아발전의 전략으로서 근대주의와 고정불변에 대항한 혁명

학문적 배경에서 지적인 활동의 파편화가 있다면, 이 측면들은 흔히 완전히 자율적 연구영역으로 다뤄져 왔다. 다음에서 나는 대략적으로 어떻게

그것들이 보다 체계적 방식으로 서로 얽혀 있는가를 보여줄 것이다.

개인주의

근대적 개인의 출현은 많은 이론적 작업의 주제가 되어왔다. 이것의 출현은 베버와 짐멜의 작업에서 중요한 역할을 했다. 베버에게 내적으로 견인된 목적지향 혹은 아마도 '성취동기'를 지닌 근대적 자아 통제된 개인은 프로테스탄트 개혁에서 중요한 역할을 한 '자본주의 정신'의 초석이었다. 짐멜에게 개인은 화폐의 보편화와 상품화에 따라 이전의 총체적인 우주의 일반적 파편화와 관련되어 있다.

특히 근대적 정체성에 관해서는 수많은 연구에서 논의되어 왔다. 원자화된 주체라는 상념은 의지에 따라 활성화할 수도, 종결할 수도 있는 관계의 세계 속에서 그리고 원칙적으로 개인을 구성하는 데 영향을 줄 수 없는 개인이 곧 사회의 축소판이라는 관념형이다. 짐멜은 사회적 관계로부터 개인의 분리를 명확한 용어로 묘사했다.

교제에 참여하는 개인이 가진 관심은 직접적이든 간접적이든 돈으로 표현될 수 있기 때문에, 돈은 교제의 객관적 전체성과 인격의 주관적 전체성을 고립된 층위처럼 갈라놓는다. 이는 마치 소유주와 그의 재산의 관계와 유사하다. 이것은 상호간으로부터 새로운 독립과 새로운 발전 가능성 모두를 가능하게 한다. (Simmel 1991, p. 19)

이와 대조적으로, 친족으로 질서 잡힌 우주에서 주체는 우주론적 질서에 의해서만 제한되는 것은 아니다. 바로 그의 신체의 경계를 넘어서 확장되는 힘과 밀접하게 묶여 있다. 몇몇 인류학자들이 원시사회에서 개인은 존재하지 않는다고 주장하는 것도 이 때문이다(Léenhardt 1937). 이것은 다카르에 대한 E. 오르티게스와 M. 오르티게스의 의학적 연구(Ortigues and Ortigues, 1966)에서 강력하게 표현되었다. 여기서 결론은 오이디푸스 과도기가 결코 나타나지 않는다는 것이다. 통상 타자에 대한, 아버지에 대한, 권위에 대한 응시는 조상의 권위체제에 위계적으로 배치된 친족 속에 현존하며 제도화되어 있다. 주체는 그 자신의 개인화된 투사를 추동하는 힘이 될 수 있는 인격적 권위를 절대로 내면화하지 않는다. 따라서 그/그녀는 보다 큰 집단의 투사와 관련이 있으며 그 집단의 정체성은 그/그녀 자신의 정체성과 동일하다. 이 같은 점은 원시적 질서와 근대적 질서의 대립이라는 단순한 범주적 구별이 존재한다고 주장하는 것으로는 이해될 수 없다. 여기서 강조되는 차이는 인격이 놓인 상황적 차이, 자아가 경험하는 맥락의 차이이다. 이것은 동일시와 심리적 에너지 투입의 상이한 형태를 둘러싸고 사회적으로 안정화된다. 자아의 경험 가능성은 신체의 즉각적인 판단에 기초하고 있는 듯하며, 이는 레비(Levy) 등의 심리인류학자와 존슨(Johnson), 라코프(Lakoff)에 의해서 정교한 이미지 스키마와 은유의 관점에서 분석되었다. 그러나 자아의 주관적 경험을 완전히 총체적으로 해석한다면, 이런 가능성은 실현될 필요가 없다. 여기서 이른바 개인화(individuation), 분리된 인격의 제도화, 개인주의화(individualization), 완전한 자기 지시적인 인격의 정립 간에는 차이 혹은 아마도 연속체와 관련된 광범위한 쟁점이 존재한다.

이때 화폐는 단순히 그러한 사회적 총체를 탈통합하는 보편적 용매제만이 아님은 분명하다. 더욱이 우리 모두는 총체적 경험과 개인주의적 경험 사이의 준(準)연속체를 따라 존재하는 변이를 알고 있다. 우리는 집단적 압력, 부끄러움, 감시와 평가를 받는 존재의 경험을 모두 인식하고 있다. 그러나 이 모든 총체적 경험이 비판과 재평가, 궁극적인 거부의 대상이 되는 것은 근대성의 특징이다. 그것들은 사회의 제도적 구조보다 친족질서 속에서 보다 확고히 자리 잡는다.

근대성이 출현하게 되는 주요한 측면은 18세기 사회성의 변형이라는 관점에서 논의되어 왔다. 귀족적 신분구조가 붕괴하면서 외관이 지위와 동일해지고 주체가 그/그녀였던 것과는 다른 무엇으로 나타날 수 있게 되었다. 또 이는 자아를 표현하는 데 있어 불안정한 상황으로 이어졌다. 2장에서 지적한 대로, 다양한 신분의 사람들이 서로 마주치는 수많은 상황을 가능케 한 극장과 카페가 출현하고 대중화되었다. 체스터필드 백작의 편지에는 대중의 시선에서 자기 자신을, 즉 자신의 본모습 혹은 사적 자아를 감추어야 할 필요가 있는 상황이 잔영으로 있다. 본모습과 겉으로 보이는 자아의 구별, 공사의 구별, 자아와 역할의 구별은 모두 이 시기에 정교하게 발전했다. 소설의 출현은 공적인 영역과 사적인 영역의 갈등을 일부분 보여준다. 처음에 사적으로, 말하자면 혼자만을 위해서 읽는 것은 사회적으로 허용되지 않았다. 오로지 책을 낭독하는 것만이 가능했다. 새로운 삶에 대한 판타지는 받아들여지지 않았다. 그리고 소설 그 자체의 내용은 제인 오스틴이 가장 잘 표현했던 방향으로, 즉 상황에 대해 주체가 계속적이고 의식적으로 숙고하는 방향, 모든 개인적 선택의, 심리학적 불안정성의, 대안적 세계의 가능성들을 탐구하고 숙고하는 방향으로 나아갔다.

그래서 여기서 우리는 개인주의화, 사적/공적 영역, 사회적 역할 대(對) 사적인 자아 그리고 대안 가능성에 대한 판타지 사이를 서로 연결할 수 있다. 그리고 이것은 논리적으로 소외의 문제, 정체성을 탐구하는 문제, 역사적 운동을 경험하는 문제, 즉 비록 불연속적일지라도 지속적인 정체성 변화의 문제로 이어진다.

공사 구별의 변형

공적 영역에 대한 수많은 연구(세네트, 하버마스)는 근대성 일반과 그 것의 변형태의 관계를 밝혀왔다. 이 연구들에서는 보다 큰 맥락에서, 즉 귀족적 질서가 쇠퇴하면서 점차 활동무대와 연관되어 가는 공적 영역과, 직접적인 경험의 일상존재의 영역과 대립된 것으로서 표현 · 표상과 연관되어 가는 비현실적인 것 이 양자 사이에서의 일련의 분리에 그 변형이 어느 정도 기초하고 있는가를 논증했다. 공적 영역의 변형은 인격적 생활의 사유화에 관한 것이다. 이 과정은 가내복,[9] 평상복, 공직인 시선에서 감춰진 것, 개별적 자유의 영역과 관련된다. 그것은 또한 연인과 친한 친구 사이에 느낄 수 있는 친밀감과 연관되며, 그들간에는 자아표현의 형식성이 필요하지 않는다. '공적인 인간의 추락'에 대한 세네트의 주장은 질서 잡힌 공적 영역의 쇠퇴에 관한 것이며, 그에 따르면 이는 잘 길들여진 관객이 대중공연의 스펙터클을 목격하는 방식으로 대체된다고 한다. 극장, 오페라, 콘서트홀은 지난 세기의 낮고 비천한 지위와는 반대로 높은 지위를 차지하고 매력적인 장소가 되었다. 공적인 시선은 사라졌고, 그 결과 공적인 바(bar)

에서도 편안하게 사생활을 추구할 수 있게 되었다. 그 경계들은 19세기와 20세기를 거치면서 사회적 공연(performance)이란 관점에서 대립기능을 점차 상실했다. 그러나 과학공동체(scientific community)뿐만 아니라 정부와 법이론으로 보존되고 있는 객관적 논의와 주장의 영역으로서 공적인 것에 대한 이념적 이미지는 매우 최근까지도 그대로 유지되고 있다. 하버마스는 점차 추상적이고 탈맥락화하는 영역들에 대해 피아제의 개체발생론에 의존해서 진화와 인식론적 발전의 관계를 논하면서, 공적 영역인 정부기관을 사회가 숙고하며 지속적으로 스스로를 재조직하는 수단으로 삼아야 한다는 본질적으로 규범적인 제안을 한다. 여기서 공적인 것은 '집'에 부여되는 감정적 성향과 대립되는 합리성을 부여받는다. 세네트가 쇠퇴를 애도한다면, 하버마스는 부활을 위해서 고군분투한다.

우리의 주장은 구별이란 근대적 경험의 구성에 깊이 배어들어 있으며, 공적 영역의 쇠퇴라는 바로 그 상념은 그것의 정의 중 하나이다. 비인격적 역할과 보다 실재적 자아의 차이에 대한 경험이 근대성의 불변수이다.

민주주의

민주주의는 같은 방식으로 앞에서 언급한 근대적 주체의 특징들로부터 추론할 수 있다. 귀족질서의 쇠퇴는 외모에서부터 자아의 분리를 함의한다. 이전의 질서에서는 근본적으로 비대칭적인 사회적 상황을 규정하고 사회적으로 부여된 지위에 따라서 권리와 의무를 가진다. 이러한 의미에서 민주주의는 지위와 사람 간의 본질–외모관계가 해체되면서 나타난 산물이다. 어떤 속성도 그러한 지위의 소유자에게 천부적이지 않기 때문에, 지위는 성취될 수 있는 것으로 재규정된다. 민주주의 혁명의 토대는 평등주의에 있는 것이 아니라, 주어진 지위를 차지하는 사람들의 선천적 자질을 가정하는 귀속성의 부정에 있다. 사회적 역할이 비인격적으로 분리되는 명시된 법으로 축소됨에 따라, 모든 사람은 법 앞에서 잠재적으로 평등하다. 평등은 이 같은 복잡한 과정의 산물이다. 사회적 역할로부터 인격의 분리는 규칙 속에 천부적인 권리가 더 이상 존재하지 않는다는 것을 함의한다. 따라서 지위는 성취되어야 하고 논리적으로 민주주의가 뒤따라야 한다.

종족성과 민족주의

특정한 종족성은 근대성의 개인주의화 과정의 논리적 확장이다. 직접적으로 경험된 사적 자아만이 유일한 실재이며 공적 영역은 이른바 역할들의 거짓게임에 불과하기 때문에, 유일하게 가능한 귀속성은 신체에 직접적으로 부여될 수 있는 그 무엇이다. 차이는 표현형으로 새겨지고, 문화는 천성 혹은 본성들(natures)로 축소된다. 상이한 사회계급을 상이한 종으로 표상하는 경향은 산업화 속에서 널리 퍼지게 되었지만, 지속적인 자본주의화(근대화)는 같은 방식으로 사회적 지위의 본성이 기본적으로는 성취된 것이며 불안정한 것임을 강조하며 계급구조 내의 어떠한 연속성도 파괴해 버렸다. 문화정체성, 언어, 종교, 공통된 역사와 기원, 즉 뿌리는 강력한 힘으로 쉽게 변형될 수 있다. 왜냐하면 그러한 정체성은 피와 인종으로, 또 예상할 수 없는 사회적 이동성의 변동과는 별개의 절대적인 차이로 환원될 수 있기 때문이다. 이같이 새로운 종족성은 특히 종족집단이 정체성의 표지(標識)를 갖춘 개인들의 합으로 규정된다는 점에서 근대적 현상이다. 물론 이것은 종족성이 무엇보다도 지역적 위치의 문제이며 노동 분업체계와 생활형식에 따른 결과의 문제인 구체제에는 해당되지 않는다. 이 같은 형식의 종족성은 형식적 시민권과 대립되는 새로운 민족주의의 토대가 되었다. 결과적으로 근대적 제도에서 유일하게 인식되는 귀속성은 뒤몽이 명쾌하게 주장한 바대로 생물학적인 것이다(Dumont 1983). 물론 이것은 기원의 실재에 관한 문제가 아니며 사회의 구성양식에 관한 문제이다. '상상된 공동체'로서 민족의 창조는 가장 강력하게 감지되는 정체성이 가지는 임의성을 보여준다. 따라서 근대적 형식에서 종족성과 민족주의의 구조적 선결요건은 '근대화'가 잠재된 나라들에서는 매우 일반적으로 존재하며 유사하게 나타난다. 그리고 종족 혹은 민족 정체성이라는 특수성을 체계적으로 갖추려고 모색하는 것이 바로 근대의 추상적 근대성이다. 그것의 가장 극단적 형태로서 근대성의 프로젝트는 국가사회주의의 '반동적 근대주의'(Herf)와 같이 종족경영으로 환원될 수도 있다. '반동적 근대주의'에서 아우토반과 폴크스바겐은 더 이상 근대기술의 생산물이 아니라 '인종적' 재능의 표현이다.

소외와 사회운동

소외는 논리적으로 근대성의 핵심이다. 어떤 고정된 정체성으로부터 주체의 분리는 그 자체로 문제의 정의가 된다. 정체성의 추구, 곧 의미 있는 존재로서 자아를 구성하려는 노력은 근원적으로 근대적 정체성이 갖는 임의성에 기초하고 있다. 다음으로 사회운동은 소외가 가져온 폐해로 인해 예상되는 결과이다. 소외라는 상념은 존재의 조건에 대한 통제력의 상실과 물질적·문화적 생산물로부터 생산자의 소외를 함의한다. 사회운동은 근대적 주체의 소외뿐 아니라 탈미신에 대해 종합적인 해결책을 제공해 준다. 구성원의 정체성은 그의 개인적인 프로젝트를 집단의 프로젝트로 대체하는 자아의지로 구성되며, 이때 자아는 더 큰 사회적 책임과 그에 수반되는 사회적 실재의 재구성과 능동적으로 융합된다. 소외는 구조적인 의미에서 전형적으로 근대적 성격을 갖는다. 왜냐하면 근대성에서 바로 인성이 사회적 지위 혹은 생활형식에 부여되는 높은 차원의 의미도식으로부터 자아를 분리시키는 것에 기초해서 구성되기 때문이다. 또한 사회운동은 현존하는 세계와 대체성의 관계를 표현해 준다. 이것은 개별적 경험의 확장임은 물론이고 인격적 경험 없이 인식될 수 없다. 운동을 만들고 새로운 대안적 현실을 꿈꾸는 것은 개인이다. 그리고 그러한 대체성은 바로 근대성의 사회적 장에서 가능해진다. 왜냐하면 인격과 정체성의 관계가 단일하지 않기 때문이다. 이와 유사하게 탈미신과 세속화를 다룬 문헌 모두는, 심지어 이것이 총체적 우주론의 탈통합과 관계되는 복잡한 문제라고 할지라도 이와 동일한 관점에서 이해될 수 있다. 이른바 존재의 거대한 사슬로 지칭되는 것을 기반으로 하는 질서는 새로운 이데올로기의 공격으로 부분적으로 붕괴되기 시작했다. 또 개인주의화 그 자체는 우주론적 고정성과 신성한 결정론 같은 상념을 유지하기 어렵게 만들었다. 이것은 프로테스탄티즘 그 자체에서 분명하게 표현되는데, 프로테스탄티즘에서 주체는 어떤 고정된 우주론적 도해(圖解, map)도 매우 불합리한 것으로 만드는 존재론적 자유를 신조로 삼고 있다.

문화적 형식으로서 추상작용

역할로부터 인격의 분리는 제도가 그것을 실천하는 주체와는 상관없는 역할네트워크가 된다는 것을 의미한다. 위치지워진 범주의 사회적 네트워크 출현은 근대성에서는 전형적인 수많은 동등한 분리들 중 하나이다. 자본 그 자체는 그것이 모든 상품성의 추상적 가치 혹은 등가를 구체적인 형태로 구현한다는 점에서 '실질적 추상작용'을 가리킨다. 그것은 구체적으로 권력과 축적의 형식으로서 사회생산물에 대한 유동적인 권리이며, 동시에 그러한 생산물의 가치척도가 된다. 상업화는 추상작용의 강력한 도구이다. 이를 통해 그것은 상품화의 관점에서, 즉 가격에 따라 세계를 배치한다. 가격은 물리적·표상적 관점에서 주위의 모든 경관을 사고팔 수 있는 이미지로 바꿀 수 있다. 이 같은 방식으로 그것은 본질과 외관의 분리, 사물과 그것의 사회적 형식의 분리, 사용가치와 교환가치의 분리를 강조한다. 물론 화폐는 교환의 추상적 관계와 계약 그리고/또는 임금 관계의 토대인데, 여기서 실질적 거래를 넘어서는 당사자들간의 어떠한 연대도 순수한 근거를 갖지 못한다.

핵심 전략으로서 근대주의와 그 진화적 함의

결국 근대주의로 알려진 근대성의 특정 측면, 현재의 창조적 파괴를 끊임없이 추동하는 정체성, 진화·발전주의 이데올로기의 기초가 되는 보편화된 교체(supersession)는 또한 우리가 논의한 논리와 매우 밀접하게 연관되어 있다. 만약 존재의 거대한 사슬이 모든 종과 생활형식을 단일한 우주론적 위계 속에 위치 짓는 거대한 공간적 도식이라면, 근대성은 존재의 사슬을 세계의 진화로 시간화하는 것이다. 이전에 '저 밖에' 있었던 것이 이제 과거로 재배치된다. 공간을 시간으로 해석하는 것은 발명이 아니라 시간-공간관계의 변형이다. 이것은 산업혁명이 초래한 시공간의 압축으로 환원될 수 없으며(Harvey 1990), 지구체제의 다원적 우주 속에서 나타나는 공간적 관계의 시간화과정이다. 이것의 한 측면은 순수하게 부정적이다. 총체주의의 쇠퇴는 주체와 보편세계 속에서 어떤 고정된 초월적 장소와의 관계가 붕괴되는 것을 의미한다. 이것은 자연적·인위적인 환경을 재조직할 수 있는 인간의 역량을 강조하는 지식의 세속화, 부의 축적과 탈축적, 실재세계에서 정치적·경제적 번영의 전환과 같이 시간적 현상으로 표현된다. 인성이란 관점에서, 대체성 그 자체의 경험, 즉 이것이 존재하는 모든 것이 아니라는 발전주의를 위한 확고한 경험적 기반이 마련된다. 발전주의는 단지 현재보다 나은 무엇인가로 나아가는 움직임으로 표현되는 인격적 변화의 시간화이다. 진화주의의 힘은 그것이 인격적 경험의 수준까지 내려가서 공명한다는 점에 있다. 뿌리와 초월적인 신을 박탈당하고 소외되고 개인화된 주체를 구원하는 것은 미래, 곧 그 자신이 무엇인가가 되어간다는 점(his own becoming)이다. 또한 점차 합리성, 지식권력, 기술발전과 연결되는 발전은 근대적 자아의 본성에 명백히 뿌리내리고 있다. 인식능력(cognitive capacity)은 자아통제, 즉 야만적인 원시에너지의 승화, 그것을 문명의 건설로 연결하는 것과 관련되어 있다. 프로이트의 연구에서 나타나는 인격모델은 바로 근대성의 구조를 구체화시킨다고 말할 수 있다. 그리고 이것은 저 밖에 존재하는 원시성이란 관점에서 에고의 지성, 합리성의 문명화 효과와는 완전히 대립된다는 원시적인 것의 범주를 다시 일깨워서 돌아오게 만든다. '문명화과정'은 근대성의 근대주의적 신화이다. 이같이 핵심적인 경험은 19세기 이래로 서구를 지배해 온 다양한 진화적 모델에서 정교해져서 발견된다. 그리고 이는 진정으로 근대주의의 은유적 확대이며 낮은 단계에서 높은 단계로의 끊임없는 이동이며 미신에서 과학으로, 원시성에서 문명으로, 즉 자연에서 문화로, 야만에서 자기통제로, 후퇴에서 발전으로 합리성과 지성상의 혁명이자 생산력상의 혁명이다. 이 모든 이미지는 생활 그 자체에 대한 단일하고 기본적인 경험에 대한 수사이다. 심리학과 정신분석학은 이러한 입장에서 차이가 없으며, 개인의 정상적인 발전을 묘사하는 개념으로 동일하게 사용한다. 그리고 존재론 같은 거대철학은 보다 큰 자아의 자유에 대한 공격, '탈출구가 없는' 일상적 존재의 무게로부터의 탈출을 크게 반영하고 있다. 하버마스의 일부 연구에서 표현되는 순수한 근대주의는 모든 사회적 제도를 의사소통의 합리성이란 탈맥락화된 자유로운 유토피아를 향한 발전을 방해하는 비현실적인 형식과 동일시한다.

자본주의-산업주의

이 모든 현상을 자본주의 혹은 산업주의 혹은 이 둘의 조합과 연결시키는 것은 낯선 일이 아니다. 그러나 전체를 파악하려는 관점을 표명하면서 실질적인 관련성을 찾는 연구는 흔하지 않다. 나의 관점은 이러한 상호 연관된 현상이 특정한 장소 서구 혹은 특정한 시간 산업자본주의 시대와 관계없이 구조적 관점에서 이해될 수 있다는 것이다. 이를 통해 우리는 근대성의 현상을 보다 정교하게 이해할 수 있는 방식으로 초역사적이고 통문화적인 유사성을 연구할 수 있다. 여기서 자본주의 과정은 자본을 구현된 노동 혹은 가치의 표상으로 보는 마르크스주의자보다는 베버의 관점에서 정의된다. 내가 제안한 해석에서, 앞과 같은 근대성의 측면들은 자본주의의 일부 과정으로서 다소 정교해진 경향적 현상으로 이해되어야 한다. 이와 대조적으로 우리는 자본이 실질가치를 구체화하는 것들을 포함하여, 생산의 실질비용을 지출하는 다른 모든 형식의 부에 대해 일정한 권리를 갖는다는 점에서, 자본을 본질적으로 '의제(fictitious)자본', 추상적 부, 그러나 '실재적 추상물'로 해석할 것이다. 이러한 의미에서 자본은 모든 상업문명을 규정하는 속성이다. 그리고 추상적 부는 다양한 수준에서 총체적인 조직형식에 수없이 침투하여 그것을 탈통합시켜서, 근대성이 출현하기 위한 조건—개인주의화, 공사 구별의 출현, 민주주의 이데올로기, 발전주의/진화주의, 세속화/탈미신, 추상적·기능적 국가형식, 체현에 기초한 근대적인 형식의 종족성 등을 수없이 창조한다. 산업자본주의는 단지 메소포타미아 도시국가가 출현한 이래로 지속되어 온 일정한 경향성의 보다 순수하고 보다 발전된 형식일 뿐이다.

왜 그 같은 경향성이 존재하는가? 내가 주장한 바대로, 근대적인 것과 관련하여 어떤 매개변수를 안정화시키는 일련의 근본적인 경험이 발생하기 때문이다. 이러한 의미에서 개인주의화는 그외의 모든 현상에 대해 도구적이다.

개인주의화는 사회적·우주론적 해체와 자아로의 통합이 동시에 발생하는 복잡한 사회적 과정이다. 근대적 개인과 신체로서 국가는 근대적 사상의 공간을 채우는 잠재적으로 새로운 담론과 표상을 지닌다. 근대적 개인 없이 종족성/인종주의, 소외, 사회적 제도의 추상적 본성, 세속화, 탈미신, 근대주의적 발전주의는 가능하지 않는다.

근대성에 대한 원자적 관점: 인류학적 비평

기든스는 그의 간명한 책 『근대성의 결과』(*The Consequences of Modernity*, 1991)에서, 동료들의 최근 관심사와 성과를 집어내는 예리한 후각을 가지고 근대성의 본성과 효과에 관해 일반적인 진술을 하고 있다. 통상 경험적인 연구와는 무관하지만, 뚜렷한 사회학적 관점에서 동시대 논쟁의 주요한 주제를 교과서처럼 간명하고 깔끔하게 정리해 놓았다. 그러나 당연하게 간주되는 현실에 대해 보다 체계적으로 이해하지는 못하고 있다. 나는 기든스의 주장이 나와 반대된다고 느끼기 때문에 이렇게 말하는 것이다. 가설적이든 경험적인 수단이든 간에 연구단위를 찾는 대신에, 그는 근대성의 개념과 연결될 수 있는 관련현상을 정립하는 데 관심을 기울였다. 그 결과 근대성은 독자적인 현상으로 나타나고 있다.

　기든스 분석의 출발점은 많은 이들이 탈근대성으로 묘사해 온 것과 여기서 거대한 패러다임이 쇠퇴한 이후에 근대성으로 묘사한 것이다. 근대성은 문자 그대로 다음 세 현상의 조합으로 규정된다.[10]

　① 시간과 공간의 분리
　② 사회체제의 이탈
　③ 성찰적 질서와 재질서의 과정
　그러나 우리는 이 현상들간의 포괄적인 연결을 찾고 발견하려고 했지만, 기든스는 그것들을 분리시켜서 보다 넓은 상호작용의 영역에서 어느 정도 자율적인 요소들로 상정했다. 이것은 구조기능주의자들에게서 나타나는 공통된 특질을 상기시킨다. 물론 이것은 확실히 기든스가 제기한 정체성과 완전히 동일하지는 않다. 전자에서 사회적 현상은 역할, 제도, 개인들, 그것들간의 관계망과 같이 기본적인 요소들의 관점에서 분석될 수 있다. 우리의 주장은 레비스트로스에 더 가까운데, 요소들로 보이는 것은 그것 자체로 일련의 근본적인 관계들 속에서 그리고 그것들에 의해서 창조된다는 것이다.

따라서 시공간의 분리와 사회체제의 이탈은 별개의 메커니즘이 아니며, 궁극적으로 개별적 경험의 근본적인 재정향(reorientation)에 기초하고 있는 추상화/분리라는 보다 일반적인 과정의 일부이다. 이전의 총체적 우주에서 분리되어 개인적 주체가 형성된다. 구체적인 것과 개별적인 것은 점차 역할체제와 금융관계에 의해 매개되는 추상적인 혹은 그보다 나은 경우 실질적·추상적 관계를 기반으로 하고 있는 사회적 장으로부터 배제된다. 여기서 서로 다른 다양한 대상들이 계속해서 존재한다는 점 자체가 그것들이 자율적인 대상이라는 것을 의미하지 않는다. 이와 반대로 그들의 동시성 혹은 '평행한 과정' 같은 속성은 그것들간의 관계를 이해해야 할 필요성을 제기한다. 여기서 그 관계는 생물학적인 유기체에서처럼 상호 작용하는 자율적인 현상들이 아니라 상호 작용하는 측면들이다. 이와 비슷한 관점에서 나는 성찰적 질서화와 재질서화 혹은 적어도 근대성의 자기표상은 동일한 종류의 분리와 추상화에 기초하고 있다고 주장할 것이다. 내가 앞에서 주장한 대로 개인주의화와 총체주의의 해체는 주체를 대체 가능한 동일시의 무한한 장으로 밀어넣는다.

기든스에게 이탈(disembodying)은 신뢰 · 도박 · 위험의 삼박자를 의미하며, 이 모든 것은 우주론적 확실성이 상실되면서 나타난 산물이다. 이것은 근본적으로 불확실한 근대적 지식 일반에 대한 이해로 이어진다. 이는 확실히 과학을 이른바 이론—반증—신(新)이론의 단계를 돌고 도는 끝나지 않는 과정으로 만든다. 그러나 기든스 자신은 한 영역에서 또 다른 영역으로 이 같은 효과의 전이를 주장하지 않는다. 왜냐하면 성찰성은 이탈과는 구분되는 영역이기 때문이다.

앞으로 제기하게 될 흥미로운 주장은 일반적으로 탈근대라고 언급되는 것이 근대적 성찰성의 산물이라는 것이다. 심지어 서구 헤게모니의 쇠퇴는 근대성의 쇠퇴가 아니라 근대성의 지구화로 해석된다. 이같이 근대성의 두 산물은 물론 이 논문을 추동할 만큼 충분히 혼란스럽다.

> 이 같은 분석의 관점에서, 근대성의 급진화가 왜 그렇게 불안정하며 왜 그렇게 중요한지 쉽게 알 수 있다. 그것의 가장 두드러진 특징—**서구의 특권적 지위가 소멸하면서 진화주의의 해체, 역사적 목적론의 소멸, 진행되는 구성적 성찰성의 인식**—은 우리를 새롭고 동요하는 경험세계로 인도한다. 만약 여기서 '우리'가 여전히 일차적으로 서구 그 자체에서 살고 있는 사람들을 가리키는 것—혹은 보다 정확하게 세계의 개인화된 부문—이라면, 그것은 어디서나 느낄 수 있는 함의를 가진 그 무엇이다. (Giddens 1990, pp. 52~53)

나는 이런 유의 주장에 대해서, 심지어 '지구화'의 본성이나 탈근대의 위치에 대한 실질적인 분석이 아니더라도 일반적으로 동의하는 편이다. 그러나 이를 '근대성의 급진화'의 문제라고 보기는 어렵다.

더 나아가 기든스는 동일한 종류의 원자적 사고를 재생산하는 제도적 분석을 수행한다. 시작부터 그는 현상을 자본주의와 산업주의 두 군으로 분리한다. 산업주의는 "생산과정에서 기계의 중심적 역할과 짝을 이루는, 재화의 생산에서 동력자원으로 무기물의 사용"을 지칭한다(같은 책, pp.55~60). 자본주의는 상품생산과 무산자의 임금노동이 결합한 것이다. 그러나 자본은 무한하고 경계가 없기 때문에, 자본주의 사회 같은 것이 언제나 존재할 수 있으리라는 보장이 없다. 사회를 지역구조로 설명하기 위해서는 국민국가 제도, 주요한 감시기구, 지역 정체성이 필요하다. 그의 네 번째 제도인 군사력, 폭력을 통한 통제는 국가들간의 관계에서 필수적인 부분이며 비정상적인 외교적 상황에서 발효된다. 상호 분리된 이 모든 제도를 상호관련 없이 분석하는 방식은 이해되기 매우 어렵다. 확실히 산업생산과 산업역동성의 형식은 그것이 포함되어 있는, 즉 산업활동의 목표와 전략을 결정하는 사회적 형식과 무관하지 않다. 그리고 근대 국민국가는 자신이 기반으로 하고 있는 특정한 형태의 시민권, 곧 지역공동체로부터 주체의 분리, 보다 큰 민족적 실체로의 재통합, 정체성의 형식으로서 '민족'의 출현, 정부의 추상적 성격 등을 논의하지 않고서 인식될 수 없다. 군사력 역시, 특히 그것이 점차 경제시스템으로 통합되어 가면서, 근대성의 특수한 형식을 취하게 된다.

이같이 제도를 분리된 실체로 인식하게 되면, 그것들이 속해 있고 그것들의 수많은 내적 특질을 담고 있는 보다 큰 과정을 볼 수 없다. 결국 기든스는 월러스틴의 경제주의를 비판하면서도 상호관계의 본질을 분석하지 않고 동일한 방식으로 구분해 나간다. 이 문제는 다음의 글에서 집약적으로 살펴볼 수 있다.

> 자본주의가 근대적 제도의 가속과 확장을 촉진하는 가장 큰 제도적 요소들 중 하나였다면, 다른 하나는 국민국가였다. ···국민국가 시스템은 탈봉건왕국의 느슨한 질서와 유럽을 중심부 농경제국과 구별하는 원리에서 기인한 수많은 사건을 통해 구성된 것이다. (같은 책, p. 62)

여기서 우리는 원자적 담론이 복잡한 전체의 측면들을 분리하고 들어내어 자율적인 현상으로 바꾸는 방식을 일례로 볼 수 있다. 물론 국민국가는 특수한 현상으로 설명될 수 있지만, 그것이 출현하게 된 과정은 단순히 외재적이지 않은 맥락 속에서 찾을 수 있다. 엘리아스는 근대 국민국가 체제는 주권왕국들간의 관계가 지구적 혹은 광역적으로 변형되면서 나타난 결과이며 이는 '문명화'과정의 본질적 측면이라고 주장했다. 국민국가의 변형은 이전 국가형식들의 거대한 변형이며, 이 과정에서 세습지위로부터 통치기능의 이탈은 상업화/상품화와 분리될 수 없으며 그 자체로 시공간의 분리와 성찰성(분리/대상화)을 생성시킨다. 이 모든 것들은 확장과 경쟁이라는 지구적 맥락 속에서 진행되며, 생각건대 바로 이 확장과 경쟁 없이는 결코 변형이 일어나지 않았을 것이다. 지구적 시각에서 국민국가는 우연의 산물이 아니라 고도의 체계적 과정이 낳은 산물이다.

기든스는 글의 마지막 부분에서 근대성이 고정되고 안정된 우주론으로 포섭된 관계를 해체시켜 버리면서 나타난 신뢰와 위험에 초점을 맞추고 있다. 이것은 모두 짐멜로부터 영감을 받았고 그의 논리와 점점 가까워진다. 이탈은 보다 크거나 보다 총체적인 울타리를 해체시키고, 결과적으로 고정되고 사회적으로 안정된 관계에 대하여 사회적으로 개인을 고립시킨다. 신뢰는 근대성의 추상적 제도, 즉 전문가 시스템과 바로 그 기능에 맡겨진다. 물론 다양한 종류의 신뢰관계들간에는 복잡한 상호작용이 존재한다. 이방인과의 관계는 보통 '시민의 무관심', 곧 다른 행위자의 존재에 대한 인식의 침묵으로 표현된다. 이것은 보다 친밀한 관계의 가능성이 항상 현존하는 상황을 함의한다. 사물에 대한 신뢰, 전문가에 대한 신뢰, 신뢰하는 상황, 당연하게 여겨지는 근대생활의 본질적 특성은 특정 시기에, 특히 사회적 위기시에 약화된다.

이 모든 논의는 다른 학자들이 흔히 분석한 근대생활의 한 측면들, 곧 이탈과 재포섭, 친밀성과 비인격성, 전문기술과 재전유, 사생활주의와 직무에 집중하고 있다(같은 책, p. 140). 그러나 이렇게 분리된 대립명제들의 관계는 연구되지 않았을 뿐더러 심지어 고려되지도 않는다. 명확한 설명은 하지 않고 오직 대립하는 명제만을 목록으로 만들어 제시할 뿐이다. 그러나 마치 대립하는 용어들이 모두 재통합과 융합의 은유인 것처럼 이탈·비인격성·전문지식·사생활주의는 모두 분리의 은유이며 동일한 보편적 현상의 한 측면들이다. 내가 제안하려는 분석의 방법은 여기서 그다지 멀리 나아가지 않는다. 다만 나의 분석방법에서 이 현상들은 우리가 살고 있는 문명구조의 특징 혹은 보다 근본적인 과정에 근거하고 있다.[11]

부상하는 정체성 공간으로서 근대성

서두에서 나는 근대성과 관련하여 외관상 완전히 이종의 요소들이 현상의 분리되고 자율적인 구성요소가 아니라 사실상 매우 긴밀하게 상호 연결된 측면들이 되는 방식을 밝히려 했다. 모든 것을 근대성과 동일하게 연결시키기보다는 이른바 자본주의 문명의 문화영역을 설명할 수 있는 관점을 확보하려고 했다. 자본주의는 여기서 사회적 재생산의 주요한 과정으로서 추상적 부의 축적이라는 특별한 의미를 지닌다. 이 정의에서, 근대 산업자본주의는 상업적 부에 대한 통제를 기반으로 한 보다 보편적인 축적체제의 하위부문이다.

노동에 대한 통제수단으로서 상업적 관계는 분명히 개인주의화되는 경향성을 가지고 있다. 왜냐하면 그것은 완전히 다른 관계와 독립적인 개인을 재생산하는 수단을 제공하기 때문이다. 이것은 그 자체로 본질적으로 모든 형식의 지역사회성을 궁극적으로 파괴시킨다는 것을 함의한다. 수천년 동안 중동과 지중해 지역에서는 가족이 기본단위인 상업경제, 즉 가업이 기초를 이루어왔으며, 사회적 관계 일반의 상품화는 가족 외의 영역에 한정되었다. 친족과 '종교' 구조를 기반으로 한 조직의 형식에 추상적 부가 침투하여 조직을 분리시키고 역할구조로 바꾸어나갔다. 역할구조 속에서는 위치의 점유자들간의 관계가 원칙적으로 임의적이고, 따라서 역할의 경험이 나타나야만 했다. 이와 동일한 관계는 또한 주체와, 금융거래에 의한 구매력과 소비의 새로운 대체성에 의해서 매개되는 재화세계 간의 일정한 거리를 정립할 수 있게 해주었다. 상품화는 실재의 파편화이며, 파편화를 통해서 실재는 제한된 경제적 가치를 가진 개별대상으로 잠재적으로 전유될 수 있다. 더 나아가 상품관계는 사회적으로 자기만족적이며, 따라서 경제적 영역을 다른 영역, 정치적·사회적·지역적 영역 등으로부터 분리시켜 규정한다. 이 과정은 광범위한 일련의 자아의 경험을 생성하고, 충분히 일관되게 근대성 혹은 근대성들에 공통된 문화적 형식을 정교하게 만들기 위한 토대로 작동할 수 있는 환경을 조성한다.

근대적 주체의 형성은 보다 큰 집단에 의존하는 전체 네트워크를 신체로 압축시키는 과정이다. 따라서 주체는 자기통제가 되고 자기추진이 될 뿐만 아니라 그/그녀 자신의 행동에 책임져야 한다. 자아는 그 자신의 국가구조를 가진 일종의 신체 속의 사회가 된다. 자기통제의 모델은 프로이트의 연구에서 가장 분명하게 표현되었고, 그의 구성물은 신체 속에서 겪게 되는 마음의 서구적 경험 위에서 정교해졌다. 18세기 후반 독서의 사생활화가 대체성을 꿈꿀 수 있는 권리를 위한, 나를 내가 아닌 사람으로 상상하거나 작가를 좇아 다른 세계를 상상하기 위한 투쟁이었다는 점은 익히 알려져 있다. 활자를 대중 앞에서 소리내어 읽어야 한다는 규칙은 이 같은 활동을 제약했다. 그러나 묵독은 소설의 등장과 함께 가능해졌다. 주목할 점은 이 장르의 초창기 작품들이 주체의 의식을 탐구하는 내용으로 씌어졌다는 점이다. 제인 오스틴의 소설은 근대적 개인성의 조건을 매우 심도 있게 묘사하고 있다. 비교의 관점에서 서구에서 훈련받은 정신분석학자 카카르(S. Kakar)는 인도의 상황과는 대조되는 근대적 자아실천의 성격을 조망했다. 그는 인도 환자를 분석하는 데 있어 가장 큰 어려움 중 하나가 개인의 생활사가 실질적으로 빈약하다는 점이라고 주장했다. 그들이 즉자적으로 해석하는 맥락은 본질적으로 사회적 · 우주론적이기 때문에, 자연히 관련된 사람들, 영, 힘 들로 둘러싸인 장 속에서 이해를 구하게 된다는 것이다. 생활사의 실천은 개인적 주체의 신화를 실천하는 것이며, 개인적 주체의 신화 속에서 의미화된(significant, signified) 사건들의 연결고리는 현 상황으로 이어지면서 현 상황을 설명해 준다. 위계적인 의미 우주에 갇힌 자아는 자신을 통합하고 있는 보다 큰 공간의 구성요소라는 관점에서 언제나 즉자적으로 해석될 수 있는 특정한 조건에 놓여 있다. 그 세계가 해체되어 버린다면, 주체들의 상호작용에 의해서만 상호 연결될 수 있는 비슷비슷한 주체들의 합만 남게 된다. 원칙적으로 그 속에 살고 있는 모든 사람이 존재론적으로 위치지워져 있던 우주의 탈통합에 대해서 세네트, 캠벨, 매켄드리크, 브루어, 플럼 같은 작가들이 서술하고 논의했다. 갑자기 고정된 위치가 박탈되어 버린 세계 속에서 정체성을 정립하려는 욕망에 의해서 추동된 문화정체성이 폭발적으로 만들어진다는 것이다. 이것이 소비, 극장, 철학, 시민사회의 자기 이미지와 세계관에 끼친 영향은 방대하다.

내가 앞에서 주장한 대로 근대성에서 종족성의 특정 형식과 국민성은, 마치 국가와 시민권이란 상념이 정치적 단위로서 추상적인 통치권과 추상적인 성원권의 관계를 기반으로 하고 있듯이 동등한 자들 가운데서 공유되는 실체라는 상념에 근거하고 있다. 민주주의 이데올로기는 여기에 매우 가깝다. 이와 유사하게 성찰성에 관한 기든스의 생각은 역할로부터 자아의 분리 혹은 보다 강하게 말하면 특정 정체성으로부터 자아의 분리가 만들어내는 소외 혹은 대체성이라고 축약해서 말할 수 있다. 바로 이 소외 혹은 대체성은 대안적인 사회적 실재를 가정하기 위해서 필요한 거리를 확보하게 해주며, 여기에서 다른 현실을 찾고 변형시키는 사회적 실천과 대안적 동일시를 결합시키는 사회적 운동이 잠재적으로 뒤따르게 된다. 세속화 혹은 보다 가치가 부여된 용어로 말하면 탈미신은 역시 동일한 종류의 분리를 표현하는 것이다. 그리고 역할구조에 기초한 사회조직에 근거하여 추상적 형식이 그 자체로 지배적이 된다. 역할구조는 단지 사람들로 채워지지만 결코 그들과 동일하지 않다. 근대주의 자체는 이 새로운 주체의 공간을, 지속(duration)이 시간의 지배적인 형식일 때 경험되는 시간화 · 단선화와 결합시킨다. 대체성의 시간, 생성되는 시간, 현재와는 다른 존재로 되어가는 시간, 유동성의 시간, 축적의 시간은 더 큰 세계의 공간으로 투사되며, 상이한 부문들이나 상이한 종들의 관계는 발전주의적 도식으로 은유된다. 자아와 사회의 역사 또한 동일한 종류의 은유적 확장이다. 근대주의 자체는 '현재를 넘어 계속되는 움직임'이라는 관점에서 표현되는 대체성의 시간화에 지나지 않는다. 근대주의 · 발전주의 · 진화주의의 모델은 모두 근대의 경험과 유사한 기반에서 만들어진다.

파생된 도식: 지구적 역사구조로서 근대성

내가 말한 대로 사회정체성으로부터 자아의 분리는 대체 가능한 동일시의 가능성을 함의한다. 그리고 이는 자기통제를 포함하는 실천의 한 형식이다. 신체 안의 정신은 주체 속의 국가이다. 근대성의 문명화된 자아는 그것의 본성을 지배하고 원시에너지를 자기발전의 생산적인 활동으로 승화시키는 자아이다. 프로이트의 주체에 대한 이미지는 이같이 근본적인 경험의 매우 뛰어난 복사판이다. 이것을 우리가 앞서 언급한 발전주의와 결합시키면 일련의 대립명제들, 곧 '문명화된 · 발전된 · 승화된 대(對) 원시적 · 미발전된 · 미통제된'으로 나타난다. 사회화, '문명화과정'과 사회적 진화 모두는 동일한 가족유사성을 지니고 있다.

근대성에서 성공의 경험은 아이슈타인에서 헨리 포드까지, 사회주의에서 올림픽 기록경신에 이르기까지의 근대주의적 경험이다. 그러나 이것이 근대성이 갖는 정체성 공간의 전부는 아니다. 왜냐하면 그것은 논리적으로 다른 가능성들을 내포하기 때문이다〈그림 11-2〉. 승화된 근대주의자가 가지는 발전된 자기통제력은 이전 가치와 생활방식의 파괴를 피하려는 완고한 전통주의자를 규정한다. 뿐만 아니라 그것은 통제된 에너지의 사슬로부터 인간의 리비도와 영혼을 해방시켜서 인간의 순수한 창조성을 가능케 하려는 원시주의자를 규정한다. 그것은 또한 대칭되는 대립명제인, 근대적 합리성의 철창에 대립하는 지혜를 담은 전통 그리고 자연의 진리를 담은 원시주의를 규정한다. 우리가 〈그림 11-2〉처럼 일단 네 개의 축으로 이루어진 공간을 수긍한다면, 사회경제적 요인에 상당 부분 의존하고 있는 극점들간에는 매우 중요한 시간적 · 역사적 관계가 존재한다고 주장할 수 있다. 헤게모니의 팽창시기에는 근대주의가 지배적이 되는 경향이 있으며, 그 반면에 헤게모니의 쇠퇴시기에는 근대주의가 다른 세 극점으로 삼분되는 경향이 있다.

이 같은 경향의 통계적 분산은 부르디외의 의미에서 계급적 요인에 의존하고 있다. 예를 들어 탈근대주의는 본질적으로 학계, 예술계, 그 밖의 전문적인 지식인들에게 제한되는 지적인 현상이다. 전통주의는 단연 가장

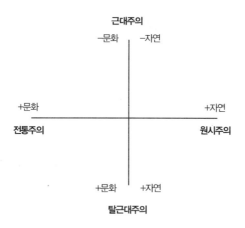

〈그림 11-2〉 정체성 공간으로서 근대성

대중적인 대안이 되어왔다. 왜냐하면 새로운 곳으로 높이 이동하는 것만이 유일하게 존재론적 안정성을 확보해 줄 수 있는 근대주의 속에서는 전통주의가 실패할 수밖에 없는 뿌리와 고정된 정체성을 제공해 주기 때문이다. 원시주의는 합리적 문명의 질서에 대항하며 인간성의 순수한 창조적 에너지인 리비도를 옹호한다. 원시주의는 대체로 청년운동으로, '도시인디언'의 상징주의로, 일정한 경향을 가진 환경운동으로, 대중음악과 문화 전반에서 '야만'으로 자신을 위장해서 나타난다.

만약 우리가 근대성은 앞에서 대략 설명한 대안적 동일시를 포함하고 있다는 점에 동의한다면, 근대성의 고유성은 축적/탈축적 과정과 자본주의 문명과 정체성 변화에 따른 헤게모니의 중심부화/탈중심부화 사이의 역동적인 관계라고 할 수 있다(〈그림 2-4〉). 헤게모니의 확장시기에 근대성은 제국의 성립과 함께 강력한 근대주의적 정체성을 만들어낸다. 근대주의

적 정체성은 리비도, 통제되는 않는 성적 에너지, 미신, 주술적 사고와 등
치되는 원시주의와 전통주의의 억압과 부정을 기반으로 하고 있으며, 진보
하는 발전의 합리성과 연관되어 있다. 합리주의적 근대주의는 문화와 자연
양자를 거부한다.

다소 함축적일지 모르지만, 나는 이제까지 정체성의 공간으로서 근대
성이 출현하기 위한 조건은 상업적 제국체제의 성립에 있다고 주장했다.
이 같은 논의가 최근 발표의 목적은 아니었지만, 친족과 기타 '총체적인'
연대가 해체되기 위해서 필요한 상업화는 역사적으로 근대화, 즉 '근대적'
정체성 공간이 실제로 형성되고 있는 지역보다 본질적으로 훨씬 큰 세계시
장의 형성을 기반으로 하고 있다고 주장했다.

세계사에서 근대성의 매개변수는 수차례 나타났다. 4~5세기의 그리스
는 헬레니즘 시기를 거쳐 로마와 로마제국 시기에 이르기까지 하나씩 전개
되어 온 발전을 보여준다. 당시 배우가 가면 혹은 역할로부터 완전히 분리
되면서 극장이 출현했고, 철학이 변형되어 논리학·수학·과학 등 분리된
담론들이 도입되었고, 과잉된 합리주의 이데올로기나 물질주의 등 사회진
화주의를 포함한 진화주의에 기초한 물질주의 이데올로기가 우월한 위치
를 차지하게 되었다. 이 모든 것들이 이 시기에 출현했다. 이는 전제정치의
쇠락, 민주적 과두정치의 출현, 더 나아가 상업적인 아테네제국의 등장이
라는 시대적 결과였다. 심지어 동일한 주제에 대한 미래의 르네상스시대의
논쟁을 연상시키는 고대적인 것과 근대적인 것 간의 논쟁도 있었다.

비록 남아 있는 기록이 얼마 없고 부분적인 것에 지나지 않지만, 심지
어 근대성과 유사한 경향이 구세계의 일부에서 기원전 600년에서 서기 원

년 사이에 나타났다. 중국의 전국시대가 한나라로 통일되면서 이와 비슷한 경향이 나타났다. 특히 중국 남부 해안지역의 무역도시에서 더욱 강하게 나타났다. 중세인도와 특히 중세시대의 아랍제국은 상업제국의 건설과 근대성의 형성과정에서 공통적으로 나타나는 세속적인 개인주의화 과정들 간의 체계적인 관계를 명확하게 보여주는 사례이다.

또한 쇠퇴의 시기, 문화 르네상스, 전통주의, 소국화, 원시주의, 탈근대주의 시대에 근본주의와 종족적 파편화가 나타나는 제국체제도 존재한다.

이러한 의미에서 근대성은 비록 부분적이지만 반복되어 나타나는 강박관념처럼 인류사의 무대에 수없이 출현했다가 사라지는, 불안정하고 깨지기 쉬운 또 다른 전통일 뿐이다. 나의 주장이 이븐 할둔의 모델에 공명한다면, 그것이 비록 나의 설명과 다르다 할지라도 궁극의 시각(utmost respect)을 보여준다. 현실과 자신과의 거리를 유지할 수 있는 엄청난 능력은 문명의 전개과정을 통찰할 수 있게 해주는 근대성의 강력한 도구이다. 그러나 이 통찰은 흔히 근대성의 쇠퇴시기에 비로소 스스로를 드러내기 때문에 실제로 전혀 이용할 수 없다. 문명의 순환과정이 조직되는 과정에서 어떤 변화가 있다면, 궁극적으로 그것은 자아성찰성의 정치적 가능성에 있음이 틀림없다.

맺음말: 문화의 망(matrix)으로서 정체성의 공간

나는 앞에서 근대성을 하나의 전통으로 언급했다. 이것은 단지 그 역사성을 강조하기 위한 것이다. 근대성은 기호학적 구성요소 혹은 특정 담론으로 분석될 수 있는 산물이나 텍스트, 코드, 패러다임이 아니다. 그것은 그러한 코드와 텍스트와 담론을 생성한다. 그것은 우리가 앞에서 대략 설명한 것처럼, 역사적으로 상업화과정이 초래한 사회적 변형에서 파생된 동일시의 장인 것이다. 특정 문화적 산물은 특정 역사 속에서 변형된 문화적 산물이 낳은 결과이기 때문에, 많은 면에서 상이할 수 있다. 그러나 그 문화생산의 과정은 실로 매우 유사할 수 있다. 다른 한편으로 나는 콩고에서 서구 의복의 전유가 근대성 공간에서 생성되는 전유와는 매우 다른 원리로 진행되며 의복소비, 신체의 치료, 건강, 부와 정치권력은 서로 밀접한 관계가 있다고 주장했다.

나는 일본에는 서구의 정체성 공간과 매우 유사한 공간이 형성되는 경향이 강하게 존재하며, 따라서 상이한 서구국가들간의 유사성은 공통된 사회적 변형의 역사이지 공통된 문화적 기원에서 비롯된 것은 아니라고 주장하고 싶다. 약한 지구화와 강한 지구화의 차이를 논하는 데 있어, 이것은 본질적인 논의이다. 문화생산의 과정에서 비슷한 경향성이 존재할 때, 즉 그것이 비슷한 정체성의 공간에 놓여 있을 때 비로소 강한 지구화가 나타날 수 있다. 그리고 또 보다 큰 공간이 사회적으로 유사한 종류의 사회적 주체를 생산하는 것과 동일한 방식으로 변형될수록 강한 지구화가 나타나게 된다. 여기서 주체는 현실에 대한 비매개적인(non-mediated) 해석을 통해서 동일한 방식으로 세계를 경험하는 경향이 있다. 다른 모든 문화의 매개변수와 마찬가지로, 근대성의 매개변수는 사회적으로 위치지워진 주체가 동일시하는 실천 속에서 찾을 수 있다. 그리고 문화구조를 계속해서 생성하면서도 일관되게 만드는 것이 정체성 공간의 속성이다. 약한 지구화의 모델은 재생산의 지구적 과정이 생성하는 사회조건 속에서 주조된 것이다. 그래서 문화를 설명하려는 모든 운동은 우리의 관심을 지구적 과정[12]보다는 지역적으로 생성된 사회적 조건에, 정체성 공간의 형성에, 결국에는 텍스트·규범·우주관 등 특수한 관념체계에 두게 만든다. 이러한 관점에서 드라마 〈댈러스〉, 식기세척제, 인권위원회는 매우 차별화된 지구체제 속에서 지구화될 수 있지만, 근대성은 지구체제의 탈차별화 과정을 통해서만 비로소 확대될 수 있다.

[주]

1) 문화사회학에서 파슨스는 로버트슨과 위드노우 등의 연구자들과 같은 부류에 속한다고 할 수 있다.

2) 나는 근대성 논의를 정체성의 공간으로 이어가면서 개인주의화, 대체성(alterity), 사회정체성의 추상화 간의 내적 관계를 강조했다. 이 과정은 보편적인 인간성을 역사적이고 문화적인 특질로 상념화할 수 있는 가능성을 제공한다.

3) '국민국가'라는 용어의 사용은 제3세계의 많은 국민국가가 서구 제도의 용어를 사용하면서도 완전히 다른 방식으로 조직되고 있다는 사실을 은폐한다. 국민국가는 지구적 영역(arena)에서 경제적·정치적 권력의 조직화에 관한 모든 것이다. 여기서 우리가 지구화를 제도적으로 설명하려는 경향이 있지만, 지구화는 지구화된 구체적인 국민국가라기보다는 일종의 술어이며 수사학이라고 할 수 있다. 또한 탈중심화가 진행된다 해도 세계적인 규모로 자본에 접근할 수 있는 관계는 지구화되어 간다. 국민국가의 술어, 발전주의 혹은 근대화의 수사학 그리고 국제적인 기금과 지원에 대한 요구를 둘러싼 관계는 새로운 엘리트와 엘리트의 정체성 형성의 모든 요소이다. 그러나 내 생각에 이것들은 세계체제 자체의 외관에 의존하는 것이 분명하다. 다시 말해서 지구화는 세계체제의 의존적인 측면이다.

4) 국가(state)가 수행하는 수많은 활동이 있으며 이는 매우 일반적인 현상임은 사실이다. 물론 이때 국가는 폭력을 사용하기도 하고 권력과 민주주의의 수사를 구사한다. 지구적인 것으로 보일 수 있는 공통의 역사를 창조하는 민족적 프로젝트에는 일정한 측면들이 존재한다. 그러나 나는 이 공통성들이 세계를 관통하는 공통된 방식(recipe)의 결과라고 생각하지 않는다. 차라리 내재된 힘들간의 관계, 합법성의 조건, 역사적 유사함, 식민제도와 같은 이전의 지구적 구조의 결과를 살피는 것이 더 효율적이라고 생각한다. 이것을 좀더 구체적으로 예시하면, 파푸아뉴기니라는 국민국가는 근대국

가의 형식(trapping)을 갖추었고 팬멜라네시아니즘(pan-Melanesianism)이라는 국민적 동질화 과업을 포함하여 세계의 다른 지역에서 찾아볼 수 있는 ·비슷한 일을 하고 있다. 그러나 통치범주와 권력을 획득하고 유지하는 전략, 국가와 민주주의 기능의 직접적인 이해 간의 관계는 이 국가를 단지 국민국가이기 때문에 다른 국가와 함께 묶을 수 있는 것과 상당히 다르다.

5) 말이 아니라 시선·동작·몸짓·태도 등에 의한 커뮤니케이션—옮긴이

6) 설상가상으로 라보프 같은 언어학자는 심한 사투리는 외래언어의 유입, 즉 혼합 없이 사회적 차별화에서 기인한 것으로 보고 있다. 따라서 예를 들어 사회적 차별이 만들어내는 언어의 분기(Labov and Harris 1986)는 크레올같이 형식적 용어에서 나타날 수 있는 새로운 재조합의 원천이 될 수 있다. 많은 언어학자는 크레올화가 모든 언어변화의 보편적인 측면으로서 특수한 역사적 현상이 아니라고 주장하고 있다.

7) 물론 지금은 혼합된 정체성의 실천이 인류학자와 기타 문화분류자(classifier)의 특권은 아니다. 그것은 때로 '세계도시'의 룸펜화된 영역(quarter)에서 초종족(trans-ethnic) 정체성의 지역적 재현에 핵심이 되기도 하며, 세계 예술·음악·문학으로 표현되기도 한다. 한편 그것은 또한 세계매체의 지구적 표상으로 변형되기도 한다. 그러나 초종족은 때로는 갈등을 일으키며 강하게 분리된 종족성이란 매우 심각한 상황에서 문화분류자가 지지하는 약한 정체성이다.

8) 물론 시장은 상업화 그 자체의 조건의 본성에 의존하며 다양하게 침투된다. 아시아와 지중해 지역의 상당 지역에서 상업화는 '가족기업'에 기초하며 친족단위를 협동성으로 더욱 강화시킨다. 게다가 금융거래가 인격적 관계로 이루어진다는 점은 인격적 관계의 비인격화를 함의하지 않는다. 그것은 '개인화'(individuation)로 지칭되는 무엇, 즉 주체가 상당한 자율성으로 자기동일시된 신체가 되는 상황을 만들 수도 있다. 그러나 뒤몽의 의미에서 개인주의화(individualization)는 사회화과정의 보다 급진적인 변형을 요구한다.

9) 18세기 가내복의 개념은 사적인 영역에서 휴식할 때 사회적 규범의 반영을 의미하며, 오늘날 여성들은 가내복에 특별한 의미를 부여하지 않는다.

10) 기든스는 자신의 연구에 대한 실재적 혹은 잠재적 비판에 대응하여, 몇 가지 의미에서 여기서 논의된 바(Giddens 1991)를 보충하는 성격의 글을 최근에 발표했는데, 여기서 '이 책의 기본적인 주장'은 '지역과 지구의 변증법'이라고 분명하게 언급하고 있다(같은 책, p. 22). 그러나 독자의 입장에서 보면, 이 책은 존재론적 안전성에서 부끄러움, 죄의식, 그 밖의 자아의 여러 측면에 이르는 일련의 현상을 다루고 있을 뿐, 그것들간의 관계를 재구축하지는 않았다. 이 책은 여러 가지 면에서 자아와 근대성의 경험에 관한 통상의 논의들보다 체계적이지만, '근대성의 결과'에서 더 나아가지는 않는다.

11) 근대성에 대한 전혀 다른 접근방법으로 바우만(Bauman)은 특히 인종청소(holocaust)가 근대적이며 생산적인 파괴라는 특수한 비전으로 실현되었던 방식을 증명하려고 했다. 그는 독일 문화, 보편적 인종주의 등이 지닌 특이성의 기본전제와는 반대로, 근대가 인간몰살의 전진기지 시스템을 담

고 있음을 밝히려고 했다. 기든스와 비교하면 시야가 매우 제한적이지만, 그는 특정한 사건의 반발을 더 넓고 보다 상위의 구조적 복합과 관련시켜 설명하려 했으며, 인종학살의 특수성을 근대성의 실천적 본성, 주체와 실재의 관계와 관련지었다. 모두가 그의 결론에 동의하는 것은 아니지만, 그의 분석은 기든스보다 훨씬 통찰력이 있다.

12) 지구적 과정이 규정상 지역과 지구적 구조의의 접합을 포함하며 그것에 의해서 구성된다는 점을 다시금 강조할 필요는 없을 것 같다. 전자는 결코 후자로부터 추론되지 않는다.

12 / 지구체제의 질서와 무질서 *

지금은 무질서의 시대이며 무질서가 점차 확대되는 시대이다. 무질서는 지구적 본질이지만, 대부분의 사람들은 이 무질서를 매우 개별적으로 경험한다. 폭력과 폭력에 관한 상상력이 증가하고 위험한 질병, 에이즈, 연쇄살인범, 실업, 파산, 재산손실에 대한 두려움이 커지고 있다. 지금은 사회적 유동성이 점차 약화되고, 가난의 바다가 도시 고소득층의 작은 섬마저 삼켜버리는 시대이다. 와해된 자본주의, 지구적 과정의 분절, 파편화되고 분열된 근대성에 관한 저서와 논문이 발표되고 있다.

따라서 무질서에 대한 관심은 매우 질서 있다. 물론 이러한 무질서에 대한 인식은 단지 개인적인 경험수준에 머무르지 않는다. 1980년대 중·후반에는 적어도 서구세계와 주변부의 안정성에 대한 관심이 증가했다. 80년대 후반에는 엄청난 손실을 가져오며 주식시장을 파산 직전까지 내몰았

---

* 이 장은 "Order and disorder in global systems: a sketch"(*Social Research* 60/2, 1993, pp. 205~34)를 약간 수정했다.

던 매우 심각한 금융위기가 있었다. 서구의 군사력이 약화되면서 수많은 신흥국가들이 출현했고, 상당 규모의 국지전이 동시다발적으로 일어났다. 소비에트제국의 해체는 경제적 몰락뿐만 아니라 새로운 국가들간의 군사적 갈등을 불러왔다. 지역집단들의 관계가 점차 분열되면서 대규모 이주가 발생했다. 동질적인 근대적 정체성의 쇠퇴와 함께 나타난 대규모 이주는 국민국가의 공간을 점차 종족화하고 종족적 갈등을 고조시킨다. 이 지구적 종족화는 쇠퇴중인 서구의 도시부문과 과거 소비에트세계에서 분명히 나타나고 있는 무질서 전반의 표지이다. 여기서 새롭게 등장한 룸펜프롤레타리아, 증가하는 범법자들, '민족'집단의 절망은 수없이 나타나는 폭력 속에서 그 대가를 치르고 있다.

여기서 취해야 할 관점은 이러한 무질서가 매우 체계적이라는 것이다. 즉 그것은 이해될 수 있는 자체의 질서를 가진다. 감히 말하건대 그것은 예측 가능하다. 다음에서 나는 최근 지구적 무질서와 이 무질서를 반영하는 담론 모두를 설명하기 위해서 필요한 일련의 관계를 개략적으로 설명하고자 한다.

지구적 무질서는 카오스 혹은 지구적 엔트로피의 증가로 설명될 수 없다. 이러한 은유로는 현재 상황을 통찰할 수 없다. 아직도 일부 사회과학에서 좀처럼 없어지지 않는 엔트로피와 질서의 관계에 관한 단순모델은 자연과학 분야에서 역동적 체계의 보다 복잡한 관점으로, 구조를 안정성과 불안정성의 상호작용으로부터 도출하는 비평형체계 물리학으로 대체되었다. 우리는 다음의 몇 가지 사례를 통해 이를 논증할 수 있다.

지난 20년 동안 자본축적의 탈중심화가 세계적인 규모에서 전체적으

로 진행되어 왔다. 미국 자본이 유럽과 일본으로 수출되면서 새로운 전환
점이 된 1950년대 후반부터 서구 전체가 남아시아 · 동남아 · 남아메리카
의 몇몇 지역으로 엄청난 자본을 수출했던 60년대 후반과 70년대까지 이
전의 중심부가 쇠퇴하고 몇몇 새로운 경제적 중심부가 등장했다. 자신이
수출한 자본으로 만들어진 제품을 수입하게 된 이전 중심부에서의 점진적
인 탈산업화는 체제적 토대 위에서 일어났다. 결과적으로 경쟁과 불안정
성이 증가하게 되었다. 그러나 이것을, 열역학모델이 은유하듯이 세계경
제의 냉각으로 인한 무질서의 증가와 관계가 있다고 말할 수는 없다. 오히
려 자본축적 지점의 증가와 자본흐름의 네트워크 밀도의 증가 때문에, 체
제는 훨씬 더 복잡해졌다. 더욱이 자본의 축적 지점이 증가하면서, 어떤
지역의 쇠퇴와 어떤 지역의 발전이라는 지구경제의 재차별화(re-
differentiation)가 진행되었다.

　70년대 중반 이후 미국에서는 이보다 조금 앞서서 문화정치학의 발전
과, 보편적 진보와 발전 사상을 주장하는 근대주의 정치로부터의 일반적
전환, 즉 젠더든 지역이든 종족이든 자본주의 산업질서 내에서 혹은 그것
을 넘어서 '보다 높은 단계'로 정의되는 사회주의 질서로부터 문화정체성
정치로의 일반적 전환이 일어났다. 이것은 '새로운' 정체성, 새로운 사회범
주, 종종 새로운 정치집단의 증식이라는 형태를 취해 왔다. 국가는 구성요
소 혹은 완전히 새로운 종족성으로 파편화되었고, 심지어 국민국가 자체가
종족화되었다. 소수집단에 대한 국가정책은 동화주의에서 다문화주의로
이동했다. 종족성이란 공공영역에서 인식되는 사회적 · 정치적 프로젝트
의 증가를 함의한다. 새로운 정체성은 다음의 유형과 같다.

410

① 종족

② 민족주의

③ 종교적/근본주의

④ 토착적

소비에트제국의 붕괴와 함께 발생한 종족적 파편화과정은 민족들간의 군사분쟁을 초래하는 소국화과정으로 나타났다. 전자가 실패한 근대주의 정체성의 반작용으로 나타난다는 점에서, 이것은 표면적으로 앞에서 상술한 현상과는 상이한 현상이다. 그러나 나는 소비에트정권이 전체적 발전주의 이데올로기에 기초하고 있다는 점에서, 또 다른 보다 순수한 근대주의 버전을 표상한다고 생각한다. 바우만은 공동체 이데올로기를 근대주의(그의 표현으로는 근대성)의 가장 순수한 정수로 보았다. "공산주의는 역사적으로 근대성의 가장 신실하고 강경하고 용감한 승자였으며, 단순성이란 면에서 충실했다. 또한 오직 진정한 승자… 거대한 계획, 끝없는 사회공학, 원대한 기술, 자연의 총체적 변형이라고 주장된다."(Bauman 1992, p. 179) 흔히 많은 제국구성체(empire formation)에서, 그것을 구성하던 민족성들은 제국주의의 중심부 정체성에 결코 완전히 동화되지 않았다. 따라서 제국의 해체와 '새로운' 민족의 출현은 동일한 현상의 양면이다.

모든 경우에 무질서는 보다 포괄적인 구조의 해체와 관련 있으며, 결과적으로 모든 경우에 낮은 층위의 점진적 통합, 새로운 연대와 정치단위의 출현, 새로운 갈등의 등장과 확대가 나타난다. 비록 이 과정에서 소실되는 에너지가 증가한다고 하더라도 에너지 일반이 소진되는 것은 아니며, 반대로 불안정성의 증가와 함께 에너지 처리량과 구조화 모두의 일반적 강화,

이를테면 새로운 형식이 형성되고 새로운 실천과 제도가 고안된다.

지구체제에서 구조의 층위

국민국가, 광역, 종족집단 등 이른바 지구적인 사회적 실재의 구성요소인 이 실체들은 전체적 사회과정의 사회적으로 구성된 측면들로 이해할 수 있다. 그것들이 일단 존재하기 위해서는 지속적으로 실천되어야만 한다. 제도화와 문화화(규칙, 코드, '무엇을 위한 모델'의 창조)는, 그것이 반드시 구조의 의식적인 복제를 포함하고 있기 때문에, 무엇보다도 사회적 과정의 안정화와 관련된 주요한 실천이다. 이러한 관점에서, 지구체제는 지구적 과정을 구성하는 다양한 조직들의 실천 속에서 주체를 설명하는 준거틀이란 관점에서 인식되어야 한다. 지구체제의 질서란 지구적 층위의 무질서가 낮은 층위의 무질서를 초래하는 방식(반대의 경우는 없다)으로, 개인적 주체를 큰 세계의 광범위한 거시과정과 연결시키는 것이다. 반대로 지구적 혹은 광역적 질서의 정립은 엄청난 지역적 무질서를 발생시킬 수 있다. 유럽의 노예무역은 아프리카와 미국과 유럽을 연결하는 질서관계를 창출했고, 내부지역들 각각에서는 엄청난 손실을 초래하는 무질서를 창출했다. 중앙아프리카의 왕국이 붕괴되었고, 잇따라 전쟁과 인구급감이 일어났다. 남아메리카에서는 플랜테이션 경제가 조직되고 원주민집단이 파괴되고 새로운 질서가 창출되었다. 유럽에서 나타난 경제적 확장은 산업질서를 창출하고 이전의 농촌부문을 대체하고 해체했다. 지구체제로의 통합은 일반적으로 지역구조의 탈구(displacement), 탈접합(disarticulation), 심각한

갈등을 내포한다. 그러나 이러한 과정은 일시적이며, 재앙이 한번 휩쓸고 지나간 곳에서 새로운 안정성이 정립된다. 일반적으로 헤게모니의 부과형태로 나타나는 지구적 통합은 낮은 층위에서 처음에는 탈통합효과를, 이후에는 통합효과를 가져다준다. 지역─광역체제가 붕괴되면서 무질서가 증가하지만, 이어서 지구적 위계질서에서 하위단위로서 보다 큰 체제로 재통합되는 국면이 뒤따른다. 이 같은 재통합을 통해서 지역구조의 변형, 곧 보다 큰 체제의 질서에 의존하는 내적 질서형식으로의 변형이 일어난다. 지구적 층위에서 무질서는 체제를 통해 존재조건을 변형시킨다. 그러나 우리가 지적한 바와 같이 지구적 무질서는 물론 민족적 질서, 종족적 질서, 종교적 질서를 의미한다.

국가, 지방, 도시, 읍, 촌락, 가계 혹은 왕국, 지방, 지역적 씨족, 최대 종족, 최소 종족, 직계가족 같은 층위는 사회적 장의 구성과정의 변수들이다. 이것들은 그러한 과정에서 외재적으로 규정될 수 없다. 왜냐하면 이 과정 자체가 매우 다르기 때문이다. 현재 서구의 국가는 다양한 형태에도 불구하고, 파푸아뉴기니의 국가와 구별되는 매우 근본적인 성격을 지니고 있다. 국민국가가 유럽의 중심부에서 주변부로 전파되는 지구적 현상이라는 상념은 지구체제의 상이한 부분에서 '국민국가들' 간에 존재하는 엄청난 구조적 차이를 간과하는 것이다. 그래서 이와 동일한 용어는 오직 UN 같은 국제조직의 참여라는 관점에서만 의미를 가질 뿐이다. 지구적인 것은 수많은 지역적·광역적 과정의 접합으로 구성된다는 사실을 강조할 필요가 있다. 그것은 흔히 표상되듯이, 세계의 높은 층위에서 지역성 전체로 덮씌워지는 오버레이가 아니다.

헤게모니의 정체성 공간으로서 근대성

다음 논의에서 나는 근대성의 정체성 공간의 형성 · 확장 · 쇠퇴를 자세히 설명할 것이다. 나의 목적은 지구적 공간의 탈헤게모니화와 관련하여, 지배적인 '문화'형태의 무질서와 탈동질화 과정의 관계를 분석하는 것이다. '헤게모니'(hegemony)의 대응어로 사용되는 '동질화'(homogeny)는 지배적인 정체성으로 동화되는 경향이 있다는 것을 의미한다. 그러나 실제 동질화과정은 언제나 제한적이며, 지배적인 관점에서 정체성의 서열을 생산해 낸다. 이러한 관점에서 탈동질화는 곧 위계의 해체이다.

불안정한 현재: 쇠퇴하는 근대성(1992)

1492년 콜럼버스의 신대륙 발견을 기념하는 행사는 곧 대항해가 상징했던 체제의 급속한 비서구화, 지역화, 종족적 파편화를 축하하는 일이 되었다. 다음의 대략적인 설명은 근대 지구체제에서 중심화와 탈중심화의 문화정체성에 집중되어 있다. 1993년은 아마 이후 10년간 북아메리카 · 중앙아메리카 · 남아메리카 인디언, 하와이인, 오스트레일리아 원주민, 미크로네시아인 운동이 시작된 바쁜 해일 것이다. 내가 현지연구를 했던 하와이에서는 경제적 · 정치적 · '문화적' 미국화의 무게에 의해 하와이인이 사실상 사라져 버린 상황에서 하와이 민족을 정치적으로 자율적인 실체로 재정립하려는 운동이 강력하게 전개되고 있다. 본토 대학에서는 서구문명에 관한 정규과목을 폐지하려는 운동이 강력하게 추진되고 있다. 대신에 많은 주립대학은 커리큘럼에서 이 과목을 비서구의 사회문화에 관한 수업과목으로 강제적으로 보완하거나 간단히 대체하는 등 폐지하고 있다.

캐나다에서는 불모이지만 광활한 땅이 인디안 부족연합에게 되돌아갔다. 뉴질랜드에서는 마오리족이 뉴질랜드 섬의 상당 부분을 되돌려받을 수 있는지에 관한 논의가 진행되고 있다.

1993년은 영화 〈늑대와 춤〉이 상영된 해이다. 케빈 코스트너는 아카데미 시상식의 공개석상에서 관객들의 박수를 받으며 인디언 형제들에게 감사를 표했다. 영화제작에 참여했던, 라코타 언어를 말하는 몇몇 인디언들은 현재 미국정부로부터의 경제적 자립을 위해서 버팔로 목장을 만들었다.

전형적인 근대주의 국가인 스웨덴의 원주민은 갑자기 텔레비전에 등장하여 국민국가 속의 잠재되어 있던 '민족'인 사미족의 역사적 상황을 이야기한다. 이처럼 '동질적인' 민족정체성 안에서는 절대로 일어날 것 같지 않은 일이 새로운 지역주의와 다문화주의 정책과 함께 나타나고 있다.

이렇듯 광범위하게 나타나는 원주민운동은 UN이 1993년을 원주민의 해로 선언하면서 공식적으로 지구적인 인식으로 받아들여지고 있다.

내가 앞에서 언급한 바와 같이 그리고 앞의 과정과 동시에 점차 약화되는 세계질서의 틈새에서 수많은 근본주의 종교운동, 종족민족주의, 국지전이 엄청나게 증가하고 있다. 이 과정은 지구체제의 중심부 전체에서 이미 거대해진 이민자집단을 종족화하는 수단이 되고 있다.

현재 무슨 일이 일어나고 있는가를 이해하기 위해서는 현 상황을 지구적 현상으로 바라보는 시각이 필요하다. 하위민족주의, 종족성, 원주민운동의 등장은 서구 헤게모니와 소비에트제국 등 이전의 큰 영역으로부터 자율성을 추구하는 강력한 문화정체성을 지닌 지역적 연대로 파편화되는 과정의 일부이다. 과거의 제국구조가 붕괴되었지만, 아시아에서는 형성과 확장 과정이 진행되었다는 점에 주목해야 한다. 자본축적이 동아시아로 이동하면서, 새로운 근대주의 이른바 신유교주의 등이 출현했다. 이러한 지구적 질서의 주요한 변형은 대규모 실직과 빈곤뿐만 아니라 지구적 금융계층·정치계층을 출현시켰다.

문화정체성은 우리가 직면한 혼란스런 현상의 핵심적 측면이다. 이 용어는 의식적 본성의 특정 문화형태에 기초한 사회정체성을 지칭한다. 역사, 언어, 인종은 모두 문화정체성의 기초이며 사회적으로 구성된 실체이다. 모든 정체성은 구성된 것이라는 점을 인정한다면, 그것이 사회적으로 구성된 실체라고 하더라도 허위 혹은 이데올로기라고 말할 수 없다. 정체성은 특정 정체성과 전혀 관련이 없거나 충분히 소외되어 유사종교적 신비화를 거부하는 사람들에게는 단지 허위일 뿐이다. 그러나 많은 이는 극단적으로 근대적이거나 종족성에 대해 냉소적이었다가도 복수심을 품고 종족의 뿌리를 찾아서 돌아온다. 강력한 존재론적 현상으로서 문화정체성의 진정성을 부정하는 것은 위험할 뿐 아니라 부조리하다. 다음의 세 가지는 현 상황에서 진행중인 문화적 동일시와 연결되어 있다.

① 서구의 이민자들은 서구인들이 종족성을 강화할 때 자신의 정체성을 더욱 강화하여 인종주의로 알려진 직접적인 대립을 이끌었다.

② 국민국가의 주변인으로 사는 원주민들, 이를테면 사미족, 아메리카 인디언, 마오리족, 남아시아·동남아시아의 소수부족 집단은 토지에 대한 권리를 찾고 있으며, UN 의제에 따라 정치적이고 문화적인 자율성을 확립해 가고 있다.

③ 유럽, 서유럽과 동유럽 모두에서 예전에 일어났던 종족분리가 다시금 활기를 띠고 있다. 지난 10년 동안 서유럽─브르타뉴, 옥시타니아, 롬바르디아, 콘월, 아일랜드, 스코틀랜드, 웨일즈, 카탈로니아, 바스크, 코르시카 등─에서 진행된 과정은 동유럽에서 제국의 해체와 함께 발생한 종족갈등 때문에 언론매체로부터 그다지 주목받지 못했다.

종족화는 지구적 과정이며 단순한 우연의 일치가 아니다. TV가 일정한 역할을 하고 있다 하더라도, 종족화는 TV를 통한 커뮤니케이션 네트워크에 관한 것이 아니다. 또 국가의 다문화정책이 이민자의 종족성을 구체화시키고 때로는 만들어내는 수단이라고 할지라도, 종족성은 단지 그러한 국가의 다문화정책에 관한 것이 아니다. 그것은 이민자의 소수자집단, 하위민족집단, 원주민 사이에서 문화정체성을 일으키고 정치화하는 등 밑바닥에서 작용하여 서구에서 매우 강력해진 다문화 이데올로기를 불어넣고 심지어 형성하기 때문에, 매우 광범위하고 강력하다. 그것은 헤게모니의 쇠퇴, 정체성, 근대주의 중심부 모델의 탈통합, 표면적으로는 보다 큰 사회영역의 유동성과는 무관하게 지역적으로 뿌리내린 정체성의 지구적 증식에 관한 것이다. 여기서 '표면적'이란 의미는 종족강화가 새로운 엘리트─비참한 가난의 바다를 배제한 엄청난 양의 유동자본을 통해서 새로운 국제적인 정치경제계급의 칵테일파티 신드롬에 통합된 새로운 집단들의 지도자와 대표자─의 형성을 수반하기 때문이다.

이 문제의 또 다른 측면은 '지구화'의 첫머리에서 논의된 바 있다. 몇몇은 지구화를 서구의 기술제국주의(technological imperialism)를 통한 문화적 동질화와 동일하게 놓는다. 전세계는 (아마도 미국을 제외하고) 〈댈러스〉

를 시청하고, 코카콜라와 펩시를 마시며, 저임금 공장에서 생산된 아카풀코 · 리오 · 와이키키 · 마우리티우스를 표상한 동일한 디자인의 티셔츠와 구치 복제품을 입고, IBM과 Mac 복제품을 사용한다. 물론 이것은 동질성을 생산하는 것이 아니라, 새로운 지역적 변이에 물질적 원료를 제공한다. 또한 세계음악(world music)과 같은 의식적 혼합물이 있으나, 이 또한 결코 지구적 의미로 경험되지는 않는다. 지구화라는 현상은 때때로 서구 지식엘리트에 의해서 과도하게 그려진다. 그들은 스스로가 세계화되었기 때문에 결국 지구적 과정이 존재한다는 것을 인식하게 된다. 자본축적의 탈중심화와 다국가화(multinationalization)는 사실상 양적으로 유례없이 많은 생산품, 서비스, 심지어 계급을 양산해 왔다. 그러나 종종 인식되지 못하는 점은 스파게티, 의료시스템, 과학, 수학, 의복과 같은 문화적 변형을 포함한 지구적 과정이 오래 전부터 진행되어 왔으며 구세계 최초의 상업문명 이래로 세계사의 본질적 요소가 되어왔다는 점이다. 이와 비슷하게, 보다 중요한 점은 오늘날 우리를 둘러싸고 있는 현상은 과거에도 비슷한 과정을 통해 무수히 일어났던 현상이라는 점이다. 세계의 많은 집단들의 제국주의 체제, 헤게모니 문화로의 통합과 제국이 쇠퇴하면서 나타난 탈통합, 문화적 파편화, 지역적 르네상스의 경험은 모두 오래 전부터 있어왔고 종종 폭력적으로 나타났던 현상이다. 지구화는 사람과 사물의 움직임의 변화에 관한 것이 아니라, 세계체제의 구성원이 특정 시기에 상대적으로 지속적인 현상, **동일시** 방식에 관한 것이다. 많은 사람들은 최근의 지구체제의 탈중심화를 매우 위험한 도전이며 현존재에 대한 위협으로 경험하는 반면에, 일부는 이전에 억압되었던 문화적 표현을 분출하는 기회로서 신선한 호흡처럼 경험한다. 소국화와 문화 르네상스의 희미한 연계는 동시대적 상황, 즉 경제적·정치적 위기에서 세계가 처한 상황을 보여준다.

여기서 제시한 서구 헤게모니의 쇠퇴에 관한 이미지는 몇 가지 측면에서 성급하게 묘사되었다. 왜냐하면 오늘날 세계에서 군사력은 전혀 축소되지 않았기 때문이다. 사실상 몇몇이 주장한 바와 같이 소련의 붕괴와 함께 미국 혹은 서구 전체가 모든 헤게모니를 장악하게 되었다. 이것은 걸프전쟁을 통해 미국과 유럽 다국적군의 강력한 군사력, 상품과 이미지의 소비를 부추기는 다국적기업의 성공적인 지역개입에서 분명히 드러난다. 사실 미국은 지난 몇 년 동안 붕괴한 동유럽권의 저항 없이 국제적인 군사작전에 깊숙이 개입해 왔다. 그러나 이는 헤게모니의 탈통합이라는 관점에서 보아야 한다. 새로운 혹은 확장된 국제적 위계는 아직 정립되지 않았다. 반대로 US-UN의 군사적 개입에도 불구하고 파편화는 중동에서, 남유럽에서, 동아프리카에서 계속 진행되고 있다. 무기거래의 탈중심화는 이 과정을 매우 정확하게 잘 보여주고 있다. 우리가 제안한 모델에서 헤게모니의 쇠퇴는 강화되는 다민족주의, 특히 경제적 형식을 취한다. 따라서 다국적 매체의 권력과 경제적 관심사는 우리가 논의한 현상과 반대되는 주장이 아니라 바로 그 표현이다. 그러나 이 권력은 고전적인 정치유형 중 하나가 아니라 단지 문명순환의 특정 국면에서 장기적으로 지속되는 현상일 뿐이다.

정체성 공간으로서 근대성의 출현과 쇠퇴

정체성 공간으로서 근대성의 구조는 현 상황을 이해하기 위한 토대이다.

이 공간에서 지배적인 구조는 이전의 주체 정체성이 총체적 구조에서 탈통합되면서 나타나는 근대주의이다. 총체적 구조 속에서 주체는 자아를 구성하는 구조화된 힘의 거대한 장에 통합되어 있지만, 근대성 속에서 자아는 거대한 우주론적 구조와 분리된다. 근대성은 과거의 상업문명에서도 나타났고, 최근에는 귀족유럽의 천부적인 위계질서가 붕괴된 18세기에도 나타났다. 그것은 수많은 병렬과정으로 표현된다.

① 첫번째 상업혁명으로 사람들은 고정된 신분의 외모로부터 자유로워졌다. 이론적으로 누구나 남작부인, 왕, 푸주한과 같은 차림새를 할 수 있었다. 그래서 이 당시에는 정체성 혼란에 대한 불만이 가득했다. 체스터필드 백작은 아들에게 공적으로 모든 자아를 내보이지 말며 출신이 불분명한 사람한테는 되도록 사적인 영역을 감추라고 경고했다.

② 커피하우스는 배경과 사회적 지위가 불분명한 사람들이 상호 교류할 수 있는 공간이 되었다. 대안적 정체성이 실천되고 귀속지위가 성취지위로 대체될 수 있는 공간이었다. 그것은 자아와 사회 정체성의 관계가 더 이상 일치하지 않는 무대를 창출했다.

③ 극장은 예전에 서커스를 보여주던 기능에서 벗어나 연극을 재현하는 진정한 무대가 되었으며, 점차 전문적인 배우집단으로 채워졌다. 극장은 새롭고 사회적으로 규정되지 않은 군중이 갈 수 있고 자신이 아닌 다른 사람의 경험을 경험할 수 있는 공간이었다. 이 같은 방식으로 그들은 타자성을 경험했다. 이 시기에는 그러한 장면에 대한 관중들의 극도의 감정이입을 묘사한 글이 많다.

④ 소설은 문화의 대중적 형식으로 나타난다. 처음에 읽기는 공적인 영

역에 한정되었다. 처음에 소설은 큰소리로 읽히었고 사적으로 읽는 것은 옳지 못한 일로 간주되었다. 그러나 마침내 소설은 사적 판타지의 해방구가 되었다. 누구나 자신을 완전히 또 다른 삶에 이입할 수 있었다. 이것은 다시 대체성의 시도였다. 그러나 그것은 극장보다 주체에게 더 극단적인 가능성을 부여해 주었다.

근대성은 근본적으로 자아가 결코 규정되지 않고 언제나 다른 정체성과 다른 존재가 될 수 있는 상황, '대체성'(alterity)의 출현이다. 이것은 사적인 것이 실재이며 공적인 것이 인위적이고 구성된 것이 되는 세계, 문명이 인위적인 것과 동일해지는 세계이다. 11장에서 주장한 대로 '가내복'(néglisé)이라는 말은, 처음에는 자연스럽고 구성되지 않았다는 의미에서 집에서 사적으로 입는 모든 의복을 가리켰다. 이 시기에는 사적인 것과 공적인 것의 대립이 구체적인 형식을 취했다.

대체성은 다시 말해서 사회적 자아가 자연적이지도, 반드시 천부적이지도 않다는 의미이다. 나아가 그것은 성취되고 발전되며 구성되는 것이다. 따라서 대체성은 변화 · '발전'의 경향이라고 말할 수 있다. 대체성은 시행착오를 거치며 전진하고 더 많이 배우고 나아지고 더 유능해지고 현명해지는 등의 진보와 진화를 만들어낸다. 여기서 우리는 이른바 근대주의의 핵심을 알 수 있다. 괴테의 『파우스트』 2장은 근대주의 전략의 본질인 자기 의지대로 움직이는 운동의 원리를 담고 있다. 파우스트는 외로움의 번민을 더 높은 곳으로 나아가려는 충동과 결합시킨다. 근대주의의 우주론은 진화주의이다. 이전의 총체론적 우주관은 신에서 천사를 통해 인간과 짐승에게, 어떤 버전에서는 악마에게 이어지는 보편적 위계를 의미하는 '존재의 거대한 사슬'이란 상념으로 가장 잘 표현된다. 이 같은 위계 속에서 모든 존재의 형식은 정립된 자신의 공간을 가지고 있다. 지금 만약 이 같은 위계를 뒤집어 시간의 화살처럼 수평적인 사슬로 만든다면, 존재의 거대한 사슬은 진화적 도식으로 변형될 것이다. 진화는 본질적으로 '존재의 거대한 사슬'을 시간화한 결과이다. 이것은 세계에서 생물학적·사회적 위치가 더 이상 신과의 상대적 거리에 따라서 규정될 수 없을 때 비로소 나타난다. 이러한 변형은 또한 공간의 시간화이다. 공간 저 너머에 존재하는 것은 파충류에서 유인원까지(루소는 당시 발견된 유인원이 인종주의자가 부정하는 사실상 인류라고 확신했다), 부시맨에서 잉카까지 이어지는 것은 근대적이고 문명화된 상태로 들어서기 전단계였다.

내가 주장한 대로, 사회적 표현으로부터 주체의 분리, 사적 영역과 '진짜 나'의 등장은 근대주의적 입장에서 근본적인 현상이다. 저 너머로 나아가기 위한 근대주의자의 입장은 보헤미안, 스타일의 혁명, 자기만족, 존재론적 질서를 부정하는 내부지향성과 결합한다. 미술·음악·시 영역에서 나타나는 끊임없는 관습타파와 형식으로부터 내용의 분리는 단일한 운동의 일부이다. 그리고 이와 함께 뒤르켕의 사회학에서는 역할로부터 인격의 분리, 즉 '사회적 사실'이, 소쉬르와 근대언어학에서는 임의적인 언어학적 기호의 추상화가, 정신분석학에서는 인간존재의 생물학적·물리적 기질로부터 정신의 추상화가 나타났다. 이처럼 유럽 정체성의 전반적인 변형은 단지 우연의 일치로 간주될 수 없다. 그것은 게마인샤프트–게젤샤프트 논쟁, 프루스트의 (잃어버린 꿈을 찾아가는) 노스텔지아, 서구적 가치의 타락을 동화로 그려낸 만(Mann)의 부덴브루크스(Buddenbrooks), 권력의 미래에 관한 카프카의 끔찍한 이미지 등 다른 주요한 변화와도 상응한다. 이 모든 근대주의의 요란한 폭발은 이미 한 세기 전부터 시작된, 사회적으로 결정된 의미로부터 주체의 분리를 강력하게 표현한다. 결과는 빈 주체이며 어떤 것도 만족할 수 없는 근대성이란 '장거리선수'이다.

근대주의는 근대적인 것의 지배적인 형식이다. 그러나 그것은 외재적 맥락에 의존한다. 미래에 대한 분명한 신념이 있어야 한다. 지나온 과거가 있는 것처럼 가야 할 어딘가가 있어야 한다. 이 모든 발전은 14세기 말부터 시작된 바로 서구팽창의 결과이다. 이 팽창은 다음과 같이 진행된다.

① 지구 상당 부분의 탐험과 지배 그리고 새롭게 출현한 유럽 중심부로 그 부분들의 통합, 즉 주변부의 형성. 흔히 이 변형은 새로운 주변부로서 이전 정치적 · 사회적 구조의 탈통합과/이나 주변부적 위치로의 적응을 수반한다.

② 중심부 자체의 상업화와 산업적 변형, '세계의 작업장' 복합체의 출현. 여기서 중심부는 더 큰 세계에 대한 소비재화의 주요한 공급처가 된다.

③ 중심부에서는 이전의 '전통적인' 생활형태의 탈통합, 점증적인 산업화와 도시화, 흔히 자유와 소외의 경험이 나타난다.

이것이 근대 사회적 · 경제적 세계를 특징짓는 헤게모니적 중심부/주변부 구조형태이다. 이러한 역동적인 지구체제는 새로운 것이 아니다. 헤게모니가 전환하면서 이전의 중동 체제가 지속된 것이지, 유럽의 토양에서 새롭게 싹튼 것이 아니다. 근대주의적 전략은 실질적인 팽창에 의존한다. 그것은 미래를 필요로 한다. 그것은 유동성을 필요로 하며 개인적인 것과 사회적인 것 모두를 필요로 한다. 근대주의의 경제적 · 정치적 조건이 약화되는 곳에서, 근대주의 그 자체는 위기를 맞게 된다. 미래는 유동성과 함께 사라진다. 최근의 발전은 재난처럼 나타나고 대안적 정체성을 찾아나서기 시작한다. 근대 세계체제의 현재 위기는 대체적으로 부의 탈중심화의 산물로서 중심부의 축적의 위기이다. 다민족주의화, 자본의 수출과 그에 따른 새로운 산업지대의 등장은 중심부의 부가 증가하면서 상대적으로 저개발된 주변부보다 중심부의 생산비용이 높아짐에 따라 나타난 결과이다. 탈중심화는 자본이 가능한 가장 효과적인 방식으로 값싼 노동력, 낮은 세금, 유리한 재정조건으로 생산을 재배치하여 경쟁의 문제를 풀어가는 방식이다. 그러면서 중심부의 자본은 점차 가상적인 축적형태인 토지, 국채, 주식, 채권 투자 등으로 바뀌어간다. 이 투자에는 이른바 문화산업, 예술과 비예술 작업에 대한 거대한 투자가 포함된다. 이 모든 것은 재정 위기와 축소, 파산과 의제(fictitious)시장의 붕괴, 이를테면 다소 폭력적이던 '1990년의 파산'이 나타날 때까지 계속된다.

이 같은 위기 속에서 근대주의는 공격받는다. 우리가 앞서 여러 번 언급한 네 축의 근대성 공간 모델(〈그림 11-2〉 참조)을 통해서 위기를 보다 잘 이해할 수 있다. 우리가 앞서 언급한 바와 같이, 이 시기에는 확률상 신전통주의가 나타나는 경향이 있다. 위기시에는 전통주의 정체성이 안정성과 심지어 구원을 제공해 주기 때문이다. 이것은 고정되고 천부적인 더 큰 집합체에 소속될 수 있는 방편을 제공하고 생활기준과 덕목과 규범을 제공한다. 이 시기에 전통주의는 뿌리에 대한 욕망, 세계의 종족화, '제4세계'의 발흥, 종교적이고 안정적인 가치로의 회귀로 표현된다. 그러나 이 시기에 모든 축은 더 극단적으로 치우치는 경향이 있다. 경제학이 국민국가의 통치기구를 선점했듯이, 근대주의는 강박적이고 자의적으로 합리화되는 경향이 있다. 원시주의자는 그들도 알다시피 문명 전체의 파괴를 지향한다. 우리는 유럽 몇몇 도심의 '도시인디언'에 관해 언급한 바 있다. 여기에 악마의식과 마녀컬트와 흑마술 등 뉴에이지와 원시주의적 컬트가 급증하는 현상을 덧붙일 수 있다. 탈근대주의자는 자신의 자리를 근대주의적 담론의 파편화와 지적 정체성의 보편적 불안정성에서 찾는다. 그들은 구조조정에 따른 고통을 부정하고 이른바 지배담론의 해체를 환호하는 지식인들이다. 매우 역설적이지만 그들이 일종의 지적 진화주의를 받아들이고 탈근대성을 근대성의 발전으로 간주하는 일은 낯설지 않다.

근대주의에 대한 세 가지 반응(전통주의, 원시주의, 탈근대주의)이 표면적으로 근대주의와 공통점이 없는 것처럼 보이지만, 나는 그것들이 잠재적으로 동일한 정체성 공간의 일부라고 생각한다. 사실 그것들은 표면적으로 억압되어 있지만, 근대 정체성 속에 내재되어 있다. 그것은 내부의 야만인과 주변부의 원시성을 동일시하는 바로 그 논리이다. 사회화를 통해 억압된 인격의 변두리는 사회발전 너머의 '저 밖에 있는' 문명화된 세계의 변두리와 동일시된다. 서구 헤게모니의 위기는 근대주의의 위기이며, 근대 정체성 공간의 파열이다. 원시성은 안팎으로 우리에게 밀려오기 시작했다. 그것은 대중예술 속에서 다양한 형태를 취하는 공포와 두려움의 문화로, 또한 타자에 대해서는 실질적 공포로 표현될 수 있다. 쇠퇴하는 유럽 중심부로의 대량이민은 근대주의 헤게모니의 쇠퇴로 특징지어지는 실재적이며 상징적인 파열을 일으킨다. 그러나 동시에 이것은 역으로 '잃어버린 것'에 대한 열망으로 표현되기도 한다.

나는 미국 인디언 보호구역이나 집시 캠프… 또는 이탈리아 이웃들처럼 문화가 살아 있는 집단의 성원이 되고 싶다. 그곳에서 문화는 고기처럼 먹을 수 있다. 나의 문화는 희멀겋다. 강하게 끄는 것이 없다. 단지 그것은 나의 척추에 달린 얇고 작은 가지일 뿐이다. 스코틀랜드의 아일랜드인. 그것은 빈약하다. 그것은 묽다. 나는 문화가 풍부한 사회를 갈구한다. 나는 그것이 어떤 것인지 알지 못한다. 최고로 풍부한 것이 무언인지… 그곳에서는 숙모와 삼촌과 사촌 사이에 밀접하고 친숙한 구조가 있다. 그리고 그곳에서 그들 모두는 육촌을 가까이 느끼고 서로의 삶에 완전하게 포섭되어 있다. 그런 일은 내게 일어나지 않는다. 비록 사촌이 가까이 산다 하더라도 우리는 밀접한 관계가 아니다. 우리는 그들이 읍내 어디 사는지 알지 못한다. 내 생각에 우리는 다른 종족집단을 알고 있는 만큼이나 그들을 알지 못한다. 그들이 얼마나 부유하고 얼마나 밀접한지. 알래스카의 에스키모는 그럴까. 나는 내가 있는 여기를 의미할 뿐이다. 내게는 친구가 많이 없다. 나는 일을 한다. 나는 악기를 연주할 수 있다. 나는 여행을 많이 다녔다. 그러나 내게는 풍만한 문화가 없다. …그들이 자란 곳에 머무는 사람들은 큰 문화를 가지고 있다. …글쎄, 나는 그것을 엄마가 있는 곳에서 편히 느껴본 적조차 없다. 그곳은 나를 위한 곳이 아니었다, 한번도. (Waters 1990, p. 152)

중심부에서 근대주의의 쇠퇴는 더 큰 사회정체성의 파편화와 함께 진행된다. 북아메리카인디언 인구집단이 1970년 70만 명에서 1980년에는 140만 명으로 증가했다. 이것은 생물학적 사실이 아니라 정체성에 해당하는 사실이다. 뿐만 아니라 다섯 개의 새로운 부족이 생겨났다. 따라서 근대주의 쇠퇴와 함께 뿌리에 대한 열망이 급속히 커져서 넘치고 있다. 지난 10년 동안 주목할 만한 문화정체성의 르네상스가 있었다. 세계의 탈헤게모니화는 적어도 일시적으로 탈동질화로 이어졌다. 어떤 의미에서 이것은 문화적 차이의 기운찬 해방, 다양한 인간군상들의 참된 조화로 이해될 수 있다. 이것은 인류학자와 박물관학적 관심을 가진 중상류층의 반응으로 나타났다. 그러나 여기에는 보다 심오한 이슈가 관련되어 있다. 문화정체성은 적어도 그것을 가진 사람들에게는 결코 단순한 게임이 아니며 심리적·사회적 생존을 위한 매우 심각한 전략이라는 사실이다. 종족적 형식으로서 문화정체성은 단지 무한히 교환될 수 있는 라이프스타일의 문제가 아니다. 라이프스타일은 결코 만족할 수 없는 모든 잠재적 정체성으로부터 거리를 유지할 수 있고 그렇게 해야만 하는 근대성의 표현이다. 반대로 종족정체성은 더 큰 사회적 프로젝트에 자아를 희생시키는 일이다.

정체성의 재창조는 바로 인간경험의 기저를 탐구하는 것이며, 그것은 자아가 불안정한 존재로 귀결되는 나르시시즘적인 원초적 세계의 강렬한 감정과 얽혀 있다. 이러한 과정을 재탄생이라고 말해도 크게 틀리지 않는다. 이것은 문화의 문제가 아니라, 쉽게 통제되지 않는 사회적 자아의 프로젝트에 관련된 자아의 문제이다.

여기서 지식인은 세계시민주의자이며 문화적 동일시의 능동적 창조과정의 관찰자이다. 그들은 대륙과 생활방식을 오가며 때로는 타지에서, 때로는 타자들 속에서, 디아스포라의 세계 속에서 모든 다양성을 품기 위해 노력하는 정체성이면서 외적으로 혼합된 정체성으로 나타난다. 이것은 세계에 대한 변화하는 접근형식, 뿌리가 없는 불안정한 근대주의에 입각한

정체성이다. 디아스포라, 문화적 혼합물, 사람들의 이동 등은 새로운 것은 아니지만, 항상 동일한 방식으로 인식되지는 않았다. 오늘날 언론매체는 세계의 파편화된 상태에 대한 인식뿐 아니라 각 부분들간의 밀도 높은 상호작용을 강조하고 있다. 접두어 '세계'가 붙은 음악 · 텔레비전 · 문학은 지구적 소비자에게 일상적인 화제가 되고 있다. 흔히 새로운 세계시민주의 엘리트와 중개자의 작업, 말할 필요도 없이 권력에 대한 요구이자 그들의 정체성의 중심 요소인 지구적 표상들을 강조해 왔다.

무질서와 탈근대주의

지구체제에서 헤게모니 권력의 주요한 형태인 근대주의는 위계적인 발전단계에 따라 세계질서를 정립한다. 그것은 문명의 권위에 따라서 공적 영역에 질서를 부여한다. 그것은 실제로 세계를 동질화하는 것은 아니지만, 그렇게 보이는 것은 어느 정도 진화사상의 핵심인 위계를 발생시키기 때문이다. 헤게모니 중심성이 쇠퇴하면 동시에 문화적 자율성이 재탄생하고 이전에 감춰져 있던 내재된 정체성이 광범위하게 해방된다. 근대성의 붕괴는 조직원리의 해체이다. 근대성의 개인주의적 구성요소, 곧 특정 정체성과 주체의 분리는 공적 담론을 이해하는 활동의 자율화이며 그 결과 세계에 대한 일련의 전제들을 다른 것으로 대체할 수 있는 역량이 된다. 이 패러다임은 포퍼식으로 정제하면 과학적 실천(praxis) 모델과 이론의 진화와 연관되어 있다. 그것은 비록 일부 자연과학 외에는 거의 불가능하다고 하더라도, 궁극적으로 이론적 생산물로부터 개별이론의 생산자를 분리시키는 것에 근거한다. 근대성의 위기상황에서 과학적 활동은 사회적 프로젝트이며, 중립적 기구 혹은 진리의 생산을 위한 자명한 과정이 아니라는 점은 분명해진다. 합리적인 과학적 패러다임의 해체는 과학적 활동의 공적 영역, 이론과 반증의 영역, 지식진화의 붕괴이다. 그 대신 지혜·교훈·다문화주의·세계를 제시하는 가능한 담론들의 완전한 상대화로 대체해 버린다. 담론과 명제를 연결하는 질서원리의 부재, 즉 차별기준의 부재라는 무질서가 존재한다. 근대주의의 공적 영역에 존재하는 차별기준은 진리치(truth-value)에 따라서 명제를 차등화하는 것이다. 그러나 이 기준은 가장 높은 순위의 명제도 보다 적합한 명제에 의해 대체될 수 있다는 것을 보증한다. 이러한 기준이 사라지고 나면, 이전의 서열화된 공간은 평평해지고 각자의 목소리는 상호 동등한 가치를 지니게 된다. 잠재되어 있던 목소리는 앞에서 언급한 정체성의 확산과 함께 드러난다. 의술, 총체적 지혜, 자연의 새로운 이해, 게마인샤프트 등은 이전의 합리적 사상, 근대적인 발전주의 이데올로기의 자아가 제거된 장을 침입한다.

여기서 지구적 연계는 헤게모니의 위기를 헤게모니의 지배이데올로기인 근대주의의 위기와, 탈근대주의의 출현 곧 근대주의의 파편화, 다문화주의화와 관련시킨다. 과학적 표상의 관점에서 탈근대주의는 과학지식의 상대화이다. 곧 내적으로 반증과정을 무력화하고, 외적으로는 다른 형식의 지식에 대한 과학지식을 상대화하는 것이다. 따라서 모든 지식은 문화적으로 특수한 명제집합으로 전환되며 비교될 수 없고 측정기준도 존재하지 않는다.

세계의 무질서는 다음과 같은 과정에서 체제의 파편화로 보인다.

과학지식	측정될 수 없는 문화집합
근대주의 정체성	다문화적으로 뿌리내린 정체성
정치적 · 경제적 헤게모니	다중심적 정치학과 경제적 축적
근대적 자아 형성	나르시시즘의 해체

인격의 파편화와 근대주의의 쇠퇴

앞서 언급한 바와 같이 근대성의 출현에서는 특정 형식의 개인화된 경험의
성립이 중심적인 역할을 한다. 여기서 신체는 원칙적으로 보다 큰 프로젝
트와 분리된 자기조직적인 인격의 그릇이 된다. 이처럼 개인화된 인격의
프로젝트는 끊임없는 운동과 자기발전의 본질인 근대주의 자체로 구체화
된다. 그것은 이전에 달성된 모든 것으로부터의 소외, 언제나 현재와는 다
른 존재가 될 수 있다는 원리에 따라서 구축되는 연약한 정체성이다. 따라
서 그것은 사회정체성으로부터 자아의 절대적 분리를 바탕으로 하고 있다.
뒤몽의 주장처럼, 이것은 근대성에서 단지 본질적 인종주의라는 문화귀속
성(ascription)에 의해서만 극복될 수 있다. 나는 인격성이 노골적인 인종
주의 혹은 생물학적 환원주의를 통해서만 본질적으로 될 수 있는 것은 아
니라고 생각한다. 사실상 이 양자와 귀속적 동일시의 다른 형식들은 자아
구조가 해체될 위기에 직면했을 때, 즉 근대적 존재의 지원 메커니즘이 실
패할 때 발생한다.

앞에서 대략적으로 제시한 논리는 지구적 수준에서의 탈헤게모니화에
서 중심부의 경제적 쇠퇴로 이어지는 것이다. 뒤이어 전체적으로 근대주의

프로젝트가 해체되고 인성이 위기를 맞게 된다. 세계는 더 이상 주체의 욕망구조와 맞아떨어지지 않으면서 우울증이 출현하게 된다. 궁극적으로 이 것은 심리적 생존을 위협하는 참을 수 없는 '과도한 우울증'(Alberoni 1984, pp. 52~83)으로 나타난다. 이 상태에서는 병리적 나르시시즘의 비중이 커지고, 인격은 점차 자신의 생존을 보증해 주는 '타자의 시선'에 의존하게 된다. 이 같은 상태에서는 수많은 대안이 제시된다.

① 나르시시즘 상태는 갈등이 만연하지만 상대적으로 안정적일 수 있다.

② 우울증은 절망이나 정신붕괴로 바뀔 수 있다. 또한 이것은 앞과 같은 상황에서 나타나는 경향이기도 하다.

③ 미성숙한 상태: '자신보다 더 큰' 프로젝트를 감수함으로써 심리적으로 구제를 받는다. 이것은 알베로니의 '사랑에 빠짐'의 핵심이며 사회운동 일반을 바라보는 그의 견해의 핵심이다. (같은 곳)

미성숙한 상태는 마치 '비근대적' 인격과 동일하며(아래 참조), 곧 의존성이 타자의 시선과 총체적으로 동일시된다는 의미에서, 더 큰 사회적 프로젝트의 일부이면서 전도된 나르시시즘을 경험하는 주체와 동일하게 묘사된다. 새롭게 출현한 사회정체성의 중심적인 측면은 운동성 혹은 종교성이며, 개별주체는 더 큰 사회적 프로젝트 속에 실존적으로 포함되어 있다. 이것은 최근 '국민'을 위한 역사와 희생을 주창한 소비에트제국이 쇠퇴하면서 급속하게 진행된 소국화(小國化)의 정체성을 이해하는 데 매우 중요하다. 또한 이것은 근본주의의 급성장, '제4세계' 운동의 강력한 종교성,

자아구축에서 총체론의 중심성을 이해하는 데도 반드시 필요하다. 나아가 이민자의 종족성과 본토인의 민족주의가 동시에 강화되는 이유를 설명하는 데 도움을 준다.

주체의 파편화는 탈근대성에 대한 논의에서 흔히 다뤄지는 테마이다. 이 글에서 의미사슬의 붕괴라고 기술했던 주체의 탈근대적 조건을, 프레드릭 제임슨(Frederick Jameson)은 라캉의 정신분열증에 관한 논의를 끌어와서 특징짓고 있다. 기표는 의미의 담지자가 아니라 구체적인 경험적 실체가 되었다. 이 같은 상황에서 주체는 방향과 정체성의 상징적 토대를 상실한다. 의미화에 관한 라캉의 논의를 빌려서 문학과 예술에서 발전을 이룬 제임슨은 최근의 중심적인 논의대상이 된 파편화 경험을 설명하는 또 다른 해석을 내놓았다. 이 해석에 따르면 나르시시즘적 퇴보란, 주체가 '에고', 이른바 인격의 프로젝트를 상실하고 실존적인 생존을 위해서 점차 강력한 타자에게 의존하게 되는 상황을 말한다. 『아프리카의 오이디푸스』(Oedipe Africain)에서 서아프리카인의 주체가 절대로 자기중심(self-directed)의 프로젝트를 가질 수 없고 전(前) 오이디푸스 콤플렉스를 결코 넘어설 수 없다고 쓴 E. 오르티게스와 M. 오르티게스처럼, 이것은 다른 방식으로 연구될 수 있다. 여기서 권위, 곧 라캉의 아버지의 이름은 항상 외재하는 장에 존재한다. 이것은 파편화가 일어날 수 없다는 것이 아니라, 단지 주체 내부가 아닌 정체성에 외재하는 장에서 발생한다는 것을 의미한다. 이것을 아주 간단하게 다음과 같이 두 관념형으로 설명해 볼 수 있다.

첫째, 자아가 보다 넓은 일련의 사회관계와 그에 걸맞은 우주론 속에 존재하는 곳에서 주체는 우주론적 담론을 통해 다듬어진 외부의 시선에 의해서 끊임없이 규정된다. 자아의 프로젝트는 신체 외부에서 규정된다. 그것은 더 넓은 사회적 네트워크와 표상 속에 존재한다. 이것과 근대의 병리적 나르시시즘 간에는 차이가 있는데, 전자에서는 인성이 사회적 네트워크와 우주론에 고정되어 있는 반면 병리적 나르시시즘은 정체성과 인식을 오직 혼자서만 탐구해야 한다. 후자의 구조에서는 인격이 아니라 외재적 조건들과 약하게 연결되어 있다. 사회세계에서의 불안과 위기는 개인에게는 총체적 위기를 의미한다. 직접적인 해결책은 우주와 연결되는 약화된 고리를 다시 강화시켜서 인격적 생존을 보장하는 것이다.

둘째, 자아가 몸을 경계로 자신의 인격적 프로젝트 속에 한정되는 곳에서 주체는 더 큰 사회적 장으로부터 자율적이다. 사회적인 것과 인격적인 것의 분리로 인해 더 넓은 관계 속에서는 불확정성이 초래된다. 사회적 위기가 반드시 자아의 파편화만을 의미하는 것은 아니다. 그러한 위기 속에서 근대주의 정체성이 더 이상 가동하지 않게 될 때, 나르시시즘적 경향은 옛 우주론이 강화되고 보완되는 속에서가 아니라 보다 새로운 정체성의 형성을 통해 그에 대응한다.

전자의 경우, 위기는 컬트활동의 격화, 화물숭배의 출현, 흑마술과 '페티시즘'을 초래할 수 있다. 이 관계에서 자아는 외부로부터 들어오는 생명력의 흐름과 권위적인 타자의 안정적인 시선에 의존해서 유지된다. 근대적 관점에서 이것은 근본적으로 나르시시즘 관계를 강화한다. 후자의 경우, 위기는 나르시시즘의 약화 혹은 더 큰 프로젝트에서 주체의 재동일시(re-identification), 즉 알베로니의 '미성숙한 상태'로 귀결될 수 있다. 여기서 개인의 의존성은 집합적 프로젝트에 대한 인간의 자발적 종속에 의해서 유

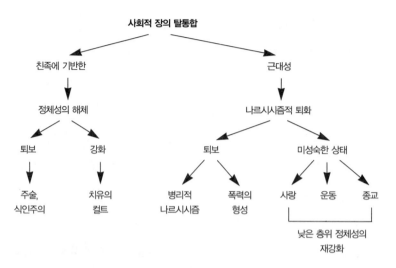

〈그림 12-1〉 사회적 탈통합과 자아

지된다. 더 큰 프로젝트와 함께 주체의 재동일시 과정을 통해서 한편으로 에고 프로젝트는 제거되어 주체는 집단에 매몰되며, 동시에 생활에서 새로운 의미를 찾고 존재론적 안정성을 얻을 수 있다. 이 관계는 운동이 조직되는 핵심 원리이다. 이전사회가 탈통합되고 결과적으로 개인이 약화되면서 새로운 연대가 형성된다. 두 경우 모두 더 큰 사회적 장에서 무질서가 나타나면, 인격들간의 단위를 재정립하거나 창조하려는 시도가 나타난다. 이 새로운 단위는 근대성의 조건 속에서, 즉 개인주의가 만연한 사회적 장을 재조직화하는 수단이며 표현이다. 친족으로 조직된 이른바 전통적 형식 혹은 뒤몽의 용어를 빌리면 총체적 사회(holistic society)에서, 사회적 장(場)은 탈통합을 방지하려는 욕망이 초래한 의례강화, 주술의 정교화, 새로운 컬트의 출현 등을 통해서 조직된다기보다 재활성화된다.

사회적 장의 무질서 · 재질서 과정

지구체제에서 무질서가 진행되는 과정은 임의성의 증가 혹은 엔트로피 증가의 문제가 아니다. 그것은 지금까지 주장한 바와 같이, 탈중심화 과정이다. 이 과정은 매우 강력하고 때로는 폭발적이며, 재조직화 또는 최소한 지역적 수준에서 사회적 형식이 강화되는 경향이 함께 나타난다.[1] 개별주체와 그의 새로운 전략과 실천은 이 과정을 이해하는 데 중요한 역할을 한다. 사회적 탈통합의 조건을 떠받치는 것은 주체이며, 재질서화 과정을 강화시키는 것은 **자아**를 유지하고 통합하려는 주체의 욕망이다.

프랑스의 투렌, 뒤베, 부르디외 같은 저자들은 최근 연구에서 행위의 주관적 조건의 중요성을 계속 강조하고 있다. 뒤베는 특히 프랑스에서 주변화된 젊은이들 사이에서 넓게 나타나는 상대적으로 새롭게 형성된 계급에 대한 연구(Dubet 1987)를 통해서, 사회적 탈통합과 인격적 탈통합의 상호관계 방식을 논증했다. 다시 말해 후자가 어떻게 고유한 일련의 행위과정을 만들어내는가를 보여주었다. 그의 작업은 이른바 폭력의 문화, '이유 없는 폭력'의 구성과정과 그것이 수십 년 동안 동일한 존재조건의 재생산을 통해서 안정화되는 방식에 집중했다. 이 연구에서 그는 탈산업화된 프랑스 북부에서 나타나는 구조적인 청년실업의 본질적인 측면에 집중했다. 반면에 다른 연구에서는 세속화된 북아프리카의 종족전략과 급증한 이슬람 정체성에 주목했다. 뒤베는 자신이 연구한 청년집단은 초종족성이 아니라 비종족성을 지녔다고 주장한다. 후자의 기준은 자기동일시와는 무관해 보인다. 그러나 이와 동시에 동일한 시기 동안 파리에서는 10개에 불과했던 모스크가 1천 개 이상으로 늘었고(Kepel 1987), 새로운 종교적 갈등에 대한 우려가 불거졌다. 이 재동일시는 앞서 뒤베가 설명한 구조적으로 주변화된 젊은이들에 의해서 주도되었다. 두 현상은 상호 모순되지 않지만, 아마도 동일한 무질서/재질서 과정의 상이한 관계 또는 측면을 보여주는 것 같다. 이 과정을 체계적 측면에서 보면, 내가 주장한 대로 사회적 장에서의 무질서는 점차 내부 구성요소들간의 질서를 생산해 낸다. 이것은 파편화가 무엇인지를 보여준다. 그리고 주체의 관점에서는 당연히 재동일시와 실존적 몰입이 지속적인 절망과 고뇌보다 만족스러운 것이다. 이 과정을 통해서 보다 큰 체제의 프로젝트와 무관한 대안적인 프로젝트가 생산되고 파편화가 강화된다. 공식적인 관점에서 이 같은 상황은 '대재난'과 연결될 수 있는데, 이러한 장에서는 이론적 용어로 이분기점, 삼분기점 등으로 묘사되는 몇몇 해결책을 통해 균형을 회복하기도 한다.

여기서 논의된 과정들은 〈그림 12–2〉에 개괄적으로 표현되어 있다. 이 도표는 탈중심화되고 쇠퇴하는 조건에 놓인 근대적인 지구체제의 중심부를 보여준다. 이와 달리 주변부에서는 상이한 일련의 동기와 전략이 생산되며, 필연적으로 정체성이 상이하게 구성된다는 점에서 다양한 성격을 가진다. 이와 함께 진행되는 탈조직화, 종족분쟁, 종교의 확산, 소국화에는 대략 유사성이 존재하며, 이것은 사회적 무질서와 인격적 무질서의 보편적 속성과 관련되어 있다. 따라서 카페러가 스리랑카의 종족전쟁에서는 서구의 종족갈등에서 보이는 전략이 나타나지 않는다고 강하게 주장하는 것이다(Kapferer 1988). 그는 모든 종족성이 동일한 관점으로 구성되는 것은 아니며, 스리랑카의 종족성은 정체성과 불교국가가 연결된 자아와 밀접하게 관

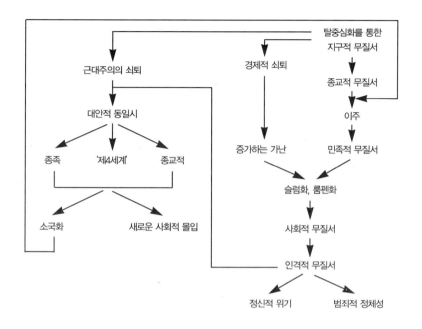

<그림 12-2> 체제 중심부의 지구적 질서/무질서

련되어 있다고 주장한다. 신할라족은 개인의 모든 존재는 우주론적 실체로서의 국가의 유지에 기초하고 있는데, 타밀족이 국가의 질서를 파괴하며 따라서 개인의 질서를 파괴한다는 이유로 타밀족을 공격한다. 신할라족에게 문화정체성은 개인이 자신의 인격적 생활 프로젝트를 가지고 있지 않은 것처럼 신체 안에 가지고 태어나는 것이 아니다. 둘 다 주체와는 관계없이 외재적으로 규정되며, 따라서 주체는 더 큰 전체성의 표현인 자아형식을 실천하게 된다. 그러나 정체성, 다시 말해 정체성을 공유하려는 사람들에게는 동일시, 파편화, 권력의 상실, 절망, 분노 등의 경험의 기준이 무엇이든지간에 이 상황과 서구의 근대성 모두에 공통되는 사실이 있다. 서구에

서 종족성은 신체 안에서 유지되고 한 세대에서 다음 세대로 전달되는, 결국 인종의 생물학적 개념으로 환원될 수 있는 물질로 규정된다. 이러한 관점에서 종족성은, 심지어 극단적으로 폭력적일지라도 남아시아·동남아시아와 동일한 방식으로 존재하지 않는다고 주장할 수 있다. 그러나 그것 역시 정체성의 사회적 구성물로서 매우 가변적이다. 지난 몇 년 동안 대중적 현상이 된 유럽으로의 이민은 물론 새로운 현상이 아니다. 그러나 팽창시기 혹은 적어도 근대주의 정체성이 적절하게 기능하는 시기에는 이민자는 동화 또는 한 방식 혹은 통일된 방식에 의한 서열화를 통해 통합된다. 중심부 정체성의 헤게모니가 쇠퇴하는 시기에는 다문화주의가 나타나고, 결과적으로 종족성—이민자뿐만 아니라 원주민, 지역민, 국민의 정체성—이 분출하게 된다.

맺음말

지구체제의 무질서는 매우 체제적인 과정으로서 헤게모니의 쇠퇴와 이어지는 파편화과정으로 이루어진다. 동시에 체제의 무질서는 문화적 창조성의 시대를 열고 사회적 재조직화의 영역을 생산한다. 이는 경제적 불황과 함께 인격적 우울증을 동반하며, 새로운 자아발견으로 감정을 북돋우며 전자로 자극받은 광범위한 폭력을 초래한다. 이 강렬한 과정은 새로운 헤게모니의 팽창으로 이어지지 않는다. 그것은 쇠퇴과정의 일부이다. 그리고 지구적 공간의 모든 부분에서 탈중심화 과정의 결과인 탈지역화를 경험하는 한편, 새롭게 등장한 헤게모니 영역에서는 더 큰 지역단위 혹은 무역지대의 형성을 통해 급속한 질서강화와 통합과정을 경험하게 된다. 동아시아가 바로 이 경우이며, 세계경제의 중심부로서 환태평양의 등장과 관련되어 있다. 이에 따른 문화적 효과로, 내가 주장한 바와 같이 지역적으로 근대주의가 지배적인 위치를 차지하고 동시에 근대성이 정립되는 경향이 있다. 질서는 권력과 밀접하게 연관되며, 헤게모니는 동질성을 만들어낸다. 위계적인 지구적 질서 속에서 다수의 지역적 · 광역적 프로젝트가 패권의 지배적인 프로젝트로 종속된다. 이것은 반드시 전자가 후자로 동화된다는 것, 즉 양자의 구별점이 사라지는 것이 아니라 다만 구별점이 중심부 프로젝트 그 자체에 해를 끼치지 않는 방식으로 유지된다는 것을 의미한다. 따라서 논리적으로 헤게모니의 쇠퇴는, 이미 현존하지만 억압된 프로젝트이면서 잠재적으로 새로운 프로젝트의 자유로운 유희로 세계공간을 해방시킨다. 그 과정에서 무정부주의적 경향이 나타나지만, 그것은 동시에 지구체제의 관점에서 충분히 예상 가능한 일이다.

[주]

1) 이 장에서 논의된 대부분은 지구체제의 이른바 근대적 부문에 집중되어 있으며, 보다 '총체적' (holistic) 계보로 조직된 부문에는 이와 동일한 방식이 적용될 수 없다.

참고문헌

Abaza, M. and Stauth, G. (1990) "Oriental reason, orientalism, Islamic fundamentalism: A critique," M. Albrow and E. King eds., *Globalization, Knowledge and Society*, New York: Sage.

Alberoni, F. (1984) *Movement and Institution*, New York: Columbia Univ. Press.

Alexander, J. (1987) *Twenty Lectures: Sociological Theory since World War II*, New York: Columbia Univ. Press.

Altieri, M. (1986) *The Last Village in Kona*, Honolulu: Topgallant.

Anderson, B. (1983) *Imagined Communities: Reflections on the Origin and Spread of Nationalism*, London: Verso.

Appadurai, A. ed. (1986) "Introduction: Commodities and the politics of value," *The social life of Things: Commodities in Cultural Perspective*, Cambridge: Cambridge University Press.

_____ (1990) "Disjuncture and difference in the global cultural economy," M. Featherstone ed., *Global Culture: Nationalism, Globalization and Modernity*, London: Sage.

Augé, M. (1975) *Théorie des pouvoirs et idéologie*, Paris: Hermann.

_____(1977) *Pouvoirs de vie, Pouvoirs de mort*, Paris: Hermann.

_____(1982) *Le Génie du paganisme*, Paris: Hermann.

Babadzan, A. (1988) "Kastom and nation-building in the South Pacific," R. Guidieri, F. Pellizzi, and S. A. Tambiah eds., *Ethnicities and Nations*, Austin: University of Texas Press.

Balandier, G. (1955) *Sociologie des Brazzavilles Noires*, Paris: Colin.

Barth, F. (1989) "The analysis of culture in complex societies," *Ethnos* 54/120~42.

Bateson, G. (1972) *Steps to an Ecology of Mind*, New York: Ballatine.

Bauer, W. ed. (1980) *China und die Fremden*, Munich.

Bauman, Z. (1992) *Intimations of Postmodernity*, London: Routledge and Kegan Paul.

Beaglehole, E. (1939) *Some Modern Hawaiians* no. 19, Honolulu: Univ. of Hawaii Research Publication.

Bell, D. (1973) *The Coming of Post-Industrial Society*, New York: Basic Books.

_____(1976) *The Cultural Contradictions of Capitalism*, London: Heinemann.

Berman, M. (1982) *All That Is Solid Melts into Air: The Experience of Modernity*, New York: Simon and Schuster.

Bernal, M. (1987) *Black Athena: The Afroasiatic Roots of Classical Civilization, Vol. I: The Fabrication of Ancient Greece 1785~1985*, London: Free Association Books.

Bilde, P. (1991) "Artagis/Dea Syria: Hellenization fo ger cult in the Hellenistic-Roman period," P. Bilde, P. Engberg-Perdersen, L. Hannestad, and J. Zahle eds., *Religion and Religious Practice in the Seleucid Kingdom*, Aarhus: Aarhus University Press.

Boas, F. (1927) *Primitive Art*, Oslo: Institiuttet for Sammenlignende Kuturforskning.

Boas, G. (1948) *Essays on Primitivism and Related Ideas in the Middle Ages*, Baltimore: Johns Hopkins

University Press.

Bourdieu, P. (1977) *Outline of a Theory of Practice*, Cambridge: Cambridge University Press.

_____(1979) *La Distinction*, Paris: Minuit.

_____ (1980) "L'identite et la representation," *Actes des recherches en sciences soiales* 35, pp. 63~72.

Bullard, C. P. (1821~3) "Letterbook of Charles B. Bullard, Supercargo for Bryant and Sturgis at Hawaiian Islands and Canton, 20 March 1821~11 July 1823," typescript, Hawaiian Mission Children's Society Library, Honolulu.

Busch, K (1974) *Die Multinationalen Konzerne*, Frankfurt: Suhrkamp.

Campbell, C. (1987) *The Romantic Ethic and The Spirit of Modern Consumerism*, Oxford: Blackwell.

Census of Hawaii (1985) Honolulu: Department of Panning and Economic Development.

Chapelli, F. (1976) *First Images of America*, Berkely: University of California.

Chu, G. (1985) "The changing concept of the self in contemporary China," A. J. Marsella, G. De Vos, and F. Hsu eds., *Culture and Self: Asian and Western Perspectives*, New York: Tavistock.

Clastres, P. (1977) *Society against the State*, Oxford: Blackwell.

Clifford, J. (1983) "On ethnographic authority," *Representations* 1, pp. 118~46.

_____ (1988) "Pure products go crazy," and "Identity ion Mashpee," J. Clifford, *The predicament of Culture*, Cambridge, MA: Harvard University Press.

Cohen, S. (1991) "Religion, ethnicity," and "Hellenism: in the Emergence of Jewish identity in Maccabean Palestine," P. Bilde, P. Engberg-Perdersen, L. Hannestad, and J. Zahle eds., *Religion and Religious Practice in the Seleucid Kingdom*, Aarhus: Aarhus University Press.

D'Andrade, R. and Strauss, P. (1992) *Human Motives and Emotional Models*, Cambridge: Cambridge University Press.

De Vos, G. (1985) "Dimensions of the self in Japanese culture," A. J. Marsella, G. De Vos, and F. Hsu eds., *Culture and Self: Asian and Western Perspectives*, New York: Tavistock.

Derrida, J. (1967) *L'Ecriture et la différence*, Paris: Seuil.

Deutch, K. (1957) *Political Community and the North Atlantic AVCA: International Organization in the Light of Historical Experience*, Princeton/NJ: Princeton Univ. Press.

Devauges, R. (1977) *L'Oncle, le Ndoki et l'entrepreneur: La petite entreprise congolaise a Brazzaville*, Paris: ORSTOM.

Diamond, S. (1974) *In Search of the Primitive: A Critique of Civilization*, New Brunswick: Dutton.

Dimaras, T. K. (1977) *The Neohellenic Enlightenment*, Athens: Hermes.

Dubet, F. (1987) *La Galere: Jeunes en Survie*, Paris: Fayard.

Duby, G. (1978) *Les Trois ordres ou L'imaginaire du féodalisme*, Paris: Gallimard.

Dumont, L. (1983) *Essais sur l'individualism: Une perspective anthropologique sur l'idéologie moderne*, Paris: Seuil.

Duyvendak, J. L. (1949) *China's Discovery of Africa*, London: Probsthain.

Earl, P. (1986) *Lifestyle Economics: Consumer Behavior in a Turbulent World*, New York: St. Martins's.

Edelstein, L. (1969) *The Idea of Progress in Classical Antiquity*, Baltimore: Johns Hopkins University Press.

Ekholm Friedman, K. (1972) *Power and Prestige: The Rise and Fall of the Kongo Kingdom*, Uppsala: Skrivservice.

_____ (1975) "On the limits of civilization: The dynamics of global systems," *Dialectical anthropology* 5, pp. 155~66.

_____ (1976) "System av soiala system och determinaterna i den sociala evolution," *Anthropologiska Studier* 14, pp. 15~23.

_____ (1977) "External exchange and the transformation of Central African social systems," J. Friedman and M. Rowlands eds., *The Evolution of Social Systems*, London: Duckworth.

_____ (1984) "The study of risk in social systems: An anthropological perspective," L. Sjoberg ed., *Risk and Society*, London: Allen and Unwin.

_____ (1991) *Catastrophe and Creation: The Formation of an African Culture*, London: Harwood.

Ekholm, K. and Friedman, J. (1978) "Capitalism, imperialism and exploitation in ancient world systems," *Review* 4, pp. 87~109.

_____ (1979) "'Capital,' imperialism and exploitation in ancient world systems," M. T. Larsen ed., *Power and Propaganda: A Symposium on Ancient Empires*, Copenhagen: Akademisk Forlag; also published 1982 in *Review* 6/1, pp. 87~109.

_____ (1980) "Towards a global anthropology," L. Blussé, H. L. Wesseling, and G. D. Winius eds., *History and Underdevelopment*, Leiden and Paris: Center for the Study of European Expansion.

_____ (1980) New introduction to "Towards a global anthropology," *Critique of Anthropology* 5/1, pp. 97~119.

Fabian. J. (1983) *Time and the Other: How Anthropology Makes Its Other*, New York: Columbia University Press.

Fanon, F. (1965) *Les Damnés de la terre*, Paris: Maspero.

Finley, M. (1973) *The Ancient Economy*, Berkeley: University of California Press.

Frank, A. G. (1967) "Sociology of development and the underdevelopment of sociology," *Catalyst*, pp. 20~73.

_____ (1990) "A theoretical introduction to 5000 years of world system history," *Review* XIII/2, pp. 155~248.

_____ (1991) "Transitional ideological modes: Feudalism, capitalism, socialism," *Critique of Anthropology* II/2/Summer, pp. 171~88.

_____ (1993) "Bronze Age world system cycles," *Current Anthropology* 34/4, pp. 383~429.

_____ and Gills, B. K. (1993) *The World System: Five Hundred Years or Five Thousand?*, London: Routledge.

Frankenstein, S. (1979) "The Phoenecians in the Far West: A function of Assyrian imperialism," M. T. Larsen ed., *Power and Propaganda*, Copenhagen: Akademisk Forlag.

Frankenstein, S. and Rowlands, M. J. (1978) "The internal structure and regional context of early

Iron Age society in southwest Germany," *Bulletin of the Institute of Archaeology of London* 15, pp. 73~112.

Frazer, J. G. (1905) *Lectures on the Early History of Kingship*, London.

Friedberg, C. "The development of traditional agricultural practices in Western Timor: From the ritual control of consumer goods to the political control of prestige goods," J. Friedman, M. J. Rowlands eds., *The Evolution of Social Systems*, London: Duckworth.

Friedman, J. (1974) "Marxism, Structuralism and Vulgar materialism," *Man* n. s./9, pp. 444~69.

_____ (1976) "Marxist theory and systems of total reproduction," *Critique of Anthropology* II/7/Autumn, pp. 3~16.

_____ (1977) "The social history of social anthropology," *Stofskifte* 1.

_____ (1978) "Crises in theory and transformations of the world economy," *Review* 2, pp. 131~46.

_____ (1979) *System, Structure and Contradiction in the Evolution of 'Asiatic' Social Formations* vol. 2, Copenhagen: National Museum of Copenhagen. Social Studies in Oceania and Southeast Asia.

_____ (1981) "Notes on structure and history in Oceania," *Folk* 23, pp. 275~95.

_____ (1982) "Catastrophe and continuity in social evolution," A. C. Renfrew, M. Rowlands, and B. Seagraves eds., *Theory and Explanation in Archaeology*, London: Academic Press.

_____ (1983) "Civilizational cycles and the history of primitivism," *Social Analysis* 14/December, pp. 31~52.

_____ (1985) "Captain Cook, culture and the world system," *Journal of Pacific History* XX/4/October, pp. 191~201.

_____ (1987a) "Generalized exchange, theocracy and the opium trade," *Critique of Anthropology* 7/1/Summer, pp. 15~31.

_____ (1987b) "Prolegomena to the adventures of Phallus in Blunderland," *Culture and History* 1, pp. 31~49.

_____ (1987c) "Beyond otherness or the spectacularization of anthropology," *Telos* 71, pp. 161~70.

_____ (1987d) "Cultural identity and world process," N. Rowlands ed., *Dominance and Resistance*, London: Allen & Unwin.

_____ (1988) "Cultural logics of the global system," *Theory, Culture and Society* 5/2~3/June, pp. 477~60.

_____ (1989a) "Culture, identity and world process," *Review* XII/1, pp. 51~69.

_____ (1989b) "The consumption of modernity," *Culture and History* 4, pp. 117~29.

_____ (1990a) "The political economy of elegance: an African cult of beauty," *Culture and History* 7, pp. 101~25; J. Friedman ed., *Consumption and Cultural Strategies*, London: Routledge.

_____ (1990b) "Being in the world: localization and globalization," M. Featherstone ed., *Global Cultures*, London: Sage.

_____ (1991a) "Further notes on the adventures of Phallus in Blunderland," L. Necel and P. Pels eds., *Constructing Knowledge: Authority and Critique in Social Science*, London: Sage.

_____ (1991b) "Notes on culture and identity in imperial worlds," P. Bilde, P. Engberg-Pedersen, L. Hannestad, and J. Zahle eds., *Religion and Religious Practice in the Seleucid Kingdom*, Aarhus: Aarhus University Press.

_____ (1992a) "Narcissism and the roots of postmodernity," S. Lash and J. Friedman eds., *Modernity and Identity*, Oxford: Blackwell.

_____ (1992b) "Myth, history and political identity," *Cultural Anthropology* 7, pp. 194~210.

Friedman, J. and Rowlands, M. J. (1977) "Notes towards an epigenetic model of the evolution of 'civilization'," J. Friedman and M. J. Rowlands eds., *The Evolution of Social Systems*, London: Duckworth.

Friedman, M. (1957) *A Theory of the Consumption Function*, Princeton: Princeton University Press.

Friedrich, P. (1979) *Language, Context and the Imagination*, Stanford: Stanford Univ. Press.

_____ (1982) "Linguistic relativism and poetic indeterminacy," unpublished mimeo.

Fröbel, F., Heinrichs, J. and Krey, O. (1977) *Die neue internationale Arbeitsteilung*, Hamburg: Rowholt.

Fuks, A. (1974) "Patterns and types of social-economic revolution in Greece from the fourth to the second century BC," *Ancient Society* 5.

Gandoulou, J. D. (1984) *Entre Paris et Bacongo*, Paris: Centre Georges Pompidou, Collection 'Alores.'

_____ (1989) *Dandies à Bacongo: Le culte de l'élégance dans la société congolaise contemporaine*, Paris: L'Harmattan.

Geertz, C. (1973) "The integrative revolution: primordial sentiments and civil politics in new states," *The Interpretation of Cultures*, New York: Basic Books.

_____ (1980) "Blurred genres: the refiguration of social thought," *American Scholar* 29/2, pp. 165~79.

Geertz, C. (1984) "Anti-anti relativism," *American Anthropologist* 86/2.

_____ (1988) *Works and Lives*, Stanford: Stanford University Press.

Gellner, E. (1983) *Nations and Nationalism*, Ithaca: Cornell University Press.

Giddens, A. (1990) *The Consequences of Modernity*, Cambridge: Polity.

_____ (1991) *Modernity and Self Identity*, Stanford: Stanford University Press.

Gillis, N. (1989) "Wait till we tell the folks back home," *Time* Feb. 27, p. 49.

Gills, B. and Frank, A. G. (1991) "World system cycles, crises and hegemonial transitions," paper prepared for the Annual Meeting of the International Studies Association, Vancouver, Mar. 19~23.

Godelier, M. (1973) *Horizon, trajets marxistes en anthropologie*, Paris: Maspero.

Granet, M. (1968) *La Pensée chinoise*, Paris: Gallimard.

Greer, G. (1984) *Sex and Destiny: The Politics of Human Fertility*, London: Secker and Warburg.

Guha, R. (1982~87) *Subaltern Studies* I~V, Oxford: Oxford University Press.

Gurevic, A. (1982) "Au moyen-age: Conscience individuelle et image de l'au del?," *Annales* 37/3, pp. 255~72.

Handler, R. and Linnekin, J. (1984) "Tradition, genuine or spurious," *Journal of American Folklore* 97, pp. 273~90.

Hannerz, V. (1989) "Culture between center and periphery: Toward a microanthropology," *Ethnos* 54, pp. 200~16.

_____ (1992) "Stockholm: P doubly Creolizing," A. Daun, B. Ehn, and B. Klein eds., *To Make the World Safe for Diversity: Towards an Understanding of Multicultural Societies*, Stockholm: Swedish Immigration Institute.

Hanson, F. A. (1989) "The making of the Maori: Culture invention and its logic," *American Anthropologist* 91, pp. 890~902.

_____ (1991) "Reply to Langton, Levine and Linnekin," *American Anthropologist* 93, pp. 449~50.

Hanway, J. (1756) "Essay on tea," *A Journal of Eight Days' Journey*, London.

Haraway, D. (1989) *Primate Visions: Gender, Race and Nature in the World of Modern Science*, new York: Routledge.

Harbsmeier, M. (1982) "Reisebeschreibungen als mentalitätsgeschichtlich Quellen: Über-legungen zu einer historisch-anthropologischen Untersuchung frühneuyeitlicher Deutscher Reisebeschreibungen," A. Maczk and H. J. Teutberg eds., *Reisebeschreibungen als Quellen Europäischer Kulturgeschichte*, Wolfenbüttel.

_____ (1983) "On Travel accounts and cosmological strategies: Some models in comparative xenology," unpublished paper.

Harris, M. (1963) *The Classification of Stratified Groups*, Washington: Pan-American Union.

_____ (1977) *Cannibals and Kings*, New York : Random House.

Hartog, F. (1980) *Le Miroir d'Hérodote: Essai sur la représentation de l'autre*, Paris: Gallimard.

Harvey, D. (1990) *The Condition of Postmodernity*, Oxford: Blackwell.

Hawaii Statistical Reports (1985) *Racial Statistics in the 1980 Census of Hawaii*, Repot 180, Honolulu: Department of Planning and Economic Development.

Hedeager, L. (1978) "A quantitative analysis of Roman imports in Europe North of the limes(0~400 AD), and the question of Roman-Germanic exchange," K. Kristiansen and C. Pauldan-Müller eds., *New Directions in Scandinavian Archaeology*, Copenhagen: National Museum.

_____ (1987) "Empire, frontier and the barbarian hiterland: Rome and Northern Europe from AD 1~400," M. J. Rowlands, M. T. Larsen, and K. Kristiansen eds., *Center and Periphery in the Ancient World*, Cambridge: Cambridge University Press.

Herbert, T. W. (1980) *Marquesan Encounters*, Cambridge/MA: Harvard University Press.

Herf, J. (1984) *Reactionary Modernism*, Cambridge: Cambridge University Press.

Héritier, F. (1977) "L'identité Samo," C. Lévi-Strauss ed., *L'Identite*, Paris: Bernard Grasset.

Herman, G. (1971) *The Who*, London: Studio Vista.

Herzfeld, M. (1987) *Anthropology through the Looking Glass: Critical Ethnography in the Margins of Europe*, Cambridge: Cambridge University Press.

Hindess, B. and Hirst, P. (1975) *Pre-Capitalist Modes of Production*, London: Routledge & Kegan Paul.

Hirsch, H. (1983) "Between fundamental oppositions and realpolitik: Perspective for an alternative parliamentarianism," *Telos* 56, pp. 172~79.

Hobsbawm, E. and Ranger, T. eds. (1983) *The Invention of Tradition*, Cambridge: Cambridge University Press.

Hodgen, M. (1964) *Early Anthropology in the Sixteenth and Seventeenth Centuries*, Philadelphia: University of Pennsylvania Press.

Honigman, H. (1976) *The Development of Anthropological Ideas*, Homewood/IL: Dorsey Press.

Horton, T. (1989) "New riders of the Rainbow Range: Hawaii's urban paniolos," *Spirit of Aloha: Aloha island Air Magazine* 14/1.

Humphreys, S. C. (1978) *Anthropology and the Greeks*, London: Routledge & Kegan Paul.

Hyden, G. (1983) *No Shortcuts to Progress: African Development Management in Perspective*, London: Heinemann.

Ibn Fadlan (1970) "Ibn Fadlan's account of Scandinavian merchants on the Volga in 922," A. S. Cook trans., A. Lewis ed., *The Islamic World and the West*, new York: John Wiley.

Ibn Khaldun (1958) *The Muqaddimah*, New York : Pantheon.

Johnston, H. H. (1908) *George Grenfell and the Congo* 2 vols, London: Hutchinson and Co.

Jolly, M. (1992) "Specters of inauthenticity," *Contemporary Pacific* 4/1, pp. 42~72.

Judd, A. F. (1980) *In the Saturday Post*, Oct. 2.

Just, R. (1989) "Triumph of the Ethnos," E. Tonkin, M. McDonald, and M. Chapman eds., *History and Ethnicity*, London: Routledge.

Kahme'eleihiwa, L. (1986) "Land and the promise of capitalism," PhD dissertation, University of Hawaii.

Kahn, J. (1989) "Culture: demise or resurrection?," *Critique of Anthropology* 9/2, pp. 5~26.

Kakar, S. (1978) *The Inner World: A Psychoanalytic Study of Childhood and Society in India*, Delhi: Oxford university Press.

Kamakau, S. (1964) *Kapo'e kahiko: The People of old*, Honolulu: Bernice P. Bishop Museum Press.

Kapferer, B. (1988) *Legends of People, Myths of State*, Washington: Smithsonian.

Keesing, R. (1989) "Creating the past: Custom and identity in the contemporary Pacific," *Contemporary Pacific* 1, pp. 19~42.

_____ (1991a) "Reply to Trask," *Contemporary Pacific* 2, pp. 168~69

_____ (1991b) "The past in the present: Contested representations of culture and history," unpublished paper.

Kepel, G. (1987) *Les banlieues de l'Islam: Naissance d'une religion en France*, Paris: Seuil.

Kouvouama, A. (1989) "Religion et politique," unpublished paper.

Kristiansen, K. (1978) "The consumption of wealth in Bronze Age Denmark: A study in dynamics of Economic processes in tribal societies," K. Kristiansen and C. Paludan-Müller eds., *New Directions in Scandinavian Archaeology*, Copenhagen : National Museum.

_____ (1982) "The formation of tribal systems in later European prehistory: Northern Europe 4000~500 BC," A. C. Renfrew, M. Rowlands, and B. Seagraves eds., *Theory and Explanation in Archaeology*, London: Academic Press.

_____ (1987) "Center and periphery in Bronze Age Scandinavia," M. J. Rowlands, M. T. Larsen, and K. Kristiansen eds., *Center and Periphery in the Ancient World*, Cambridge: Cambridge University Press.

Kuykendall, R. S. (1968) *The Hawaiian Kingdom*, Honolulu: University of Hawaii Press.

Kyriakides, S. (1968) *Two studies on Modern Greek Folklore*, Thessalonika: Institute of Balkan Studies.

Labov, W. and Harris, W. (1986) "De facto segregation of black and white vernaculars," D. Sankoff ed., *Diversity and Diachrony*, Amsterdam: John Benjamins, B. V.

Lacan, J. (1966) *Ecrits*, Paris: Seuil.

Lal, M. (1984) *Settlement History and the Rise of Civilization in Ganga-Yamuna Doab, from 1500 BC to 300 AD*, New Delhi: B. R. Publishers.

Lancaster, K. (1971) *Consumer Demand: A New Approach*, New York: Columbia University Press.

Larsen, M. T. (1976) *The Old Assyrian City State and its Colonies*, Copenhagen: Akademisk Forlag.

_____ (1987) "Commercial networks in the ancient Near East," M. J. Rowlands, M. T. Larson, and K. Kristiansen eds., *Center and Periphery in the Ancient World*, Cambridge: Cambridge University Press.

Le Goff, J. (1980) *Time, Work and Culture in the middle Ages*, London: Chicago University Press.

_____ (1981) *La Naissance du purgatoire*, Paris: Gallimard.

Leach E. (1954) *Political Systems of Highland Burma*, London: Athlone.

Léenhardt, M.(1937) *Do Kamo: La personne et le mythe dans le monde mélanésien*, Paris: Gallimard.

Lerner, D. (1958) *The Passing of Traditional Society: Modernizing the Middle East*, New York: Free Press.

Levenson, J. and Schurmann, F. (1969) *China: An Interpretative History*, Berkeley: University of California.

Levin, D. M. (1987) "Clinical stories: A modern self in the fury of being," D. M. Levin ed., *Pathologies of the Moden Self: Postmodern Studies on Narcissism, Schizophrenia, and Depression*, New York: New York University Press.

Levine, H. B. (1991) "Comment on Hanson's 'The making of the Maori'," *American Anthropologist* 93, pp. 444~46.

Lévi-Strauss, C. (1949) *Structures elemetaires de la parent?*, Paris: Presses Universaires de France.

_____ (1952) *Race et Histoire*, Paris: Unesco.

_____ (1964) *Mythologiques I: Le cru et le cuit*, Paris: Plon.

_____ (1968) *L'Origine des manières de table*, Paris: Plon.

_____ (1973) *Structural Anthropology* vol. 2, M. Layton trans, London: Allen Lane.

Liep, J. (1991) "Great man, big man, chief: Atriangulation of the Massim," M. Godelier and M. Strathern eds., *Big Men and Great Men*, Cambridge: Cambridge University Press.

Lijphart, A. (1977) "Political theories and the explanation of ethnic conflict in the Western world: Falsified prediction and plausible postdictions," M. Essman ed., *Ethnic Conflict Ethnologist* 10, pp. 241~52.

Linnekin, J. (1983) "Defining tradition: variations on the Hawaiian identity," *American Ethnologist* 10, pp. 241~52.

_____ (1991a) "Text bites and the r-word: The politics of representing scholarship," *Contemporary Pacific* 2, pp. 172~77.

_____ (1991b) "Cultural invention and the dilemma of authenticity," *American Anthropologist* 93, pp. 446~48.

_____ (1992) "On the theory and politics of cultural construction in the Pacific," *Oceania* 62/4, pp. 249~63.

Locke, J. (1952) *The Second Treatise of Government*, Indianapolis.

Lombard, M. (1975) *The Golden Age of Islam*, Rotterdam: North Holland.

Lovejoy, A. (1936) *The Great Chain of Being*, Baltimore: Johns Hopkins University Press.

_____ (1948) "The supposed Primitivism in Rousseau's discourse on inequality," A. Lovejoy ed., *Essays in the History of Ideas*, Baltimore: Johns Hopkins.

Lovejoy, A. and Boas, G. (1935) *Primitivism and Related Ideas in Antiquity*, Baltimore: Johns Hopkins University Press.

Lyotard, F. (1979) *La condition postmoderne*, Paris: Minuit.

Maffésoli, M. (1986) *Le Temps des tribus*, Paris: Minuit.

Malo, D. (1837) *Letter from Malo to Ka'ahumanu II and Mathew, 18 August*, Honolulu: Letter book 9.

_____ (1839) "On the decrease of the population of the Hawaiian Islands," L. Andrews trans., *Hawaiian Spectator* 2/2, pp. 121~30.

_____ (1971[1951]) *Hawaiian Antiquities* 2nd edn/special publication 2, Honolulu: Bernice P. Bishop Museum Press.

Mango, C. (1965) "Byzantine and romantic Hellenism," *Journal of the Warburg and Courtauld Institutes* 18, pp. 9~43.

Manoni, O. (1950) *Psychologie de la colonisation*, Paris: Seuil.

Marcus, G. (1989) "Imagining the whole: Ethnography's contemporary efforts to situate itself," *Critique of Anthropology* 9/3, pp. 7~30.

Marcus, G. (1991) "Past, present and emergent identities: Requirement for ethnographies of late twentieth century modernity worldwide," S. Lash and J. Friedman eds., *Modernity and Identity*, Oxford: Blackwell.

Marx, K. (1971) *A Contribution to the Critique of Political Economy*, London: Lawrence &Wishart.

May, R. J. (1982) "The vew from Hurin; The Peli association," R. J. May ed., *Micronationalist Movements in Papua New Guniea*, Canberra: Australian National University.

Mead, G. H.(1934) *Mind, Self and Society*, Chicago: University of Chicago.

Michas, P. M. (1977) "From 'Romios' to 'Hellene'(or Greek): A study in social discontinuity," MA thesis, Arhus University.

Miller, D. (1987) *Material Culture and Mass Consumption*, Oxford: Blackwell.

Minc, A. (1993) *Le nouveau myen age*, Paris: Gallimard.

Miquel, A. (1972~80) *La Géographie humaine du monde musulman jusqu'au milieu du XIe siècle* 3 vols, Paris: Mouton.

Morgan, T. (1948) *Hawaii: A Century of Economic Change 1778~1876*, Cambridge, MA: Harvard University Press.

Müller, C. (1980) "Die Herausbildung der Gegensätze: Chinesen und Barbaren in der frühen Zeit(Jahrtausend v. Chr. bis 220 n. Chr.)," W. Bauer ed., *China und die Fremden*, Munich.

Nakane, C. (1970) *Japanese Society*, Berkeley: University of California Press.

Office of Program Evaluation and Planning (1984) "The Present hawaiian Population and Projections through the Year 2000," Honolulu: Kamehameha Schools/Bishop Estate.

Ortiques, E. and Ortigues, M. (1966) *Oedipe Africain*, Paris: L'Hamathan.

Padgen, A. (1982) *The Fall of Natural Man*, Cambridge: Cambridge Univ. Press.

Parker, G. (1979) *Europe in Crisis 1598~1648*, Glasgow: Collins.

Persson, J. (1983) "Cyclical change and circular exchange: A re-examination of the Kula ring," *Oceania* 54, pp. 32~47.

Popper, K. (1972) *Objective Knowledge: An Evolutionary Approach*, Oxford: Oxford University Press.

Prusek, G. (1971) *Chinse Statelets and the Northern Barbarians in the Period 1400~300 BC*, Dordrecht: Reidel.

Pugafetta, F. 1970(1591) *A Report of the Kingdom of Congo and of the Surrounding Countries: Drawn Out of the Writings and Discourses of the Portuguese Duarte Lopez*, London: Cass.

Ranger, T. (1983) "The invention of tradition in Central Africa," E. Hobsbawm and T. Ranger eds., *The Invention of Tradition*, Cambridge: Cambridge Univ. Press.

Rappaport, R. (1977) "Maladaption in social systems," J. Friedman and M. J. Rowlands eds., *The Evolution of Social Systems*, London: Duckworth.

_____ (1979) *Ecology, Meaning and Religion*, Richmond: North Atlantic Books.

_____ (n. d.) *The Logical Entailments of Ritual*, Cambridge, unpublished paper.

Rey, P. P. (1972) *Colonialisme, néo-colonialisme et transition au capitalism*, Paris: Maspero.

Robertson, R. (1991) "Social theory, cultural relativity and the problem of globality," A. D. King ed., *Culture, Globalization and the World System*, Binghamton/London: State University of New York/Macmillan.

_____ (1992) *Globalization: Social Theory and Global Culture*, London: Sage.

Robertson, R. and Chirico, J. (1985) "Humanity, globalization and worldwide religious resurgence: A theoretical perspective," *Sociological Analysis* 46, pp. 219~42.

Rosaldo, R. (1988) "Ideology, place and people without culture," *Cultural Anthropology* 3, pp. 77~87.

Rowlands, M. J. (1979) "Local and long distance trade and incipient state formation on the Bamenda plateau," *Paideuma* 15, pp. 1~15.

_____ (1980) "Kinship, alliance and exchange in the European Bronze Age," J. C. Barrett and R. Bradley eds., *Settlement and Society in the British Later Bronze Age* 83, British Archaeological Reports(Oxford), pp. 15~56.

_____ (1987) "Center and periphery: A review of a concept," M. J. Rowlands, M. T. Larsen, and K. Kristianse eds., *Center and Periphery in the Ancient World*, Cambridge: Cambridge University Press.

_____ (1989) "The archeology of colonialism and constituting the African peasantry," D. Miller, M. Rowlands, and C. Tilley eds., *Domination and Resistance*, London: Unwin Hyman.

Rowlands, M. J., Larsen, M. T. and Kristiansen, K. (1987) *Center and Periphery in the Ancient World*, Cambridge: Cambridge University Press.

Sahlins, M. (1958) *Social Stratification in Polynesia*, Seattle: Univ. of Washington Press.

_____ (1963) "Poor man, rich man, big man, chief: Political types in Melanesia and Polynesia," *Comparative Studies in Society and History* 5, pp. 285~303.

_____ (1965) "On the sociology of primitive exchange," M. Banton ed., *The Relevance of Models for Social Anthropology*, London: Tavistock.

_____ (1972) *Stone Age Economics*, Chicago: Aldine.

_____ (1976) *Culture and Practical Reason*, Chicago: Chicago University Press.

_____ (1985) *Islands of History*, Chicago: Chicago University Press.

_____ (1993) "Goodbye to Tristes tropes: Ethnography and the context of modern world history," R. Borofsky ed., *Assessing Anthropology*, New York: Macmillan.

Sapir, E. (1924) "Culture, genuine and spurious," *American Journal of Sociology* 29, pp. 401~29.

Sartre, J. P. (1936) "La transcendance de l'ego: Esquisse d'une description phénoménologique," *Recherches philosophiques* 6. Paris.

Schlesinger, A. (1991) *The Disuniting of America*, Knoxville: Whittle.

Schoeller, W. (1976) *Weltmarkt und Reproduktion*, EWA.

Sennett, R. (1977) *The Fall of public Man*, Cambridge: Cambridge University Press.

Simmel, G. (1978) *The Philosophy of Money*, London: Routledge.

_____ (1991) "Money in modern culture," *Theory, Culture & Society* 8/3, pp. 17~31

Sjöberg, K. (1990) *Mr Ainu: Cultural Mobilization and the Practice of Ethnicity in a Hierarchical Culture. Studies in Social Anthropology* 2, Lund: University of Lund.

_____ (1993) *The Return of the Ainu: Cultural Mobilization and the Practice of Ethnicity in Japan*, London: Harwood Academic Publishers.

Smith, R. J. (1983) *Japanese Society: Tradition, Self and the Social Order*, Cambridge: Cambridge University Press.

Soret, M. (1959) *Histoire du Congo: Les Kongo nord-occidentaux*, Paris: Presses Universitaires de France.

Spengler, O. (1931) *Der Mensch und die Technik*, Munich: Beck.

Stannard, D. (1989) *Before the Horror: The Population of Hawaii on the Eve of Western Contact*, Honolulu: University of Hawaii Press.

Stewart, C. S. (1830) *Journal of a Residence in the Sandwich Island during the Years 1823, 1824 and 1825*, London.

Stewart, J. (1963) *Handbook of South american Indians* vol. 5, New York.

Stocking, G. (1987) *Victorian Anthropology*, New York: Free Press.

Sutton, D. (1991) "Is anybody out there?: Anthropology and the question of audience," *Critique of Anthropology* 11/1, pp. 91~104.

Thomas, N. (1989) *Out of Time: History and Evolution in Anthropological Discourse*, Cambridge: Cambridge University Press.

Tonda, J. (1988) "Pouvoir de quérison, quérison et pouvoir dans les églises hors-la-loi," unpublished paper.

Tran Van Doan (1985) "Harmony and consensus: Confucius and Habermas on politics," *Proceedings of International Symposium on Confucianism and the Modern World*, Taipei: Taiwan University.

Trask, H. (1991) "Natives and anthropologists: the colonial struggle," *Contemporary Pacific* 2, pp. 159~67.

Turnbull, C. (1965) *Wayward Servants*, Garden City: Natural History Press.

Tyler, S. (1984) "The poetic turn in postmodern anthropology: The poetry of Paul Friedrich," *American Anthropologist* 86, pp. 328~36.

_____ (1991) "A postmodern in-stance," L. Nencel and P. Pels eds., *Constructing Knowledge: Autority and Critique in Social Science*, London: Sage.

Vernant, P. (1974) *Mythe et pensée chez les grecs*, Paris: Maspero.

Vicedom, G. F. and Tischner, H. (1943~48) *Die Mbowamb: Die Kuture der Hagenberg Stämme im östlichen Zentral-Neuguinea* 3 vols, Hamburg: Cram, de Gruyter and Co.

Water, M. (1990) *Ethnic Options: Choosing Identities in America*, Berkeley: University of California Press.

Weeks, J. (1913) *Among Congo Cannibals*, London: Seeley, Service and Co.

Wei-Ming, T. (1985) "Selfhood and otherness in Confucian thought," A. J. Marsella, G. De Vos, and F. Hsu eds., *Culture and Self: Asian and Western Perspectives*, New York: Tavistock.

Wendt, A. (1987) "Novelists, historians and the art of remembering," A. Hooper, S. Bretton, R. Crocombe, J. Huntsman, and C. MacPherson, *Class and Culture in the Pacific*, Suva and Auckland: Institute of Pacific Studies of the Univ. of the South Pacific and Centre for Pacific

Studies of the Univ. of Auckland.

Wheatley, P. (1971) *The Pivot of the Four Quaters*, Edinburgh: University of Edinburgh Press.

White, H. (1972) "Forms of wildness: Archaeology of an idea," N. Dudley and S. Novak eds., *The Wild Man Within*, Pittsburgh: University of Pittsburgh Press.

Will, E. (1975) "Le monde hellénistique," livere III, E. Will, C. Mossé, and P. Goukowsky, *Le Mode grec et l'orient* vol. II, Paris: Presses Universitaires de France, pp. 337~642.

Wolf, E. (1957) "Closed corprate communities in Mesoamerica and central Java," *Southwestern Journal of Anthropology* 13, pp. 1~18.

Woodward, V. C. (1991) "Freedom and the universities," review of D. D'Souza, *Illiberal Education: The Politics of Race and Sex on Campus*, New York: Free Press.

Zukin, S. (1982) *Loft Living: Culture and Capital in Urban Change*, Baltimore: Johns Hopkins University Press.

라캉(Lacan, J.) 246, 304, 305, 432
라파(Rapha, B.) 293
라파포트(Rappaport, R.) 104
랄(Lal, M.) 78
랑거(Ranger, T.) 246
랭카스터(Lancaster, K.) 263
러브조이(Lovejoy, A.) 94, 95, 111
레비스트로스(Lévi-Strauss, C.) 17, 31, 85,
　　103, 106, 129, 131, 142, 154, 401
로버트슨(Robrtson, R.) 332, 345~51, 356
로잘도(Rosaldo, R.) 139
로크(Locke, J.) 19, 95
롤랜스(Rolands, M. J.) 21
롬바르드(Lombard, M.) 78
루소(Rousseau, J. J.) 19, 113, 422
루시디(Rushdie, S.) 186, 187
르 고프(Le Goff, J.) 147, 148
르네상스 77, 85, 91, 92, 95~97, 104, 112,
　　118, 122, 132, 133, 152, 177, 187, 215,
　　219, 220, 332, 336, 402, 403, 418, 419,
　　427
리치(Leach, E.) 71
리카도(Ricardo, D.) 14, 16, 97
리파르(Lijphart, A.) 160
린네킨(Linnekin, J.) 251~53

마다가스카르 29, 37
마르크스(Marx, K.) 14, 37~40, 48, 97, 98,
　　101, 246
마르크스주의 37, 40, 103, 131, 132, 146,
　　157, 174, 254, 337, 389
마오리족 250, 251, 415, 416
만(Mann, T.) 126, 422
말로(Malo, D.) 225
망고(Mango, C.) 220, 222
매체 148, 226, 253, 419
메소포타미아 40, 42, 43, 45, 46, 79, 389

메이(May, R. J.) 327
메케오 24, 25
멜라네시아 34, 43, 78, 145, 179, 247, 249,
　　326, 335, 336
명품 195, 283, 285
모건(Morgan, T.) 98, 99
모자이크 62, 140, 360, 372, 373
몽테뉴(Montaigne, M. E.) 19, 94
무역체제 28
무질서 12, 361, 362, 370, 371, 408~14, 429,
　　434~38
문명 사이클 87, 88
문명화과정 74, 85, 86, 152, 170, 277, 388,
　　400
문화결정주의 132, 146, 267
문화변동 302, 354
문화변용 58, 59, 119, 200, 225
문화운동 73, 145, 177, 190, 201, 203, 249,
　　321, 332, 335, 340
문화적 변형 353, 418
문화정체성 60~63, 65~70, 72, 73, 75~77,
　　79, 135, 158, 162, 164~67, 173, 179,
　　180, 183, 187, 202, 204, 217, 238~40,
　　246, 250, 255, 256, 269, 319, 322, 330,
　　335, 336, 371, 383, 398, 410, 414~17,
　　427, 437
문화정치(학) 149, 410
문화제국주의 345
문화주의 82, 83, 94, 103, 104, 106, 133, 146,
　　149, 165, 173, 184, 245, 254, 357, 367,
　　410, 415, 429, 438
문화화 366, 412
물질주의 20, 23, 40, 83, 97, 98, 102~104,
　　111, 112, 114, 122, 127, 132, 146, 402
미국 98~104, 126~31, 147, 198, 204, 207,
　　208, 224~26, 228, 230, 236, 237, 257,
　　307~12, 314, 316, 345, 370, 372, 410,

433

푸코(Foucault, M.) 148, 150, 152

프랑스 19, 100, 102, 103, 122, 130~32, 147,
177, 191, 192, 194, 197, 198, 219, 239,
272, 277, 279, 280, 284, 288, 318, 325,
369, 435

프랑크(Frank, A. G.) 22, 37, 48, 217

프로이트(Freud, S.) 152, 154, 169, 246, 304,
305, 387, 397, 399

프로테스탄티즘 385

프뢰벨(Fröbel, F.) 15

프리단(Friedan, B.) 149

프리드리히(Friedrick, P.) 148

프리드만(Friedman, M.) 12, 21, 37, 263, 275,
349

플라톤(Plato) 112

피그미인 29~31, 280

피지 231, 364

피진 367, 368

하네르츠(Hannerz, V.) 345, 348

하버마스(Habermas, J.) 332, 381, 382, 388

하비(Harvey, D.) 346

하와이 29, 162, 186, 204, 208~10, 215,
223~40, 250, 251, 253, 255, 307~23,
329, 330, 333, 336, 341, 371, 414

하와이인 운동 204, 205, 227~29, 252, 310,
313, 315, 318~21, 330

하인리히(Heinrichs, J.) 15

한량 192, 197, 282, 289~91, 323~25

합리성 98, 147, 154, 155, 157, 249, 264,
382, 387, 388, 400, 402

해리스(Harris, M.) 83, 102, 104

핸슨(Hanson, F. A.) 250, 251

허먼(Herman, G.) 290

허스트(Hirst, P.) 254

허위(화) 245~47, 251, 268, 416

험프리(Humphrey, S.) 73

헤게모니 15, 18, 22, 47, 48, 53, 73, 76~80,
102, 107, 112, 130, 131, 133, 134, 138,
141, 159, 173, 175, 176, 182~84, 187,
204, 214, 219, 222, 226, 228, 240, 242,
243, 247, 254, 255, 259, 260, 298~300,
302, 303, 306~308, 320, 333, 335, 336,
345, 351, 352, 354, 360, 362, 368, 372,
392, 400, 401, 413~15, 417~19, 423,
425, 427~30, 438, 439

헤데거(Hedeager, L.) 21

헤시오도스(Hesiod) 55, 108~10, 122

헬레니즘 55~59, 64, 72~75, 77, 113, 114,
216, 220, 238, 402

홉스봄(Hobsbawm, E.) 246

화물숭배 33, 56, 64, 77, 194, 276, 294, 323,
327, 328, 363, 433

화이트(White, L.) 102, 127, 135

황금시대 90, 97, 109, 111, 121, 210

후견인주의 273

후룬 컬트 327

힌데스(Hindess, B.) 254

이 책은 조나단 프리드만의 *Cultural Identity and Global Process*를 번역한 것이다. 조나단 프리드만은 1946년생으로 미국 콜롬비아대학에서 인류학 박사학위를 받았으며, 현재 스웨덴의 룬트대학에서 사회인류학과 교수로 재직중이다.

그가 이 책에서 명시한 '지구체제 인류학'(anthropology of global systems)은 학계에서의 이론적 유행에 따라 만들어진 갑작스러운 발명품이 아니다. 그것은 1972년 그의 박사학위논문에서 제기된 문제의식이 여러 새로운 이론적 도전을 받으며 '진화'해 온 결과물로서 이미 예고된 것이기도 하다. 따라서 이 책에서 프리드만이 전개해 나가는 이론적 논의를 명확히 이해하기 위해서는 먼저 그의 박사학위논문을 살펴볼 필요가 있다.

그의 박사학위논문(*System, structure and contradiction in the evolution of 'Asiatic' social formations*, National Museum of Copenhagen, 1979; 2nd ed., Sage Publication, 1998)은 미얀마의 카친족에 대한 에드먼드 리치(Edmund Leach)의 민족지 연구를 재분석한 것인데, 여기서 그는 에드먼드 리치의 독창적인 개념이었던 굼사-굼라오(평등체계와 위계체계를 진동하는 사회 형태)를 자신이 정립한 이론적 틀을 통해 새롭게 해석했다. 그는 당시 미국의 생태인류학과 프랑스의 구조주의 마르크스주의 인류학(특히 Maurice Godelier)의 영향을 받아, 하부구조와 상부구조라는 마르크스주의 개념을 생태체계, 생산력, 생산관계, 상부구조로 대체하고 '체계들간의 상호제약성과 모순성'이라는 새로운 이론적 틀을 제시한 것이다. 그 결과 친족과 연동된 정치구조에 머물렀던 굼사–굼라오체계는 생태환경과 생산력–생산관계를 아우르며 지역의 시간적 변이를 포괄하는 분석틀로 확장된다.

이후 그는 박사학위논문을 단행본으로 출간하는 1978년 이전까지 당시 고고학계에서 세계체제론을 주장하던 롤랜즈(M. J. Rowlands)와 사회인류학계에서 세계체제론적 역사분석을 주창하던 에콜름(K. Ekholm)의 이론을 수용하여, 구조주의 마르크스주의의 단일사회의 닫힌 회로로서 '생산관계'와 '구조적 인과성'의 개념을 비판하고 체계 그 자체의 개념화를 시도함으로써 구조주의 마르크스주의자들과 상이한 방식으로 이론적 틀을 구축하기 시작했다. 나아가 그는 1972년에 제출된 박사학위논문에서 비록 상세하게 논의되지는 않았지만 곳곳에서 설명요소로 암시되었던 중국과 인도 간 교역 등의 거대한 세계체계를 강조하는 방향으로 연구를 진행해 나갔다. 1980년대 이후 그는 고고학자와 역사학자들과 함께 문명성쇠와 관련된 다양한 저작들을 발표했으며 정신분석학, 소비이론, 실천이론 및 인류학 내에서의 문화이론 등을 자신의 이론적 틀 속에서 재개념화해 나갔다.

이와 같은 이론적 성과는 이 책에서 크게 두 가지로 집약되고 있다. *Cultural Identity and Global Process*라는 제목에서 알 수 있듯이, 하나는 사회를 일련의 반복되는 과정선상에서 설명하는 '지구적 과정'(global process)에 대한 논의이며, 또 하나는 지역체계(local system)와 광역체계 (regional system)의 접합 속에서 역동적으로 움직이는 '문화정체성' (cultural identity)에 대한 논의이다.

전자는 궁극적으로 지구체제론과 헤게모니 중심부의 성장과 쇠퇴에 따라 진동하는 문명 사이클 이론으로 수렴된다. 그는 지구체제와 지구화에 대한 논의를 이 책의 전반부인 2~6장에서 주로 다루고 있다. 고대그리스에서 헬레니즘으로 이어지는 변화과정에서부터 중국 춘추전국시대의 세계모델, 중세 이슬람의 역사관, 산업자본주의라는 서구의 제국주의적 확대와 쇠퇴 과정 등에 이르기까지 시공간적으로 다양한 사례에 이 분석틀을 동일하게 적용하여 설명했다. 그는 지구체계를 중심부/주변부 구조, 의존구조(dependent structure), 독립구조(independent structure)로 나누어 각각의 사회를 유형화했으며, 나아가 지구체계가 어떠한 지구적 과정선상에 있는지에 따라 어떤 유형의 '문화'가 나타나는지를 논하였다. 그의 '문화' 개념은 후반부에서 더욱 상세히 논증되는바, 실천적 담지체이자 이데올로기적 구성물로서 전통주의, 원시주의, 탈근대주의, 근대주의 등으로 유형화된다. 다른 세계체제론이나 헤게모니론과 구별되는 그의 독창성은 무엇보다 이 같은 문화적 구성물을 현 사회의 지구적 과정, 즉 문명 사이클 위에 위치 지어서 설명한다는 점에 있다. 인류학자들이 오랫동안 연구해 온 원시사회를 지구체제 내에서 그리고 특정한 지구적 과정선상에 위치 짓는 그의 이론은 인류학자들의 몰(沒)역사적인 분석과 불완전한 체계분석에 대한 자기성찰로 이어져, 최근 과잉 논의되고 있는 근대성과 탈근대성을 지구체제와 지구적 과정의 일부로서 체계적으로 이해할 수 있게 해준다.

이 책에서 나타난 그의 두번째 이론적 성과, 곧 세계체제와 지역체제의 접합에 대한 논의는 세계체제 내에서 문화적 다양성과 문화적 전략들을 강조하는 최근의 인류학적 논의와 밀접히 관련되어 있다. 그는 지구체계와 지역체제의 접합방식 자체를 다루기보다는 지구체제와 지구적 과정 내의 각기 다른 지역에서 나타나는 다양한 문화적 전략들에 주목하는데, 지역체계의 작동방식, 이른반 '사회의 작동기제'를 설명하는 데 있어 그가 사용하는 핵심적 개념은 물신주의(fetishism)이다. 물신주의는 지구체계와 지역체계를 연결시켜 주는 고리이면서 동시에 실천(praxis), 곧 정체성을 구성해 내려는 인간의 의지를 추동하여 사회적 역동성을 만들어내는 원천이다. 그는 자신의 박사논문을 재출간한 1998년판 서문에서 이를 보다 명증하게 도식화하여, 물신주의를 중심으로 실천, 체계, 재생산조건이 변증법적 관계를 맺으며 밖으로 향하는 동심원의 분석틀을 제시했다. 1972년판과 달리 1998년판에서 물신주의가 중요하게 대두되게 된 데는 그가 '생산관계' 대신 물신주의를 역사적 동인의 핵심적 개념으로 설정했기 때문이며, 이 같은 변화는 1974년에 발표한 "The Place of Fetishism and the Problem of Materialist Interpretationons"라는 논문과 1976년에 발표한 "Marxist Theory and Systems of Total Reproduction"이란 논문에서 이미 나타나기 시작했다. 다시 말해 그에게 물신주의는 생산관계 등의 물질적 재생산과정뿐만 아니라, 그것까지 포괄하는 사회의 재생산과정을 주도하는 사회적 관계의 핵심적 원리를 가리킨다.

그는 이 책의 후반부인 7~10장에서 지구체계, 지역체계, 물신주의, 실천, 정체성이 만들어내는 역사적 변이들과 역동성을 콩고, 그리스, 하와이,

아이누 등 다양한 주변부의 민족지적 사례를 통해 설명했다. 특히 콩고의 '라사프' 의례는 이국적이면서도 한국 사회의 문화적 현상과 많이 닮아 있어 지구체제 내에서 한국의 위치를 상기시킨다.

마지막으로, 옮긴이들이 '매우 난해함에도' 이 책을 번역하게 된 이유를 간략히 밝히고자 한다. 옮긴이들이 이 책을 번역한 것은 크게 두 가지 지점에서이다. 하나는 다양한 이론들과 담론들이 범람하는 현시점에서 현재의 학문적 상황을 명쾌하게 간파해 볼 수 있다는 점이며, 또 하나는 저자의 이론을 통해서 한국 사회의 지정학적 위치가 초래한 그리고 초래해 온 특수한 역사적 · 정치적 · 경제적 상황을 조망해 볼 수 있고, 더욱이 이 작업은 지구체제가 변형되고 있는 현시점에서 매우 필요한 일이기 때문이다.

지난 20년간 한국의 사회과학계는 다양한 이론들이 출처나 이론적 맥락, 심지어 분석상의 우월성과 관계없이 범람해 왔다. 사회 자체에 대한 분석보다는 대안 없는 비판이론들만이 우후죽순으로 양산되어 온 상황이다. 이 같은 상황은 현장과 가장 가까이에서 직접적인 자료를 생산해 온 인류학분야에서 더욱 여실히 나타난다. 사실상 최근의 많은 문화이론들은 사회에 대한 체계적인 설명이나 이해에 목적을 두기보다는 단순한 비판이론으로 전락해 버린 경향마저 있다. 그 결과 많은 문화인류학적 텍스트들은 매우 특수한 상황을 논하고 있음에도 불구하고, 결론만 보아도 심지어 읽지 않아도 미리 내용을 알 수 있는 상황에 이르렀다. 프리드만은 이 같은 학문적 상황, 특히 영미 인류학의 최근 연구경향을 책 전반에 걸쳐 신랄하게 비판하고 있다. 그는 실재를 대면하지 않고 "다 알고 있다는 듯이 발 아래로 세계를 내려다보며 권력을 향유하며 자신들의 칵테일파티를 벌이는 지식인"의 태도를 비판한다. 그러나 그의 논의가 여기서 멈췄다면 옮긴이들은 많은 공을 들어가며 이 책을 번역하지 않았을지 모른다. 그가 "어떠한 관점의 발생은 순수한 학문적 발전이라기보다는 지식인이 당면한 사회적 환경에 의한 것"으로 명시하였듯이, 이 같은 학문적 경향이 발생하게 된 경제적·사회적·문화적 조건을 자신의 이론적 틀 속에서 유기적으로 설명해 나가고 있다. 사실 저자는 자신의 이론을 바탕으로 어떤 당위명제를 제시하지는 않지만, 과거에 대한 성찰을 바탕으로 비단 사회인류학뿐 아니라 인문학 전체가 처해 있는 상황과 앞으로 나아갈 바를 조망하게 해준다.

이 책을 번역한 두번째 이유는 그의 지구인류학에 대한 이해를 통해, 지구체제 속에서도 한번도 중심부가 되어본 적이 없는 한국이 처한 문화적 상황이란 무엇인지를 보여준다는 데 있다. 중심부와 매우 가까운 주변부에 위치한 한국에서의 문화정체성은 중심부나 지구체제의 움직임에 따라 민감하게 변형되어 왔다는 점에서 매우 연약해 보인다. 지난 한 세기만 보더라도, 한국의 문화정체성은 중국, 일본, 미국 등에 의존적이었다. 우리 사회는 중심부의 문화적 논리를 자신의 문화정체성으로 받아들이고 이를 강하게 추종하기 때문에 빠른 사회경제 발전을 이룩할 수 있었다. 그러나 다른 한편으로 중심부의 문화논리를 우리 사회의 깊숙한 '주체의 삶과 죽음의 문제'로까지 받아들이기 때문에 중심부가 몰락하면 이와 함께 몰락하는 경향을 보여왔다. 자체적인 문화논리가 존재하지 않기 때문에, 지구체제가 위기상황에 직면하게 되면 기존의 문화논리에 더욱 집착하는 경향이 있었다. 자신의 문화논리로 다른 문화논리를 수용하는 과정인 번역작업이 지지부진한 것도 동일한 맥락에서 이해될 수 있을 것이다.

1980년대 말부터 프리드만은 다양한 문화현상을 근거로 미국 중심의 지구체계의 몰락을 암시하는 논문을 발표해 왔다. 최근의 상황을 보면 프리드만이 주장하는 지구체제의 변형, 지정학적 위치변형과 지역구조의 변형이 사실로 다가오고 있음을 절감하게 된다. 지구체제가 변형될 때마다 엄청난 고통을 감수해 온 우리에게 가장 필요한 것은 중심부가 몰락하고 새로운 중심부를 좇을 때만 강력하게 발산되는 '민족주의'가 아닐 것이다. 그것은 이 책이 보여주고자 하는 "문명의 전개과정을 통찰할 수 있게 해주는, 현실과 자신의 거리를 유지하게 해주는 근대성의 엄청난 능력"이며, 나아가 이를 통해 "자아성찰성의 정치적 가능성"을 더욱 높이는 일이라고 생각한다.

그의 이론은 20세기 후반 이후 21세기 들어 벌어지고 있는 자본주의의 확대와 포스트모니즘의 유행, 냉전의 종식과 구소련 국가들의 진입, 미국의 쌍둥이 적자와 반미주의, 미국 자본의 수출지였던 동아시아 국가들의 성장과 신자유주의의 확대 등 모순적으로 보이는 지구적 현상을 명료하게 설명해 내고 있다. 따라서 무엇보다 냉전이라는 세계체계가 만들어낸 분단국가이며, 미국 중심의 세계체계의 주변산업국이며, 새롭게 재편되고 있는 동아시아의 일원인 한국에 시사하는 바가 적지 않을 것으로 사료된다. 이 책이 역사학, 사회학, 경제학, 인류학 등에서 현재의 한국적 상황을 이해하고 설명하는 데 도움이 될 수 있기를 바란다.

이 책은 명확한 독해를 위해서 다양한 이론에 대한 제반 지식을 필요로 하고 또 인류학적으로도 새로운 방법론적 틀을 담고 있기 때문에, 번역과정에서 상당한 어려움을 겪을 수밖에 없었다. 5년간의 지난했던 이 책의 번역작업은 옮긴이들의 학문적 성장과 괘를 같이하는 동시에, 인류학과 선생님들과 동학들로부터 직간접적으로 도움을 받은 것이라고 할 수 있다. 특히 대학원 후배인 김지은과 서보경은 번역본의 일부를 원문과 대조해 가며 교정해 주는 등 옮긴이들의 수고로움을 덜어주었다. 또 이렇게 결실을 맺을 수 있었던 것은 당대출판사의 심영관 편집자와 박미옥 대표가 아니었으면 불가능한 일이었다. 전문학술서로서 상업성과 상관없이 학술적 의의만으로 선뜻 번역서 출간을 맡아주었고, 옮긴이들의 부족한 번역본을 전문가의 손길로 메워주었다. 이 자리를 빌려 이 모든 분들께 감사의 뜻을 전하고 싶다.

2009년 11월
오창현, 차은정